Xpert.press

Die Reihe **Xpert.press** vermittelt Professionals
in den Bereichen Softwareentwicklung,
Internettechnologie und IT-Management aktuell
und kompetent relevantes Fachwissen über
Technologien und Produkte zur Entwicklung
und Anwendung moderner Informationstechnologien.

Andreas Rüter · Jürgen Schröder · Axel Göldner ·
Jens Niebuhr
Herausgeber

# IT-Governance in der Praxis

Erfolgreiche Positionierung der IT im
Unternehmen. Anleitung zur erfolgreichen
Umsetzung regulatorischer und
wettbewerbsbedingter Anforderungen

2. Auflage

*Herausgeber*
Andreas Rüter
Grazia Equity GmbH
Breitscheidstr. 10
70174 Stuttgart
a.rueter@grazia.com

Jürgen Schröder
Joseph-Stelzmann-Strasse 5B
50937 Köln
juergschroed@gmx.de

Dr. Axel Göldner
1&1 Internet AG
Ernst-Frey-Str. 10
76135 Karlsruhe
axel.goeldner@1und1.de

Jens Niebuhr
Booz & Company
Zollhof 8
40221 Düsseldorf
jens.niebuhr@booz.com

ISSN 1439-5428
ISBN 978-3-642-03504-3     e-ISBN 978-3-642-03505-0
DOI 10.1007/978-3-642-03505-0
Springer Heidelberg Dordrecht London New York

Die Deutsche Nationalbibliothek verzeichnet diese Publikation in der Deutschen Nationalbibliografie; detaillierte bibliografische Daten sind im Internet über http://dnb.d-nb.de abrufbar.

© Springer-Verlag Berlin Heidelberg 2010
Dieses Werk ist urheberrechtlich geschützt. Die dadurch begründeten Rechte, insbesondere die der Übersetzung, des Nachdrucks, des Vortrags, der Entnahme von Abbildungen und Tabellen, der Funksendung, der Mikroverfilmung oder der Vervielfältigung auf anderen Wegen und der Speicherung in Datenverarbeitungsanlagen, bleiben, auch bei nur auszugsweiser Verwertung, vorbehalten. Eine Vervielfältigung dieses Werkes oder von Teilen dieses Werkes ist auch im Einzelfall nur in den Grenzen der gesetzlichen Bestimmungen des Urheberrechtsgesetzes der Bundesrepublik Deutschland vom 9. September 1965 in der jeweils geltenden Fassung zulässig. Sie ist grundsätzlich vergütungspflichtig. Zuwiderhandlungen unterliegen den Strafbestimmungen des Urheberrechtsgesetzes.
Die Wiedergabe von Gebrauchsnamen, Handelsnamen, Warenbezeichnungen usw. in diesem Werk berechtigt auch ohne besondere Kennzeichnung nicht zu der Annahme, dass solche Namen im Sinne der Warenzeichen- und Markenschutz-Gesetzgebung als frei zu betrachten wären und daher von jedermann benutzt werden dürften.

*Einbandentwurf:* KuenkelLopka GmbH

Gedruckt auf säurefreiem Papier

Springer ist Teil der Fachverlagsgruppe Springer Science+Business Media (www.springer.com)

# Geleitwort

Die Informationstechnik (IT) ist erfolgskritischer Faktor eines Unternehmens. IT unterstützt die entscheidenden Geschäftsprozesse eines Unternehmens, von der Auftragsverarbeitung über die Fertigungssteuerung bis zum Rechnungswesen. Weltweite Vernetzung und die zunehmende Digitalisierung vieler Arbeitsverfahren ermöglichen neue Geschäftsmodelle und erhöhen den Wert der eingesetzten Informationstechnik. Als Dienstleister muss der IT-Bereich daher heute mit seinen Ressourcen sehr viel flexibler und punktgenauer auf die Anforderungen des Unternehmens reagieren. Es ist verständlich, dass IT heute strategisch höher bewertet wird als noch vor 10 Jahren.

Umfragen zeigen, dass sich die IT-Führungskräfte dieser Herausforderung stellen. Sie zeigen aber auch, dass viele IT-Bereiche nicht die Leistungstransparenz aufweisen, die z. B. an gut geführte Unternehmen gestellt werden. Es überrascht, wenn CIOs den Umfang ihrer eingesetzten IT-Assets und -Prozesse nicht kennen, wenn Projektmanagement und -controlling und Zielsetzungsprozesse unterentwickelt sowie Markt- und Kundenbezug der eigenen Leistung unklar sind.

Unternehmen stellen sich heute den höheren Anforderungen von Kunden und Aktionären. Praktiziertes Risikomanagement und Geschäftsethik begleiten das unternehmerische Wirken. Corporate-Governance-Bedingungen, wie zum Beispiel Sarbanes–Oxley, Sektion 404, fordern die jährliche Überprüfung der Wirksamkeit des internen Finanzberichtswesens.

Der Dienstleister IT erbringt in diesem Umfeld seinen transparenten und produktiven Beitrag. Und er tut dies zunehmend im Wettbewerb mit externen Dienstleistern. Erwartet werden Qualität, Effizienz, Serviceorientierung und Wertsteigerung (RoIT). Rahmen und Messgrößen für diesen Einsatz werden durch die Zielsetzungen zum Einsatz der IT und ihrer verbundenen Technologien bestimmt. Dabei geht es aber nicht nur um professionelles IT-Management, es geht auch um unternehmerisches Führen und Kontrolle, um richtige Kommunikation und Verhalten. IT-Governance fasst beide Aufgaben zeitgemäß zusammen.

IT-Governance ist so neu nicht, aber die praktische Umsetzung kann deutlich verbessert werden. Wie bei allen geforderten Regeln und Verfahren muss das Management mit gutem Beispiel vorangehen und praktizieren, was Konzept und Führung lehren! Das vorliegende Buch zeigt in konkreten Beispielen die aktuellen Herausforderungen, aber auch die lohnenden Ergebnisse einer erfolgreich eingesetzten IT-Governance.

*Prof. J. Menno Harms*
Vorsitzender des Aufsichtsrats der Hewlett Packard GmbH

# Vorwort der Herausgeber zur 2. Auflage

Bei der Erst-Auflage des Buches "IT-Governance in der Praxis" im März 2006 waren noch keine Anzeichen eines am Horizont aufkommenden schweren Unwetters zu erkennen. 3 bis 4 Jahre später ist die Realwirtschaft von einer tiefen Krise erschüttert worden, die kaum einen Bereich ausgelassen hat. Natürlich ist auch die IT in den Unternehmen betroffen – der Kostendruck hat sich weiter erhöht, Investitionen (auch bitter benötigte) werden heruntergefahren, viele laufende Projekte zeitlich gestreckt. Gleichzeitig ist und bleibt die IT eines der zentralen Instrumente für Unternehmen, sich effizienter und schlanker aufzustellen. Insofern hat sich der Druck auf die Verantwortlichen in der IT, die knappen Ressourcen gezielter einzusetzen und dabei gleichzeitig hochqualitative und hochverfügbare IT-Leistungen zu erbringen, noch einmal wesentlich verstärkt.

Verstärkt hat sich in der Folge natürlich auch der Ruf nach glaubwürdigen, in der Kommunikation starken sowie sachlich und fachlich auf der Höhe der Zeit befindlichen Managern in der IT. Gefragt sind heute mehr denn je Persönlichkeiten, die das Thema Governance im Sinne eines Steuerungsinstruments aktiv gestalten statt es lediglich als mechanistisches Regelwerk zu begreifen. Nur so kann sich eine IT-Funktion nahtlos auf eine krisenbedingt veränderte Situation in den Unternehmen einstellen. Das Herstellen und der Nachweis der Compliance von Informationssystemen mit den allgegenwärtigen gesetzlichen Vorgaben ist hierbei als ein zentraler Baustein zu sehen und wird in der vorliegenden zweiten Auflage durch einen Beitrag von PricewaterhouseCoopers adressiert.

Seit der ersten Auflage haben sich jedoch nicht nur die wirtschaftlichen Rahmenbedingungen verändert. Auch die IT selbst hat sich stark weiterentwickelt. Nach den Server-Landschaften werden jetzt weitere Bereiche, wie zum Beispiel Storage und Desktop, virtualisiert. Software as a Service (SaaS) Anbieter beginnen den etablierten IT-Großunternehmen Marktanteile wegzunehmen, Serviceorientierte Architekturen (SOA) verändern die Bereitstellung von Anwendungen, Cloud Computing wird Realität und weicht die Grenzen einer klar definierten Unternehmens-IT auf.

Mit der so forcierten Entkopplung der Elemente in der IT-Wertschöpfungskette steigen aber nicht nur die Chancen, sondern auch die mit Mitteln der IT-Governance zu adressierenden Risiken.

Als ein Resultat dieser neuen Situation muss der Einflussbereich der IT-Governance zwangsläufig weiter gefasst werden, auch über Unternehmensgrenzen hinweg. Die Bedeutung bestimmter Elemente der IT-Governance, wie das Risikomanagement und die Sicherheit in der IT, hat definitiv weiter zugenommen. Um der verstärkten Bedeutung Rechnung zu tragen, wird der Aspekt der IT-Sicherheit, und hierbei insbesondere die Identifikation, die Verwaltung sowie die lückenlose Dokumentation der Interaktionen eines Nutzers mit dem System, durch ein Team von PricewaterhouseCoopers und der Völcker Informatik in einem weiteren Beitrag aufgearbeitet.

Das Feedback auf die erste Auflage hat gezeigt, dass wir mit den behandelten Themen und den an der Praxis orientierten Beiträgen in den Unternehmen wichtige Veränderungen auslösen und für deren Umsetzung positive Impulse setzen. Gleichzeitig erwuchs hieraus auch die Motivation der geänderten Situation Rechnung zu tragen und sich den neuen Themen zuzuwenden.

Die Herausgeber bedanken sich für den hohen Einsatz und den Spirit des Autoren-Teams der BayerSchering AG, Grazia Equity, Booz & Company, PricewaterhouseCoopers (PwC) sowie der Völcker Informatik. Obwohl sich alle Autoren nicht über Arbeitsmangel im Tagesgeschäft beklagen konnten, war die gemeinsame Arbeit durch konstruktive, kreative und an der Praxis in den Unternehmen orientierte Diskussionen geprägt.

Berlin, im Januar 2010 *Andreas Rüter, Jürgen Schröder, Axel Göldner,*
*Jens Niebuhr*

# Vorwort der Herausgeber zur 1. Auflage

Befragt man Vorstände und Geschäftsführer zur Bedeutung der Informationstechnologie im Allgemeinen und für das eigene Unternehmen im Besonderen, so wird die Mehrzahl der Befragten direkt auf die strategische Relevanz der Informationstechnologie hinweisen. Das Management wird ebenfalls darauf hinweisen, dass sich im Unternehmensalltag die Anforderungen an die IT auf Grund der immer rapideren Veränderungen im Geschäftsleben und der Gesetzgebung sogar eher noch vergrößert haben. Es wird auch akzeptiert, dass die Standardisierung der Business-Prozesse und ihre anschließende Automatisierung mit den Mitteln der Informationstechnologie den Unternehmen erlaubt, mit geringerem finanziellen Einsatz ein Mehr an Leistung zu erzielen. Unzweifelhaft ist auch, dass die grundlegenden Services, wie die Unterstützung der IT-Nutzer, die Anwendungsentwicklung und der Betrieb der Rechenzentren effizient und auf hohem Niveau erbracht werden können.

Stellt man dieselbe Frage jedoch mit Bezug auf die Fähigkeiten der eigenen IT-Organisation, die oben genannten Themen anzugehen und umzusetzen, so ergibt sich in den meisten Fällen leider ein komplett anderes Bild: "Sprachprobleme" zwischen IT und Business, mangelhafte Entscheidungskultur, Technikverliebtheit, Unzuverlässigkeit, unterschiedliche Wertmaßstäbe, unzureichende Führungsqualitäten – die Liste ließe sich beliebig fortsetzen und gipfelt in vielen Fällen in der Forderung "wir brauchen eine andere IT"!

Hört man in den IT-Management-Konferenzen und Diskussions-Zirkeln genau zu, verstärkt sich der Eindruck, dass sich CIOs und mit ihnen die gesamte IT in einer Defensiv-Position befinden: Man diskutiert vehement über die Rolle des CIO und lamentiert über die eigene Positionierung. Man versteht sich als Mittler zwischen IT und Business, hat das Rational dafür auch parat, aber beklagt die fehlende entsprechende Berücksichtigung und Reputation im eigenen Unternehmen. Es klingt geradezu so, als stehe die IT generell mit dem Rücken zur Wand.

In diesem Buch beleuchten die Autoren einen wesentlichen Aspekt für eine erfolgreiche Positionierung des CIO und der IT: Nämlich die für den Erfolg erforderlichen, im Unternehmen verankerten Strukturen – die IT-Governance. Die wichtigsten Steuerungselemente werden vorgestellt und anhand praktischer Erfahrungsbeispiele anschaulich beschrieben.

Das Buch geht dabei von der Hypothese aus, dass die IT-Governance nicht eigenständig und unabhängig im Unternehmen erstellt und implementiert werden kann, sondern nur als elementarer Bestandteil der Corporate Governance und der Unternehmens-Strategie sowie der regulatorischen Rahmenbedingungen, denen das Unternehmen ausgesetzt ist.

So wird beispielsweise anhand der regulatorischen Anforderungen SOX (Sarbanes–Oxley) Compliance herzustellen, aufgezeigt, welche Konsequenzen sich für die IT-Governance ergeben und wie diese adressiert werden können – dies anhand des Erfahrungsberichtes der Schering AG, die als erstes deutsches DAX-Unternehmen SOX Compliance erreicht hat. Ein anderes Beispiel für die essentielle Bedeutung einer funktionierenden IT-Governance ist die Realisierung von Synergien und Wertbeitrag in Konsolidierungs-Situationen, insbesondere in so hochdynamischen Industrien wie der Mobilfunk-Branche.

Über IT-Governance zu sprechen ist en vogue, meist enden Veröffentlichungen hierzu jedoch bei der Theorie. Diesem Buch gelingt es, eine gut verständliche Brücke zwischen Theorie und Praxis zu bilden. Die Einbindung der IT-Governance in den Gesamt-Kontext mitsamt allen Abhängigkeiten wird als entscheidende Ausgangsbasis erläutert.

Die Autoren bieten dem Leser die Möglichkeit, mit einer ausführlichen und praxisnahen Beschreibung der unterschiedlichen Steuerungselemente die eigene IT-Governance zu bewerten, bzw. das eigene IT-Governance-Projekt aufzusetzen.

Explizit findet der Leser keine einzige Organisations-Abbildung in diesem Buch. Zu oft werden Governance-Entscheidungen durch das pure Verschieben von Organisations-Boxen getroffen. Eine spezifische Organisation ist am Ende jedoch das Resultat der Einführung einer geeigneten Governance, angepasst an die Unternehmenssituation. Die Autoren stellen auch heraus, dass eine neu definierte und im Unternehmen verankerte IT-Governance nur ein Element für den Erfolg ist. Die Qualität des IT-Managements, des CIO selber und die Fähigkeit, mit den nicht sichtbaren, internen Regeln und Strukturen ("hidden rules") im Unternehmen umgehen zu können, muss ebenso gewährleistet sein. Das heißt, jede noch so gute IT-Governance funktioniert nur mit einem im Unternehmen voll akzeptierten, durchsetzungsstarken Top-IT-Manager, der im Machtgefüge des Unternehmens stark integriert ist.

Das Marktumfeld ist ein weiterer wichtiger Aspekt: Jetzt, da die IT wieder positive Signale abgibt und außer reiner Konsolidierung und Kostenreduktion auch wieder über Innovationsprojekte und neue Technologien diskutiert, ist es entscheidend, die richtigen Steuerungselemente und Strukturen einzuführen, die IT leistungsfähiger zu positionieren und damit die Reputation zu verbessern. Zu oft war die fehlende Etablierung von geeigneten IT-Governance-Strukturen der Grund für gescheiterte Mega-Projekte, Innovationsruinen, und damit generell geringer Akzeptanz der IT und an verschiedensten Stellen sogar der Grund für forcierte Outsourcing-Entscheidungen.

Vielleicht lässt sich anhand der anhaltenden Föderalismus-Debatte in Deutschland aufzeigen, wie wichtig eine funktionierende Governance ist. Die Diskussionen haben gezeigt, dass zum Beispiel Verbesserungen im Bildungsbereich eben nur dann erreicht werden können, wenn eine Reform der Bund-Länder-Beziehungen stattfindet und eine entsprechende effektive "Governance" vereinbart und eingeführt wird.

Wir hoffen, dass dieses Buch dem Leser Anregungen und Anstöße geben kann, sich nicht nur theoretisch mit dem Thema IT-Governance zu beschäftigen, sondern auch ganz konkret Handlungsmaßnahmen abzuleiten und umzusetzen mit dem Ziel, der IT zu der Bedeutung im Unternehmen zu verhelfen, die sie verdient.

Die Herausgeber bedanken sich für den hohen Einsatz und Spirit des Autoren-Teams der Schering AG und Booz Allen Hamilton (Anm.: heute Booz & Company). Obwohl sich alle Autoren nicht über Arbeitsmangel im Tagesgeschäft beklagen konnten, hatten wir jederzeit sehr konstruktive und kreative Diskussionen.

Berlin, 31. März 2006 *Andreas Rüter, Jürgen Schröder, Axel Göldner*

# Inhaltsverzeichnis

**1 Corporate Governance** .................. 1

**2 Die veränderte Rolle der IT im Unternehmen** .......... 7
   2.1 Der verkannte Produktionsfaktor .......... 7
   2.2 Die Folgen der digitalen Revolution .......... 8
   2.3 Die Industrialisierung der Informationsverarbeitung .... 9
   2.4 Der Druck zur permanenten Veränderung und Anpassung .. 10
   2.5 Die digitale Identität .......... 11
   2.6 Der Einfluss rechtlicher oder regulatorischer Anforderungen .. 12
      2.6.1 Die Verarbeitung personenbezogener Daten und Datenschutz .......... 13
      2.6.2 Anforderungen an die Datensicherheit .......... 14
      2.6.3 Spezielle Anforderungen der Gesundheitsbehörden ... 16
   2.7 Fazit .......... 18

**3 IT-Governance** .......... 19
   3.1 IT-Governance: Definitionen und Modelle .......... 20
      3.1.1 Center for Information System Research (CISR) .... 21
      3.1.2 IT Governance Institute (ITGI): CobiT .......... 22
      3.1.3 Office of Government Commerce (OGC): ITIL ...... 24
      3.1.4 ISO/IEC: 17799 .......... 25
      3.1.5 Weitere Modelle .......... 25
   3.2 Einordnung der IT-Governance-Modelle .......... 26
   3.3 Unser Verständnis von IT-Governance in der Praxis ....... 28
   3.4 Die Umsetzung in einem Projekt .......... 29

**4 Entscheidungsdomänen der IT-Governance** .......... 35
   4.1 IT-Strategie .......... 36
      4.1.1 Einleitung .......... 36
      4.1.2 Welche Entscheidungen sind zu treffen? .......... 39
      4.1.3 Wer trifft die Entscheidungen? .......... 48
      4.1.4 Wie werden die Entscheidungen getroffen? ........ 50
   4.2 IT-Portfoliomanagement .......... 51
      4.2.1 Einleitung .......... 51

|  |  | 4.2.2 | Welche Entscheidungen sind zu treffen? | 52 |
|---|---|---|---|---|
|  |  | 4.2.3 | Wer trifft die Entscheidungen? | 54 |
|  |  | 4.2.4 | Wie werden die Entscheidungen getroffen? | 55 |
|  | 4.3 | IT-Architektur | | 60 |
|  |  | 4.3.1 | Einleitung | 60 |
|  |  | 4.3.2 | Welche Entscheidungen sind zu treffen? | 63 |
|  |  | 4.3.3 | Wer trifft die Entscheidungen? | 67 |
|  |  | 4.3.4 | Wie werden die Entscheidungen getroffen? | 69 |
|  | 4.4 | IT-Servicemanagement | | 73 |
|  |  | 4.4.1 | Einleitung | 73 |
|  |  | 4.4.2 | Welche Entscheidungen sind zu treffen? | 75 |
|  |  | 4.4.3 | Wer trifft die Entscheidungen? | 78 |
|  |  | 4.4.4 | Wie werden die Entscheidungen getroffen? | 81 |
|  | 4.5 | IT-Sourcing | | 86 |
|  |  | 4.5.1 | Sourcing-Modelle | 87 |
|  |  | 4.5.2 | Governance-Beteiligte und Entscheidungsfindung | 89 |
|  |  | 4.5.3 | Beispiel: Global Technology Partnership | 91 |
|  |  | 4.5.4 | Beispiel: Make or Buy | 93 |
|  |  | 4.5.5 | Fazit | 94 |
|  | 4.6 | IT-Budget | | 94 |
| 5 | **Relevante Themen der IT-Governance** | | | 99 |
|  | 5.1 | Der Sarbanes–Oxley Act Section 404 in der IT | | 100 |
|  |  | 5.1.1 | Grundlagen | 100 |
|  |  | 5.1.2 | Risk Assessment | 107 |
|  |  | 5.1.3 | Prüfung des internen Kontrollsystems | 121 |
|  |  | 5.1.4 | Vom Projekt zur Daueraufgabe | 124 |
|  |  | 5.1.5 | Fazit | 125 |
|  | 5.2 | Die Einrichtung eines Risikomanagementsystems in der IT | | 126 |
|  |  | 5.2.1 | Die Anforderungen | 127 |
|  |  | 5.2.2 | Die Bedrohungen | 127 |
|  |  | 5.2.3 | Die Konsequenzen | 128 |
|  |  | 5.2.4 | Die Lösung | 129 |
|  |  | 5.2.5 | Der Rahmen | 130 |
|  |  | 5.2.6 | Der Prozess | 131 |
|  |  | 5.2.7 | Die Herausforderungen | 139 |
|  |  | 5.2.8 | Die Aussichten | 140 |
|  | 5.3 | IT-Governance als Katalysator für erfolgreiche Post-Merger-Integrationen | | 140 |
|  |  | 5.3.1 | Ausgangslage | 140 |
|  |  | 5.3.2 | IT-Integrationsstrategie und IT-Governance | 142 |
|  |  | 5.3.3 | Rollen und Verantwortlichkeiten der IT im PMI-Prozess | 143 |
|  |  | 5.3.4 | Erfolgsfaktoren für eine IT-PMI-Governance | 145 |
|  | 5.4 | Konsolidierung – Synergieerschließung in internationalen Konzernen | | 146 |
|  |  | 5.4.1 | Beschreibung Ausgangssituation | 146 |

|  |  |  |  |
|---|---|---|---|
|  | 5.4.2 | Ziele und Ansatzpunkte der Konsolidierung | 147 |
|  | 5.4.3 | Grundsätzliche Überlegungen zur Konsolidierung | 148 |
|  | 5.4.4 | Umsetzung und Maßnahmen | 150 |
| 5.5 | Governance – Voraussetzung für robustes Wachstum | | 154 |
|  | 5.5.1 | IT als Wachstumsbremse? | 154 |
|  | 5.5.2 | Ausgangslage | 155 |
|  | 5.5.3 | Ansatzpunkte für die Governance-Neugestaltung | 157 |
|  | 5.5.4 | Ergebnisse und Fazit | 160 |
| 5.6 | Demand Management – das Eingangstor zur IT | | 161 |
|  | 5.6.1 | Vom Business Case zur mehrdimensionalen Steuerung | 163 |
|  | 5.6.2 | Der richtige Projekt-Mix – Demand Management auf dem Prüfstand | 166 |
| 5.7 | Governance – Erfolgsfaktor im Outsourcing | | 168 |
|  | 5.7.1 | Die Problematik von Outsourcing-Governance | 168 |
|  | 5.7.2 | Mechanismen der Outsourcing-Governance | 170 |
|  | 5.7.3 | Gestaltung von Outsourcing-Governance | 176 |
|  | 5.7.4 | Erfolgskontrolle im Outsourcing | 179 |
|  | 5.7.5 | Fazit | 181 |
| 5.8 | Organisation und Führungskultur | | 181 |
|  | 5.8.1 | Welche Leadership-Fähigkeiten werden für eine funktionierende IT-Governance benötigt? | 182 |
|  | 5.8.2 | Welche Bedeutung hat die Unternehmenskultur? | 184 |
| 5.9 | Herstellung und Nachweis der IT-Compliance | | 190 |
|  | 5.9.1 | Gesetzliche und regulatorische Vorgaben für die IT | 191 |
|  | 5.9.2 | Internes Kontrollsystem für die IT | 206 |
|  | 5.9.3 | Risikoorientierte Prüfung von IT-Systemen | 212 |
|  | 5.9.4 | Nachhaltige Compliance durch Governance der IT | 218 |
| 5.10 | IT-Sicherheit & Compliance | | 220 |
|  | 5.10.1 | Konsens & Komplexität | 220 |
|  | 5.10.2 | Gesetze, Standards, Definitionen | 222 |
|  | 5.10.3 | IT-Sicherheitsprozesse und -strukturen | 230 |
|  | 5.10.4 | Identity und Access Management | 238 |
|  | 5.10.5 | IAM & Compliance in der Praxis | 251 |
|  | 5.10.6 | Zusammenfassung | 270 |

**6 Ausblick** . . . . . . . . . . . . . . . . . . . . . . . . . . . . . . . . . . . 273

**Literatur** . . . . . . . . . . . . . . . . . . . . . . . . . . . . . . . . . . . . 275

# Autorenverzeichnis

## Herausgeber

### Andreas Rüter

*Partner Grazia Equity GmbH*

Andreas Rüter ist seit 2006 als Partner bei der Grazia Equity GmbH. Sein Berufsleben startete er als Fertigungsingenieur bei einem Dieselmotoren-Hersteller in Kapstadt, Südafrika. Andreas Rüter war dann für einen IT Service Provider tätig bevor er 1994 in die Management- und Technologie-Beratung Booz Allen Hamilton eintrat.

Andreas Rüter hat zuletzt als Geschäftsführer und Partner die Technologie-Practice von Booz & Company in Europa geleitet und war Mitglied des weltweiten Global IT Management Committee sowie des European Board. Andreas Rüter ist u.a. Aufsichtsrat der Reldata Inc. (USA).

Die Schwerpunkte seiner Tätigkeit bei der Grazia Equity GmbH liegen in der Entwicklung von innovativen Technologie-Unternehmen aus den Bereichen CleanTech, IT und neue Medien.

### Jürgen Schröder

*Berater*

Als freier Berater oder Manager auf Zeit unterstützt Jürgen Schröder Firmen bei der Optimierung und der Neuausrichtung der Informationstechnologie. Er war von 1998 bis 2007 als Chief Information Officer (CIO) der Schering AG in Berlin für die weltweiten IT-Aktivitäten des Pharmakonzerns verantwortlich. Nach dem Studium der Betriebswirtschaftslehre war er zunächst neun Jahre bei Ford in Köln und London als Systemanalytiker, Systemprogrammierer und Datenbankadministrator beschäftigt. Anschließend übernahm er als Manager bei Sony Europa die Leitung des Bereichs Systemanalyse. 1991 wechselte er als Leiter Organisation und DV zur Sandoz in Nürnberg. Bei der Novartis AG (hervorgegangen aus der Fusion Sandoz/Ciba) leitete er zuletzt den Bereich Controlling und Planung.

## Dr. Axel Göldner

*Bereichsleiter 1&1 Internet AG*

Axel Göldner arbeitet seit 2010 als Bereichsleiter im Vorstandsbereich Technologie & Entwicklung der 1&1 Internet AG. Davor war er zuletzt Principal in der globalen IT-Practice bei Booz & Company (ehemals Booz Allen Hamilton), wo er seit 2000 beschäftigt war. Seine Arbeitsschwerpunkte liegen in der Telekommunikations- und IT-Industrie und beinhalten insbesondere die strategische Aufstellung und Konsolidierung von IT- und Sicherheits-Bereichen sowie die Durchführung von Transformationsprogrammen und Großprojekten (auch im Finanzbereich). Akademischer Hintergrund: Physik-Studium und -Promotion sowie Master of Business Administration.

## Jens Niebuhr

*Partner und Geschäftsführer Booz & Company*

Bevor er 1998 zu Booz Allen Hamilton (heute Booz & Company) gestoßen ist, war er für IBM und Mummert in der IT-Industrie tätig. Seine Beratungsschwerpunkte liegen in der Telekommunikations- und Energieversorgungsbranche mit Fokus auf die strategische Positionierung und Steuerung der IT, komplexe Transformationsprogramme sowie Financial & Performance Management. Akademischer Hintergrund: Studium der Wirtschaftsinformatik und Master of Business Administration.

## Autorenteam

## Olaf Acker

Mitglied der Geschäftsleitung in der globalen IT-Practice, seit 2000 bei Booz & Company (ehemals Booz Allen Hamilton). Beratungsschwerpunkte: Strategische Ausrichtung von IT-Services-Unternehmen bzw. Technologie-Bereiche in der Telekommunikations- und Medienbranche, technische Umsetzung der Kundenschnittstelle sowie IT-Governance-Themen. Akademischer Hintergrund: Studium der Betriebswirtschaftslehre mit Schwerpunkt Wirtschaftsinformatik.

## Carsten Andresen

seit 2002 als Berater bei der BayerSchering AG in Berlin tätig. Nach dem Studium war er zunächst 6 Jahre in einem Ingenieurbüro tätig und wechselte danach in die Beratung. Er arbeitete 3 Jahre bei Price Waterhouse in Amerika als SAP-Berater. Im Anschluss war er 4 Jahre bei Andersen Consulting (jetzt Accenture) unter anderem als Berater bei der Neustrukturierung von Energieunternehmen in Europa tätig. Akademischer Hintergrund: Studium der Energietechnik, Studium der Wirtschaftsingenieurwissenschaften.

Autorenverzeichnis

**Uwe Bartels**

arbeitet seit 1968 für die BayerSchering AG. Aufgabenschwerpunkte waren u. A. die Konzeptionierung und Weiterentwicklung von lokalen und internationalen Datennetzwerken, des Internet-Zugangs und der Aufbau aller hiermit zusammenhängenden organisatorischen und technischen Sicherheitsstrukturen. Er berichtet seit vier Jahren direkt an den CIO und ist für das Thema IT-Risikomanagement zuständig. Dazu gehören auch die Bereiche IT-Sicherheit, IT Business Continuity und IT Quality Assurance.

**Matthias Bauer**

Prokurist und Entwicklungsleiter der Völcker Informatik AG. Im Jahre 1994 Mitgründer des Unternehmens und verantwortlich für die Entwicklung des Produktes ActiveEntry mit seinen Funktionsschwerpunkten Identity Management und Compliance Automation. Akademischer Hintergrund: Studium der Elektrotechnik an der Universität Karlsruhe (TH).

**Dr. Stefan Behrens**

seit 2002 Berater bei Booz & Company (ehemals Booz Allen Hamilton). Beratungsschwerpunkte: Planung und Umsetzung strategiegetriebener Transformationsprogramme, Gestaltung von Governance- und Organisationsstrukturen, Exzellenz in kundenseitigen Prozessen. Industriefokus: Telekommunikation, Medien, Technologie. Akademischer Hintergrund: Studium der Betriebswirtschaftslehre, Promotion mit Schwerpunkt IT Outsourcing Governance.

**Jörg Böckmann**

Mitglied der Geschäftsleitung in der IT-Practice, seit 2003 bei Booz & Company. Beratungsschwerpunkte: IT-Strategie, komplexe Transformationsprogramme, Business Integration und Supply Chain Management, z.B. in der Automobil- oder Pharma-Industrie. Akademischer Hintergrund: Studium der Informatik und Master of Business Administration.

**Dr. Markus Böhm**

Partner bei PricewaterhouseCoopers WPG AG in Frankfurt. Seit 1999 bei PwC, dort zunächst einige Jahre in der Unternehmensberatung, dann mehrere Jahre Leiter des Bereichs IT Client Service. Seit 2008 Ernennung zum Partner, seitdem verantwortlich für die Themen IT-Governance, IT-Compliance und IT-Risk Management bei PwC. Akademischer Hintergrund: Studium der Informatik an der Universität Erlangen-Nürnberg, danach Promotion an der TU Dresden, derzeit Gastdozent an Fachhochschulen und Universitäten.

**Eiko Ermold**

Enterprise-IT-Architect bei PricewaterhouseCoopers AG WPG in Frankfurt. Seit 2000 bei PwC, nach einigen Jahren im Bereich Risk-Management und prüfungsnahe IT-Beratung, Wechsel in den internen IT Bereich bei PwC als Projektleiter und IT-Architect für Identity und Access Management. In 2007 Wechsel in den Bereich IT-Security & Strategy als Enterprise-IT-Architect u.a. verantwortlich für IAM und Microsoft-basierende Softwarelösungen. Akademischer Hintergrund: Studium der Betriebswirtschaft an der Universität Gießen.

**Joachim Glass**

Diplom-Betriebswirt und Diplom-Informatiker, arbeitet seit 1982 für die Bayer-Schering AG. Er berichtet seit drei Jahren direkt an den CIO und ist unter anderem für die Themen IT-Governance und Sarbanes–Oxley zuständig. Er hat im Jahre 2005 das Projekt zur Optimierung der IT-Governance der Schering AG geleitet. Seit 2004 koordiniert er außerdem die Sarbanes–Oxley Sec. 404 (SOX)-Aktivitäten der IT in der Schering AG. Derzeit leitet er das Projekt zur Auswahl eines Tools zur Unterstützung des SOX-Prozesses.

**Dr. Florian Gröne**

seit 2001 bei Booz & Company (ehemals Booz Allen Hamilton) in Berlin als Berater und Projektleiter tätig. Schwerpunkte: Wachstum und Effizienzsteigerung in IT-intensiven Unternehmen, insbesondere Telekommunikation, Internet, Medien und ICT Service Provider. Fokus auf kundenzentrische Strategien, Prozesse und Systeme: CRM, Marketing & Sales, Online-Plattformen, Customer Insight. Akademischer Hintergrund: Studium der Betriebs- und Volkswirtschaftslehre (ebs Oestrich-Winkel, FernUniversität Hagen), Master of Business Administration (Katz Graduate School of Business, University of Pittsburgh) und Promotion in Corporate Strategy (WHU Otto Beisheim School of Management, Vallendar).

**Johannes Liffers**

Prokurist und Senior Manager bei PricewaterhouseCoopers AG WPG in Berlin. Nach einigen Jahren klassischer Wirtschaftprüfungstätigkeit, Wechsel in den Bereich prüfungsnahe IT-Beratung. Verantwortlich für das Thema Identity und Access Management insbesondere mit Bezug auf Beratung und Prüfung von IAM-Prozessen, -Kontrollen und -Strukturen. Akademischer Hintergrund: Studium der Betriebswirtschaft an der Universität Dortmund, Certified Public Accountant, New Hampshire Board of Accountancy.

**Dr. Germar Schröder**

Principal der globalen IT-Practice, seit 2002 bei Booz & Company (ehemals Booz Allen Hamilton). Beratungsschwerpunkte: IT und strategischer Wandel, wettbewerbsfähige IT-Infrastruktur, finanzielle Steuerung und Finance-IT. Industrie-Schwerpunkt in der Telekommunikationsbranche. Akademischer Hintergrund: Studium der Physik in Kiel und Hamburg, Promotion am Max-Planck-Institut für Gravitationsphysik Potsdam/Universität Hamburg, Schwerpunkt: Elementarteilchenphysik und Stringtheorie.

# Einleitung

Woher stammt dieser Druck, dem sich die Mehrzahl der IT-Organisationen in den Unternehmen ausgesetzt sieht? Dieser Druck kommt unserer Meinung nach nur vordergründig, wenn auch häufig begründet, in seiner "klassischen" Ausprägung als Kostenargument daher. Vielmehr braut sich vielschichtig Zweifel zusammen. Die Lage kann wohl am besten als durch "atmosphärische Störungen" geprägt charakterisiert werden. Sucht man nach Ursachen hierfür in der Fachpresse, so wird häufig und summarisch die gesamte Bandbreite der für den Einsatz der IT erforderlichen Qualifikationen in Frage gestellt und der unbedarfte Leser gewinnt fast zwangsläufig den Eindruck, dass die IT nicht ein Problem hat, sondern ein Problem ist.

Der Druck resultiert wohl weniger daher, dass die Relevanz des IT-Einsatzes in Frage gestellt würde, das Gegenteil ist der Fall: Es wird allgemein anerkannt, dass die Informationstechnologie eine Vielzahl neuer Produkte und Services erst ermöglicht, dass sie vollkommen neue Industriezweige entstehen lässt. Ebenso wenig wird die Rolle der Informationstechnologie als Wettbewerbsfaktor bezweifelt. Der Einfluss auf das Entstehen stark veränderter oder vollkommen neuer Strukturen in den Beziehungen zwischen den Firmen einerseits und den Kunden andererseits ist ebenfalls unbestritten.

So haben sich zwar auf der einen Seite die Erwartungen an die IT erhöht. Auf der anderen Seite verstärkt sich jedoch die Befürchtung, dass die IT-Organisationen in den Unternehmen nicht in der Lage sind, diese Erwartungen zu erfüllen. Worauf sind diese Zweifel zurückzuführen?

Verallgemeinernd lässt sich sagen, dass in jedem Unternehmen das wirtschaftliche Handeln aus drei Blickwinkeln betrachtet werden kann: Kosten- und Ertragsgesichtspunkte, Kundenorientierung und Einsatz von Technologie.

Die Bedeutung der Kostengesichtspunkte und der Kundenorientierung als Treiber für das wirtschaftliche Handeln ist zweifelsfrei akzeptiert, dagegen wird der Beitrag des Einsatzes von Technologie häufig konträr diskutiert. Der Einsatz von Technologie schlägt sich primär in der Bereitstellung von vermarktbaren Produkten, Dienstleistungen und Services nieder. Dieser "Technologie-Blick" auf das Unternehmen erfordert wahrscheinlich die höchste Bereitschaft zur Abstraktion, fehlt es doch an den klaren Vorgaben der Kostensicht und den leichter nachvollziehbaren Gesetzen der Interaktion mit Kunden. Schließlich ist jeder von uns permanent in der Kundensituation!

Die Informationstechnologie ist als die wohl wichtigste Support-Funktion für alle Unternehmensprozesse eindeutig Technologie-lastig, auch wenn die Beschäftigung mit Informationen auf den ersten Blick etwas anderes vermuten lassen sollte. Wird diese Technikorientiertheit bei den "klassischen" Unternehmensfunktionen wie Forschung, Entwicklung und Produktion nicht nur akzeptiert, sondern geradezu vorausgesetzt – enden diese Aktivitäten doch in anfassbaren und vermarktbaren Produkten – bleibt das Ergebnis der Arbeit in der IT oft abstrakt. Der unbestreitbar hohe und weiter wachsende Anteil an IT-Leistung in den oben genannten klassischen und technikorientierten Disziplinen im Unternehmen kommt dem Endprodukt direkt zugute, wird aber oft nicht als wichtiger Bestandteil desselben wahrgenommen.

In Entwicklung und Produktion bestehen darüber hinaus seit langem klare Verfahren für die Planung, die Ressourcensteuerung sowie Dokumentation und Abrechnung aller Aktivitäten. Das Vorhandensein von Stücklisten, Arbeitsplänen und Kalkulationsverfahren sowie ihr selbstverständlicher Einsatz mögen hier nur als Beispiel genannt werden.

Die Informationstechnologie als doch noch relativ junge Disziplin mit anhaltend stürmischer Entwicklung hat hier einen hohen Nachholbedarf. Steuerung und Priorisierung der Aktivitäten in der IT können weiter professionalisiert werden, das Selbst-Marketing, gerade nach dem Verlust an Glaubwürdigkeit als Folge des geplatzten e-Business-Booms, verbessert werden und die nach wie vor starke Konzentration auf die technischen Aspekte in der Informationsverarbeitung in Balance mit den wirtschaftlichen, unternehmensstrategischen Aspekten gebracht werden.

Das Top-Management erkennt mehr und mehr die Wichtigkeit und den Bedarf an Beratung, wenn es um den Einsatz der IT oder ihre strategische Ausrichtung geht. Scheut man sich die benötigten Ratschläge auf Grund mangelnden Vertrauens von der unternehmenseigenen IT-Organisation einzuholen, wird man sich den Rat außerhalb suchen. Häufig werden in der Folge dann auch Produkte und Services für Routinearbeiten in der IT von außerhalb angeboten. Die IT-Organisation läuft also nicht nur Gefahr als Partner in der Diskussion für ihre strategische Ausrichtung auszufallen, sondern in der Folge auch noch ihr Tagesgeschäft zu verlieren. Über den wirtschaftlichen Sinn dieser Aktionen lässt sich natürlich trefflich streiten. Tatsache ist, dass mangelnde Glaubwürdigkeit in den meisten Fällen die wirtschaftlichen Überlegungen in den Hintergrund drängt und zum motivierenden Faktor für eine Vielzahl von Outsourcing-Aktivitäten wird.

Bei gut aufgestellten IT-Organisationen liegt die Herausforderung also weniger in der weiteren Professionalisierung der Unternehmens-IT, auch wenn die einschlägige Presse – häufig von interessierter Seite gesponsort – etwas anderes vermuten lässt. Verantwortungsbewusste CIOs haben längst erkannt, dass der Wettbewerb mit externen Dienstleistern über die kontinuierliche Verbesserung aller Aspekte der von der IT zur Verfügung gestellten Services zur Pflicht geworden ist. Sie haben ebenfalls erkannt, dass sie in diesem Wettbewerb, ein mittelfristig stabiles Arbeitsumfeld vorausgesetzt, durchaus bestehen können.

# Einleitung

Die entscheidenden Schritte um den Vertrauensverlust und die Sprachlosigkeit zwischen Business und IT zu beseitigen, müssen in der professionellen Ausgestaltung der Organisation, der Entscheidungs- und der Steuerungsstrukturen geschehen. Der Dialog muss über geeignete Regelwerke versachlicht und ent-emotionalisiert werden. Wir brauchen den Übergang zur "gläsernen IT". Klare Service- und Abrechnungsstrukturen mit hohem "Wiedererkennungswert" für das Business müssen hierzu eingerichtet werden. Change Management und effizientes Reporting müssen sich an den im Unternehmen allgemein geltenden Regeln orientieren und so für mehr Transparenz sorgen.

Dies sind Schlüsselvoraussetzungen, um das oft beschworene "Verständigungsproblem" zwischen IT und dem Management der übrigen Unternehmensfunktionen zu adressieren. Dieses Verständigungsproblem beginnt mit einem unterschiedlichen Vokabular (wobei auch IT-Experten mittlerweile die Vielzahl an Begriffen und Abkürzungen nur noch in ihrem jeweiligen Spezialgebiet entschlüsseln können) und endet bei unterschiedlichen Denkweisen und Problemlösungsmethoden.

In der Kommunikation unterscheidet man jedoch aus gutem Grunde zwischen einer durch Pflichtenhefte, Prozessdefinitionen, Protokolle, Methoden und Tools gekennzeichneten Sachebene, und der Beziehungsebene. Die in der Kommunikation gewünschten Resultate werden nur dann erzielt, wenn in allen Phasen und zu allen Themen (Sachebene) auch zielgerichtet kooperiert wird und die beteiligten Personen aller Organisationseinheiten einander auf der Beziehungsebene vertrauen. Wir sind davon überzeugt, dass neben der allgegenwärtigen, durch das "Fachchinesisch" bedingten Sprachlosigkeit zwischen den handelnden Personen auch die Beziehungsebene gelitten hat.

Natürlich stellt sich unmittelbar die Frage, warum die normalen, aus einer Corporate Governance abgeleiteten Regeln für das Beheben dieser Situation nicht ausreichen sollten, warum es eines besonderen Konstruktes für die IT bedarf, wo sich doch jeder andere Bereich von der Forschung bis zum Vertrieb sehr wohl im gegebenen Rahmen wieder findet.

So wie die Corporate Governance jedoch das Unbehagen der Aktionäre, den Umgang mit den von ihnen bereitgestellten Finanzmitteln betreffend, abbauen soll, so geht es bei der IT-Governance im übertragenen Sinne um das Adressieren des Unbehagens beim Top-Management, wenn es um Kosten und Nutzen des Einsatzes von Informationstechnologie im Unternehmen geht.

Die Idee, mit der IT-Governance einen Bezugsrahmen aus der Finanzwelt zu nutzen, um diese Probleme zu adressieren, erscheint vielversprechend. Folgt doch bei weitgehender Übertragung der Corporate-Governance-Prinzipien der Einsatz der Informationstechnologie den gleichen, wohlbekannten und akzeptierten Regeln, wie sie auch im Umgang mit finanziellen Ressourcen gelten.

Dieses Buch diskutiert Gründe für die Störungen auf Sach- und Beziehungsebene und legt dar, wie die Erarbeitung und Etablierung einer IT-Governance helfen kann, die Diskussionen zu versachlichen, die Vertrauenskrise aufzulösen und generell die Zusammenarbeit mit der IT effektiver und effizienter zu gestalten.

Als Leitfaden für das Buch hat das Autoren-Team einen Bezugsrahmen entwickelt (siehe Abb. 1), der die Einbindung der IT-Governance im Kontext

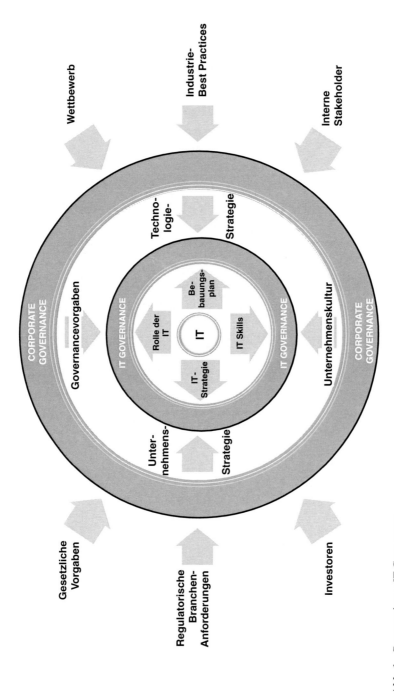

**Abb. 1.** Bezugsrahmen IT-Governance

darstellt. Die Corporate Governance eines Unternehmens wird durch unterschiedliche Einflussfaktoren, wie regulatorische oder industriespezifische Faktoren determiniert. Die Vorgaben durch die Corporate Governance sowie die Unternehmens- und die Technologie-Strategie oder auch die spezifische Unternehmenskultur beeinflussen wiederum die IT-Governance von außen. Von innen bestimmt die IT die Ausgestaltung der IT-Governance über IT-Strategie, Positionierung/Rolle der IT oder die vorhanden IT-Skills.

Wenn man berücksichtigt, dass erst 5% aller Unternehmen Compliance-Projekte auf- bzw. umgesetzt haben, wird deutlich, dass ein sehr großer Bedarf besteht, IT-Governance-Strukturen zu überarbeiten bzw. in den kommenden Jahren neu zu gestalten. In unseren Untersuchungen zu den einzelnen Elementen, Mechanismen einer IT-Governance haben wir festgestellt, dass zwar Teile einer Best-Practice-IT-Governance in vielen Unternehmen vorhanden sind, ein komplettes Bild aber haben wir an keiner Stelle angetroffen.

Wir glauben auch nicht, dass ein IT-Governance-Projekt jemals abgeschlossen ist – es ist eine Daueraufgabe für den CIO und das Management im Unternehmen. Dieses Buch richtet sich an den Manager, der eng mit der IT interagiert, sowie den CIO und sein IT-Team, das die Positionierung der IT im Unternehmen entsprechend seiner Bedeutung verbessern will.

Ein letzter Hinweis: Gibt es ein Standard-Rahmenwerk für eine IT-Governance? Nein – wie die Abbildung zum Bezugsrahmen zeigt, sind die Gestaltungs-Parameter für jedes Unternehmen unterschiedlich. Ein einheitliches Kochrezept gibt es nicht, doch das Buch liefert Beschreibung und Praxisbeispiele für die Zutaten, die das Unternehmen individuell zu einer funktionierenden und leistungsfähigen IT-Governance zusammenfügen kann.

# Kapitel 1
# Corporate Governance

Mit der fortschreitenden Globalisierung und Entwicklung multinationaler Großunternehmen scheint auch eine Veränderung der Führungs- und Abhängigkeitsverhältnisse von Staaten und Unternehmen einherzugehen. Noch vor 30 Jahren spielten die Staatsregierungen die zentrale Rolle bei der Festlegung von Regeln und Vorgaben und die Unternehmen waren diesen Parametern mehr oder minder ausgeliefert. Heute ist es für ein international agierendes Großunternehmen, das sich z. B. aufgrund geänderter Rechtsvorschriften Wettbewerbsnachteilen in einem Land ausgesetzt sieht, typischerweise ein Leichtes, dem Standortnachteil durch Verlagerungsmaßnahmen zu entgehen. Diese auch in Deutschland stattfindende und immer wieder heftig diskutierte Entwicklung hat dazu geführt, dass Großunternehmen sich immer stärker von staatlichen Gefügen entkoppeln.

Berücksichtigt man die Erfahrungen aus den Insolvenzen und Bilanzskandalen der letzten Jahre, so erlangen damit Strukturen und interne Regeln eines Unternehmens, also die Unternehmensverfassung, eine immer höhere Bedeutung. Dies ist nicht nur der Fall im Hinblick auf das viel diskutierte Thema "social responsibility", sondern insbesondere im Verhältnis eines Unternehmens zu seinen Aktionären. Waren die Unternehmenseigentümer früher direkt auch mit der Unternehmensführung und -kontrolle betraut, so ist dies für Unternehmen in der typischen Gesellschaftsform einer Aktiengesellschaft nicht mehr gegeben: Die Eigentümer (Aktionäre) haben keine bzw. nur sehr eingeschränkte Kontrollmöglichkeiten. Verschärft wird diese Situation noch dadurch, dass den Managern nachgesagt wird, sie verfolgten nicht unbedingt die Unternehmensinteressen, sondern primär Eigeninteressen. In der Literatur hat diese Thematik unter dem Begriff Principal-Agent-Konflikt (Principal: Eigentümer, Agent: Führungskräfte) Einzug gehalten.

Die Unternehmensverfassung ist aber nicht nur im Verhältnis eines Unternehmens zu seinen Aktionären von großer Bedeutung. Über die Klärung, Festlegung und Durchsetzung von Verantwortlichkeiten, Entscheidungsbefugnissen und Prozessen bildet sie auch eine wichtige Basis für das Funktionieren eines Unternehmens und damit letztendlich den Unternehmenserfolg.

Die Wichtigkeit dieses Themenkomplexes findet ihren Niederschlag auch in der umfangreichen Literatur zu diesem Bereich, wobei der dort benutzte Begriff der Corporate Governance sich neben der Unternehmensverfassung meist auch auf

Unternehmenskontrolle, -aufsicht und -leitung bezieht. Die Definition der OECD Corporate Governance spiegelt dieses erweiterte Verständnis wider (OECD 2004):

„Corporate-Governance-Praktiken gehören zu den zentralen Voraussetzungen für die Verbesserung von wirtschaftlicher Effizienz und Wachstum wie auch für die Stärkung des Anlegervertrauens. Sie betreffen das ganze Geflecht der Beziehungen zwischen dem Management eines Unternehmens, dem Aufsichtsorgan, den Aktionären und anderen Unternehmensbeteiligten (Stakeholder). Die Corporate Governance liefert auch den strukturellen Rahmen für die Festlegung der Unternehmensziele, die Identifizierung der Mittel und Wege zu ihrer Umsetzung und die Modalitäten der Erfolgskontrolle."

Diese Auslegung deutet darauf hin, dass ein Unternehmen, welches in der Lage ist, seine Stakeholder in sinnvoller Weise in alle Fragen der Corporate Governance einzubinden, neben einer Optimierung der direkt unternehmensbezogenen Abläufe auch noch eine Unternehmenswert-Steigerung am Kapitalmarkt erreichen kann – was durch Studien bestätigt werden konnte (s. Abb. 1.1).

Aber auch unternehmensintern spielt die Corporate Governance eine wichtige Rolle. So hat die Qualität der Corporate Governance beispielsweise einen signifikanten Einfluss auch auf die Unternehmenskultur. Wird die Corporate Governance nicht nur als niedergeschriebenes Schriftwerk angesehen, sondern von dem Unternehmen und insbesondere den Führungskräften gelebt, so wirkt sich dies auf die Zufriedenheit und die Identifikation des Mitarbeiters mit dem Unternehmen aus (Häseler und Gampe 2002).

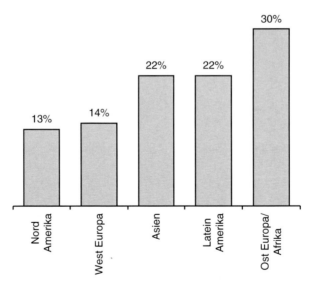

**Abb. 1.1.** Durchschnittliche Aufpreise, die Investoren bereit sind, für „well governed" Unternehmen zu bezahlen (nach Regionen), (Global Investor Opinion Survey: Key Findings 2002)

# 1 Corporate Governance

Im Rahmen der Corporate Governance ist somit das Zusammenspiel aller Stakeholder oder Stake-holder des Unternehmens, sowohl interner als auch externer, aus Sicht des Unternehmens festzulegen, zu kommunizieren und umzusetzen. Für dieses Zusammenspiel gibt es jedoch keinen allgemeingültigen Entwurf – vielmehr hängt die Ausgestaltung der Corporate Governance von den spezifischen Rahmenbedingungen des Unternehmens ab. Sie soll jedoch in jedem Fall drei Gruppen von Stakeholdern einbinden, die sich aufgrund ihrer verschiedenartigen Behandlung und Bedeutung unterscheiden:

1. Vorstand, Aufsichtsrat und Aktionäre
   Diese Gruppe nimmt aufgrund ihrer Rechte und Pflichten, die sich direkt aus dem Aktiengesetz ergeben, eine zentrale Stellung gegenüber dem Unternehmen ein. Es ist daher nicht verwunderlich, dass auch die Corporate-Governance-Literatur auf diese Stakeholdergruppe fokussiert. Das Unternehmen ist an einem funktionierenden Zusammenspiel von Vorstand, Aufsichtsrat und Aktionären in doppelter Hinsicht interessiert: einerseits zur Sicherstellung der Arbeitsfähigkeit des Unternehmens und andererseits um den Kommunikations-Anforderungen des deutschen Corporate-Governance-Kodex genüge zu tun.

   Hinsichtlich Vorstand und Aufsichtsrat zeigt der Corporate-Governance-Kodex insbesondere Regelungsbedarf in Bezug auf deren Zusammensetzung, die Tätigkeitsleitlinien, den Umgang mit Interessenkonflikten, die Höhe der Vergütungen sowie das Zusammenspiel/Aufgaben des Aufsichtsrates und Vorstandes wie auch die Beziehungen zu den Aktionären.

2. Sonstige unternehmensinterne Stakeholder
   Im Gegensatz zur ersten Gruppe wird den sonstigen unternehmensinternen Stakeholdern, also insb. Divisionen und/oder Funktionen, im Rahmen der Corporate-Governance-Literatur weniger Platz eingeräumt[1]. Dies liegt vorrangig daran, dass die (börsennotierten) Unternehmen nicht verpflichtet sind, deren Zusammenspiel extern zu veröffentlichen – typischerweise wird das unternehmensinterne Zusammenspiel nur in einem internen Handbuch zum Führungsmodell (oder Organisationshandbuch) beschrieben oder – in einigen Fällen – gar nicht dokumentiert.

   Das Führungsmodell eines Unternehmens legt die Rollen und Verantwortlichkeiten der einzelnen Organisationseinheiten, die Führungsprozesse sowie Weisungsbefugnisse und Richtlinien fest. Einen der zentralen Punkte bei der Definition des Führungsmodells bildet das Zusammenspiel der Konzernzentrale mit den dezentralen Bereichen (Divisionen). Dabei kann es sich um Geschäftsbereiche, Produktionsstätten, Forschungsstätten oder Tochtergesellschaften eines Unternehmens handeln, die in Wechselwirkung mit der Zentrale stehen.

---

[1] Die IT-Governance bildet dort aufgrund der Wichtigkeit für alle Unternehmensteile eine Ausnahme – auf IT-Governance-Literatur wird in Kap. 3 näher eingegangen.

Neben den Rollen und Verantwortlichkeiten sind auch die wichtigsten Führungsprozesse sowie wesentliche Weisungen und Richtlinien festzulegen. Führungsprozesse binden in der Regel eine Vielzahl von Stakeholdern ein und regeln zentrale Abläufe im Unternehmen; dazu zählen unter anderem strategische Planung, Budgetierung, strategisches Controlling, individuelle Zielfestlegung, -messung und -belohnung (Management by Objectives, MbO), Organisationsentwicklung, usw. Zentrale Weisungen ihrerseits beinhalten unter anderem Finanzkompetenzen, IT-Sicherheit, Gehaltswesen, Accounting Manual und viele mehr. All diese Elemente tragen – wenn wohl definiert und aufeinander abgestimmt – zum reibungslosen Zusammenspiel der Organisationseinheiten bei.

| Konzernzentrale | Divisionen |
| --- | --- |
| • Führung auf Konzernstufe<br>• Konzernstrategie und -planung<br>• Finanzabschlüsse für den Konzern<br>• Vertretung des Konzerns im Außenverhältnis<br>• Konzern-Führungsprozesse<br>• Konzernweisungen und -richtlinien<br>• Coaching der Divisionen im Rahmen der Führungsprozesse | • Führung auf Stufe Division<br>• Divisionsstrategie und -planung<br>• Finanzabschlüsse auf Stufe Division resp. Tochtergesellschaft<br>• Gewinn und Verlust resp. Kostenverantwortung sowie Verantwortung für die von ihr geführten Assets[1]<br>• Verantwortung, alle notwendigen Funktionen sicherzustellen (d.h. nicht zwingend, dass die Funktion innerhalb der Division selbst aufgebaut werden muss) |

[1] Dies kann auch Assets außerhalb der eigenen Legaleinheit mit einschließen

**Abb. 1.2** Typische Rollen & Verantwortlichkeiten von Konzernzentrale und Divisionen

3. Unternehmensexterne Stakeholder
Die Relevanz der unternehmensexternen Stakeholder, z. B. Medien, Wettbewerb, öffentliche Organe, ist stark vom jeweiligen Unternehmen abhängig. So hat der Wettbewerb, dem ein Unternehmen ausgesetzt ist, eine direkte Rückkopplung auf die Unternehmensführung. Befindet sich ein Unternehmen beispielsweise in einer starken Wettbewerbssituation, so ist die Unternehmensführung stärker an der Verfolgung von Gewinnzielen interessiert; umgekehrt führt ein nur schwach ausgeprägter Wettbewerb eher zu Bereitschaft des Managements, sich größere private Vorteile zu verschaffen, ohne dass dies negative Konsequenzen für das Unternehmen hätte.

Aufgrund der Individualität der Einflussfaktoren auf die Corporate Governance ist es nicht verwunderlich, dass in den Corporate-Governance-Kodex nur die Öffentlichkeit als Ganzes Einzug gehalten hat und auch eine differenzierte Betrachtung in der Literatur nur eingeschränkt erfolgt. Nichtsdestoweniger ist es unumstritten, dass die erfolgreiche Wechselwirkung zwischen Unternehmen und Außenwelt den Erfolg des Unternehmens beeinflussen kann. Man denke hier etwa an Rekrutierung, öffentliche Ämter, Interessenvertretung in öffentlichen Gremien, externe Kommunikation, Krisenkommunikation, Sponsoring und Beitragswesen, etc.

Es wirken also eine Vielzahl von Einflussfaktoren auf die Corporate Governance, die diese in Regeln und Vorgaben übersetzt, die innerhalb des Unternehmens Anwendung finden. Zu diesen Regeln und Vorgaben zählen, neben der Unternehmensstrategie und -kultur, insbesondere im Hinblick auf die IT auch technologische Aspekte, die im Rahmen der IT-Governance zu berücksichtigen sind (vgl. auch Abb. 1.3).

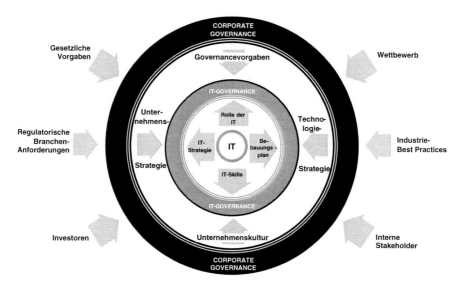

**Abb. 1.3** Einflussfaktoren auf die Corporate Governance und Vorgaben für die IT-Governance

# Kapitel 2
# Die veränderte Rolle der IT im Unternehmen

Auf dem Weg von der postmodernen Industriegesellschaft hin zur so genannten Informationsgesellschaft nimmt die Quantität und die Qualität von Informationen völlig neue Dimensionen an. Nie zuvor waren Informationen so umfangreich und gleichzeitig hoch konzentriert verfügbar, nie zuvor waren auch Geschwindigkeit und die Fähigkeit, Informationen gewinnbringend zu nutzen, so entscheidend im Wettbewerb.

Dennoch wird das Verständnis wirtschaftlicher Zusammenhänge, innerbetrieblicher Aktionsparameter und damit die Gestaltung der Aufbau- und Ablauforganisation auch heute noch weitgehend durch das von E. Gutenberg entwickelte System der Produktionsfaktoren geprägt.

## 2.1 Der verkannte Produktionsfaktor

Produktionsfaktoren sind laut Gutenberg alle Güter, die im Leistungserstellungsprozess eingesetzt werden. Hierbei unterscheidet er zwei Gruppen: Die Elementarfaktoren bilden die Grundbausteine, ohne die eine betriebliche Leistungserstellung nicht möglich wäre. Sie bestehen aus Werkstoffen, Betriebsmitteln und ausführender Arbeit. Die dispositiven Faktoren werden von allen Funktionen gebildet, die betriebliche Vorgänge koordinieren und lenken, also Leitung, Planung, Organisation und Kontrolle.

Im Zuge der Automatisierung von außer- und innerbetrieblichen Abläufen, der Entwicklung „intelligenter" Produkte, Information als eigenständigem Produkt oder selbständigem Einsatzfaktor, wurde die Limitierung des gutenbergschen Modells schnell klar und die Information wurde als Erweiterung in das Modell eingebracht. Das geschah, indem man die Information als vierten Elementarfaktor, neben Werkstoffen, Betriebsmitteln und ausführender Arbeit, klassifizierte.

Unserer Ansicht nach springt man hier jedoch zu kurz. Die Information gewinnt als eigenständiger Werkstoff, als Betriebsmittel und immer wichtigere Grundlage und Arbeitsmittel der dispositiven Faktoren exponentiell an Bedeutung. Nimmt man die Entwicklung des Anteils der Beschäftigten in den vier Sektoren Landwirtschaft, Produktion, Dienstleistungen und Informationsverarbeitung als Indikator, so ist dieser Prozess auch noch längst nicht zu Ende.

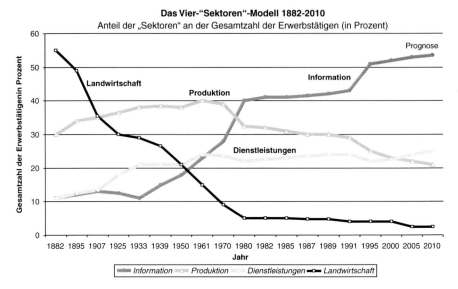

**Abb. 2.1.** Vier-„Sektoren"-Modell

Letztendlich bildet die Information und ihre Verarbeitung in der modernen Unternehmung das – im wahrsten Sinne des Wortes – unverzichtbare Bindeglied zwischen allen Elementen der gutenbergschen Darstellung. Daher auch die immer häufigere Auslegung des Kürzels IT als *Integrations-Technologie* an Stelle von *Informations-Technologie*.

Der veränderten Situation wird man jedoch weder durch Hilfskonstruktionen bzw. Erweiterungen von Modellen, noch durch das Festhalten an der klassischen Aufbauorganisation mit Reduktion der Informationstechnologie auf den Status einer Querschnitts-Funktion gerecht.

Wir denken, es bedarf einer grundlegenden Überarbeitung der bisherigen Annahmen und in der Folge auch der unternehmensinternen Mechanismen und Governance-Strukturen im Umgang mit Informationstechnologie.

## 2.2 Die Folgen der digitalen Revolution

Das Vertrauen in die IT, oder besser gesagt in die Fähigkeiten des in der IT tätigen Managements, ist wie bereits erwähnt während des Internet-Booms (E-Business) stark und mit anhaltender Wirkung gestört worden. In der Hype-Phase des Internet-Booms wurde der Versuch unternommen, die IT als eigenständigen Erfolgsfaktor neben den natürlichen Kernkompetenzen der Unternehmen zu etablieren. Die Informationstechnologie sollte nicht mehr „nur" als Servicefunktion wahrgenommen werden, sondern ihren Platz gleichberechtigt neben den klassischen Unternehmensfunktionen finden.

Im Sinne der oben geforderten Umorientierung in der Betrachtung der Rolle der IT im modernen Unternehmen ist das zwar durchaus nachvollziehbar. Allerdings wurde der Bogen, manchmal drastisch, überspannt und eine Informationstechnologie quasi als Selbstzweck und losgelöst von ihrer integrierenden und verbindenden Rolle als „Unternehmen im Unternehmen" propagiert. Zudem wurden Erwartungen – die die Unternehmens-IT nicht erfüllen konnte, da die Zeit für die jeweilige Technologie noch nicht reif war oder unrealistische Annahmen getroffen wurden – insbesondere durch das Marketing geschürt.

Aber es ist müßig, über die Urheber dieses „Missverständnisses" zu diskutieren. Tatsache ist, dass die Geschäftsmodelle diverser Anbieter von Produkten und Dienstleistungen rund um die Informationstechnologie diesen Trend zumindest nicht gebremst, sondern sogar erfunden und gefördert haben. In der Folge wurden wertvolle Zeit und Ressourcen in aus heutiger Sicht, im wahrsten Sinne des Wortes „abgeschriebene" Investitionsruinen investiert. Der zu diesem Zeitpunkt jedoch dringend benötigte Wandel hin zu einer professionell aufgestellten und für die Zukunft gerüsteten firmeninternen IT-Organisation blieb dagegen weitgehend auf der Strecke.

## 2.3 Die Industrialisierung der Informationsverarbeitung

Am Ende des 20. Jahrhunderts ist erkennbar geworden, dass die vor etwa zwei Jahrhunderten entstandene Industriegesellschaft durch konsequente und rationelle Nutzung der Informationstechnologie ihren Charakter mehr und mehr verändert und zur Informationsgesellschaft wird. Zum Einen ermöglicht die Informationstechnologie durch das Entstehen so genannter Teleprozesse (Telearbeit, -banking, -learning, etc.) die Weiterentwicklung der Industriegesellschaft in eine neue Dimension.

Zum anderen erfährt die Informationsverarbeitung jedoch selbst auch einen tief greifenden Wandel, indem sie einen großen und wichtigen Entwicklungsschritt durchlaufen muss: die Bereitstellung ihrer Leistungen nach industriellen Maßstäben – qualitativ, quantitativ, effizient, effektiv und unter Wettbewerbsbedingungen.

Als Gradmesser und Seismograph für die Erwartungshaltung der Nutzer gegenüber den Betreibern von Informationssystemen mögen hier die Äußerungen in der Fachpresse dienen. Mit Formulierungen wie „IT aus der Steckdose", „IT als Commodity" (also Massenware), „das Web ist der Computer", „Virtualisierung der Infrastruktur" und „IT on demand" wird ein Reifegrad gefordert, den die wenigsten Organisationen, egal ob unternehmensintern oder als externer Serviceprovider, bisher erreicht haben.

Die mit dieser Erwartungshaltung verknüpften Technologien und Serviceangebote wie Service oriented Architecture (SOA), Web-Services und Application Service

Providing (ASP), um nur einige zu nennen, setzen ganz auf die mit der industriellen Massenfertigung verknüpften Kennzeichen, nämlich Spezialisierung und Arbeitsteilung. Auf die „Serienfertigung" in der Informationstechnologie übertragen heißt das, dass die Leistungstiefe der IT-Organisationen abnehmen wird und auf Grund der hiermit einhergehenden Spezialisierung wesentlich mehr Teilnehmer in die Wertschöpfungskette für IT-Produkte eingebunden werden müssen.

Ironischerweise ersteht, zugegebenermaßen auf höherem Niveau, genau das Szenario wieder auf, welches wir durch die Einführung von integrierter Software als „besiegt" betrachtet hatten: eine Vielzahl von Schnittstellen! Diese und die zu übergebenden Teilprodukte müssen überwacht und qualitätsgesichert werden, Service Level Agreements müssen abgeschlossen und verwaltet werden.

Hier stellen sich eine Vielzahl von Fragen, die aus der Industrie wohl bekannt und untrennbar mit der Arbeitsteilung in der Wertschöpfung verbunden sind: Wie ist die verteilte Wertschöpfung organisiert? Welche Partner erbringen welchen Anteil an der Leistung? Handelt es sich um Lohnfertigung? Wie funktioniert die Abrechnung und die Qualitätssicherung? Wer kann zu welchem Zeitpunkt für was haftbar gemacht werden? Welche Governance-Strukturen herrschen zwischen den teilnehmenden Akteuren?

## 2.4 Der Druck zur permanenten Veränderung und Anpassung

In der neu entstandenen Informationsgesellschaft verlieren die klassischen Wettbewerbsfaktoren und die räumliche Distanz zu Kunden und Mitbewerbern zunehmend an Bedeutung. Der Wettbewerb wird immer mehr zum Zeitwettbewerb. Auf den Märkten der Informationsgesellschaft zählen nicht mehr Größe und Kosten, sondern vorrangig Kreativität und Flexibilität. Wurden früher die Kleinen von den Großen gefressen, so wird in der Zukunft der Schnelle den Langsamen überholen und letztendlich besiegen. Time-to-Market wird zur entscheidenden Größe, wenige Wochen entscheiden über Erfolg oder Misserfolg einer Produkteinführung.

In der Informationsgesellschaft sind daher, vor allen Dingen bei den Schöpfern digitaler Produkte, Phasen mit Arbeitszeiten von 100 Stunden/Woche und mehr durchaus nicht ungewöhnlich. Da inzwischen jedoch auch in den alten und reifen Industrien, wie der Autoindustrie, Software in allen Stadien der Wertschöpfung eine Schlüsselrolle spielt oder, wie schon ABB-Chef Percy Barnevik es formulierte, „alle Unternehmen heute Informationstechnologie-Unternehmen sind", wird auch hier ebenfalls immer häufiger rund um die Uhr und rund um den Globus entwickelt.

Fast jede Veränderung im Unternehmen resultiert heute in der einen oder anderen Form in einem IT-Projekt. Gesetzliche Vorschriften, geänderte Geschäftsprozesse, Änderungen in den Organisationsstrukturen, Mergers & Acquisitions, Verkäufe von Unternehmensteilen – jede Veränderung im Unternehmen muss in den unterstützenden Systemen nachvollzogen werden. Kann die IT die immer schneller und grundlegenderen Veränderungen auf Grund von ineffizienten Organisations-, d. h. Demand/Supply-, oder Managementstrukturen nicht zeitgerecht nachvollziehen, so verstärkt sich bei den Business-Managern das Gefühl der Abhängigkeit und des Ausgeliefertseins. Die IT wird als Hemmschuh wahrgenommen.

Die Hebel, um diesen Missstand zu beseitigen, sind organisatorischer Natur. Effektive und klare Steuerungsprozesse unter Einbezug aller beteiligten Parteien wie Zulieferern, Partnern, Dienstleistern und Kunden sind genauso notwendig wie ein effektives Demand/Supply-Management. Ein weiteres Thema ist das effektive Managen des Projektportfolios: Das Einschränken der Anzahl von Projekten auf das notwendige Maß schafft Kapazität, um auf Veränderungen angemessen reagieren zu können, die Priorisierung des Projektportfolios hilft das Wichtige vom Unwichtigen zu unterscheiden. Änderungsprojekte können so zeitlich an der richtigen Stelle eingetaktet werden, ohne andere – für das Unternehmen wichtige – Maßnahmen zu kannibalisieren.

Aber nicht nur der sich immer schneller wandelnde Unternehmensalltag zwingt zur permanenten Anpassung. Die Halbwertzeit etablierter Technologien nimmt beständig ab. Durch das stetige Anwachsen der Komplexität müssen heute prozentual mehr Ressourcen in der IT für die Pflege der Systemlandschaft bereitgestellt werden (ein Faktor, der übrigens durch die anhaltenden, starken Kostenreduktionen der letzten Jahre verstärkt wird). Um die unterschiedlichen Technologieplattformen kompatibel zu halten, müssen immer häufiger Releasewechsel durchgeführt werden. Der Mehrwert dieser manchmal recht aufwändigen Aktivitäten erschließt sich dem Nutzer der Systeme nur selten direkt und der nicht erkennbare Mehrwert nährt die Zweifel am rationalen Handeln der Verantwortlichen in der IT.

Auch hier helfen nur Transparenz und die Einbeziehung der Systemnutzer in den Prozess der Steuerung und Priorisierung. Durch eine konsequente und inhaltlich saubere Strukturierung des Aufwands in der IT muss die Notwendigkeit einer permanenten Pflege der technologischen Basis („cost of doing business") deutlich gemacht werden. Es ist für den Laien eben schwer zu verstehen, dass die immateriellen Produktionsanlagen für immaterielle Informationen genauso schnell veralten oder einem Verschleiß unterworfen sind wie die materiellen Produktionsanlagen zur Herstellung materieller Güter!

Software, auch die selbst erstellte, wird zwar abgeschrieben, jedoch ist damit noch längst nicht der Gedanke kontinuierlicher Wartung und periodischer Erneuerung als Konsequenz verknüpft.

## 2.5 Die digitale Identität

Geschäftserfolg ist heute mehr denn je abhängig vom schnellen und zuverlässigen Zugriff auf Informationen. Konsequenterweise rückt damit auch der Bedarf an nachhaltiger Sicherung dieser Informationen vor Verfälschung und Diebstahl in den Vordergrund. Obwohl auch heute noch der Zugang zu unseren Firmen über technisch mehr oder weniger raffiniert ausgestattete Firmenausweise die am ehesten wahrnehmbare Sicherheitskontrolle darstellt, verläuft die wirkliche Kampflinie um den berechtigten Zugang auf das „Firmengelände" längst woanders: bei der Prüfung der Zugriffsberechtigung auf die Informationssysteme!

War die Zugangskontrolle über Passwörter vor einigen Jahren noch eine ungeliebte, häufig geradezu verhasste und umgangene Prozedur, so ist die Überprüfung der digitalen Identität mittlerweile auf der Prioritätenliste der Unternehmen ganz nach oben gerückt. Aber nicht nur der Zugang zu den Informationssystemen muss angemessen administriert und kontrolliert werden. Auch in Bezug auf die Nutzung der in den Systemen vorhandenen Daten muss je nach Wichtigkeit derselben für das Unternehmen unterschieden werden.

Ausschlaggebend hierfür ist nicht nur der frustrierte und rachsüchtige Mitarbeiter, der Informationen an die Konkurrenz oder die Presse weiterleitet. Die wachsende Komplexität der Beziehungen von Firmen untereinander, speziell die so genannte „Virtualisierung" von Teilen des Unternehmens, verlangt nach klaren und eindeutigen Regeln, um die Identität von Mitarbeitern feststellen und administrieren zu können.

Wesentliche Voraussetzungen für eine funktionierende „Business Resilience" sind klare und eindeutig definierte Steuerungsmechanismen, Berechtigungskonzepte und Entscheidungsstrukturen. Diese müssen sich in der IT-Governance niederschlagen.

## 2.6 Der Einfluss rechtlicher oder regulatorischer Anforderungen

Einer Umfrage von AMR Research zufolge (AMR Research 2005) werden alleine in den Vereinigten Staaten im Jahr 2005 ungefähr 15,5 Mrd. $ dazu verwendet, mit den wachsenden gesetzlichen Anforderungen – wie Sarbanes–Oxley, dem Health Insurance Portability and Accountability Act sowie den Anforderungen der Securities and Exchange Commission und der Food and Drug Administration – Schritt zu halten. Es wird erwartet, dass diese Ausgaben bis 2009 eine Größenordnung von 80 Mrd. $ erreichen können.

Die für diese Studie befragten Firmen gaben an, dass von den oben genannten Mitteln ca. ein Drittel in Informationstechnologie, also Hardware und Software, investiert werden. Zwei Drittel werden für die Beschäftigung von internen Mitarbeitern sowie externen Beratern und Auditoren aufgewendet. Es steht außer Frage, dass ein Großteil der Kosten im direkten Zusammenhang mit der Beseitigung ablauforganisatorischer Schwächen in den Geschäftsprozessen bzw. den zugrunde liegenden Systemen steht. Eindeutigkeit, Nachvollziehbarkeit und die saubere Dokumentation von Änderungen an Prozessen und Systemen stellen die wichtigsten und fast identischen Forderungen fast aller Gesetze mit normierender Kraft für die IT dar. Diese gesetzesspezifischen Anforderungen mit ihren Auswirkungen auf die jeweiligen Systeme sind aber wirtschaftlich nicht in einer Vielzahl voneinander unabhängiger Einzelprojekte zu bewältigen. Vielmehr ist hier die Entwicklung eines allgemein gültigen Regelwerks, eben in der Form einer IT-Governance, gefragt.

Im Nachfolgenden wird beispielhaft auf rechtliche und regulatorische Anforderungen an die IT Bezug genommen, um die Notwendigkeit einer praxisnahen

IT-Governance herauszuarbeiten. Unberücksichtigt bleiben hier Anforderungen an Unternehmen, die sich zwar mittelbar auch an die IT richten (wie zum Beispiel die Forderungen des Gesetzes zur Kontrolle und Transparenz im Unternehmensbereich KonTraG), jedoch durch geeignete Corporate-Governance-Strategien schon entsprechend berücksichtigt wurden. Hierzu würden auch das Transparenz- und Publizitätsgesetz (TransPuG), das Gesetz zur Unternehmensintegrität und Modernisierung des Anfechtungsrechts (UMAG) oder die International Financial Reporting Standards (IFRS und IAS) zählen. Wegen der vielschichtigen externen Anforderungen gehen viele global agierende Unternehmen mit zusätzlichen branchenspezifischen Anforderungen, wie zum Beispiel der Pharmaindustrie (Compliance-Anforderungen der FDA), heute bereits so weit, eine diesbezügliche zentrale Anlaufstelle in Form eines Corporate Compliance Officers[1] einzurichten.

### 2.6.1 Die Verarbeitung personenbezogener Daten und Datenschutz

Gerade die Verarbeitung[2] personenbezogener (oder beziehbarer) Daten (Datenschutz) ist durch vielfältige Anforderungen betroffen und stellt global agierende Unternehmen vor besondere Herausforderungen. Vor ein paar Jahren wurde der Bereich Datenschutz noch als rein deutsches (erstes Datenschutzgesetz weltweit) und später als ein europäisches (EU-Datenschutzrichtlinie 95/46/EG vom 24. Oktober 1995) Problem angesehen. In anderen Rechtsstaaten stand schon immer das Recht auf Informationsfreiheit im Vordergrund (USA 1966 Freedom of Information Act). Informationsfreiheit beinhaltet jedoch nicht nur ein allumfassendes Recht auf Auskunft, sondern schließt auch staatliche und private Interessen an Geheimhaltung mit ein (Tinnefeld und Ehmann 1994). Datenschutz heißt informationelle Selbstbestimmung des Einzelnen und schützt zugleich seine privaten Interessen an Geheimhaltung. Erst in den letzten Jahren haben sich beide Grundsätze angenähert. Dies hat weltweit zu einer Stärkung des Datenschutzes geführt, ohne jedoch in einer internationalen Übereinkunft des Umganges mit dem Datenschutz zu enden, wie es in anderen Bereichen, zum Beispiel durch Basel II für das Kreditwesen, möglich wurde.

Möchte ein Unternehmen personenbezogene Daten wie zum Beispiel Mitarbeiterdaten, Gesundheitsdaten von Patienten oder Kundenstammdaten nur innerhalb der EU verarbeiten, dann gibt es diesbezüglich konkret einzuhaltende Vorgaben,

---

[1] The Corporate Compliance Officer oversees the Corporate Compliance Program, functioning as an independent and objective body that reviews and evaluates compliance issues/concerns within the organization. The position ensures the Board of Directors, management and employees are in compliance with the rules and regulations of regulatory agencies, that company policies and procedures are being followed, and that behavior in the organization meets the company's Standards of Conduct.

[2] Im Folgenden wird unter dem Oberbegriff Verarbeitung sowohl die Speicherung, wie auch Veränderung, Sperrung, Löschung und Übermittlung verstanden.

die durch die EU-Datenschutzrichtlinie innerhalb der Mitgliedsländer der EU auch vergleichbar geregelt sind.

Für Unternehmen, die personenbezogene Daten jedoch außerhalb der EU verarbeiten möchten, stellt sich die Frage, welche Datenschutzbestimmungen anzuwenden sind: die der EU, die des Empfängerlandes, die des Landes, in dem die personenbezogenen Daten verarbeitet werden sollen, alle Bestimmungen zusammen oder nur Teile daraus? Reicht eine vertragliche Regelung zwischen den verarbeitenden Unternehmen oder bedarf es der vorherigen Zustimmung jedes einzelnen Betroffenen zu der Verarbeitung seiner Daten? Diese oder ähnliche Fragestellungen dürften dazu geführt haben, dass gemäß einer weltweiten Umfrage unter 808 IT-Verantwortlichen 2004/2005 70% der in der USA, 55% der in Asia-Pacific und 48% der in EMEA befragten IT-Verantwortlichen Datenschutzbelange als größte Herausforderung für ihre Unternehmen bezeichnet haben (Mercury 2005). Hierbei wurde insbesondere festgestellt, dass nicht etwa Strafandrohungen der anzuwendenden Datenschutzbestimmungen die IT-Verantwortlichen zu dieser Einschätzung haben kommen lassen, sondern die Reputationsverluste betroffener Unternehmen bei Publikwerden von Datenschutzverstößen.

Im Gegensatz zur Datensicherheit (siehe unten) gibt es derzeit keine international anerkannte Möglichkeit eines Datenschutzzertifikates, das einem Unternehmen dessen Datenschutzniveau bescheinigt. Auch wurde bisher ein Konzernprivileg bei der Verarbeitung personenbezogener Daten von den Aufsichtsbehörden abgelehnt, so dass ein Unternehmen, das über weltweit verteilte Tochterunternehmen verfügt, eine eigenständige Lösung für die Datenschutzfragen finden muss. Diese Lösung muss jedoch unbedingt in einen Kontext mit den übrigen im Unternehmen existierenden Regelwerken zur Informationsverarbeitung gestellt werden und ihren Niederschlag in der IT-Governance finden.

## 2.6.2 Anforderungen an die Datensicherheit

Dass derzeit noch kein „Datensicherheitsgesetz" existiert, sollte nicht den Eindruck erwecken, dass es keine externen Datensicherheitsanforderungen an die IT gibt. Leider trifft eher das Gegenteil zu. Im Gegensatz zu Datenschutzanforderungen finden sich diese Anforderungen mehr oder weniger deutlich ausgeprägt in jeder der im Folgenden beispielhaft behandelten Anforderungen wieder. Auch nur einen Teil dieser Anforderungen vertieft an dieser Stelle behandeln zu wollen, würde den Rahmen dieses Werkes sprengen.

Die *GoBS* (Grundsätze ordnungsmäßiger DV-gestützter Buchführungssysteme) stellt lediglich eine Präzisierung der Grundsätze ordnungsgemäßer Buchführung (GoB) im Hinblick auf die DV-Buchführung dar und bezieht sich auf alle Prozesse, in denen außerhalb des eigentlichen Buchhaltungsbereichs buchführungsrelevante Daten erfasst, erzeugt, verarbeitet oder übermittelt werden. Die GoBS führt aus, dass die starke Abhängigkeit der Unternehmen von ihren gespeicherten Informationen ein ausgeprägtes Datensicherheitskonzept für das Erfüllen der GoBS unabdingbar

## 2.6 Der Einfluss rechtlicher oder regulatorischer Anforderungen

macht und beschreibt recht detailliert Anforderungen an solch ein Datensicherheitskonzept. Insofern führt die GoBS Datensicherheitsanforderungen zum Schutz buchführungsrelevanter Daten innerhalb eines Unternehmens ein.

Operative Risiken und daraus abgeleitete Datensicherheitsanforderungen an die IT durch *Basel II*: 1988 legte der Baseler Ausschuss für Bankaufsicht (Vertreter der Zentralbanken und der nationalen Aufsichtsbehörden der führenden Industrieländer) mit Basel I Eigenkapitalrichtlinien in Abhängigkeit von vergebenen Krediten für Banken fest. Basel II (beschlossen im 2. Quartal 2004, geltend ab 1.1.2007) erweitert diese Richtlinien. Berücksichtigt bei der Absicherung mit Eigenkapital der Banken werden in Basel II auch die individuellen Ausfallrisiken von Krediten an Bankkunden sowie operative Risiken der Banken (z. B. IT-Ausfall, Naturkatastrophen).

Da die Banken ihre Erfahrungen mit ihren eigenen operativen Risiken bei der Berechnung der individuellen Ausfallrisiken von Krediten der Bankkunden mit einbeziehen werden, ergeben sich erhebliche Datensicherheitsanforderungen an die IT der Unternehmen, wenn diese nicht zukünftig mit schlechteren Kreditkonditionen leben möchten.

Datensicherheitsanforderungen des *Sarbanes–Oxley Act* von 2002 für in den USA börsennotierte Firmen für die Verarbeitung von Finanzdaten: Als Reaktion auf die Bilanzskandale in Konzernen wie Enron oder WorldCom, wo mittels gefälschter Bilanzen die eigentliche Schuldenlage verborgen wurde, wurde in den USA am 30. Juli 2002 der Sarbanes–Oxley Act (SOX) erlassen. Der Sarbanes–Oxley Act enthält elf Artikel – unter anderem die Pflicht zur Bestätigung der Richtigkeit der Jahresabschlüsse und Berichte sowie zur rechtzeitigen Offenlegung durch das Management (Section 302), wie auch die Pflicht zum Aufbau eines internen Kontrollsystems durch das Management und zur regelmässigen Überprüfung (Section 404). Insofern stellt SOX auch ganz erhebliche Anforderungen an die Datensicherheit bei der Verarbeitung der Finanzdaten, da die Pflicht zur Bestätigung der Richtigkeit der Jahresabschlüsse eine persönliche Haftung der CEOs und CFOs einschließt.

Eine mögliche Gegenstrategie gegen die aufgezeigten Anforderungen an die IT und die Datensicherheit kann in der Einführung und vor allem auch in der öffentlichen Darstellung einer Zertifizierung eines anerkannten Datensicherheitsstandards bestehen. Für nur in Deutschland operierende Unternehmen würde sich dort eine Zertifizierung nach dem IT-Grundschutzhandbuch des Bundesamtes für Sicherheit in der Informationstechnik (BSI) anbieten. Global agierende Unternehmen können ab Herbst 2005 durch eine Zertifizierung nach der ISO 27001 in Verbindung mit der ISO/IEC 17799: 2005 ihren aktuellen international anerkannten Datensicherheitsstandard darstellen.

Solch eine Zertifizierung entbindet die Unternehmen nicht davon, für besonders sensible Daten (zum Beispiel personenbezogene oder SOX-relevante Daten) zusätzliche Datensicherheitsmaßnahmen zu treffen. Eine Zertifizierung dokumentiert jedoch, dass ein Unternehmen den Schutz jeglicher Daten ernst nimmt. Für jegliche Art von Zertifizierung gilt aber auch, dass sowohl von der angewandten Methodik wie auch von den Zielen her eine Verzahnung erfolgen muss. Bei jeder Einzelmaßnahme muss „das Ganze" im Auge behalten werden. Das bedeutet, dass man einen „Bebauungsplan" für die Einzelmaßnahmen entwickeln muss, um im Sinne einer proaktiven Lösung und einer ganzheitlichen IT-Governance keine regulatorischen „Silos" entstehen zu lassen. Ein Return on Invest aus all diesen Bemühungen könnte sich spätestens unter Basel II-Aspekten hinsichtlich eines guten Ratings eigener operativer Risiken und somit besserer Kreditkonditionen ergeben.

### 2.6.3 Spezielle Anforderungen der Gesundheitsbehörden

Neben einem hohen Eigeninteresse an geregelten Abläufen gelten für die pharmazeutische Industrie, zusätzlich zu den für alle Unternehmen geltenden Anforderungen des KonTraG (Gesetz zur Kontrolle und Transparenz), der Buchprüfer (IDWERS, EPS[3]) und der Finanzbehörden (GDPdU[4]), gesetzliche und regulatorische Anforderungen der nationalen (GMP Annex 11[5]) und internationalen (FDA[6]) pharmazeutischen Überwachungsinstitutionen an qualitätsgesicherte Prozesse. Für europäische Inspektoren gilt die Pharmaceutical Inspection Convention / Sheme (PIC/S), die, wie auch Veröffentlichungen der FDA (21 CFR Part 11[7]), zur Umsetzung auf den GAMP-Leitfaden (GAMP 4[8]) als Industriestandard verweist.

Der Grund für diese spezielle Regulierung liegt natürlich in der Bedeutung der medizinischen und pharmazeutischen Produkte für das tägliche Leben und das Wohlbefinden einer Vielzahl von Patienten. In der Praxis sind eine Vielzahl von Prozessen in Forschung, Entwicklung, Fertigung sowie auch Marketing und Vertrieb betroffen. Das nachweisliche Einhalten dieser Anforderungen und Vorschriften (Compliance) ist letztendlich entscheidend für die Zulassung von Medikamenten und die Erlaubnis, diese dauerhaft zu vertreiben.

Compliance mit den Anforderungen und Vorschriften, wie auch das Einhalten des erreichten Niveaus in den betroffenen Prozessen, hat für die betroffenen Unternehmen eine existenzielle Bedeutung; in diesem Sinne kann man Compliance also durchaus zu den Kernkompetenzen der betroffenen Unternehmen zählen. Dies gilt im Übrigen ähnlich für andere Industrien wie z. B. die Lebensmittelindustrie.

In pharmazeutischen Firmen werden natürlich fast alle Prozesse durch eine informationstechnische Infrastruktur unterstützt. Eine Vielzahl von Abläufen sind ohne

---

[3] IDW Stellungnahme zur Rechnungslegung: Grundsätze ordnungsgemäßer Buchführung bei Einsatz von Informationstechnologie (IDW ERS FAIT 1), IDW Prüfungsstandard: Abschlussprüfung bei Einsatz von Informationstechnologie (IDW EPS 330).

[4] Grundsätze zum Datenzugriff und zur Prüfbarkeit digitaler Unterlagen (GDPdU) des Bundesministeriums für Finanzen

[5] Annex 11 des Guide to GMP, als europäisches Recht

[6] manifestiert durch ausgeübte Inspektorenpraxis der Food and Drug Administration, FDA

[7] 21 CFR Part 11 - Electronic Records: Electronic Signatures und Guidance for Industry Part 11, Electronic Records: Electronic Signatures - Scope and Application

[8] Good Automated Manufacturing Practice (GAMP), Leitfaden zur Validierung automatisierter Systeme (GAMP 4)

den Einsatz von Informationstechnologie nicht mehr vorstellbar bzw. schlichtweg undurchführbar.

Deshalb sind bei der Ausrichtung der IT an den Unternehmenszielen und -prozessen diese Anforderungen durch das Etablieren eines Qualitätsmanagementsystems zu erfüllen, da hierdurch ein verantwortungsvoller und nachhaltiger Einsatz der IT-Ressourcen (Mitarbeiter, Systeme und finanzielle Mittel) gewährleistet ist. Denn durch dokumentierte, qualitätsgesteuerte Prozesse lassen sich die auf die Integrität der Daten einwirkenden IT-Risiken minimieren.

**Die Infrastruktur im Fokus**

Heißt es noch im §5 des Annex 11 des Guide to GMP: „Software ist eine kritische Komponente eines computergestützten Systems. Der Benutzer solcher Software sollte alle erforderlichen Maßnahmen treffen, um sicherzustellen, dass sie in Übereinstimmung mit einem Qualitätssicherungssystem erstellt worden ist", so hat sich nach einem Jahrzehnt der Validierungen von Anwendungssystemen der Fokus der Inspektoren auf die Qualifizierung der Infrastruktur als Basis dieser Systeme verlagert, da validierte Applikationen eine qualifizierte Infrastruktur verlangen. Der Leitfaden führt hierzu aus: „Anwenderfirmen sollten Qualitätssysteme einrichten, die eine qualifizierte Infrastruktur bereitstellen, um die validierten Anwendungen zu unterstützen. Die Qualifizierung der Infrastruktur sollte den dokumentierten Nachweis erbringen, dass die Infrastruktur mit hoher Wahrscheinlichkeit dauerhaft und bestimmungsgemäß arbeitet sowie die Spezifikationen einhält."

**Das Qualitätsmanagementsystem für die Infrastruktur**

Das Qualitätsmanagementsystem sollte strukturiert mit aufeinander aufbauenden Regeln, vom Allgemeinem zum Spezifischen, entwickelt sein und einem Außenstehenden eine Vorstellung von den qualitätssichernden Elementen im Betrieb der Infrastruktur vermitteln. Die Beschreibung des Systems geschieht in der Regel dadurch, dass übergeordnete Prinzipien, weiterführende Direktiven und abschließend wiederum detaillierte Handlungsanweisungen (Prozeduren) spezifiziert werden. Für die Arbeitsprozesse der betroffenen Mitarbeiter werden dann entsprechend auf die Tätigkeit des Mitarbeiters speziell abgestellte Handbücher und Arbeitsanweisungen verfasst. Diese Prozesse sollten einem internationalen Standard, wie zum Beispiel dem der ITIL (Information Technology Infrastructure Library), folgen.

Teil des Regelwerkes ist auch die Beschreibung von Zuständigkeiten und Aufgaben aller Beteiligten: vom Chief Information Officer (CIO) über die qualitätssichernde Funktion für die Infrastruktur bis hin zum Leiter der Rechenzentren und die jeweiligen Mitarbeiter (Qualitätsbeauftragte, Qualifizierungsverantwortliche, Qualifizierungskoordinatoren). Teil des Regelwerkes ist auch die Beschreibung des Systems selbst. Die Verfahren zum Betrieb eines Qualitätsmanagementsystems, einschließlich der Überwachung der Qualitätskonformität der Abläufe und der Durchführung von Selbstaudits, und zum Erreichen der Qualifizierung der

IT-Infrastruktur werden betrachtet und detailliert festgeschrieben. Diese „Metasicht", also eine Beschreibung der Beschreibung, ist jedoch ein charakterisierendes Element von Regelwerken der Kategorie „Governance".

Ziel des Qualitätsmanagementsystems ist auch die Information der jeweiligen Leitungsebene mit dem Ziel, korrigierende Maßnahmen einleiten zu können. Neben der Transparenz über das Zusammenspiel der betrachteten Komponenten und Systeme, Informationen über die Wirksamkeit und Vollständigkeit der Qualifizierungsmaßnahmen muss das System hierzu auch über die von ihm gelieferten Informationen die Beurteilung sowie die zielgerichtete Weiterentwicklung des Qualitätsstandards ermöglichen. Unter dem Strich muss auch für das Themengebiet der hier behandelten speziellen Anforderungen festgestellt werden, dass der Betrieb einer globalen IT-Infrastruktur unter dem Aspekt des Qualitätsmanagements zum Zweck, den qualifizierten Betrieb zu sichern und nachzuweisen, ohne übergreifende Governance wirtschaftlich nicht möglich sein wird. Informationstechnologie als Querschnittsfunktion kann einfach nicht auf jede Anforderung regulatorischer Natur individuell reagieren, sondern muss die "Querschnittsforderungen" durch ein einheitliches Vorgehen ganzheitlich und nachhaltig adressieren können.

## 2.7 Fazit

Die IT, bzw. das Management der IT, kann dem externen Druck ohne eine neutralisierende (Schutz-) Schicht nicht auf Dauer standhalten. Um im Bild zu bleiben: Mangels geeigneter Möglichkeiten, argumentativ und systematisch ausgleichenden Gegendruck aufzubauen zu können, wird sich die IT nicht aus ihrer Verteidigungshaltung befreien können. Es muss klar sein, dass es hierbei nicht um das Aufrüsten zweier Lager geht, sondern im Gegenteil um den Brückenschlag zwischen den Lagern.

Daher ist im Sinne des im Vorwort eingeführten Schaubildes eine vermittelnde und übersetzende Instanz in Form der IT-Governance vonnöten, damit alle Beteiligten in der Interaktion und Kommunikation miteinander auf ein neutrales Regelwerk zurückgreifen können.

Externen gesetzlichen, regulatorischen oder fremdmotivierten Anforderungen unterschiedlichster Ausprägung ausgesetzt, kann eine moderne IT durch eine geeignete IT-Governance-Strategie eine ihrer Wichtigkeit im Unternehmen angemessene Rolle ausfüllen und als Innovator wahrgenommen werden (Mercury 2004). Ohne diese dürfte sich eine Unternehmens-IT in kürzester Zeit in der Rolle eines „Geschäftsablaufbremsers" wiederfinden, der bei dem Versuch, alle diesbezüglichen externen Anforderungen gleichberechtigt zu erfüllen, die Hauptaufgabe, eine das Business unterstützende IT-Dienstleistung anzubieten, nicht mehr erfüllen kann. Positiv betrachtet, kann die IT aber auch mal wieder eine Vorreiter-Rolle im Unternehmen spielen. Die Chance ist da und dieses Buch hat den Anspruch, das notwendige Rüstzeug hierfür zu liefern.

# Kapitel 3
# IT-Governance

Der IT-Governance kommt als Instrument zur verbesserten Positionierung der IT eine herausragende Bedeutung zu – sie ist das Nervensystem der IT, das die externen Anforderungen und internen Fähigkeiten aufeinander abstimmt und in Balance bringt. Sie sorgt damit für den „Druckausgleich" zwischen IT und Business, indem sie als Bezugsrahmen klare Strukturen vorgibt und so die Rolle eines Übersetzers und Vermittlers wahrnimmt.

Insofern sollte man erwarten, dass das Thema IT-Governance, das in Umfragen nach den wichtigsten IT-Themen für ein Unternehmen stets auf den Top-Plätzen vorzufinden ist, bereits intensiv bearbeitet und umfangreich in den einschlägigen Fachzeitschriften, Büchern und Organen behandelt worden ist. Und in der Tat, in den letzten Jahren ist das Thema IT-Governance zu einem regelrechten Hype geworden – kaum eine Konferenz, kaum eine IT-Broschüre, kaum ein Artikel zu IT-Themen, in denen nicht auch über IT-Governance gesprochen wird. Die Heterogenität der verschiedenen Sichtweisen zu IT-Governance zeigt aber auch die Krux

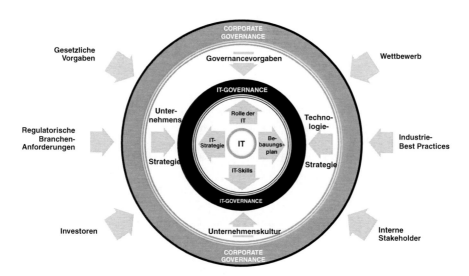

**Abb. 3.1.** Bezugsrahmen IT-Governance

der Diskussion: Bei inhaltlicher Analyse der Literatur, insbesondere hinsichtlich der Umsetzung der zum Thema IT-Governance gemachten Aussagen in der Praxis, ist dieses Bild anzupassen: Es existieren eine Vielzahl unterschiedlicher Beschreibungen und Modelle, mit denen versucht wird, das Thema zu strukturieren und die Fragen in der Praxis zu beantworten, jedoch kann kein den gesamten Bereich abdeckendes Modell identifiziert werden.

Es zeigt sich, dass die Modelle jeweils nur Teilaspekte und -bereiche der IT-Governance behandeln. Dies ist aufgrund der Komplexität, aber auch der voneinander abweichenden Annahmen, was IT-Governance abdecken sollte, nicht weiter verwunderlich. Die Organisation der IT im Sinne von Aufbau-Organisation oder die Strukturierung der IT im Sinne von Bebauungsplan werden als IT-Governance diskutiert, ebenso Fragen der Compliance oder wenn Konzepte wie ITIL oder CobiT erörtert werden. Mit diesem Buch sollen und können zwar nicht alle Lücken vollständig geschlossen werden – jedoch wird ein gesamthafter Bezugsrahmen definiert und anhand von Praxis-Beispielen für die Umsetzung im Unternehmen erläutert.

Im Folgenden wird das diesem Buch zugrunde liegende Verständnis der IT-Governance dargelegt und in Bezug zu den bestehenden Modellen gesetzt. Dazu werden vorab die wichtigsten existierenden Definitionen und Modelle dargestellt und dann in den für die Umsetzung in die Praxis entscheidenden Gesamtzusammenhang gestellt.

## 3.1 IT-Governance: Definitionen und Modelle

Wie in Kapitel 1 beschrieben, deckt die IT-Governance im Wesentlichen die Prinzipien und Anliegen der Corporate Governance, auf den IT-Bereich angewendet, ab. Dies lässt sich auch an den jeweils genutzten Definitionen ablesen: Während beispielsweise im Cadbury Report Corporate Governance definiert wird als „system by which companies are directed and controlled" (Cadbury Report 1992), definiert die ISACA (Information Systems Audit and Control Association) im Rahmen der Executive Summary des CobiT-Modells IT-Governance als „a structure of relationships and processes to direct and control the enterprise in order to achieve the enterprise's goals by adding value while balancing risk versus return over IT and its processes". „Direction" und „Control" spielen in beiden Bereichen eine wichtige Rolle.

Insgesamt werden unter IT-Governance Grundsätze, Verfahren und Maßnahmen zusammengefasst, die sicherstellen sollen, dass mit Hilfe der IT die Geschäftsziele abgedeckt, Ressourcen verantwortungsvoll eingesetzt und Risiken angemessen überwacht werden. Was im Detail unter dieser Festlegung zu verstehen ist, differiert zwischen den Institutionen, die sich mit diesem Thema beschäftigen. Diese verfolgen unterschiedliche Zielrichtungen mit ihren Modellen und verwenden daher auch abweichende Definitionen.

## 3.1.1 Center for Information System Research (CISR)

Die Definition des Begriffes IT-Governance, die vom MIT Sloan School of *Management Center For Information System Research* (CISR) geprägt wurde, zielt auf die Klärung von Rechten und Verantwortlichkeiten ab: „specifying the decision rights and accountability framework to encourage desirable behaviour in using IT" (Weill und Ross 2004). Mit dieser Definition werden dem IT-Bereich keine direkten Hilfsmittel hinsichtlich der Entwicklung und Etablierung einer IT-Governance in der Praxis gegeben. Vielmehr ist diese Definition auf die Schaffung allgemeiner Strukturen und Rahmenbedingungen ausgerichtet, was sich auch bei den von CISR entwickelten weitergehenden IT-Governance-Konzepten zeigt. Diese basieren auf den Ergebnissen umfangreicher Studien, denen mehr als 200 CIOs weltweit hinsichtlich ihres Ansatzes zur Steuerung der IT befragt wurden.

Die Studien zeigten, dass es nicht *das* allgemeingültige IT-Governance-Modell gibt, sondern dass dieses vom Umfeld bzw. den Rahmenbedingungen abhängig ist. Um dieses zu reflektieren, wurde eine Matrix erarbeitet, die die IT-relevanten Entscheidungsdomänen mit den in Betracht kommenden Governance-Typen in Beziehung setzt (s. Abb. 3.2).

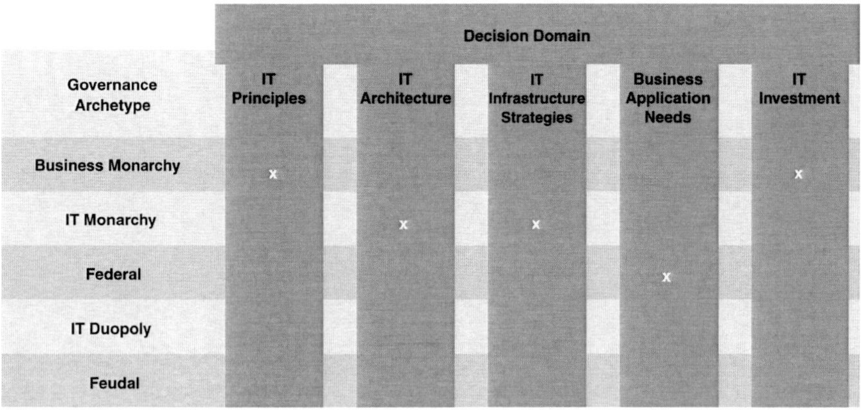

| Governance Archetype | Decision Domain | | | | |
|---|---|---|---|---|---|
| | IT Principles | IT Architecture | IT Infrastructure Strategies | Business Application Needs | IT Investment |
| Business Monarchy | x | | | | x |
| IT Monarchy | | x | x | | |
| Federal | | | | x | |
| IT Duopoly | | | | | |
| Feudal | | | | | |

**Abb. 3.2.** CISR IT-Governance Matrix (Weill und Ross 2005)

Diese Matrix wurde entsprechend dem verwendeten IT-Governance-Typus für die untersuchten Unternehmen befüllt, wobei sich typische Verteilungsmuster ergaben. So zeigten sich zentralisierte Governance-Typen bei Firmen mit maximaler Profitrate, dezentrale Entscheidungsstrukturen bei Unternehmen im Wachstum und ein durchmischter Ansatz bei Unternehmen, die einen optimierten Ansatz zur Ausnutzung ihrer Betriebsmittel verfolgten (s. Abb. 3.3).

Zentrales Ergebnis der Studie ist der Hinweis an die Unternehmen, dass diese ihre Rahmenbedingungen zu analysieren haben und dann unter Berücksichtigung der Lessons Learned erfolgreicher, ähnlich aufgestellter Unternehmen ihre IT-Governance definieren, überarbeiten und umsetzen sollten.

|  | PERFORMANCE | | |
| --- | --- | --- | --- |
|  | PROFIT | ASSET UTILIZATION | GROWTH |
| Strategic Driver | Profitability via enterprisewide integration and focus on core competencies | Efficient operation by encouraging sharing and reuse | Encourage business unit innovation with few mandated processes |
| Key Metrics | ROI/ROE and business process costs | ROA and unit IT cost | Revenue growth |
| Key IT Governance Mechanisms | • Enterprisewide management mechanisms (e.g., executive committee)<br>• Architecture process<br>• Capital approval<br>• Tracking of business value of IT | • Business/IT relationship manager<br>• Process teams with IT members<br>• SLA and chargeback<br>• IT leadership decision-making body | • Budget approval and risk management<br>• Local accountability<br>• Portals or other information/services sources |
| IT Infrastructure | Layers of centrally mandated shared services | Shared services centrally coordinated | Local customized capability with few required shared services |
| Key IT Principles | Low business costs through standardized business processes | Low IT unit costs; reuse of standard models or services | Local innovation with communities of practice; optional shared services |
| Governance | More centralized<br>E.g., Monarchies and Federal | Blended<br>E.g., Federal and Duopoly | More decentralized<br>E.g., Feudal arrangements; risk management emphasis |

**Abb. 3.3.** Ergebnisse der Studie hinsichtlich der Entscheidungsstrukturen erfolgreicher Unternehmen (Weill und Ross 2005)

## 3.1.2 IT Governance Institute (ITGI): CobiT

Eine der am häufigsten genutzten Definitionen der IT-Governance ist die vom ITGI (USA) entwickelte: „IT-Governance liegt in der Verantwortung des Vorstands und des Managements und ist ein wesentlicher Bestandteil der Unternehmensführung. IT-Governance besteht aus Führung, Organisationsstrukturen und Prozessen, die sicherstellen, dass die IT die Unternehmensziele und -strategie unterstützt" (ITGI und KPMG 2003). IT-Governance ist folglich als dauerhafte Aufgabe der gesamten IT-Organisation und nicht nur des CIO zu verstehen. Insbesondere unter Berücksichtigung der Historie des ITGI, das durch die weltweite Vereinigung der IT-Prüfer (ISACA, s.o.) und der Stiftung „Information Systems and Audit and Control Foundation" (ISACF) gegründet wurde, ist es nicht überraschend, dass diese Definition die Kontrolle der IT im Fokus hat.

Noch transparenter wird dies, wenn man das vom ITGI entwickelte Modell CobiT (Control Objectives for Information and Related Technology) betrachtet. Dieses stellt eine Sammlung von allgemein anwendbaren und international akzeptierten IT-prozessualen Kontrollzielen dar. CobiT wurde seit Mitte der 90er Jahre entwickelt und umfasst derzeit 34 Prozesse, die das Unternehmen hinsichtlich der Installierung eines vollumfänglichen Kontrollumfeldes zur Sicherstellung von internen und externen Sicherheitsanforderungen unterstützt. CobiT befindet sich in vielen, insbesondere auch international agierenden Unternehmen im Einsatz und wird unter Berücksichtigung aktueller Ereignisse laufend angepasst.

## 3.1 IT-Governance: Definitionen und Modelle

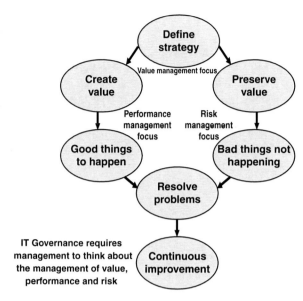

**Abb. 3.4.** „IT Governance erfordert vom Management über Unternehmenswert, Ergebnis und Risiko nachzudenken" (ITGI 2004)

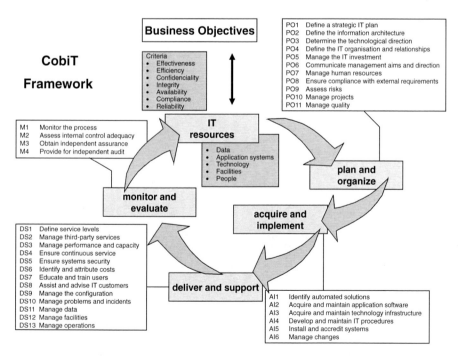

**Abb. 3.5.** CobiT Framework mit den Prozessen der Domänen (ITGI 2000)

## 3.1.3 Office of Government Commerce (OGC): ITIL

Im Rahmen der Diskussion von IT-Governance wird sehr häufig auch ITIL (IT Infrastructure Library) als relevantes Modell genannt. Dieser vom OGC (vormals: Central Computer and Telecommunications Agency, CCTA) entwickelte Ansatz verfolgt ein ähnliches Konzept wie CobiT es sollen den IT-Verantwortlichen Standards bzw. Best Practices an die Hand gegeben werden – hier jedoch für die Definition und den Betrieb von IT-Prozessen. Im Vergleich zu CobiT steht also nicht die Kontrolle, sondern das Service Management im Vordergrund, wobei sich die CobiT-Prozesse den ITIL-Bereichen zuordnen lassen und so eine gewisse Verknüpfung hergestellt werden kann.

Das ITIL Framework hat sich als hilfreich für die Organisation und die Definition der Leistungserbringung in der IT herausgestellt und findet umfangreiche Anwendung in fast allen großen Unternehmen bzw. Bereichen, die IT-Dienstleistungen erbringen. Klarheit und Transparenz sollen zu einer höheren Kundenzufriedenheit, geringerem Aufwand bei der Entwicklung von Prozessen und Prozeduren, aber auch zu einer verbesserten Kommunikation und Information zwischen allen Beteiligten führen. Ähnlich wie CobiT werden auch die ITIL-Standards laufend weiterentwickelt, wobei jedoch der Detailgrad der ITIL-Darstellungen eine gewisse Limitierung mit sich bringt (s. Abb. 3.6).

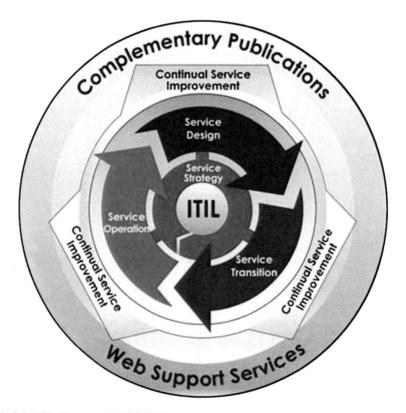

**Abb. 3.6.** ITIL-Framework (OGC 2007)

3.1 IT-Governance: Definitionen und Modelle 25

Zusammenfassend ist mit ITIL eine Hilfe vorhanden, um zu identifizieren, welche Prozesse in eine IT-Organisation einzuführen sind; jedoch gibt es nur sehr beschränkt Hinweise dazu, wie diese Einführung in eine bestehende Organisation stattfinden soll.

### 3.1.4 ISO/IEC: 17799

Als letztes Modell sei hier noch kurz auf den von ISO (International Organization for Standardization) und IEC (International Electrotechnical Commission) definierten Standard 17799 eingegangen, der auf dem British Standard BS 7799 basiert. Aufgrund der besonderen Sicherheitsrelevanz der IT ist es das Ziel dieses Standards, den IT-Verantwortlichen eine Sammlung von Maßnahmen zur Erreichung von Informationssicherheit an die Hand zu geben. Dies ähnelt zwar prinzipiell dem von ITIL verfolgten Ansatz, unterscheidet sich jedoch von diesem nicht nur durch die Fokussierung auf Sicherheitsaspekte, sondern auch durch einen wesentlich geringeren Detailgrad, der in direktem Zusammenhang mit der Zielrichtung eines Standards zu sehen ist.

### 3.1.5 Weitere Modelle

Neben den dargestellten Modellen gibt es noch eine Vielzahl weiterer Modelle und Ansätze, die häufig in Zusammenhang mit der IT-Governance gebracht werden, wie z. B. MOF und CMM.

Damit sind die wesentlichen, in der Praxis relevanten Modelle aufgezeigt, wobei ein Blick auf ihre Anwendung in den Unternehmen nicht unbedingt einen Favoriten erkennen lässt. Vielmehr zeigen die nachfolgend dargestellten Ergebnisse

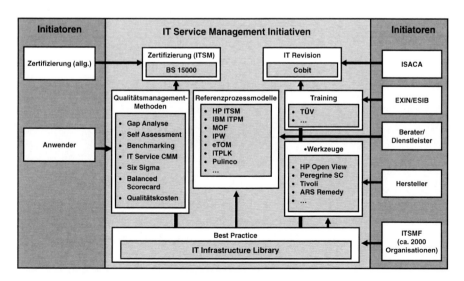

Abb. 3.7. Service-Management-Initiativen (ISACA 2004)

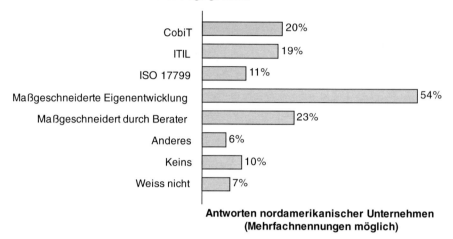

**Abb. 3.8.** IT-Governance-Befragung (Forrester Research 2005)

einer Befragung durch Forrester Research, dass der überwiegende Teil der befragten US-Unternehmen noch immer auf maßgeschneiderte Lösungen setzt. Auch hier ein klarer Indikator dafür, dass es *die* Lösung anscheinend nicht gibt, dass der wirkliche Aufwand in der Einrichtung einer funktionierenden IT-Governance von den Unternehmen, vorzugsweise natürlich unter Verwendung der existierenden Modelle, zu leisten ist.

## 3.2 Einordnung der IT-Governance-Modelle

Analysiert man die oben beschriebenen Modelle und Regelwerke, so ist zum Verständnis der Zusammenhänge bzw. der Abhängigkeiten ein Ausflug in die Welt der Strukturen der gesetzgebenden und ausführenden Organe eines demokratischen Rechtsstaates hilfreich. Nicht nur, weil der Begriff Governance vom englischen Wort „to govern", also „regieren" abgeleitet ist, sondern auch, weil die Entscheidungsstrukturen in Unternehmen stark von vorherrschenden Normen und Regeln geprägt werden. Diese Anlehnung an rechtsstaatliche Prinzipien bei der Interpretation von Governance-relevanten Themen ist einerseits bei ihrer Einordnung in einen ordnungspolitischen Zusammenhang hilfreich, kann aber auch andererseits in der Durchführung von Projekten zur Einführung oder Änderung einer IT-Governance von großer Bedeutung sein.

In der Mehrzahl der Fälle wird in den unterschiedlichen Verfassungsvarianten in der einen oder anderen Form mindestens zwischen Legislative und Exekutive unterschieden. Das Prinzip der Gewaltenteilung soll vor Missbrauch schützen. Das Zusammenspiel von Exekutive und Legislative wiederum wird in der Verfassung geregelt, deren Hüter eine verfassungsgebende Versammlung oder das Verfassungsgericht ist.

## 3.2 Einordnung der IT-Governance-Modelle

Bleibt man bei dieser Analogie, so kommt der vom CISR beschriebenen IT-Governance-Matrix am ehesten die Rolle einer Beschreibung von möglichen Verfassungstypen zu. In der Matrix werden die Möglichkeiten von Regierungsformen oder Regierungstypen im Verhältnis der IT zum Rest des Unternehmens, bezogen auf die Entscheidungsdomänen der Matrix, dargestellt.

Aus den in der Matrix dargestellten Governance-Typologien (Business Monarchy, IT Monarchy, Federal, etc.) lassen sich in Grundzügen auch Rückschlüsse oder Vorgaben für die anzuwendenden Entscheidungsstrukturen ableiten. Allerdings findet man keine Vorgaben für die Zusammensetzung und die Zusammenarbeit der hiermit befassten und benötigten Gremien oder Personen. Ebenso wenig ist der Prozess der Erstellung einer Verfassung für die IT beschrieben und es gibt keine Anleitung bzgl. Form, Veröffentlichung und Implementierung dieser Verfassung.

Im Vergleich dient das CobiT-Modell dazu, die Kontrolle über den IT-Prozess zur Erfüllung der Geschäftsanforderungen zu ermöglichen. Dies erfolgt durch Anweisungen und die Berücksichtigung von Kontrollpraktiken und ist somit vergleichbar mit der Aufgabe einer der Exekutive zugehörigen Behörde, etwa eines Aufsichtsamtes. Ein Gewerbeaufsichtsamt zum Beispiel hat die „Einhaltung der Vorschriften des technischen, medizinischen und sozialen Arbeitsschutzes und der technischen Sicherheit zu überwachen. Neben den eigentlichen Arbeitsschutzvorschriften hat das Gewerbeaufsichtsamt Vorschriften zu überwachen, die darüber hinaus auch der technischen Sicherheit, dem Schutz der Öffentlichkeit und der Sicherheit in Heim und Freizeit dienen. Die rasante technische Entwicklung und Innovation erfordert ständig entsprechende Aktivitäten der Gewerbeaufsicht."

CobiT postuliert ebenfalls, dass der intensive Einsatz von IT zur Unterstützung und Abwicklung geschäftsrelevanter Abläufe die Etablierung eines geeigneten Kontrollumfelds erforderlich macht. CobiT wurde als Methode entwickelt, um die Vollständigkeit und die Effektivität eines solchen Kontrollumfelds zur Begrenzung der entstehenden Risiken implementieren und prüfen zu können. CobiT ist auf die Sicherheitsbelange eines typischen Unternehmens ausgerichtet. Die Wahrung originärer Firmeninteressen (Integrität und Vertraulichkeit interner Informationen und Prozesse) wie die Einhaltung gesetzlicher Vorschriften (Datenschutz, Rechnungslegung) werden berücksichtigt.

Das ITIL-Modell beinhaltet eine Bibliothek von Best-Practice-Prozessen, die den Rahmen vorgeben, wie ein optimaler IT-Service innerhalb einer Firma aussehen und wie dieser implementiert werden könnte. Unter IT-Service wird verstanden, die Qualität und Quantität der IT-Dienstleistungen kundenorientiert, d. h. zielgerichtet, geschäftsprozessorientiert, benutzerfreundlich und kostenoptimiert zu überwachen und zu steuern. Die Analogie, um bei unserem Bild zu bleiben, könnte zum Beispiel die Industrie- und Handelskammer sein, die Best-Practice-Verfahren zur Verfügung stellt. Das ähnlich gelagerte ISO17799-Modell mit dem Fokus auf die Erfüllung von Sicherheitsanforderungen könnte dann entsprechend als Aufsichtsamt für den Datenschutz betrachtet werden.

Diese Modelle beschreiben im Wesentlichen Prozesse, die das reibungslose und sichere Funktionieren der IT gewährleisten und mit der einhergehenden Standardisierung Kosten sparen helfen – häufig in nicht geringem Maße. Sie befassen sich mit der Ausführung von Vorgaben, so wie die Exekutive mit der Umsetzung und Ausführung der Gesetze sowie deren Einhaltung betraut ist.

## 3.3 Unser Verständnis von IT-Governance in der Praxis

Während sich das CISR-Modell mit der Charakterisierung von Verfassungstypen für die IT befasst und CobiT sowie ITIL eher der Rang der Exekutive zuzuweisen ist, fehlt in diesem Bild bisher vollständig die Legislative. Wir vermissen noch den Transmissionsriemen, mit welchem für die IT der „Verfassungsauftrag" bzw. die Mechanismen des gewählten Verfassungsmodells in themenbezogene Vorschriften (Gesetze) und Prozeduren (Ausführungsbestimmungen) für die Anwendung in der Praxis übersetzt wird.

Und genau hier liegt in der Praxis die eigentliche Herausforderung für den Aufbau einer funktionierenden und ganzheitlich stimmigen IT-Governance. Die IT-Governance befasst sich, wie die Legislative, mit grundsätzlichen Themen wie der Gestaltung von Entscheidungsstrukturen. Sie legt aber auch fest, welche Themengebiete im Gesetzgebungsverfahren geregelt werden müssen und wie die Rollen und Verantwortlichkeiten in der Anwendung der geregelten Gebiete aussehen.

Im Rahmen unserer Analogiebetrachtung ist es nun einfach, die Zielrichtung des vorliegenden Buches zu beschreiben:

- Wie sollte die Verfassung aussehen?
- Wie ist die Legislative aufgebaut?
- Welche Themen müssen gesetzlich geregelt werden?

Ordnet man die bisher behandelten Modelle und Strukturen in das nachfolgend dargestellte Schema ein, so wird ebenfalls schnell klar, wo die Lücke liegt, die es in der Praxis zu schließen gilt: Während das CISR-Modell den Quadranten der strategischen und theoretischen Beschreibung der IT-Governance – ganz im Sinne eines Modells für die Verfassung – besetzt, belegen Methoden wie CobiT, ITIL und ähnliche die Quadranten operativ/theoretisch und operativ/praktisch.

Das Anliegen unseres Buch zielt darauf ab, das zur Unternehmung passende Verfassungsmodell unter Berücksichtigung von Prozessbeschreibungen und Best-Practices wie CobiT, ITIL etc. zu etablieren und so den weißen Fleck, wie in Abb. 3.9 gezeigt, zu füllen. Den Ausgangspunkt bildet das IT-Governance-Verständnis von CISR, welches wir für die wichtigsten IT-Themen in die Praxis übersetzen müssen. Bei der Implementierung der Themengebiete in die Praxis stehen wir dann in permanenter Wechselwirkung zu den für den operativen Betrieb der Themengebiete angewendeten Regeln von CobiT, ITIL und anderen.

In unserer Analogie haben wir von „gesetzgeberisch zu regelnden Themengebieten" gesprochen. Das MIT-Sloan-Modell (CISR) spricht hier von

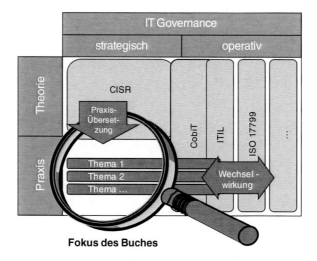

**Abb. 3.9.** Ansatz der Einordnung des Buches in die bestehenden Frameworks

Entscheidungsdomänen, strukturiert in fünf Themengebiete. Sie bilden unserer Meinung nach den Kern, der in der Regel in jeder Ausprägung der IT-Governance vorhanden sein sollte. Abhängig von der Ist-Situation des Unternehmens und seinen strategischen Zielen, zum Beispiel Veränderungen im IT-Sourcing oder eine Unternehmensakquisition, kann sich aber weiterer Regelungsbedarf in der Form neuer Domänen ergeben bzw. eine Differenzierung der Domänen sinnvoll sein. Eine genaue Betrachtung einzelner Entscheidungsdomänen folgt im nächsten Kapitel.

Bezüglich einer Ausdifferenzierung der Entscheidungsdomänen sind stets die folgenden drei Fragen zu beantworten:

1. Welche Entscheidungen sind zu treffen? (Domäne)
2. Wer hat diese Entscheidungen zu treffen? (Organisation)
3. Wie sind diese Entscheidungen zu treffen? (Prozess)

Wie der oben angesprochene „weiße Fleck" zu füllen ist, bzw. die aufgeworfenen Fragen zu beantworten sind, soll das nachfolgend beschriebene Projekt aus der Praxis beispielhaft aufzeigen. Die Betonung liegt hierbei auf „beispielhaft", da dieser Bereich tatsächlich unternehmensindividuell ausgestaltet werden muss.

## 3.4 Die Umsetzung in einem Projekt

Von der Theorie zur Praxis – wenden wir uns nun der Durchführung eines konkreten IT-Governance-Projektes zu. Auslöser für diese Art von Projekten ist in der Regel entweder eine Änderung in der Unternehmensstruktur oder das Bemühen, die

Effizienz der IT im Unternehmen nachhaltig zu verbessern. Im nachfolgend geschilderten Projekt stand die Effizienzsteigerung der IT, verbunden mit einem Umbau der gesamten IT-Organisation, im Vordergrund. Damit wurde die Mehrzahl der geltenden Beschreibungen von Rollen und Verantwortlichkeiten ungültig. Um im weiter oben beschriebenen Bild zu bleiben: Es musste eine neue Verfassung geschaffen und eine Neuordnung der Legislative vorgenommen werden. Hierbei stand also im Sinne der CISR-Definitionen die Zuordnung der Entscheidungsdomänen zu den Governance-Typen im Vordergrund. Die Implementierung derselben nach CobiT oder ITIL war nicht Gegenstand des Projektes. Letztendlich sollte das Kernstück einer jeden IT-Governance-Struktur durch die Beantwortung der folgenden Fragen adressiert werden:

- Wie soll die Verfassung aussehen?
- Wie ist die Legislative aufgebaut?

Das Projekt selbst war Teil einer die gesamte Administration eines DAX-Unternehmens umfassenden Initiative zur Steigerung der Effizienz. Die Zielsetzung bestand in einer Verringerung der Kosten, um im Laufe von zwei Jahren eine dem Benchmark mit Wettbewerbern standhaltende Kostenstruktur aufzuweisen. Die gesamte Initiative wurde mit Hilfe externer Berater durchgeführt, was sich für das abgeleitete IT-Governance-Projekt mit seiner komplexen Aufgabenstellung und der Vielzahl von Einzelinteressen als sehr hilfreich erwiesen hat.

Die angestrebten Veränderungen in der IT-Governance waren geprägt vom Bemühen, die Effizienz einer nicht eindeutig nach den Elementen Plan, Build und Run strukturierten und zudem noch teilweise dezentralisierten Unternehmens-IT zu verbessern. Die vom Projekt betroffenen Organisationseinheiten konnten, auf ihre Leistungserbringung bezogen, jede für sich durchaus eine gute Performance reklamieren. Betrachtete man jedoch das Zusammenspiel untereinander, so wurden schnell Mängel erkennbar. Diese äußerten sich in Doppelarbeit, Kompetenzgerangel, unterschiedlichen Methoden in der Projektsteuerung und -Abwicklung, unterschiedlichen Werkzeugen, Technologien sowie Softwarepaketen für identische Aufgabenstellungen und damit verbunden dann auch häufig einer unterkritischen Masse von personellen Ressourcen in der Leistungserbringung.

Abbildung 3.10 soll den angestrebten Zustand im Zusammenspiel der Geschäftsbereiche mit der IT verdeutlichen. Auf der Planungsebene finden wir die sog. Business Information Manager (BIM). Die BIM sind organisatorisch (disziplinarisch) in den Geschäftsbereichen angesiedelt.

Anwendungsentwicklung und -betrieb liegen in der Hand des IT-Bereiches, verantwortet vom CIO. Als Bindeglied zwischen IT und Geschäftsbereichen dient das sog. IT-Board.

Zur Behebung der Mängel und um die angestrebte Zusammenarbeit zwischen Business und IT zu erreichen, musste die etablierte Governance-Struktur geändert werden. Die bisher gültigen Rollen und Verantwortlichkeiten, die hiermit zusammenhängende Gremienstruktur, die bisher angewandten Methoden der Genehmigung, Steuerung und Priorisierung von Projekten sowie die Definition

## 3.4 Die Umsetzung in einem Projekt

**Abb. 3.10.** Zuordnung von Zuständigkeiten

der mittelfristigen Strategien mit den abgeleiteten Bebauungsplänen und Initiativen passten einfach nicht mehr. Die Kontrollprozesse in der IT, wie etwa das Risikomanagement, das Controlling oder etablierte Sourcingverfahren, wurden nicht verändert.

Aus den im Projekt festgestellten Defiziten wurden in einem ersten Schritt (Verfassungs-)Grundsätze für die weitere Arbeit an der IT-Governance abgeleitet und mit Maßnahmen zur Zielerreichung verknüpft (s. Abb. 3.11).

| IT-Governance-Projektrichtlinien ||
|---|---|
| Leitgedanke | Leitgedanke |
| Enge Kooperation Business/IT | • regelmässige Treffen zur Abstimmung zwischen Business und IT<br>• ein Vorstandsmitglied zeichnet für die IT des Gesamtunternehmens verantwortlich |
| Enge Kooperation innerhalb der IT | • Einrichten von Gremien zur Abstimmung |
| Klare Trennung von Verantwortung gemäß Plan/Build/Run | • Business Information Manager (BIM) mit Verantwortung für Process-Design, Funktionale Templates und Projektleitung<br>• Anwendungsentwicklung zusammengefasst in Kompetenzzentren<br>• Rechenzentren werden regional konsolidiert |
| Globale Prozesse und Anwendungen | • Globale Verantwortung der BIMs bzgl. Anwendungsstrategie<br>• Globale Verantwortung des CIO bzgl. Anwendungsentwicklung und Infrastruktur |

**Abb. 3.11.** IT-Governance-Projektrichtlinien

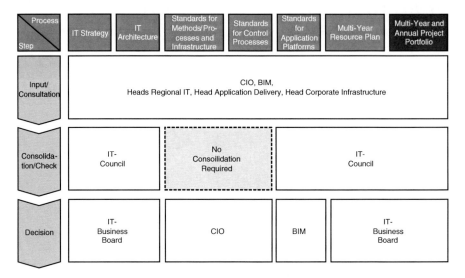

**Abb. 3.12.** Matrix für IT-Governance-Prozesse

Diese Leitgedanken wurden in einem ersten Schritt von der Unternehmensleitung verabschiedet und bildeten in der Folge die Grundlage für die Definition von Entscheidungsregeln, Gremien sowie deren Strukturen und die Ausformulierung von Aufgabenbeschreibungen für alle Beteiligten.

Abbildung 3.12 zeigt in komprimierter Form, wie das Unternehmen für die von ihm als vorrangig zu verändernden IT-Governance-Prozesse eine Matrix mit Regeln zur Entscheidungsvorbereitung und Entscheidungsfindung entwickelt hat. Für die Themen IT-Strategie, IT-Architektur, Standards für Methoden, Standards für Kontrollprozesse in der IT (Controlling, Risikomanagement, Sourcing, etc.), Standards für Anwendungsplattformen und mehrjährige Pläne für den Ressourceneinsatz und das dazugehörige Projektportfolio wird jeweils gezeigt, wer zur Entscheidungsbildung beiträgt (Input/Consolidation), als Prüfinstanz fungiert (Consolidation/Check) und letztendlich die Entscheidung trifft.

Die Entscheidungsmatrix bildete im weiteren Projektverlauf den Ausgangspunkt um die Rollen und Verantwortlichkeiten für die beteiligten Personen und Institutionen zu beschreiben. Bei der Erstellung dieser „Aufgabenbeschreibungen" muss natürlich großer Wert auf die Konsistenz der gemachten Aussagen gelegt werden. Widersprüchliche oder nicht eindeutige Aussagen würden sonst in der praktischen Anwendung zu Verwirrung oder erneutem Kompetenzgerangel führen. In der Konsequenz müsste die IT-Governance erneut bearbeitet werden.

Die Aufgabenbeschreibungen wurden von allen Beteiligten einvernehmlich verabschiedet und anschließend im Unternehmen bekannt gegeben. Damit war die neue Verfassung der IT verabschiedet, die Organe der Legislative waren beschrieben, in ihre Ämter eingesetzt und konnten ihre Arbeit aufnehmen.

## 3.4 Die Umsetzung in einem Projekt

Letztendlich wurde in diesem Projekt im Sinne des CISR-Modells eine Neuzuordnung der Zuständigkeiten für die Entscheidungsdomänen in der IT vorgenommen. Hierbei erfuhren die Entscheidungsdomänen im Projektkontext (Abb. 3.12), verglichen mit den originären CISR-Definitionen (Abb. 3.2), eine weitergehende, an der Unternehmenspraxis orientierte Detaillierung.

Die nähere Betrachtung zeigt, dass die föderalen Elemente in der Entscheidungsfindung durchweg überwiegen: Entscheidungen zu den Domänen IT-Strategie, IT-Architektur, mehrjährige Ressourcen- und Projektplanung werden im so genannten IT-Business Board, also im Einvernehmen zwischen IT und Business, getroffen. Die Entscheidungsfindung in den mehr technisch orientierten Domänen (Standards für Methoden, Prozesse und Infrastruktur) liegt in den Händen der IT (IT-Monarchy), das Setzen von Standards für die Anwendungen liegt in der Hand der Business Information Manager und damit in der Verantwortung der für das Business Verantwortlichen (Business Monarchy).

Die IT-Governance-Matrix ist damit auch eine getreue Umsetzung der generell gelebten, auf einvernehmlich getroffene Entscheidungen ausgerichteten Unternehmenskultur.

# Kapitel 4
# Entscheidungsdomänen der IT-Governance

Der Aufbau, die Überprüfung oder die Anpassung einer funktionierenden IT-Governance erfordert eine entsprechende Berücksichtigung der unterschiedlichen Entscheidungsdomänen in der IT und deren spezifischen Kriterien. Ausgehend von der IT-Strategie und dem Portfoliomanagement über die IT-Architektur und das Service Management bis zum IT-Sourcing und dem Thema Budgetprozess, werden nachfolgend die wesentlichen Implikationen für die IT-Governance diskutiert. Damit werden auch alle Entscheidungsdomänen in der CISR-IT-Governance-Matrix adressiert (vgl. Abb. 4.1).

Wo und wie soll begonnen werden? Laut Untersuchungen haben nur 5% der Unternehmen umfassende IT-Governance-Projekte aufgesetzt. In den Unternehmen sind viele der Entscheidungsdomänen zwar gemäß der Governance-Vorgaben vorhanden, aber Praxisbeispiele, in denen eine neue IT-Governance „aus einem

| Kapitel | IT Principles | IT Architecture | IT Infrastructure Strategies | Business Application Needs | IT Investment |
|---|---|---|---|---|---|
| 4.1. IT-Strategie | X | | | | |
| 4.2. IT-Portfoliomanagement | | | | X | X |
| 4.3. IT-Architektur | | X | X | | |
| 4.4. IT-Service Management | | | X | | |
| 4.5. IT-Sourcing | | X | X | | |
| 4.6. IT-Budget | | | | | X |

**Abb. 4.1.** Abdeckung der Entscheidungsdomänen der CISR-IT-Governance-Matrix durch die folgenden Kapitel

Guss" implementiert wurde, sind nicht bekannt. Da die Anforderungen an die einzelnen Domänen je nach Industrie oder aufgrund der Unternehmenshistorie bzw. des spezifischen Kontexts unterschiedlich ausgeprägt sind, lässt sich kein einheitliches Regelwerk und Toolset definieren, das allen Anforderungen komplett gerecht wird.

Das Projekt IT-Governance wird nie abgeschlossen sein. Veränderungen im Markt- und Wettbewerbsumfeld, neue regulatorische Anforderungen oder neue Konstellationen im Unternehmen werden dazu führen, dass die IT-Governance regelmäßig überprüft und angepasst werden muss. Im folgenden Kapitel werden die wesentlichen Schritte skizziert, die notwendig sind, um die erwähnten Entscheidungsdomänen gemäß einer effektiven IT-Governance zu gestalten.

## 4.1 IT-Strategie

### *4.1.1 Einleitung*

*Eine strategische Vision ist ein klares Bild von dem, was man erreichen will. (John Naisbitt (∗1930), amerik. Prognostiker)*

Wie soll die IT des Unternehmens in den kommenden 3–5 Jahren ausgerichtet werden? Welche Anforderungen gibt es? Welche Stoßrichtungen ergeben sich daraus? Wo soll investiert werden, wo nicht?

Um solche Fragen beantworten zu können, bedarf es eines „zielgerichteten Vorgehens", eines „langfristigen Plans" für den Einsatz der IT – die eigentliche Bedeutung des Wortes Strategie.

Der klassische Begriff der Strategie formt nach Clausewitz den „großen Plan über allem" – er bestimmt den richtigen Einsatz der Mittel. Dabei wird geklärt,

- „Was soll erreicht werden?"
- „Wann?",
- „Wo?", und
- „Womit?"

Unternehmens-IT hat oft einen langen Implementierungshorizont. Einschnitte in die IT wie der Update der ERP-Software auf ein neues Produkt, die Ablösung alter „legacy"-Software oder gar architekturelle/technologische Umstellungen sind aufwändige und auch langwierige Projekte mit einer Laufzeit von oft > 3 Jahren. Solche Maßnahmen müssen allein aufgrund der mit ihnen verbundenen Kosten und der nachgelagerten Wartung sorgfältig geprüft und miteinander auf ein gemeinsames Ziel abgestimmt werden.

Das gemeinsame Ziel führt zum Kern einer „IT-Strategie": Diese muss die optimale Unterstützung des Geschäftsbetriebs mit den Mitteln der IT zum Ziel haben. Sie ist geschäftsgetrieben, nicht IT-getrieben. Die Implikationen auf die IT-Unterstützung sind gemeinsam festzustellen, dabei Kenntnisse, Herausforderungen

## 4.1 IT-Strategie

und Trends aus IT-Sicht einzubeziehen und auf den Geschäftsnutzen zu priorisieren. In einem Zeitraum von 3–5 Jahren muss die IT hier einen koordinierten Weg finden.

Die IT-Strategie ist damit eines der Kerninstrumente der IT-Governance und stellt die Ausrichtung der IT auf das Geschäft sicher. Dabei hat sie auch eine Kommunikationsfunktion zurück zum Geschäft: Sie muss so beschaffen sein, dass der Geschäftsseite klar kommunizierbar wird, welche Maßnahmen zur Unterstützung ihrer Bedürfnisse ergriffen werden. Oft ist allein der Gewinn an Transparenz, was in der „black box" IT geschieht und wie sie das Geschäft unterstützt/unterstützen will, ein großer Gewinn, der im Rahmen einer IT-Strategie erarbeitet wird. Gleichzeitig muss sichergestellt sein, dass der Erreichungsgrad bei der Umsetzung der Strategie den Beteiligten stets transparent ist.

Von den im Rahmen dieser Ausrichtung festgestellten Implikationen sind nicht nur Anwendungs- und Infrastrukturportfolio betroffen. Vielmehr durchzieht die IT-Strategie eine ganze Reihe von Bereichen und definiert Handlungsbedarf, um ihr Ziele zu verwirklichen, wie im Weiteren dargestellt wird. Dazu gehören beispielsweise auch Organisation und Personalmanagement, kurz nahezu alle Bereiche, die in den folgenden Abschnitten dieses Buches erläutert werden.

Die IT-Strategie ist bei vielen Unternehmen ein Regelprozess, bei dem in periodischen Abständen IT-Implikationen festgestellt werden. Die Tiefe einer IT-Strategie, das heißt der Grad der Ausgestaltung der IT-Implikationen, kann dabei je nach Unternehmen stark variieren. Die Spielräume reichen von

- Bestimmung von „Leitplanken" und „Grundsätzen" bis zu
- konkreten strategischen Maßnahmen und Projekten mit Business Case, Meilenstein- und Umsetzungsplan.

In jedem Fall sollte jedoch die Bestimmung des „Wann", „Wo" und „Womit", also des Implementierungsrahmens, Bestandteil sein. Hierbei kristallisieren sich unterschiedliche Typen von Unternehmen heraus:

- Unternehmen mit etablierten Governance-Bereichen wie Architekturmanagement werden die festgestellten und verabschiedeten IT-Implikationen aus strategischer Sicht zur weiteren Ausdetaillierung in ein Maßnahmen- und Umsetzungsprogramm in die einzelnen Funktionen übergeben. Die Strategie fügt sich somit in die Standardprozesse der IT ein („steady state"-Zustand), die weiteren Governance-Funktionen übernehmen die Ausgestaltung.
- Unternehmen mit nicht in diesem Maße etablierten Governancefunktionen wünschen jedoch oft eine sehr viel tiefere Ausdetaillierung der IT-Strategie über den Bereich von Leitlinien hinaus. Dies kann insbesondere dann nützlich sein, wenn es grundlegende Defizite in der bestehenden IT-Organisation gibt oder Zweifel auf Business-, IT- oder beiden Seiten bestehen, dass die Geschäftsanforderungen im Rahmen der bestehenden Prozesse und Strukturen umgesetzt werden können. Die IT-Strategieentwicklung in einem solchen Umfeld wird oft als Projekt getrieben und endet mit einem konkreten Maßnahmenprogramm, das zentral nachgehalten wird („Feuerlösch"-Ansatz).

Die Herausforderungen sind vielseitig:

- *Fehlen einer übergreifenden Geschäftsstrategie als Orientierungspunkt:* Anforderungen des Geschäfts werden oft sehr partikulär betrachtet. Jedem Geschäftsbereich sind die eigenen Anforderungen am wichtigsten, gleichzeitig dient als einziges Bewertungsinstrument oft die Frage: „Wie teuer wird es denn?" Die Gefahr eines „Silodenkens" besteht, mit dem die IT nur schwierig fertig wird, da dies zwangsweise zu Parallelstrukturen mit teurem Wartungs- und Entwicklungsaufwand führt. Gleichzeitig fehlt es an einer priorisierten Gesamt-Geschäftsstrategie, die als Orientierung gelten sollte. Laut Einschätzung der Gartner Group behaupten 95% der Unternehmen, eine solche Geschäftsstrategie verankert zu haben, besitzen sie jedoch nicht.
- *Fehlende Koordination mit den Geschäftsprozessen:* Die IT „bedient" das Geschäft. Damit bewegt sie sich oft im Rahmen der bestehenden Geschäftsprozesse. Dies bewirkt zwangsläufig eine Einschränkung der Spielräume der IT: Entscheidende Anforderungen an Effizienz und Geschwindigkeit können nicht von der IT alleine gelöst werden. Vielmehr muss dies koordiniert mit der Veränderung der Geschäftsprozesse einhergehen. Effizienzpotenziale, die in der IT umgesetzt werden, betreffen nur den IT-Kostenblock – Prozesseffizienzen greifen den Gesamtblock an. Geschäfts- und IT-Strategie gehen also Hand in Hand.
- *Silodenken:* Am effizientesten ist eine Strategie, wenn sie unternehmensweit bestimmt wird. Sie hat dann die Möglichkeit, die Unternehmensziele des Gesamtkonzerns in den Fokus zu nehmen und übergreifende Maßnahmen und Effizienzen zu befördern. Der Grad der Integration spielt eine entscheidende Rolle: Die Konsequenz aus Margen- und Kostendruck kann bei einem integrierten Konzern bedeuten, gerade übergreifende Prozesse wie HR oder Finance stark zu vereinheitlichen und die damit verbundene IT auf die gleiche Plattform zu bringen. Wird eine IT-Strategie nur lokal in einzelnen Geschäftsbereichen bestimmt, lassen sich solche übergreifenden Potenziale, aber auch die Konsequenzen übergreifender Produkt- und Servicestrategien nur schwer abbilden. Auf der anderen Seite kann die Möglichkeit des Herauslösens eines Geschäftsteils in den kommenden zwei Jahren gerade solchen Integrationsmaßnahmen entgegenstehen – die IT wäre separat zu halten, Initiativen wie die Etablierung gemeinsamer „Templates" (siehe Kapitel Architektur) zu prüfen. In jedem Fall dient eine übergreifende Strategie jedoch dazu,

  - den Geschäftsbeitrag der IT übergreifend transparent zu machen,
  - inkonsistente Entscheidungen und Reibungsverluste zu vermeiden,
  - eine gemeinschaftliche Priorisierung und Investitionsplanung zu etablieren.

- *Umsetzbarkeit:* Eine IT-Strategie muss sicherstellen, dass sie umsetzbar ist. Dies stellt insbesondere vor dem Hintergrund der unterschiedlichen Etablierungsarten („steady state" vs. „Feuerlösch"-Ansatz) eine Herausforderung dar, da genau abzuwägen ist, wo eine gründlichere Detaillierung und Steuerung aus Konzern-/Gruppensicht notwendig wird. So kann in einigen Bereichen eine Vorgabe von Projekten, in anderen lediglich die Bestimmung der Vorgaben notwendig sein.

- *Aktualität:* Eine IT-Strategie muss aktuell sein. Ihr Zyklus muss sich an dem der Geschäftsstrategie orientieren – gleichzeitig muss Raum für unterjährige Aktualisierung geschaffen werden.

Im Folgenden soll näher auf die Bereiche einer IT-Strategie und die zu treffenden Entscheidungen eingegangen werden.

### 4.1.2 Welche Entscheidungen sind zu treffen?

Die IT-Strategie bestimmt aus einem Review der Geschäftsstrategie „Leitplanken" für die weitere Entwicklung der IT. Fokus der IT-Strategie ist dabei in der Regel ein mittelfristiger bis langfristiger Zeitraum (3–5 Jahre). Die Entscheidungstiefe und sogar die notwendigen Entscheidungsbereiche können variieren – in der Regel leiten sich diese aus einem Abgleich des Status Quo mit den neuen Geschäftsanforderungen ab sowie von der Annahme, ob die bestehenden Governancefunktionen zur weiteren Detaillierung genutzt werden können. Im Folgenden sollen einzelne Entscheidungsdomänen vorgestellt und beispielhaft ausgeführt werden.

Eine IT-Strategie startet gewöhnlich mit der

- Ableitung der IT-Implikationen aus der Geschäftsstrategie sowie
- Vision, Selbstverständnis und Positionierung der IT.

Sie kann, aber muss nicht, zahlreiche weitere Entscheidungsbereiche involvieren:

- Implikationen auf
  - Konzern-IT-Architektur (Business-Support, Anwendungen, Technik)
  - Sourcingstrategie
  - Konzern-IT-Organisation, Prozesse und Services
  - IT-Budgetplanung
  - HR-Maßnahmen und Programme
- Review/Bestimmung der Messung der IT-Strategieeinhaltung

**Ableitung der IT-Implikationen aus der Geschäftsstrategie**

Welches sind die IT-Implikationen aus der Geschäftsstrategie? Dies zu entscheiden, stellt den ersten Schritt in der IT-Strategieentwicklung dar.

Für den Telekommunikationsbereich ist in Abb. 4.2 ein Beispiel dargestellt. Aktuell kämpfen viele Unternehmen mit der Tatsache, dass in der Telekommunikationsbranche der Wettbewerb zunehmend über den Preis ausgetragen wird. Um dem entgegenzutreten, wird es immer wichtiger, Nischen zu finden, um sich zu differenzieren. Dazu werden mehr Informationen über den Kunden benötigt, um den Markt segmentieren und so Produkte weiter maßschneidern zu können – dies zunehmend über verschiedene Produktlinien wie Breitband, Festnetz, Mobilfunk hinweg.

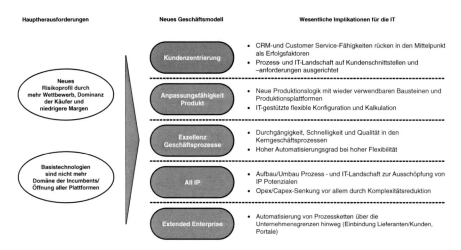

**Abb. 4.2.** Herausforderungen und IT-Implikationen am Beispiel Telekommunikation

Die IT-Konsequenz ist klar: Das Zusammenführen der Kundeninformationen in der IT gewinnt zunehmend an Bedeutung. Gleichzeitig wird ein maßgeschneidertes CRM, das die Kundenwünsche flexibel bedienen kann, zunehmend wichtiger.

Weitere Beispiele finden sich in Abb. 4.2 ausgeführt.

Informationen über die Geschäftsstrategie liegen oft als Kozern- /Gruppenstrategie und ggf. als Geschäftsbereichsstrategien (getrennt nach Geschäftsmodellen, funktionalen Bereichen, ...) vor. Aus allen müssen mit der Geschäftsseite Geschäftsanforderungen bestimmt und nach IT-Implikationen ausgewertet werden. Zusätzlich werden generelle Markt- und Technologietrends (wie die oben angeführte Wettbewerbsverschiebung) sowie IT-Trends mit Auswirkungen auf das Geschäftsmodell herangezogen.

Um die Umsetzbarkeit der Geschäftsanforderungen sicherzustellen und die Priorisierung zu unterstützen, ist es in der Regel zielführend, sehr früh die Geschäftsanforderungen auf so genannte IT-Funktionsblöcke oder „Domänen" abzubilden. Dabei handelt es sich um standardisierte funktionale Bereiche, für die in der Regel Standardlösungen der IT existieren und die bestimmten Geschäftsprozessen zugeordnet werden können. Mehr über solche IT-Domänen wird im Kapitel IT-Architektur beschrieben. Aus den IT-Implikationen ergeben sich so spezifische Stoßrichtungen für die IT, die den Weg der IT bestimmen und durch Implikationen auf Architektur, Sourcing, Organisation und Budget ausgestaltet werden. Diese Ausgestaltung muss sich, wie später beschrieben, auf ein entsprechendes Baselining und eine Bestimmung des Status Quo der IT stützen.

**Vision, Selbstverständnis und Positionierung der IT**

Eine IT-Strategie beginnt mit einer Vision. Eine Vision besteht dabei in der Regel aus zwei Teilen (siehe Abb. 4.3): „Mission-Statement" und Strategische Leitlinien.

4.1 IT-Strategie

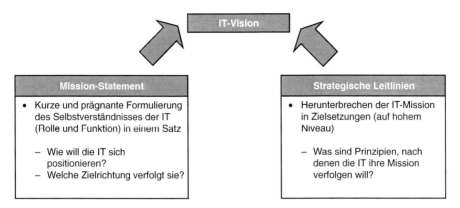

**Abb. 4.3.** IT-Vision, Mission und strategische Leitlinien

Die Bestimmung bewegt sich dabei nicht im luftleeren Raum, sondern fußt auf den gerade beschriebenen IT-Implikationen auf der einen sowie auf einer Einschätzung und Baselining des Status Quo der IT auf der anderen Seite.

- „Mission-Statement": Dieses gibt das Selbstverständnis über die Aufgabe der IT in den nächsten 3–5 Jahren wieder. Es dient primär der Kommunikation der zukünftigen Ausrichtung der IT und muss daher kurz und prägnant sein (Beispiel: „Geschäftserfolg durch IT-Innovationsführerschaft").
- Strategische Leitlinien: Diese werden aus den IT-Implikationen aus Geschäftsstrategie und Markttrends geformt. Sie geben die Top-down-Zielsetzungen der IT vor. Sie lassen sich beispielsweise unterteilen nach Unterstützung der Geschäftsziele aus der Geschäftsstrategie, der Ausgestaltung genereller strategischer Optionen wie Produktportfolioerweiterungen, Partnerschaften etc. und IT- und Technologietrends, die für das Unternehmen relevant sind. Ein Beispiel für solche Leitlinien aus der Konsumgüterindustrie ist in Abb. 4.4 gegeben.

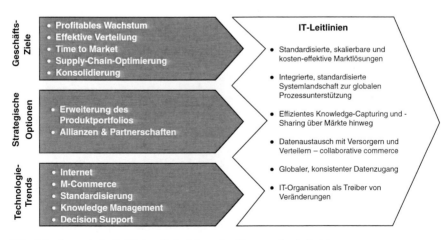

**Abb. 4.4.** Strategische Leitlinien: Beispiel aus der Konsumgüterindustrie

Die Vision kann durch eine Positionierung der einzelnen IT-Bereiche ergänzt werden. Ein solches „Selbstverständnis" der IT dient zum einen der Kommunikation gegenüber der Geschäftsseite, hilft jedoch zum anderen bei der Einschätzung und Priorisierung der Handlungsbedarfe einzelner Bereiche der IT im Unternehmen. Es erweitert so die herkömmliche IT-Vision.

Die Positionierung der IT-Bereiche zielt insbesondere auf den Innovationscharakter der IT ab. Sie bedeutet eine Abbildung nach zwei Aspekten: Funktion der IT und Geschäftsrolle.

- Die Funktion der IT beschreibt die Art des unterstützenden Charakters der Informationstechnik für das Geschäft. Sie kann folgende Ausprägung annehmen:
  - „Supporting": Fokus auf Prozess und IT-Effizienz
  - „Enabling": Unterstützer des Geschäfts, Ausrichtung nach seinen Bedürfnissen
  - „Driving": Essentieller Bestandteil des Geschäfts, Treiber von Innovationen
- Die Geschäftsrolle („Business Positioning") gibt an, welche Geschäftszwecke unterstützt werden:
  - „Standard": Fokus auf Unterstützung bestehender Kundengruppen und Produkte
  - „Evolutionär": Nutzung für bestehende, aber auch Unterstützung bei der Erschließung neuer Marktsegmente, neuer Produkte und Technikinnovationen sowie Verbesserung des Service
  - „Break Out": Unterstützung für gänzlich neuartige Produkte und Kunden

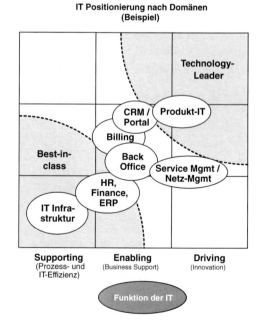

**Abb. 4.5.** Positionierung von IT-Bereichen

## 4.1 IT-Strategie

Während bei einer Positionierung im unteren rechten Segment der Fokus also auf Effizienz liegt und in der Regel defensiv mit Innovation verfahren wird, sind Domänen in der oberen rechten Ecke charakteristischerweise Bereiche, in denen die IT eine innovative Rolle einnimmt und Produkt- und Technikführerschaft angestrebt wird.

Im Folgenden soll auf die Implikationen auf einzelne Bereiche der IT eingegangen werden. Geschäftsanforderungen, Vision und Positionierung der IT bilden dazu zusammen mit dem „Status Quo" der IT („wo stehe ich heute") den Ausgangspunkt. Der Detaillierungsgrad im Rahmen der IT-Strategie hängt dabei von dem „Etabliertheitsgrad" der entsprechenden Governance-Funktionen im Unternehmen ab.

**Implikationen auf die Konzern-IT-Architektur**

Die oben besprochenen Elemente der IT-Strategie lassen sich in konkrete Maßnahmen und Vorgaben mit Auswirkung auf die IT-Architektur übersetzen. Dabei sind, wie im Kapitel IT-Architektur beschrieben, sowohl die „Business-Architektur", also die Ausprägung der funktionalen IT-Unterstützung der Geschäftsprozesse, als auch Vorgaben für die Anwendungs- und technische Architektur gemeint.

Durch die IT-Strategie, wie eingangs erwähnt, können hier unterschiedliche Detaillierungen vorgegeben werden.

Zum einen folgen aus den Geschäftanforderungen für die IT-Architektur *übergreifende Prinzipien oder „Leitplanken"*, beispielsweise im oben erwähnten Beispiel der Aufbau eines übergreifenden Datenmanagements der Kundendaten. Solche Richtlinien dienen als Ausgangsbasis für eine weitere Detaillierung durch die Architekturfunktion (siehe Kapitel IT-Architektur). Weitere Beispiele sind in Abb. 4.6 gegeben.

| übergreifende Prinzipien | Funktionalität |
|---|---|
| • Sicherstellung **Zukunftssicherheit** der Technologien unter Berücksichtigung von **nachhaltigen Technologietrends**<br>• **Skalierbarkeit** der IT-Architektur<br>• Sicherstellung der **Automatisierbarkeit** von Geschäftsprozessen<br>• **Mandantenfähigkeit** der Systeme<br>• Berücksichtigung von **Datensicherheit** und **Datenschutz**-Richtlinien<br>• Einheitliches **web-basiertes Portal** für Mitarbeiter, Partner, Kunden, Lieferanten | • Nutzung von **Standardsoftware**; bevorzugt vorkonfigurierte COTS-Produkte<br>• **Regionalisierbarkeit** (u.a. Mehrsprachigkeit, Abbildung lokaler Regularien) der Systeme |
| | **Daten** |
| | • Ablage reportingrelevanter Daten in einem **zentralen Data Pool** zur Aufbereitung über eine **zentrale Reporting-Plattform**<br>Aufbau eines übergreifenden prozess-orientierten **Datenmanagements**<br>- Definierter eindeutiger Daten-Master für jedes Datum<br>- Sicherstellung der referenziellen Integrität<br>- Abbildung verschiedener Sichten durch Datenattribute |
| | **Integration** |
| | • Bereitstellung von **standardisierten und service-orientierten API**<br>• Aufbau einer zentralen **Business Process Engine** (einheitliche Middleware-Plattform) zur flexiblen Kopplung einzelner Funktionskomponenten über die bereitgestellten Service APIs (Prozessautomatisierung/-steuerung)<br>• Standardisierung der Partner/Kunden/Lieferanten-Schnittstellen auf der BPE<br>• Sicherstellung **Anbindbarkeit zentraler Systeme** |

**Abb. 4.6.** Beispiele für IT-Architekturrichtlinien

Weiterhin können in diesem Rahmen auch Lücken in der Anwendungsstruktur und Prozessunterstützung offenkundig werden, die gemäß Geschäftsanforderung prioritär zu füllen sind, so die Unterstützung für neue, in den nächsten 3 Jahren an den Markt zu bringende Produkte.

Ist jedoch ein tieferes Vorgehen gefordert, so kann hier auch die Entwicklung von Zielarchitekturszenarien und *konkreten Maßnahmen* für durch die Geschäftsanforderungen priorisierte Bereiche sowie die Vorgabe dedizierter Standards erfolgen. Dies führt auf sog. „strategische" Projekte, die sich direkt aus der IT-Strategie ableiten und entsprechend nachzuverfolgen sind. Aus solchen Detaillierungen ergeben sich in der Regel

- Konzern-Plattformen
  - Festlegung von Zielplattformen für bestimmte Anwendungsdomänen (z. B. CRM: Siebel, ...)
  - Aufbau von Harmonisierungsgraden (einheitliche Funktionalitäten bis einheitliche Plattform) und optionaler lokaler Ausprägung
- Datenhaltungs-Prinzipien
  - Grad der Zentralisierung der Datenhaltung
  - Vorgaben für Datenbanktechnologien (z. B. Oracle)
  - Definition der Masterdaten, Kerninformationsobjekte
- Integration/Technologie-Vorgaben
  - Architekturvorgaben zu Middleware/Service-Schnittstelle/Business Process Engine, ...
  - Standardisierung von Technologien und Plattformen
- Service-Anforderungen
  - Service-Level und Service-Anforderungen pro IT-Bereich

**Implikationen auf die Sourcing-Strategie**

Die IT-Strategie gibt in der Regel nicht die Sourcing-Strategie der IT vor. (siehe hierzu das Kapitel Sourcing). Jedoch kann insbesondere für durch die Geschäftsanforderungen beeinflusste Bereiche die *Vorgabe von Sourcing-Rahmenbedingungen* erfolgen.

Beispielsweise kann für bestimmte Bereiche, z. B. Desktop, die Vorgabe von Sourcing-Strategien wie Single-Vendor oder Dual-Vendor erfolgen, ebenso die Beschränkungen auf eine sehr limitierte Anzahl von Standards. Weiterhin bestimmen im Rahmen der IT-Strategie bestimmte Zielplattformen das Sourcingverhalten.

Ein weiteres Feld möglicher Entscheidungen betrifft die Auswahl strategischer Dienstleistungspartner. So wird oft im Rahmen von Leitlinien der Umgang mit In-House- oder kaptiven Dienstleistern geregelt. Bestandteil der IT-Strategie kann auch die Bestimmung möglicher Rahmenverträge sein.

Ein weiteres Resultat gerade der Positionierung der IT im unteren rechten Segment kann es sein, bestimmte Prozessketten in ein Outsourcing-Vertragsverhältnis zu geben. Hierzu findet sich in diesem Buch ein separates Querschnittskapitel.

## 4.1 IT-Strategie

**Implikationen auf Konzern-IT-Organisation, Prozesse und Services**

Im Rahmen der IT-Strategie ist ebenfalls zu entscheiden, ob die IT-Organisation des Unternehmens geeignet ist, die identifizierten Handlungsbedarfe aus Geschäftssicht zu unterstützen.

Für die Aufstellung der IT-Organisation gibt es zahlreiche Möglichkeiten, wie in Abb. 4.7 dargestellt – von zentral bis völlig dezentral/einheitenspezifisch, von prozessorientiert über produktorientiert bis hin zu Matrix-Organisationsformen.

Verschiedene Modelle können dabei kombiniert sein – so werden beispielsweise oft Supportfunktionen eher durch eine zentrale Organisationsform unterstützt, während spezifische, strategische Produkt-IT in die Einheiten verlagert sein kann.

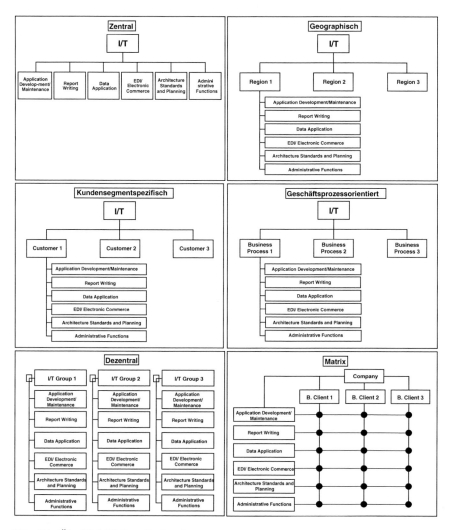

**Abb. 4.7.** Überblick IT-Organisationsformen

Generell ist in größeren Unternehmen oft die Balance zwischen einer dezentral verteilten IT und einem integrierten Ansatz zu finden. Die IT-Governance folgt hier oft der Unternehmensgovernance – ist das Unternehmen eher dezentral geführt, existieren oft starke dezentrale IT-Einheiten. Die Aufgabe der zentralen IT besteht dann zunehmend in der Ableitung und im Heben übergreifender Potenziale (siehe Kapitel Architektur und Abb. 4.8).

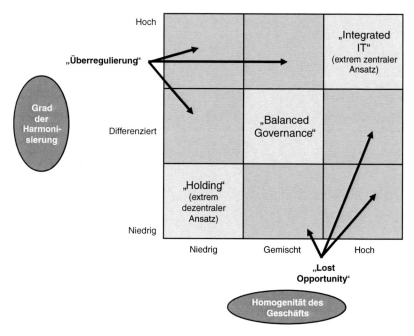

**Abb. 4.8.** IT-Governance-Balance

Ebenso kann eine Überarbeitung der Serviceprozesse in der IT notwendig werden, wenn sich beispielsweise aufgrund der Positionierung eines IT-Segments die Anforderungen und Service-Level geändert haben. Details hierzu sind im Kapitel Servicemanagement ausgeführt.

**Implikationen auf HR-Maßnahmen und Programme**

Die abgeleiteten strategischen Stoßrichtungen involvieren in der Regel auch den IT-Personalbereich. So können geforderte IT-Fähigkeiten zur Bildung neuer Fachgruppen führen, gleichzeitig gehen mit der Entscheidung für Outsourcing oder IT-Ausgründungen in der Regel Personalmaßnahmen einher. Im Rahmen der IT-Strategie kann es daher notwendig sein, konkrete Personalmaßnahmen auszuplanen. Dabei unterscheidet man in der Regel zwischen kurz-, mittel- und langfristigen Maßnahmen.

## 4.1 IT-Strategie

---

**Mögliche Hebel im Bereich IT-HR**

- Personalmanagement (kurzfristig)
  - Recruiting
  - Training
  - Outplacement
- Mittelfristige Maßnahmen „IT Community"
  - Job-Sharing, um kritische Ressourcen zu entlasten und kritisches Know-How zu teilen
  - Job-Rotation, um Best-Practices zu teilen
    - Innerhalb der IT-Domänen zwischen den IT-Funktionen (Plan, Build, Run)
    - Innerhalb der IT-Domänen zwischen Einheiten
    - Zwischen Konzern und Einheiten
  - Einrichtung von „Centers of Excellence" für ausgewählte IT-Domänen auf Konzernebene, um technologisches Know-How aufzubauen
  - Entwicklung einer Fachkarriere, um Projektmanager anzuziehen, aufzubauen und zu halten

**Abb. 4.9.** IT-HR-Maßnahmen

### Implikationen auf die IT-Budgetplanung

Die IT-Strategie bestimmt oft ein „Rebalancing" der Aktivitäten durch Bestimmung prioritärer IT-Bereiche und Maßnahmen. Die Erreichung einer Top-down-Zielbudgetvorgabe kann so unterstützt, aber auch die entsprechenden Maßnahmen ausgeformt und untereinander balanciert werden.

Der Budgetplanungsprozess und die Entwicklung der IT-Strategie sind daher oft Prozesse, die parallel laufen und sich gegenseitig beeinflussen.

### Review/Bestimmung der Messung der IT-Strategieeinhaltung

Geht die Strategie mit der Bestimmung von strategischen Maßnahmen einher, so muss die Governance für solche Maßnahmen geeignet gewählt werden. Hierfür können unterschiedliche Umsetzungen gewählt werden. Typische Beispiele reichen von einer Führung über bestehende Gremien bis hin zu dedizierten Konzernprojekten. Dabei sind die verschiedenen Führungsarten unterschiedlich geeignet, gerade wenn es um übergreifende Standardisierungsthemen geht (siehe Abb. 4.10).

|   | Gremienlösung | Leadhouse-Konzept | Dedizierte Funktion/Konzernprojekte |
|---|---|---|---|
| **Beschreibung** | • Übergreifende Abstimmung durch gemeinsame Gremien | • Abstimmung/Harmonisierung/Standardisierung durch Zusammenziehen der Kompetenz in jeweils führender Einheit | • Zentralisierung der Design-Kompetenz<br>• Notwendigkeit der Anpassung der Organisationsstruktur |
| **Grundsätzliche Bewertung** | • Geeignet für einfache Harmonisierungs-/Standardisierungsthemen (geringe Komplexität, geringer Zeitdruck, bspw. Desktop) | • Geeignet für operative IT-Management-/Harmonisierungsaufgaben mit geringem übergreifendem Konfliktpotenzial, z.B. übergreifendes Request Management | • Geeignet für strategische Harmonisierungs-/Standardisierungsvorhaben mit hohem Konfliktpotenzial, bspw. Template-Architektur geschäftskritischer Systeme |

Effektivität des Standardisierungsprozesses →

**Abb. 4.10.** Beispiel: Umsetzung von Standardisierungsprozessen

Die Einhaltung der strategischen Leitplanken, genauso wie die Nachverfolgung der beschlossenen Maßnahmen, ist einer der Kernteile eines dedizierten IT-Controllings. Dieses sollte in der Regel folgende Anforderungen erfüllen:

- Transparenz durch vereinheitlichte Strukturen bei Kostenstellen und Kostenarten als Basis
- Vereinheitlichte Erfolgs-Indikatoren (KPIs) mit präziser Definition der Einflussfaktoren (inklusive Einhaltung von Standards etc.)
- Transparenz über den Erfolg der IT für Führungskräfte verknüpft mit Erfolgs-Indikatoren aus dem Reporting
- Vereinheitlichte Vorgehensweise bei Planung und Monitoring von Projekten

Viele Unternehmen haben hierfür dedizierte Balanced-Scorecards entwickelt (siehe Abb. 4.11). Teil der IT-Strategie kann der Review und die Ergänzung des IT-Controllings um für das Tracking der Strategie notwendige Bestandteile sein.

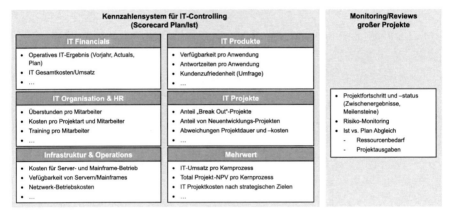

**Abb. 4.11.** IT-Controlling zur Nachverfolgung IT-Strategie

### 4.1.3 Wer trifft die Entscheidungen?

IT-Strategie ist, wie oben ausgeführt, ein Governance-Instrument, das nur in einer engen Wechselwirkung von Business und IT funktionieren kann. Da die IT-Strategie hier den Business-Anforderungen folgt, ist die Geschäftsseite in der führenden und vorgebenden Rolle. Aufgabe der IT ist es, die Implikationen auf die IT-Unterstützung abzuleiten und diese mit dem Business abzustimmen. Die IT-Strategie kann jedoch nicht allein von der IT entschieden werden. Vielmehr muss nach ihrer Entwicklung eine Abstimmung und gemeinsamer Beschluss mit der Geschäftsseite erfolgen. Bei der Degussa geschieht dies beispielsweise in einem „Advisory Board" aus Vorstand, Divisionsleitungen und CIO, das ein- bis zweimal im Jahr tagt.

## 4.1 IT-Strategie

Die Entwicklung der IT-Strategie ist in Unternehmen oft in einer dedizierten Stabsstelle beim CIO angesiedelt. Zu den Aufgaben einer solchen Funktion gehören:

- Überprüfung und Weiterentwicklung der IT-Strategie und Governance: neben der Entwicklung der strategischen Maßnahmen ist ein wesentlicher Bestandteil die Vorabstimmung und Kommunikation gegenüber der Geschäftsseite, um die Umsetzung der Geschäftsanforderungen transparent zu machen.
- Fortschrittskontrolle, Überprüfung und Weiterentwicklung des strategischen Maßnahmenportfolios: wie oben ausgeführt, kann ein Teil der beschlossenen Maßnahmen über Gremien- und Leadhouse-Konzepte umgesetzt werden. Hier obliegt einer Strategiefunktion die Fortschrittskontrolle. Gleichzeitig wird ein Teil des Maßnahmenportfolios auch direkt durch die Strategiefunktion gesteuert.
- Plausibilisierung und Abstimmung für Budgetplanung: Ein wesentlicher Bestandteil ist insbesondere das Management der Schnittstelle zum Budgetplanungsprozess.

IT-Strategie ist in vielen Unternehmen ein aufwändiger Abstimmungsprozess. Dieser ist jedoch notwendig, um die Etablierung eines gemeinsamen Zieles der IT zu erreichen und die Umsetzung in der Organisation zu verankern. In der Regel sind hier neben der IT-Strategiefunktion die Business-Strategiefunktionen, lokale IT-Funktionen und Vorstand in einem Advisory Board zur finalen Entscheidung beteiligt. Die entsprechenden Entscheidungsstrukturen sind beispielhaft in Abb. 4.12 dargestellt.

| | | Entscheidungen | | | |
|---|---|---|---|---|---|
| | | Geschäftsan-forderungen mit IT-Auswirkung | Selbstver-ständnis IT | Auswirkungen (IT-Architektur, Sourcing, IT-Organisation/ Prozesse, HR) | Entscheidung Gesamtstrategie inkl. Budget-auswirkung |
| Beteiligte | Business-strategie | E | | | |
| | IT-Strategie | M | E | M | M |
| | Lokale IT-Funk-tionen | | M | E | M |
| | CIO/Vor-stand (Advisory Board) | I | I | I | E |

M= Empfehlung, E= Entscheidung, I= Information

**Abb. 4.12** Entscheidungsstrukturen IT-Strategie

## 4.1.4 Wie werden die Entscheidungen getroffen?

Die Bestimmung der IT-Strategie sollte, egal ob als Projekt oder durch die Linienfunktion, in einem regelmäßigen Prozess mindestens einmal im Jahr erfolgen, um die Aktualität der festgestellten IT-Implikationen sicherzustellen.

Der Sponsor dieser Entwicklung ist oft nicht allein der CIO, sondern der Vorstand selbst. In die Strategieentwicklung werden die einzelnen Kompetenzbereiche und Spezialisten einbezogen.

Abbildung 4.13 zeigt beispielhaft einen solchen Strategieentwicklungsprozess.

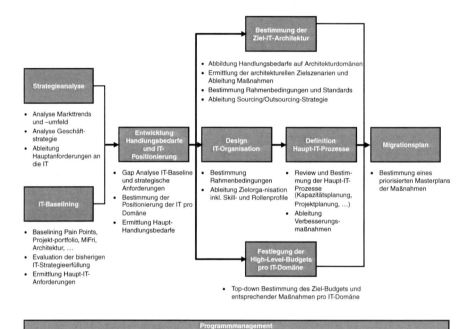

**Abb. 4.13.** IT-Strategieentwicklung

Wie erwähnt, beginnt der Prozess immer mit einer Analyse der Geschäftsanforderungen sowie der Rahmenanforderungen aus Markt- und Technologietrends. Parallel werden Lücken im Kenntnisstand zur IT gefüllt, beispielsweise zum Stand des Projektportfolios, oder zum Überalterungsstand des Applikationsportfolios. Aus Interviews sowohl auf IT- als auch auf Geschäftsseite können die Hauptanforderungen verifiziert und priorisiert werden. Dies führt zur Ableitung der Haupt-Handlungsbedarfe. Parallel sollte die Entwicklung der Vision und ein Update der Positionierung der IT erfolgen.

Die Ableitung der IT-Implikationen und Zielszenarien für IT-Architektur mit Auswirkungen auf Sourcing und Service, Implikationen für Organisation/Prozesse und Ziel-Budget mündet in Stoßrichtungen, die im Rahmen der IT-Strategie aufgeschrieben und fixiert werden.

Hieraus wird schließlich ein Umsetzungsplan gewonnen, wobei die Ausdetaillierung der Projekte z. T. auch durch bestehende Funktionen erfolgen kann. Wie erwähnt kann die IT-Strategie nicht isoliert betrachtet werden – vielmehr ist sie oft Bestandteil beziehungsweise Input für den allgemeinen, rollierenden Planungs- und Budgetprozess und wird zusammen mit dem Mittelfristplan entschieden. Notwendig dafür ist die Einpriorisierung der strategischen Maßnahmen in das Gesamtportfolio – siehe hierzu das Kapitel Portfolio – ebenso wie der Abgleich mit der Zielsetzung für das Management als wesentliche Steuerungsgröße, die die Umsetzung der beschlossenen Strategie befördern soll.

## 4.2 IT-Portfoliomanagement

### *4.2.1 Einleitung*

Die Ausrichtung der IT-Organisation auf die Erfordernisse von Geschäft und Markt kann der CIO am besten mittels seines IT-Projektportfolios beeinflussen. Über Definition und Management des IT-Projektportfolios werden alle wichtigen Richtungs- und Kontinuitätsentscheidungen mit Budget und Ressourcen versehen: Grundlegende Plattform-Architektur-Anpassungen ebenso wie einfache Kapazitätserweiterungen im Betrieb, die Einführung neuer Applikationen wie routinemäßige Maintenance-Aktivitäten, Reorganisationen und Prozessoptimierungen wie strategische Wachstums- oder Innovationsinitiativen.

Die Vielfalt dieser Themen gilt es zu priorisieren und zu beherrschen. Um dies zu tun, werden oft in einem ersten Schritt Muss-Projekte mit gesetzlichem Hintergrund, Projekte mit geschäftsstrategischer Bedeutung, Projekte mit primärer Wirtschaftlichkeitsrelevanz bzw. Wartungs-/Betriebsthemen unterschieden. In diesem Umfeld gilt es, Projektportfoliomanagement als strategisches Steuerungsinstrument einzusetzen: Hier wird entscheidend die Ausrichtung der IT gestaltet. Dabei müssen Budget-, Ressourcen- und Zeitrestriktionen, aber auch organisatorische Aspekte und die „Change-Energie" des Unternehmens einbezogen werden.

Zentraler Bestandteil von Kommunikation und Umsetzung der durch das Projektportfolio definierten Aktivitäten ist die Ausrichtung der Projekte auf die strategischen Unternehmensziele. Einen Hauptpunkt bildet hierbei eine von vielen Unternehmen angestrebte grundlegende Umorientierung der IT: weg von einem reaktiven Mitteleinsatz, getrieben von Wartungsprojekten und Betriebssicherung, hin zu mehr Spielraum für Innovations- und IT-Gestaltungsthemen, die Flexibilität und time-to-market erhöhen. Die zielgerichtete Priorisierung des Mitteleinsatzes ist dabei ein Schlüssel zum Erfolg.

Angesichts der Bedeutung des IT-Portfoliomanagements als strategisches Steuerungsinstrument ist es wenig überraschend, dass CIOs zunehmend bemüht sind, die traditionell fragmentierten IT-Projektlandschaften zu konsolidieren, Transparenz über die Art des Mittel- und Kräfteeinsatzes zu schaffen und diesen mit einer wirklichen Querschnittsperspektive über das gesamte Portfolio zu steuern. Notwendig dazu ist es, die Prozessabläufe zur Projekt-Initialisierung, -Abwicklung und -Administration zu standardisieren und einheitlich zu verankern. Nur so können IT-Projekte auf eine vergleichbare Basis (z. B. hinsichtlich Ressourcen- und Zeitplanung oder der Abstimmung von häufig überlappenden Projektzielen und -inhalten) gestellt werden; Schnittstellen zwischen den Projekten werden sichtbar und kontrollierbar.

Die Entscheidung über die Umsetzung bzw. Weiterverfolgung von Projekten erfolgt – unter Berücksichtigung des relevanten Budget- und Ressourcenrahmens – auf Basis der Projektkategorisierung und -bewertung und stellt eine objektivierte Basis für die Kommunikation der Entscheidungen dar. Messbarkeit der Zielerreichung, von Risiken und Problemen muss dafür gewährleistet sein.

So einleuchtend der skizzierte Ansatz auch ist – die überwiegende Zahl von Unternehmen sieht sich diesbezüglich mit signifikanten Problemen konfrontiert. Dabei unterscheidet sich das IT-Projektportfoliomanagement nicht grundlegend von dem Management von Business-Projekten, lediglich einige IT-Besonderheiten wie die Erfüllung der architekturellen IT-Vorgaben sind zu beachten. Gerade in historisch gewachsenen IT-Umgebungen, über verschiedene Geschäftsbereiche zerstreuten IT-Organisationen oder – als ein Resultat der Ausgründungswelle von IT-Aktivitäten in externe Dienstleistungsgesellschaften – bei der Erbringung von Teilen des IT-Portfolios durch unterschiedliche Legaleinheiten scheitert effektives IT-Portfoliomanagement zuweilen an grundlegenden Governance-Problemen. Sowohl auf Führungs- als auch auf operativer Projektmanagement-Ebene fehlen oft geeignete Governance-Mechanismen und -Gremien, um für Transparenz im IT-Projektportfolio zu sorgen. Fehlende oder nicht gemäß der Portfolio-Philosophie ausgelegte Projektmanagementprozesse verhindern eine einheitliche Konsolidierung und Bewertung von Projektzielen und -inhalten innerhalb der IT. Ohne diese Grundlage ist an eine zielführende Diskussion, Abstimmung und Priorisierung des Projektportfolios zwischen IT- und den Geschäftseinheiten nicht zu denken, was zusätzlich durch ebenso fragmentierte Schnittstellen zwischen IT und Business bzw. oft unzureichend definierte Governance-Mechanismen an dieser Schnittstelle erschwert wird.

### 4.2.2 Welche Entscheidungen sind zu treffen?

Für die Konsolidierung des Projektportfolios ist zunächst die Definition einer einheitlichen, verbindlichen Nomenklatur und Struktur für die Informationserhebung erforderlich. Diese Struktur sollte Projektstammdaten mit Basisinformationen zu Inhalten, Zielen und Zeitplanungen ebenso standardisieren wie die Erfassung von Business Case, strategischer Beschreibung und Bewertung sowie Risikofaktoren.

Liegen konsolidierte Standardinformationen aller IT-Projekte einmal vor, gilt es zu entscheiden, ob Projektvorschläge für die Umsetzung genehmigt werden, laufende Projekte weiterverfolgt, eingestellt oder repriorisiert werden (z. B. verschoben, vorübergehend „eingefroren" oder Verringerung der Ressourcenausstattung) (siehe Abb. 4.14).

## 4.2 IT-Portfoliomanagement

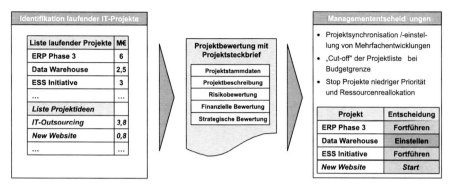

**Abb. 4.14.** Überblick IT-Projektportfolio-Management

Zusätzlich sind bei der Bewertung und ggf. Bewilligung von Projekten folgende Aspekte zu prüfen:

- Vereinbarkeit des Projektes mit dem durch die Geschäftseinheit vorgegebenen Budgetrahmen, wobei z. B. eine Projekt-Kurzbeschreibung und Business-Case-Übersicht mit 5-Jahres-Horizont vom Portfolio-Management standardmäßig eingefordert und zu Rate gezogen werden kann
- Vereinbarkeit des Projektes mit dem verfügbaren IT-Ressourcenpool, wobei der Projektvorschlag standardmäßig mit einer Meilensteinplanung und dazugehöriger Ressourcenabschätzung (wie für einen Business Case ohnehin benötigt) versehen werden sollte
- Vereinbarkeit des technischen Konzepts mit verbindlichen Architekturvorgaben und anderen technologiebezogenen Design- und Sourcing-Standards, wobei technische Machbarkeitsanalysen auf High-Level-Design-Ebene ebenso wie explizite Informationen bezüglich der zugrunde liegenden Technologie- bzw. Lieferanten-Auswahl eingefordert werden sollten

Für bereits laufende Projekte sollte der bisherige Projektverlauf bewertet und in die Entscheidungsfindung hinsichtlich Weiterführung und Priorität einbezogen werden. Zentrale Beurteilungskriterien sind dabei die Einhaltung von Budget- und Meilensteinplanungen sowie das Risikoprofil des jeweiligen Projektes. Gerade bei langlaufenden Projekten sollten ursprünglich getroffene Annahmen immer wieder einmal überprüft werden.

Gerade angesichts umfangreicher, komplexer Projektportfolien ist es sinnvoll, Bewertung und Priorisierung erst dann vorzunehmen, wenn Projekte entsprechend einer ersten Analyse in „Muss-" bzw. „Kann-"Projekte gruppiert wurden, um den effektiv addressierbaren Entscheidungsumfang abzugrenzen. Des Weiteren ist eine Unterscheidung von „IT-internen" Projekten (wie z. B. routinemäßige Wartungsprojekte, Lebenszyklus-bedingte Software-Upgrades ohne direkte Geschäftsanforderung oder interne Reorganisations- oder Prozessoptimierungsinitiativen) und Projekten mit direktem Geschäftsbezug sinnvoll, da nur so die benötigten Governance-Mechanismen differenziert zum Einsatz kommen können bzw. zielgerichtete Trade-Off-Diskussionen möglich werden (siehe Abb. 4.15).

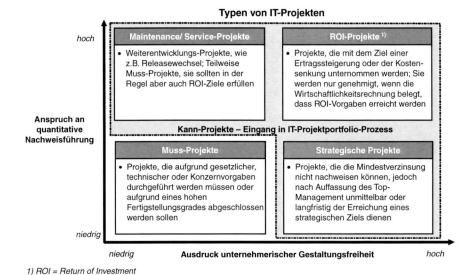

1) ROI = Return of Investment

**Abb. 4.15.** Kategorisierung von IT-Projekten (Beispiel)

### 4.2.3 Wer trifft die Entscheidungen?

Wie bereits angedeutet, ist die Entscheidungsfindung abhängig von der IT-internen bzw. geschäftsübergreifenden Natur eines Projektes.

Die Governance von IT-internen Projektentscheidungen ist relativ unproblematisch, so lange ein festes (von den geschäftsgetriebenen separiertes) IT-Projektbudget definiert und eine Konsolidierung der Entscheidungen in die Gesamtportfoliosicht und ggf. bestehender Projektinterdependenzen gewährleistet ist. In diesem Fall kann die Entscheidungsfindung über hierarchische Linienmechanismen organisiert werden. Dabei muss allerdings sichergestellt sein, dass Projektmanagement- und Informations- bzw. Reportingstrukturen robust implementiert sind.

Komplexer gestaltet sich die Entscheidungsfindung bei Projekten mit Auftraggebern in den Geschäftseinheiten. Hier ist der Einsatz eines Projekt-Governance-Gremiums mit Repräsentanten aus IT- und Geschäftseinheiten – für die Entscheidungsfindung zweckmäßigerweise auf Senior-Management-Ebene – notwendig. Dieses Gremium sichtet, bewertet und genehmigt bzw. priorisiert sowohl konzernweite als auch lokale Projekte, setzt Projektleiter ein, kontrolliert den Fortschritt und Erfolg von Projekten und verhandelt bzw. vermittelt bei Problemen, die im Projektalltag nicht gelöst werden können.

Das Gremium sollte von einer Portfolio- oder Programm-Management-Funktion, z. B. als Stabsfunktion beim CIO, unterstützt werden, die Informationen konsolidiert und verdichtet sowie Entscheidungsvorlagen vorbereitet und ggf. bereits vorpriorisiert. In dieser Funktion sollte das Portfolio- bzw. Programm-Management den quartalsweisen bzw. jährlichen Planungsprozess für das Projektportfolio treiben und eng mit den für die Budgetierung verantwortlichen Finanzfunktionen in Konzern und IT sowie dem IT-Ressourcenmanagement abstimmen. Außerdem agiert diese Funktion als „Clearinghouse" für jegliche projektbezogene Informationen aus Architektur und Service-Management-Funktionen, was die zentrale Bedeutung der Implementierung robuster Reportingstandards unterstreicht.

Beratende Funktion im Projekt-Governance-Gremium nimmt darüber hinaus das Architektur-Komitee ein, das Compliance-Bewertungen vornimmt und die Diskussion ggf. notwendiger Trade-Off-Entscheidungen unterstützt.

Für eine bestmögliche Ausrichtung der IT auf die Geschäftsbedürfnisse empfiehlt es sich, auch die bereits erwähnten IT-internen Projekte in die Diskussion- und Entscheidungsfindung des Projekt-Governance-Gremiums aufzunehmen. Dies mag die Entscheidungsfindung hinsichtlich IT-interner Projekte auf den ersten Blick komplizierter erscheinen lassen, birgt aber inhärente Vorteile, die aus gesamtunternehmerischer Perspektive nicht von der Hand zu weisen sind:

- Transparenz über IT-interne Projektaktivitäten fördert das Verständnis der Geschäftsseite für das wirkliche Leistungs- und Arbeitsspektrum der IT-Organisation und beseitigt häufig vorhandenes Misstrauen hinsichtlich „versteckter Ressourcen", die – angeblich – von der IT dem Zugriff der internen Kunden bewusst entzogen werden
- Eine konsolidierte Diskussion und Entscheidungsfindung hinsichtlich aller IT-Projekte – ob intern oder nicht – ermöglicht Trade-Off-Entscheidungen zugunsten oder zulasten der einen oder anderen Seite, was einer Divergenz von Geschäftsanforderungen und IT-internen Projekten entgegenwirkt – schließlich werden IT-interne Projekte so nur bewilligt, wenn ihr Nutzen im Sinne der Geschäftsinteressen (und nicht nur der IT-Interessen!) nachvollziehbar und wirtschaftlich erreichbar ist

Dieses Gremium wirkt praktisch wie ein „Aufsichtsrat" über das bestehende Portfolio. Dabei geht es nicht nur um die Bewilligung neuer Projekte, sondern primär auch um Investitionsschutz – bestehende Projekte werden bei Laufzeit- und Budgetüberschreitung kritisch beurteilt und ggf. gestoppt, Risiken in der Projektentwicklung frühzeitig erkannt und Gegenmaßnahmen eingeleitet. Gleichzeitig ergibt sich aus der Gestaltung des Portfolios eine entscheidende Richtungsgebung für die IT des Unternehmens.

### 4.2.4 Wie werden die Entscheidungen getroffen?

Es ist offensichtlich, dass Projektportfolio-Management keine einmalige Initiative sein kann, sondern in einem Regelprozess verankert werden muss, der einem klar definierten zeitlichen Rhythmus folgt. Während primär die Entscheidungsfindung über die Zusammensetzung des Projektportfolios mit Projektportfolio-Management assoziiert wird, sollte der Prozess ganzheitlich auf den gesamten Projektlebenszyklus ausgerichtet werden (siehe Abb. 4.16). Dazu gehört neben der Konsolidierung von Projekten und Projektideen, deren Bewertung, Genehmigung (oder Ablehnung) und Priorisierung auch die enge Überwachung der Projektumsetzung und des letztendlichen Projekterfolgs.

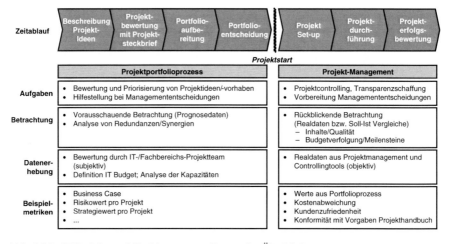

**Abb. 4.16.** IT-Projektportfolio-Management-Prozess im Überblick

Der Planungsprozess kann – in enger Anlehnung an den Budget-Prozess – jährlich mit vierteljährlichem Update erfolgen. Dabei werden zunächst die lokalen Projektportfolios konsolidiert und in einem ersten Schritt mit dem bewilligten lokalen Projektbudget abgeglichen. Anschließend werden Projekte hinsichtlich ihrer Vereinbarkeit mit lokalen und/ oder konzernweiten Architekturvorgaben geprüft, mit der lokalen Ressourcenplanung abgeglichen (= Abstimmung von Kapazität und Bedarf an spezifischem Know-how mit dem Ressourcenmanagement) sowie auf Möglichkeiten zur Einkaufsoptimierung (z. B. durch die Konsolidierung von Volumina) bewertet.

Projekte, die diese „Due Diligence" durchlaufen haben, können in eine Gesamtportfoliosicht konsolidiert und dem Projekt-Governance-Gremium zur Entscheidung vorgelegt werden. Das Gremium bewertet Einzelprojekte im Kontext des Gesamtportfolios, mit Blick auf bereichsübergreifende Strategie und Unternehmensziele sowie die gesamtunternehmerische Ressourcensituation. Ein Beispiel für Standard-Kriterien ist in Abb. 4.17 gegeben.

## 4.2 IT-Portfoliomanagement

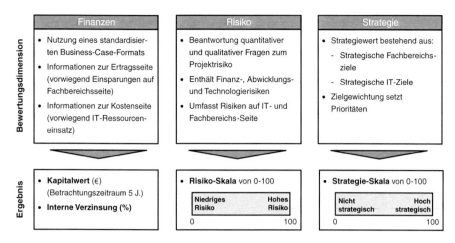

**Abb. 4.17.** Bewertungskriterien für IT-Projekte (Beispiel)

Dabei bietet sich wiederum ein standardisiertes projektspezifisches Kurzprofil an, das auf die bestmögliche Unterstützung einer zielgerichteten Bewertung, Genehmigung (bzw. Ablehnung) und Priorisierung anhand eines feststehenden Kriterienkatalogs ausgerichtet sein sollte. Auf dieser Basis kann sowohl die inhaltlich-strategische Ausrichtung des IT-Projektportfolios, als auch die Budgetsituation transparent gemacht werden, was eine zielgerichtete Diskussion und Beantwortung folgender (beispielhafter) Fragen ermöglicht:

- Entspricht die Verteilung von Projektressourcen den durch Konzern- bzw. Bereichsstrategie vorgegebenen Prioritäten?
- Reichen die Projektressourcen für funktionale Erweiterungen aus, um den Geschäftsanforderungen der internen Kunden zu entsprechen und eine optimale Unterstützung der Geschäftsprozesse sicherzustellen?
- Reichen die Ressourcen für IT-interne Projekte aus, um einen stabilen Betrieb, eine anpassungsfähige Architektur und die notwendige Plattformevolution entsprechend der Produktlebenszyklen zu gewährleisten?
- Ist durch die Ressourcenaufteilung gewährleistet, dass regulatorische oder legale Anforderungen erfüllt werden?

Durch IT-Portfolio-Management wird das im Gremium vertretene Senior-Management-Team in die Lage versetzt, effektive Trade-Off-Entscheidungen und damit letztendlich effektive Governance der Schnittstelle zwischen IT- und Geschäftseinheiten im Sinne der gesamtunternehmerischen Strategie und Ziele sicherzustellen (siehe Abb. 4.18).

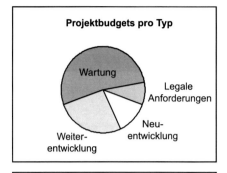
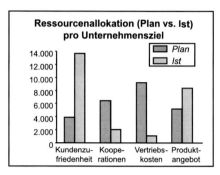
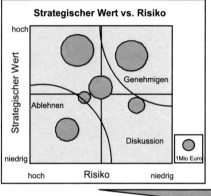
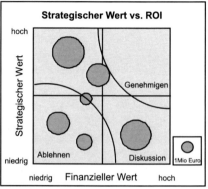

**Analyse (Beispiele)**

- Großteil des Projektbudgets wird für Wartung ausgegeben
- Eines der wichtigsten Geschäftsziele ist die Senkung der Vertriebskosten, dafür ist aber weniger als 10% des Projektbudgets vorgesehen
- Viele langfristige, strategische Projekte im Portfolio, aber zu wenige mit kurzer Pay-back-Periode

**Mögliche Management-Entscheidungen**

- Deckelung der Ausgaben für Wartungsprojekte
- Priorisierung von Projekten zur Erreichung wichtiger Unternehmensziele
- Höhere Priorität für kleinere Projekte mit höherem ROI (Return on Investment)

**Abb. 4.18.** Management-Entscheidungen aus dem IT-Projektportfolioprozess

Nach Verabschiedung des Portfolios durch das Projekt-Governance-Gremium werden die Einzelprojekte detailliert ausgeplant. Mit dem Projektstart sollte auch ein regelmäßiges Projekt-Status-Reporting beginnen, wobei sowohl der generelle inhaltliche Fortschritt, als auch die Budget- und Zeitplansituation im Auge behalten

## 4.2 IT-Portfoliomanagement

werden muss. Dabei bietet es sich an, eine Scorecard-Methodik zu nutzen (siehe Abb. 4.19).

| IT Steuerungsziel | Kennzahl / Metrik | Frequenz | Ebene |
|---|---|---|---|
| Qualität der Projektabwicklung | Ampel-Status (Zeitliche Entwicklung) | monatlich | KSt |
| | Abweichung Projektdauer (Ist vs. Plan) pro Projekttag | monatlich | KSt |
| | Abweichung Projektkosten (Ist vs. Plan) pro Projekttag | monatlich | KSt |
| Fremdleistungsanteil | Anteil Fremdleistungskosten an Projektkosten | monatlich | KSt |
| Fremdleistungsanteil | Anteil Fremdleistungskosten an Projektkosten | monatlich | KSt |

**Abb. 4.19.** Reporting per Projekt-Scorecard (Beispiel)

Gerade bei Software-Entwicklungsprojekten hat sich in letzter Zeit auch einer Bewertung nach dem bereits geleisteten Projektwert etabliert, wie z. B. von Accenture vorgeschlagen. Dazu dienen zwei Kernzahlen: der Cost Performance Index (CPI), der den Umfang des Budgeteinsatzes bewertet, sowie der Schedule Performance Index (CSI), der den zeitlichen Budgeteinsatz bewertet (siehe Abb. 4.20).

**BCWP/BCWS/ACWP Berechnung**

- **"Budgeted Cost of Work Performed (BCWP)":** Tatsächliche Ergebnisse bewertet zu geplanten Kosten
  - Für alle Meilensteine: Multiplikation von "% abgeschlossen" mit geplantem Budget pro Meilenstein
  - BCWP: Summe über alle Multiplikationen
- **"Budgeted Cost of Work Scheduled (BCWS)":** Geplante Arbeit bewertet zu geplanten Kosten
  - Für alle Meilensteine: Multiplikation von geplantem Budget pro Meilenstein mit % des geplanten Zeitaufwands, der bereits abgelaufen ist
  - BCWS: Summe über alle Multiplikationen
- **Actual Cost of Work Performed (ACWP):** Tatsächliche Ergebnisse bewertet zu tatsächlichen Kosten
  - Summe bisheriger Ausgaben

**CPI/SPI Berechnung**

- **Cost Performance Index (CPI):** Division von BCWP durch ACWP
- **Schedule Performance Index (SPI):** Division von BCWP durch BCWS
- Für beide Indices gilt: Werte größer oder gleich 1,0 zeigen eine gewünschte Situation an, Werte kleiner 1,0 zeigen einen ungewünschten Zustand an

**Abb. 4.20.** Bewertung nach geleistetem Wertbeitrag: „Earned Value Project Reporting"

Je nach Größe und Wichtigkeit des Projektes sollte anhand fixer Kriterien entschieden werden, welche Projekte an das Projekt-Governance-Gremium berichten und welche Projekte lediglich durch das Portfolio- bzw. Programm-Management kontrolliert werden. Gerade in komplexen Projektlandschaften ist es wichtig, eine Fokussierung des Managements auf die strategisch wesentlichen Projekte sicherzustellen.

## 4.3 IT-Architektur

### 4.3.1 Einleitung

Panta Rhei („alles fließt") – auch große Teile der IT-Landschaft, die in Unternehmen eingesetzt werden. Viel hat sich seit dem Beginn des Einsatzes von IT in Unternehmen in den 50er und 60er Jahren verändert. Statt traditionelle Zentralrechner („Mainframes") zu betreiben, kann Rechenleistung flexibel, „on demand" über Dienstleister gebucht werden. Die Rechnerwelt ist stark vernetzt und nutzt bzw. bedient Ressourcen aller Art, von Servern über PCs/Laptops bis hin zu mobilen Endgeräten. Anwendungen sind heute nicht mehr monolithische, selbstentwickelte Systeme, sondern zunehmend vernetzte Kombinationen von „Services", die intern, oder auch im Austausch mit externen Partnern genutzt werden können (siehe Abb. 4.21).

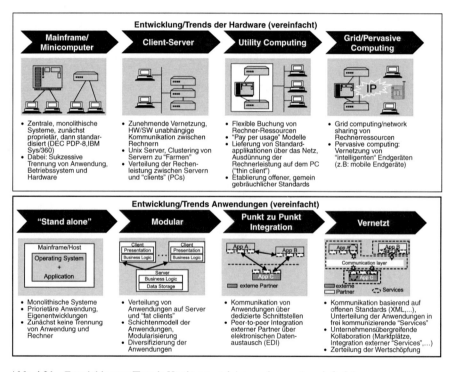

**Abb. 4.21.** Entwicklungen/Trends Hardware und Anwendungen (vereinfacht)

Die in Unternehmen eingesetzte IT ist heterogener, komplizierter, aber auch sehr viel leistungsfähiger geworden. In größeren Unternehmen werden heute oft mehrere tausend Anwendungen betrieben, gewartet und weiterentwickelt, basierend auf unterschiedlicher Software und Infrastruktur. Dies gilt es zu beherrschen – und zu nutzen.

## 4.3 IT-Architektur

Dabei haben die Bedeutung der Informationstechnik für den Geschäftsbetrieb und die Breite der IT-Unterstützung des Geschäfts stark zugenommen. Der Einsatz von IT ist ein Wettbewerbsfaktor, der Effizienz und Geschwindigkeit sicherstellen soll, beispielsweise bei

- Informationsaustausch, auch über Unternehmensgrenzen hinweg, z. B. bei der Zulassung neuer Präparate im Pharmasektor
- der Unterstützung neuer elektronischer Produkte z. B. über das Internet und deren Vernetzung in dahinter liegende Prozesse
- der Verschlankung und Automatisierung von unterstützenden Querschnittsprozessen.

Leider ist mit dieser gestiegenen Bedeutung auch eine Steigerung an Komplexität in der IT einhergegangen. Dies drückt sich in mehreren Aspekten aus:

- *Komplexe, historisch gewachsene IT-Landschaften:* Alte Systeme werden nach den gestiegenen bzw. veränderten Geschäftsanforderungen durch neue Systeme erweitert bzw. ergänzt – es entsteht eine „historisch gewachsene" Systemlandschaft mit einer hohen Anzahl von Schnittstellen und Systemen unterschiedlicher Herkunft, Funktionsweisen und unterschiedlichen Alters. Geschäftsprozesse sind dabei oft „hart verdrahtet" und tief im Code begraben – Änderungen sind nur schwer und teuer umzusetzen. Die Nutzung von Standardapplikationen variiert dabei. Für zahlreiche Funktionsbereiche stehen mittlerweile standardisierte Applikationen und sog. „Industrielösungen" zur Verfügung. Viele Industrien haben mittlerweile einen entsprechenden „Reifegrad" in ihren Geschäftsmodellen erreicht. Bei Kostendruck nimmt der Druck zur Nutzung solcher Pakete und zur Reduktion teurer Wartung und Eigenentwicklung zu, zumal für Bereiche, die eine hohe funktionale Reife erreicht haben und nicht der Differenzierung gegenüber dem Kunden und der Konkurrenz dienen (siehe Abb. 4.22). Jedoch erscheint der Umstieg oft teuer und kompliziert, denn viele Unternehmen sind in ihren Altprozessen und damit ihren Altapplikationen „gefangen".
- *Parallelität:* Weiterhin besteht gerade bei größeren Unternehmen mit vielen Bereichen die Gefahr, dass einzelne Bereiche parallele IT-Systeme oder ganze IT-Landschaften aufbauen, um möglichst wettbewerbsfähig und flexibel zu sein. Leider entsteht dabei neben den spezifisch zugeschnittenen Funktionalitäten auch oft ein hoher Grad von Redundanz und Parallelität – und die geschaffenen Systeme müssen einzeln betrieben, gewartet und unterstützt werden.
- *Technologievielfalt:* Die IT hat zahlreiche Technologie-Veränderungen durchgemacht, die umgesetzt werden, wo ein Geschäftsvorteil erhofft werden kann – sei es durch Einsatz effizienterer, flexiblerer Client/Server-Architekturen, web-basierter Technologien oder Technologien zur flexibleren, besseren Kommunikation unter bestehenden IT-Systemen. Der Trend, hierbei immer die beste und neueste Technologie einzusetzen, ist verständlich – jedoch kann dies zu einer Erhöhung der Technologievielfalt führen, die letztendlich durch notwendige Wartung und den Aufbau spezifischer Fachkenntnisse das Kosten/Nutzenverhältnis nicht verbessert.

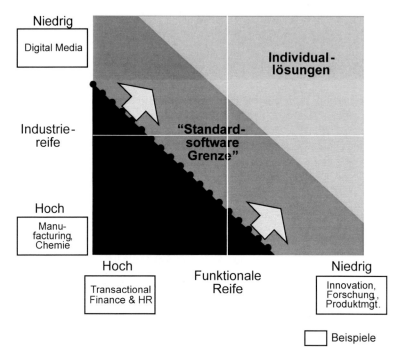

**Abb. 4.22.** Nutzung von Standardsoftware

IT-Architektur als Governance-Instrument versucht, diesen Problemen entgegenzutreten. Dies geschieht letztendlich nicht anders als bei der Architektur eines Gebäudes.

Der Architekt beschreibt im Bauplan, wie einzelne Kernelemente des Gebäudes (Wände, Dach, elektrische Leitungen, Wasserleitungen, Abwasser, Heizung etc.) gestaltet werden und zu einem Ganzen zusammenwirken, um die Vorstellungen des Bauherrn (Bürogebäude? Fabrikgebäude? Schwimmhalle? Privathaus?) zu verwirklichen. Gleichzeitig legt er auch den Umsetzungsrahmen (Kosten, Zeitplan, Ressourcen) für die Errichtung des Gebäudes nach den Zielvorstellungen des Bauherrn fest.

Ähnlich gibt die IT-Architektur architektonische „Leitplanken" vor – Bausteine, Komponenten, Standards der IT. Dabei geht es nicht um die technischen Details jeder einzelnen Anwendung – diese werden im Rahmen eines Umsetzungsprojektes festgelegt. Vielmehr gibt die IT-Architektur, wie sie hier verstanden werden soll, den Rahmen zur Ausgestaltung vor. Es geht sozusagen um die Räume, Leitungen und Anschlüsse, nicht um den Farbanstrich oder die Inneneinrichtung.

Für IT-Architektur gelten eine Reihe von Richtlinien, die sicherstellen sollen, das ihre Vorgaben effizient sind.

## 4.3 IT-Architektur

- Für die IT-Architektur ist der Bauherr letztendlich nicht die IT, sondern die Business-Seite. Sie legt fest, welche Ziele und Anforderungen es zu unterstützen gilt – über die Geschäftsstrategie und strategische Geschäftsziele. Ziel der IT-Architektur ist es daher, ein „IT-Gebäude" zu errichten, das in der Lage ist, eine möglichst optimale und dabei kosteneffiziente Unterstützung des Geschäftsbetriebs zu erreichen. Zunehmend hat hier auch Flexibilität an Bedeutung gewonnen, denn in vielen Branchen befinden sich die Geschäftsmodelle im Wandel. Die IT-Architektur muss sicherstellen, dass ihre Vorgaben so beschaffen sind, dass für die Aus- und Umgestaltung von Geschäftsprozessen und ihrer IT-Unterstützung genug Spielraum bleibt.
- IT-Architektur ist stets im Fluss. Sie muss ständig weiterentwickelt werden, und dies
  - sowohl aufgrund neuer oder veränderter Geschäftsanforderungen, die eine Veränderung der architekturellen Vorgaben verlangen – wenn beispielsweise neue Produkte zu integrieren sind
  - als auch aufgrund IT-technischer Veränderungen, die erhebliche Effizienzpotenziale versprechen – neue Verfahren, Technologien und Paradigmen.
- Die IT-Architektur ist bindend. Dies ist sicher eines der Kernelemente ihres Charakters als Governance-Instrument. Es muss sichergestellt werden, dass Projekte und Beschaffungen für IT sich zwingend an die Vorgaben halten und Abweichungen einer Genehmigungsinstanz unterliegen.
- IT-Architektur ist unternehmensintern kein Geheimnis – im Gegenteil, sie sollte „öffentlich" und den Handelnden bekannt sein, um den Prozess ihrer Weiterentwicklung treiben zu können. Dies betrifft IT-Projektleiter, Betriebsverantwortliche, IT-Einkauf, bis hin zum IT-Management und auch dem Business Management.
- IT-Architektur ist eine pragmatische Übung. Leitplanken, die im Sphärischen bleiben, nutzen weder der IT noch der Geschäftsentwicklung. Die IT-Architektur gibt einem Entwickler/Designer einen pragmatischen Baukasten vor, aus dem er für seine Ausgestaltungen schöpfen kann.

Doch welche Konzepte, Elemente und Bausteine werden vorgegeben und wie kann dies aussehen? Dazu sollen im Folgenden die Elemente einer IT-Architektur vorgestellt und die Entscheidungsbedarfe festgestellt werden.

### *4.3.2 Welche Entscheidungen sind zu treffen?*

Wie im vorangehenden Abschnitt ausgeführt, ist das Ziel einer IT-Architektur eine möglichst optimale Unterstützung des Geschäfts. IT-Architektur als Governance-Instrument muss also entscheiden, wo eine Unterstützung gezielt eingesetzt oder optimiert werden kann, mit welchen Komponenten/Bestandteilen dies geschehen soll und was die dafür zu nutzenden Technologien sind. Dazu sind drei Hilfsmittel von Nutzen, in denen die Entscheidungen gefällt werden können:

- Die Business-Anforderungen und Business-Architektur
- Die funktionale Architektur
- Die technische Architektur

**Die Business-Anforderungen und Business-Architektur**

Die Business-Architektur reflektiert das Geschäftsmodell. In ihr wird anhand der Kerngeschäftsprozesse die funktionale IT-Unterstützung festgelegt. Dabei werden sowohl kundenorientierte Prozesse (wie beispielsweise Auftrag bis Zahlung, Anfrage, Änderung, Kündigung usw.) als auch die unterstützenden Prozesse (z. B. HR, Finance) betrachtet.

In regelmäßigen Abständen erfolgt dazu ein Abgleich mit aktuellen Geschäftsanforderungen aus Vorgaben der Businessstrategie und Geschäftsentwicklung. Daraus sich ergebende Prioritäten und Prozessänderungen bilden einen wesentlichen Bestandteil bei der Ableitung von Implikationen auf die bestehende IT.

Die Business-Architektur ist nicht Teil der IT-Architektur im eigentlichen Sinne, aber sie schafft die Voraussetzung für eine business-getriebene Governance auf die IT-Architektur. Fokus ist hierbei:

- Welche Prozessbereiche müssen fokussiert mit IT unterstützt werden?
- Wo bestehen Unterstützungslücken, die zu füllen sind?
- Was sind dabei die funktionalen Anforderungen, die zu erfüllen sind?

Zahlreiche Unternehmen befassen sich intensiv mit der Aufnahme ihres Prozessmodells, unterstützt von Tools wie „Aris", in oft jahrelangen Projekten mit sehr gemischtem Ausgang. Aus Sicht der IT-Architektur ist es wichtig, einen Mittelweg zu finden, um zu vermeiden, dass Prozessaufnahme ein Selbstzweck wird. Ziel ist in der Regel, einen Überblick über die relevanten Funktionalitäten zu erhalten und anhand der Wichtigkeit für den Geschäftsbetrieb priorisieren zu können. Oft fließen hierbei Vorgaben aus der Gesamtstrategie ein (siehe Kapitel Strategie) und es kann genügen, den Fokus auf Veränderungen durch aktuelle Geschäftsanforderungen sowie auf Steigerung der Prozesseffizienz zu legen.

**Die funktionale Architektur**

Die funktionale Architektur bildet die Business-Architektur in eine Anzahl von Funktionsblöcken (oder „IT-Domänen") ab und ordnet hier bestehende und auch geplante Systeme sowie deren Datenelemente zu (siehe Beispiel in Abb. 4.23).

## 4.3 IT-Architektur

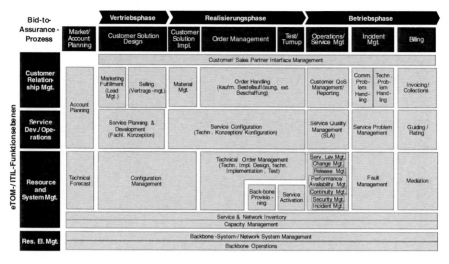

**Abb. 4.23.** Beispiel IT-Domänen/funktionale Blöcke

In der funktionalen Architektur können folgende Entscheidungen getroffen werden:

- Wie ist der Schnitt der Funktionsblöcke zu wählen?
- Was ist für den jeweiligen Funktionsbereich die dazugehörige Zielplattform/Template?
- In welchen Funktionsbereichen sitzt welche Masterdatenverantwortung und wie sehen die Datenströme aus?
- Gibt es aus Sicht der Businessanforderungen Handlungsbedarf für die Systeme?
- Wo besteht Vereinfachungs-/Harmonisierungspotenzial?

Bei der Wahl des Funktionsblock-Schnitts greifen mittlerweile viele Unternehmen auf bestehende Standards, z. B. entlang ITIL, XRM oder eTOM (für die Telekommunikationsbranche) zurück und modifizieren diese entsprechend den Besonderheiten der Unternehmen. Dabei sollte die Abbildbarkeit in Standardfunktionalitäten (Stand der Technik) als Orientierung dienen und der Bereich groß genug gewählt werden, um eine ausreichende funktionale Tiefe und die Skalierbarkeit bzgl. funktionaler Anpassungen zu gewährleisten. Ein weiteres Kriterium liefert das Datenmodell: Masterdatenverantwortung wird in der Regel dem Funktionsbereich zugeordnet, bei dem die Daten entstehen (Datenquelle). Daher sind die Funktionsbereiche so zu schneiden, dass möglichst geringer Schnittstellenaufwand entsteht, verwandte Datentypen in derselben Funktionsgruppe liegen und die Zahl der Systemzugriffe möglichst gering gehalten werden kann. Gleichzeitig wird so die Basis-Schnittstellenarchitektur bzw. die notwendige Integrationsarchitektur der unterschiedlichen Systeme bestimmt. Manche Unternehmen benutzen hier einen von der Firma McKinsey vorgeschlagenen Ansatz zur weiteren Trennung der Blöcke nach der Prozessunterstützung für kundenorientierte, prozessorientierte und produktionsorientierte Prozesse (CPN-Modell). Dabei ist jedoch zu beachten, dass mittlerweile Kernprozesse und auch die in Unternehmen eingesetzte Standardsoftware quer über dieser Unterteilung liegen kann.

In den einzelnen Funktionsblöcken ist es Kernbestandteil der IT-Architektur, Aussagen über den Harmonisierungsgrad zu treffen. Werden in Funktionsbereichen statt einem System mehrfache Systeme genutzt, kann dies je nach Bereich verschiedene Gründe haben – eine Differenzierung kann über Geschäftsmodell, Kunden oder Vereinheitlichungsgrad der Prozesse erfolgen und durchaus sinnhaft sein. Aufgabe der IT-Architektur ist es, diese Differenzierung abzuwägen und ggf. unterschiedliche Arten der Harmonisierung vorzugeben. Dies kann von zahlreichen „erlaubten" Plattformen pro Funktionsbereich über die Vorgabe identischer Technologie bis hin zu einer einzelnen zentralen Plattform konzernweit reichen (siehe Abb. 4.24).

| Harmonisierungs-grad | Beschreibung |
|---|---|
| Single Instance | • Eine einzelne dedizierte konzernweite Plattform für eine spezifische Funktion |
| Hard Template | • Konzernweite Standardisierung einer Kernfunktionalität in einem „Template-System"<br>• Ergänzung der Kernfunktionen in dezentralen Anwendungen |
| Soft Template | • Konzernweite Standardisierung auf Basis eines Blueprints für eine bestimmte Kernfunktionalität |
| Single platform | • Zentrale Plattform für bestimmte Kernprozesse/Konzernfunktionen |
| Multiple platform | • Unterschiedliche Plattformen für identische Konzernfunktionen (ggf. best of breed) |

Anteil an IT Konsolidierung/ Zentralisierung

**Abb. 4.24.** Harmonisierungsgrade und „Templates"

Die Bestimmung der funktionalen Architektur kann sich je nach Unternehmensgröße stark an Aufwand unterscheiden. So sind bei größeren Unternehmen mit historisch gewachsener, proprietärer Infrastruktur die Entscheidungen oft schwieriger, als bei mittelständischen oder kleinen Unternehmen. In letzterem Fall kann vielfach, wie eingangs erwähnt, auch auf Standardsoftware und bestehende Paketlösungen zurückgegriffen werden.

**Die technische Architektur**

Die technische Architektur schließlich beschreibt die IT-Infrastrukturkomponenten – von Standardapplikationen bis zur genutzten Netzwerktechnologie. Für jede Komponente werden die dazugehörigen, „erlaubten" Standards definiert. Abbildung 4.25 zeigt ein Beispiel für die zu treffenden Entscheidungen.

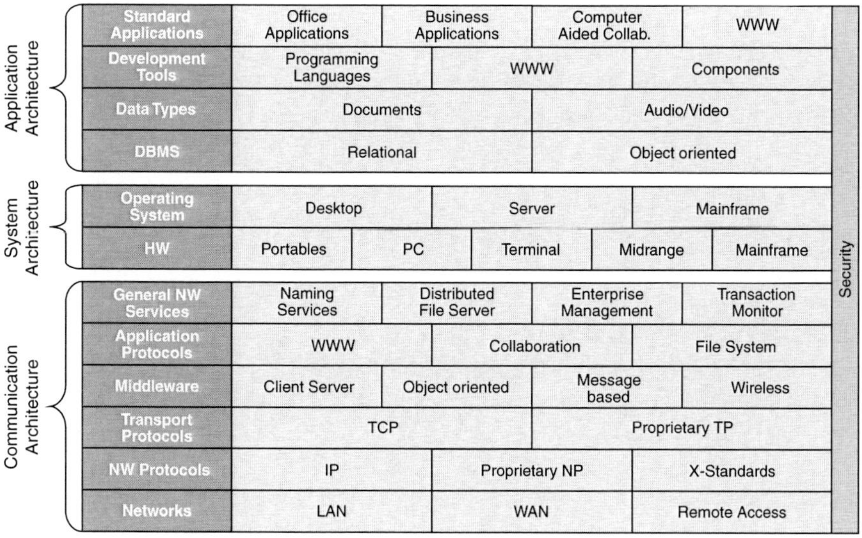

## 4.3 IT-Architektur

| | | | | | |
|---|---|---|---|---|---|
| **Application Architecture** { | Standard Applications | Office Applications | Business Applications | Computer Aided Collab. | WWW |
| | Development Tools | Programming Languages | WWW | | Components |
| | Data Types | Documents | | Audio/Video | |
| | DBMS | Relational | | Object oriented | |
| **System Architecture** { | Operating System | Desktop | | Server | Mainframe |
| | HW | Portables | PC | Terminal | Midrange | Mainframe |
| **Communication Architecture** { | General NW Services | Naming Services | Distributed File Server | Enterprise Management | Transaction Monitor |
| | Application Protocols | WWW | Collaboration | | File System |
| | Middleware | Client Server | Object oriented | Message based | Wireless |
| | Transport Protocols | TCP | | Proprietary TP | |
| | NW Protocols | IP | Proprietary NP | | X-Standards |
| | Networks | LAN | WAN | | Remote Access |

(Security)

**Abb. 4.25.** Der technische Architektur-Baukasten (illustrativ)

Durch diese Listen wird gruppenweit die Komplexität der technischen Infrastruktur eingeschränkt und gleichzeitig Potenzial für Beschaffungen gebündelt. Gleichzeitig füttert sich auch ein großer Anteil des Skillmanagements der IT aus diesen Listen.

Die in der funktionalen Architektur getroffenen Zielplattformen und Standards müssen aus diesen Komponenten ableitbar sein. Die Einhaltung dieser Listen ist Kernbestandteil der IT-Architekturgovernance.

### 4.3.3 Wer trifft die Entscheidungen?

Die Bestimmung der Businessarchitektur, also welche Bereiche wie zu unterstützen sind, ist in der Regel eine gemeinschaftliche Verantwortung von Geschäftsseite und IT, wobei die Geschäftsseite klar die Führung hat. Dies überrascht nicht, müssen Geschäft und IT hier doch Hand in Hand nach dem Motto „was ist wünschenswert" vs. „was ist möglich" zusammenarbeiten.

Bei der Entscheidung der funktionalen sowie der technischen Architektur sollte die IT die führende Rolle übernehmen. Die IT hat das Gestaltungsrecht der technischen Lösung und muss diese Funktion zur Vermeidung von Wildwuchs und divergierenden Technologien ausüben. Sie sollte jedoch funktionale und Kostenaspekte mit der Businessseite stets abstimmen.

Wenn die IT durch einen Dienstleister zur Verfügung gestellt wird, muss die auftraggebende Seite sicherstellen, dass die IT-Unterstützung ihren Businessanforderungen gerecht wird. Daher behalten viele Unternehmen auch in diesem Fall die „Design-authority" und Architekturentscheidung bei sich. Der Auftragnehmer sollte jedoch Designvorschläge zur Abstimmung geben können, die insbesondere dann akzeptiert werden sollten, wenn dadurch die Lösung effizienter und kostengünstiger für den Kunden gestaltet wird. Gleichzeitig besteht die Herausforderung darin, genug Wissen in-House zu halten, um die Abhängigkeit vom Dienstleister gestalten zu können.

Architekturentscheidungen werden in der Regel über spezielle Architekturfunktionen getroffen, die viele Organisationen parallel zu den entsprechenden CobiT- und ITIL-Funktionen eingerichtet haben. Im Falle von kleinen oder mittelständischen Unternehmen kann eine solche Funktion auch durch eine einzige Person wahrgenommen werden.

Für größere Unternehmen sind diese Funktionen oft in Geschäftsbereiche oder Geographien unterteilt. Dies kann abhängig von der Situation und dem Geschäftsmodell sinnvoll sein, gerade wenn der Grad der Übereinstimmung der Geschäftsmodelle gering ist, damit eine sehr spezifische „lokale" IT vorliegt, die speziellen, eigenen Steuerungsbedarf aufweist.

In der Regel ergeben sich jedoch auch hier Gemeinsamkeiten, so in der IT-Unterstützung von Querschnittsprozessen. Daher ist diese Funktion oft durch eine organisationsweite Architekturfunktion zu ergänzen, die die Abdeckung der Geschäftsanforderungen der Gruppe sowie das Heben organisationsweiter Synergiepotenziale im Auge hat. Die Schaffung einer solchen übergreifenden Funktion ist eine Tendenz bei zahlreichen, gerade multinationalen Unternehmen, wenn insbesondere Margen und Kostendruck im Vordergrund stehen.

Die Aufgaben der Architekturfunktion sind folgende:

- Sie ist Statthalter der IT-Architektur, wartet und erweitert das Modell je nach Geschäftsnotwendigkeit und Anforderungen. Es sollte in regelmäßigen Abständen, z. B. begleitend zur Erstellung der Geschäftsstrategie, architekturelle IT-Implikationen bestimmen und daraus den Handlungsbedarf ableiten. Zu den Aufgaben gehört neben Transparenz damit die Erstellung eines Architektur-„Blueprints" /Zielszenarios und die Ableitung entsprechender Projekte/eines Implementierungsplans.
- Gleichzeitig ist es Aufgabe der Funktion, die Einhaltung der architekturellen Vorgaben zu überwachen. Dies geschieht durch die Überprüfung des Systemdesigns der Projekte und der Einhaltung der architekturellen Vorgaben. Gleichzeitig werden Ausnahmen ggf. bewilligt oder Erweiterungen der Architektur vorgenommen.

Ergänzt wird diese Funktion durch die Funktion der Projektarchitekten, die das Systemdesign für Projekte vornehmen. Diese Funktion kann auch von den lokalen Architekturfunktionen je nach Komplexität der Unternehmen wahrgenommen werden. Im Sinne der IT-Governance ist eine der Hauptaufgaben hier die Beratung und Sicherstellung der Verwendung architektureller Vorgaben. Gleichzeitig werden bei gewünschten Abweichungen Erweiterungsvorschläge erstellt und zum Review gegeben.

### 4.3.4 Wie werden die Entscheidungen getroffen?

Die Gestaltung der IT-Architektur ist ein rollierender Prozess. Dabei spielen zwei Aspekte eine Rolle: Die Entwicklung eines Architektur-Zielszenarios und die fortlaufende Anpassung der Architektur durch Projekte.

Die Entwicklung bzw. Überarbeitung eines Zielszenarios ist in der Regel der IT-Strategieentwicklung nachgelagert. Grundlage ist eine solide Erfassung der existierenden Architektur, der Geschäfts-/Funktionalitätsanforderungen und von IT-/Technologietrends. Die Entwicklung eines Zielszenarios kann dann den Weg gehen, zunächst kritische architekturelle Elemente zu identifizieren und dann spezifisch für diese Zielszenarien zu entwickeln. Die Priorisierung solcher Bereiche ergibt sich einmal aus in der IT bekannten Komplexitäts- und Kostenaspekten, zum anderen durch die Auswertung von Geschäfts-, Markt- und Technologietrends und deren Implikationen. Diese Ergebnisse können bereits im Rahmen der IT-Strategie erbracht werden, Endresultat und Aufgabe der Architekturfunktion ist die Ausformulierung eines priorisierten Satzes von Projekten, die der Erreichung des architekturellen Zielszenarios dienen und durch die IT-Architekturfunktion nachverfolgt werden. Begleitend sollte hierbei eine Überarbeitung der technischen Architekturvorgaben erfolgen.

Für den zweiten Aspekt, die fortlaufende Weiterentwicklung der Architektur, ist die Veröffentlichung der architekturellen Standards und Vorgaben von zentraler Bedeutung. Nur wenn ein aktueller Stand der funktionalen und technischen Architektur vorliegt, kann dieser effektiv von einem Entwickler/Designer genutzt werden, um sein Konzept entsprechend auszurichten.

In regelmäßigen Sitzungen sollte die IT-Architekturfunktion sowohl über Änderungsvorschläge aus bestehenden Projektvorhaben, als auch über Änderungen aus einem Technologie-Screening entscheiden, um nicht mehr nachhaltige Architekturelemente frühzeitig zu identifizieren. Dabei ist die Architekturfunktion in den laufenden Projektportfolioprozess eingebunden. Projekte mit architektureller Relevanz können durch die Funktion bewilligt oder abgelehnt und mit Empfehlungen versehen werden. Gleichzeitig kann die Funktion bei Unsicherheiten um Ratschlag angegangen werden.

Die Auswertung unterjähriger Projektvorschläge ist grob in Abb. 4.26 dargestellt.

Abschließend sollen noch zwei Architekturbeispiele dargestellt werden, die wesentliche Elemente der Governance durch IT-Architekturvorgaben ausgestalten.

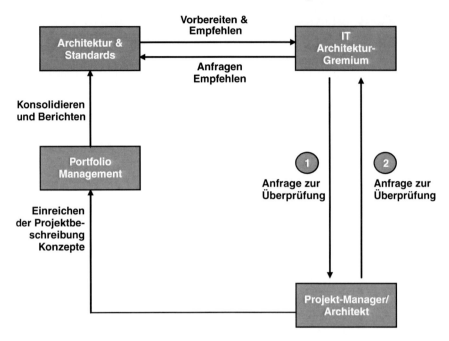

**Abb. 4.26.** Architektur-Review

**Beispiel: Organisationsweite Harmonisierung CRM**

Das erste Beispiel betrifft die Reduktion von Komplexität durch die Ausgestaltung eines unternehmensweiten „Templates" bei einer CRM-Lösung eines multinationalen Unternehmens.

Die Ist-Architektur zeigte eine Vielfalt von CRM-Plattformen (u. A. Siebel, Clarify, Eigenentwicklungen) sowie > 100 signifikante Satelliten-Applikationen, die im Unternehmen betrieben wurden. Im Rahmen des Architektur-Reviews wurde beschlossen, diese Vielfalt stark zu konsolidieren, da sie nicht mehr kosteneffizient wartbar war und den Flexibilitätsanforderungen des Geschäfts nicht mehr genügte. Parallel war geschäftsseitig die Bereitschaft gegeben, die CRM-Geschäftsprozesse stark zu vereinheitlichen und auch landesübergreifend auf eine gemeinsame Basis zu stellen.

Als erster Schritt erfolgte dazu im Rahmen der Architekturfunktion die Einigung auf zwei technische Plattformen bzw. Hersteller, auf die langfristig eine Migration erfolgen sollte, um die diversifizierte Landschaft zu vereinheitlichen und Synergiepotenziale zu heben.

Im zweiten Schritt wurden die Module im CRM-Kosmos (wie Campaign Mgt., Channel Mgt., Customer Mgt.,...) nach strategischer Wichtigkeit klassifiziert. So genannte Business Enabler (z. B. Reporting) sollten weitestgehend ohne Erweiterungen und lokales Customizing auskommen. Strategische Module (z. B. Campaign Mgt.) verwendeten zwar ebenfalls die Standardfunktionen, enthielten jedoch einen

## 4.3 IT-Architektur

stark nach Konzerntemplate erweiterten Funktionsumfang zur Differenzierung im Markt.

In jedem dieser Module wurde entlang einer Zwiebelarchitektur vorgegangen (siehe Abb. 4.27). Für jede Komponente wurde unterschieden nach

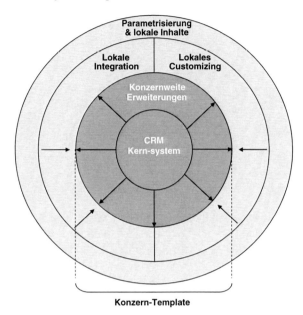

**Abb. 4.27.** Zwiebelmodell CRM-Architektur

- Kernsystem: out-of-the-box Industrielösungen
- On top: Implementierung konzernweit einheitlicher Anforderungen (Konzerntemplate)
- Lokalen Anforderungen sowie lokaler Systemanbindung durch lokales Customizing der Bereiche, Parametrisierung nach Vorgabe der Businessfunktionen
- Durch diese sehr restriktive Handhabung wurden mehrere Ziele erreicht:
- Die Businessanforderung nach einem einheitlichen Auftritt auf Basis vereinheitlichter Geschäftsprozesse wurde umgesetzt.
- Entwicklungs- und Wartungsaufwand konnten stark zentralisiert und damit gesenkt werden.
- Durch den Rückgriff auf Standardfunktionalitäten wurde Flexibilität, Stabilität und Nachhaltigkeit der Applikation verbessert.

**Beispiel: Service Oriented Architectures**

Als zweites Beispiel sei noch eines der großen aktuellen „Architektur-Paradigmen" erwähnt, das zur Zeit in vielen Unternehmen zunehmend Verwendung finden soll und eingangs schon erwähnt wurde. Als Motivation sei die Telekommunikationsbranche betrachtet:

Hier gewinnen angesichts zunehmender Sättigung des Marktes Differenzierungsmerkmale des Kunden erheblich an Bedeutung. Zwangsläufig müssen zusätzliche Anforderungen und auch neue Kanäle eingebunden werden, um den Kundenwunsch weiter differenzieren zu können. Parallel nehmen neue Produkte zu, die anzubinden sind, um dem Marktdruck standzuhalten. Dabei werden zunehmend auch Dritt-/Fremdanbieter integriert, um das Produktportfolio leistungsfähiger zu machen.

Sind Geschäftsprozesse in der IT-Architektur hart verdrahtet, versagt die IT-Architektur meist aufgrund des hohen Anpassungsaufwandes, mangelnder „Kommunikationsfähigkeit" und mangelnder Reaktionszeit. Gerade bei vielfach historisch gewachsener „Legacy"-IT ist dies ein Hauptproblem und motiviert den Ansatz, über eine Umstellung der Architektur zumindest in den Teilen, wo Flexibilität gefragt ist, nachzudenken. Um dieses Problem anzugehen, verfolgen viele Unternehmen den Ansatz einer sogenannten „Service-Oriented-Architecture".

Kernbestandteil ist der Umbau der Architektur: Statt (ggf. noch hartverdrahteter) Kommunikation von Applikation zu Applikation soll die Kommunikation von Komponenten oder „Services" zu „Services" ermöglicht werden. Der Datentraffic benutzt einen Standard und wird beispielsweise über einen „Service-Bus" ausgetauscht (siehe Abb. 4.28). Dies bewirkt insbesondere eine starke Flexibilisierung bei der Anbindung neuer Kunden und Services, macht aber auch die Verwirklichung neuer Prozessbausteine einfacher, da technische Applikationsgrenzen verwaschen.

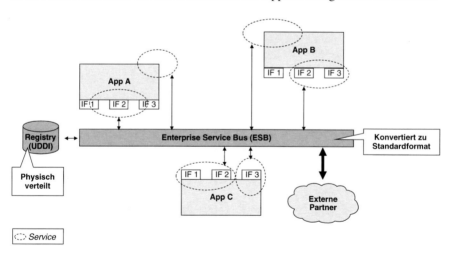

**Abb. 4.28.** Beispiel für Umsetzung Service Oriented Architecture (illustrativ)

Zu Unternehmen, die dieses Prinzip bereits gewinnend eingesetzt haben, zählen beispielsweise Motorola und Amazon (Einbindung externer Partner und neuer Produkte), aber auch zahlreiche Unternehmen, die ihre Architektur von starren Schnittstellen auf kommunizierende Services umstellen, u. A. Versicherungen und

Banken. Flexibilität als eine der zunehmenden Hauptanforderungen an die IT wird so mit Hilfe architektureller Maßnahmen unterstützt.

Diese Methode bietet zahlreiche Chancen insbesondere bei hohem Flexibilisierungsdruck. Doch auch beim Umstieg auf „Service Oriented Architectures" muss der Kosten-Nutzen-Effekt abgewägt und diese nach Implementierung gut gesteuert werden. Die zunehmende Anzahl von „Services" bedarf eines strikten Managements, damit nicht „toter Code" entsteht, der nicht mehr genutzt, jedoch bei Erweiterung der Applikation neu getestet und betrieben werden muss. Die Abwägung dieser Entscheidung und die Bestimmung, wo umgestiegen werden kann und soll, ist hier sicher eine Kernentscheidung der Architektur als IT-Governanceinstrument.

## 4.4 IT-Servicemanagement

### 4.4.1 Einleitung

Eine zunehmende Dienstleistungsorientierung und die gleichzeitige Abkehr von einer „Bits & Bytes"-orientierten Sicht auf die IT sind spürbare Trends im IT-Management. Steigende Komplexität in Geschäftsprozessen und Geschäftsumfeldern fordert eine stärkere Ausrichtung der IT auf die Bedürfnisse ihrer Kunden. Diese verlangen mehr denn je nach maßgeschneiderten Lösungen, legen dabei aber zunehmend Wert auf kaufmännische Transparenz hinsichtlich Abrechnung und Qualität der Leistungserbringung und fordern zudem ein hohes Maß an Flexibilität in der IT, damit sie sich den verändernden Anforderungen dynamisch anpassen kann. Wirft man einen kurzen Blick auf das traditionelle IT-Verständnis, ist diese Entwicklung nicht verwunderlich.

So wurden (und werden) IT-Dienstleistungen häufig in rein technologisch und/oder funktional orientierten IT-Organisationen erbracht. Derartige Strukturen können im stabil-statischen Regelbetrieb unter „best practice"-Bedingungen zwar extreme Effizienz im Betrieb erreichen, erzielen damit aber nicht immer den bestmöglichen ökonomischen Nutzen und weisen oft Defizite in der Entwicklungsflexibilität auf. Trotz größter Anstrengungen der IT-Verantwortlichen bleiben eine Reihe von Problemen, die zu Unzufriedenheit und Frustration bei den Kunden und nicht selten in den IT-Organisationen selbst führen:

- Unüberschaubare Strukturen von IT-Portfolios mit einer Vielzahl von Applikationen und Plattformen (die aber nicht zu für Kunden relevanten Services verdichtet werden) erschweren es dem Kunden, seine Anforderungen an bestehende und neue Services zu formulieren.
- Intransparente, wenig kundenorientierte Verrechnungspraktiken erlauben keine fundierte Einschätzung des Kosten-Nutzen-Profils einzelner Services.
- Fehlende Kundenorientierung in der Berichterstattung und bei der Auswahl von Performance-Metriken behindert Transparenz und Qualitätsverständnis.

- Hohe Komplexität in der Interaktion zwischen IT- und Geschäftseinheiten aufgrund unklarer Verantwortlichkeiten und fehlender Regelprozesse führt zu hohem Abstimmungsaufwand und Fehlkommunikation.
- Heterogene, intransparente Beziehungen zu IT-Zulieferern, die nicht auf die eigentlichen Service-Anforderungen ausgerichtet sind.

In Summe führen diese Probleme dazu, dass das IT-Serviceportfolio nicht die Kundenanforderungen reflektiert, ja sich in Extremfällen sogar davon entfernt, und dass nur mit signifikanten Verzögerungen auf Änderungen in den Kundenanforderungen reagiert werden kann. Ohne zusätzliche Governance-Strukturen für eine klare Service-Orientierung wird es einer IT-Organisation nicht gelingen, die Service-Bedürfnisse seiner Kunden wirklich zu erkennen, zu verstehen und nach einvernehmlicher Entscheidung über Funktionalitäten, Kosten und Qualitätsanforderungen durch die Erbringung von Services zu erfüllen.

Erklärtes Ziel des IT-Servicemanagements ist es, durch die Schaffung geeigneter Managementstrukturen in Organisation, Entscheidungs- und Leistungserbringungsprozessen sowohl den Kundennutzen zu maximieren, als auch eine kosteneffiziente (im Idealfall marktgerechte) Leistungserbringung sicherzustellen.

Ausgehend von dieser Erkenntnis haben sich unabhängige Organisationen (z. B. das OGC mit ITIL) wie auch führende IT-Dienstleister wie HP (ITSM: „IT-Service Management"), IBM (ITPM: „IT-Process Model") oder Microsoft (MOF: „Microsoft Operating Framework") unter dem Überbegriff „IT-Servicemanagement" daran gemacht, auf der Prozessebene einen Perspektivwechsel zu mehr Serviceorientierung voranzutreiben (siehe auch Kap. 3).

Während die Motivation und übergreifende Ziele intuitiv einleuchten, stellt IT-Servicemanagement bei näherer Betrachtung eine herausfordernde Aufgabenstellung mit komplexen Entscheidungsproblemen und Zielkonflikten bei der Koordination der beteiligten Interessengruppen dar. Generell müssen die Governance-, Rollen- und Gremienstrukturen so umfassend und flexibel ausgerichtet sein, dass sowohl auf nachfrageseitige Veränderungen (z. B. veränderte Kundenanforderungen) als auch auf angebotsseitige Veränderungen (z. B. Technologiewechsel, Veränderungen im Zulieferermarkt) reagiert werden kann.

Dazu ist es in der Regel erforderlich, serviceorientierte Querschnittsfunktionen und Gremien mit IT-Fachabteilungen und standardisierten Prozessen zu kombinieren, um Transparenz und Kundenorientierung mit Fachexpertise und Effizienz in der Leistungserbringung verknüpfen zu können. Daher ist eine reine Prozesssicht auf IT-Servicemanagement, wie sie von ITIL & Co. suggeriert wird, zwar ein notwendiger Baustein, aber nicht ausreichend. Der Fokus der folgenden Ausführungen liegt deshalb auch primär auf den wichtigsten Entscheidungsfeldern im IT-Servicemanagement, die – soweit nötig – mit den relevanten Prozessfragestellungen in Beziehung gesetzt werden.

## 4.4.2 Welche Entscheidungen sind zu treffen?

Bevor IT-Servicemanagement im Tagesgeschäft verankert und gelebt werden kann, müssen eine Reihe von einmaligen Grundsatzentscheidungen, z. B. über ein SLA-Rahmenkonzept, die Standardisierung der Prozesslandschaft nach Servicemanagement-Aspekten oder den generellen Vendor-Management-Ansatz, getroffen werden. Darüber hinaus erschließt sich ein breites Spektrum von wiederkehrenden Entscheidungsfeldern an der Kunden- bzw. Zuliefererschnittstelle, aber auch IT-intern.

In der ersten Entscheidungsdomäne an der Schnittstelle zwischen internen Kunden bzw. Geschäftseinheiten und der IT-Organisation gilt es, Kundenanforderungen hinsichtlich Funktionalität und Qualität von IT-Services („Was ist wünschenswert?") und IT-Anforderungen hinsichtlich Kosten und Effizienz („Was ist machbar?") gegeneinander abzuwägen. Zunächst müssen die Geschäftsanforderungen aufgenommen, aggregiert und in IT-Anforderungen „übersetzt" bzw. in den Kontext des bestehenden IT-Service-Portfolios gestellt werden, um entscheiden zu können, ob und ggf. wie und mit welcher Priorität einer Anforderung entsprochen wird. (siehe Kap 4.2 und Kap. 5.5 für eine ausführliche Diskussion der Thematik).

Für ein gegebenes Service-Portfolio gilt es dann, im Zuge des Service-Level-Management-Prozesses die Konditionen der Service-Erbringung (inkl. Preise bzw. Kostenverrechnung, Qualitätszusagen, Support-Leistungen usw.) zwischen Kunden und IT zu verhandeln und über den Service-Lebenszyklus in regelmäßiger Interaktion zu überprüfen und ggf. anzupassen. Dabei greift das SLA-Management, wo typischerweise Account Manager als das „IT face to the customer" agieren, auf die IT-internen Finanz-, Qualitäts- und Ressourcenmanagement-Funktionen

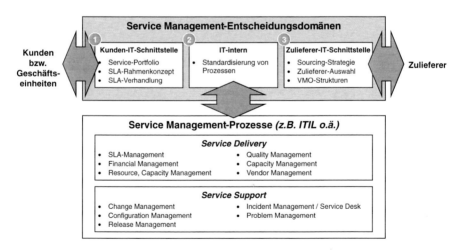

**Abb. 4.29.** Servicemanagement-Entscheidungsdomänen

zurück, die die benötigten Informationen und Analysen bezüglich Kostenentwicklung und Service-Qualität (z. B. Service-Verfügbarkeiten, Effektivität des Service Desk usw.) bereitstellen. Voraussetzung ist ein solides SLA-Rahmenkonzept, das die grundlegenden Zeitpläne, Prozeduren, Rollen der Beteiligten, Metriken für Abrechnung und Qualitätsmessung sowie Standard-Dokumentstrukturen festlegt.

Dass das Entscheidungsspektrum entlang der Kunden-IT-Schnittstelle ganz offensichtlich Themen unterschiedlicher Wichtigkeit und Tragweite beinhaltet, muss bei der Gestaltung der entsprechenden Governance-Mechanismen berücksichtigt werden – schließlich macht es wenig Sinn, Change Requests auf Senior-Management-Ebene zu diskutieren oder die Priorisierung von Anforderungen unterschiedlicher Geschäftsbereiche auf der Arbeitsebene auszufechten.

Eine zweite Entscheidungsdomäne stellt die IT-interne Organisation von Servicemanagement selbst dar. Dazu gehört zunächst die Entwicklung, Verabschiedung und Implementierung von verbindlichen Servicemanagement-Standardprozessen, um kundenorientierte Transparenz und Qualitätskontrolle sowie Kosteneffizienz zu sichern.

Dass hier akuter Handlungsbedarf besteht, zeigt eine aktuelle Studie des IT Governance Institute: Lediglich 7% der befragten Unternehmen gaben an, das letzte Jahr ohne erhebliche operative Störungen in der IT-Service-Erbringung mit spürbaren negativen Auswirkungen auf das Geschäft überstanden zu haben (ITGI 2004a). Während Ursachen in der Infrastruktur, in handwerklichen Fehlern in Entwicklung oder Implementierung oder externen Einflüssen liegen können, wird das letztendliche Ausmaß der negativen Auswirkungen auf den Geschäftsbetrieb maßgeblich von der Existenz (oder nicht-Existenz) robuster Servicemanagement-Prozesse beeinflusst, womit deren saubere Implementierung zum „CIO-Pflichtprogramm" gehört.

Der Kern des Entscheidungsproblems besteht bei der Etablierung von IT-Servicemanagement-Strukturen daher weniger im „Ob", sondern vielmehr im „Wie". Das IT-Management muss sicherstellen, dass Detaillierungsgrad und Standardisierungsaufwand in einem sinnvollen Verhältnis stehen. So ist eine saubere Definition und Besetzung von Rollen bzw. Governance-Gremien (wie z. B. Change-Planungskomitees oder Eskalationsgremien im Incident- und Problem-Management) und deren Verantwortlichkeiten im Sinne der Service-Philosophie in der Regel wichtiger als die detaillierte Definition von Prozessen bis auf die Ebene von Einzelaktivitäten und Checklisten-Items, was häufig lediglich unnötig Ressourcen bindet und den Papierverbrauch erhöht.

Ein wirklich nachhaltiger Auf- und Ausbau von serviceorientierten Strukturen kann nur gelingen, indem – neben der entschlossenen Etablierung der eigentlichen Rollen und Prozesse – der „Service-Prozess-Standard" in einer Funktion auf Service-Delivery-Ebene institutionalisiert wird, die mit ausreichend Ressourcen und Durchsetzungsbefugnissen Standardisierung, Qualitätssicherung, Dokumentation und Schulung entsprechend den serviceorientierten Strukturen auch im Tagesgeschäft vorantreibt.

Eine dritte Entscheidungsdomäne befindet sich an der Schnittstelle zwischen IT-Servicemanagement und den externen Zulieferern bzw. Dienstleistern, die in die Erbringung des Service-Portfolios eingebunden sind. Dabei kann es sich um Zulieferer

## 4.4 IT-Servicemanagement

von Standard-Hardware- oder Softwarekomponenten handeln, oder – mit in den letzten Jahren zunehmendem Ausmaß – um Managed Service- oder Outsourcing-Provider, die einen signifikanten Teil der eigentlichen Service-Erbringung leisten.

An der Vendor-Schnittstelle muss Governance den besten Mix aus dem kostenoptimalen Bezug externer Dienstleistungen und langfristiger strategischer Bindung und Partnerschaft von Zulieferern sicherstellen. Ersteres erfordert die systematische Konsolidierung des externen Beschaffungsbedarfs und die Nutzung der Einkaufsmacht und methodischen Best Practices im Ausschreibungs- und Verhandlungsprozess; Letzteres hingegen erfordert eine Einschätzung und Bewertung von Dauer und strategischer Bedeutung der Zuliefererbeziehung: Ist der Zulieferer „einer von vielen" und – auf der Suche nach den attraktivsten Preisen – beliebig austauschbar, oder wird der Zulieferer als strategischer Partner gesehen, der als Know-how-Träger in einem wenig kompetitiven Markt eine exklusive Rolle einnimmt, die Kostenaspekte in den Hintergrund treten lässt? Die Realität zeigt, dass sich die wenigsten Zuliefererbeziehungen eindeutig einem der beiden Extreme zuordnen lassen – wie so oft ist die richtige Balance gefragt!

Ähnlich wie an der Kunden-IT-Schnittstelle zieht sich das Vendor-bezogene Entscheidungsspektrum durch alle Ebenen der Organisation. Auf Basis der Sourcing-Strategie, die die Prinzipien hinsichtlich interner Wertschöpfungstiefe bzw. Outsourcing-Grad festlegt (siehe hierzu auch Kap. 4.7), liegt das Hauptaugenmerk im IT-Servicemanagement-Kontext auf Vendor-Management-Aktivitäten. Neben der Auswahl von Zulieferern – ggf. unter Berücksichtigung von konzernweiten Vorgaben „von oben" – gilt es, auf operativer Ebene Kostentransparenz und Qualitätssicherung in bestehenden Zuliefererbeziehungen herzustellen und die Interaktion zwischen IT-Service Support und der Zuliefererorganisation in klar strukturierten Bahnen zu steuern und ggf. zu moderieren. Dazu gehört die Verhandlung und regelmäßige Überprüfung von SLAs mit dem Zulieferer ebenso wie die Gestaltung und Anpassung des gemeinsamen Modus Operandi im Tagesgeschäft.

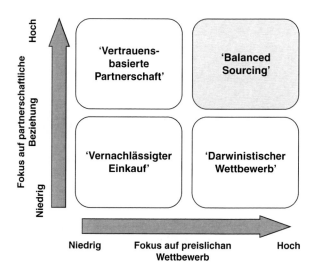

**Abb. 4.30.** Sourcing-Ansätze nach Beziehungsmodell (Laseter 1998)

### 4.4.3 Wer trifft die Entscheidungen?

Für IT-interne Entscheidungen in der zweiten Entscheidungsdomäne kann – mit gewissen Einschränkungen bei Prozessen an der Schnittstelle zur Kunden- oder Zuliefererseite – weitgehend auf klassische hierarchische Entscheidungsstrukturen zurückgegriffen werden, was die Entscheidungsfindung vereinfacht. Bei Implementierungszeiträumen von 6 Monaten bis zu 2 Jahren wird die Einführung von Servicemanagement-Prozessen typischerweise zunächst durch eine Projektorganisation getrieben, in der Experten mit dem Mandat von CIO bzw. IT-Management-Team ein Servicemanagement-Konzept erarbeiten. Der CIO entscheidet über die Implementierung eines Servicemanagement-Konzepts auf Basis der Empfehlung seines Management- bzw. eines Servicemanagement-Projekt-Teams.

Komplexer gestaltet sich die Entscheidungsfindung an der Schnittstelle zwischen Kunden und IT (= erste Entscheidungsdomäne). Hier ist ein hierarchisches Vorgehen nicht möglich, da die Interessen unterschiedlicher Kompetenz- und Geschäftsbereiche im Sinne der Unternehmensstrategie bzw. des Gesamtergebnisses in Einklang gebracht werden müssen. Zentrale Entscheidungsprobleme können nur partnerschaftlich gelöst werden.

Entscheidungen zu Service-Portfolio und grundlegenden Rahmenkonzepten (insbesondere SLAs) sind klare Senior-Management-Themen, die in geeigneten Gremien, wie z. B. einem Project Portfolio Board, von mit entsprechenden Entscheidungsbefugnissen (und Budgetverantwortung!) ausgestatteten Repräsentanten der IT- und Business- bzw. Kundenseite beraten und entschieden werden.

Dabei sollte es sich ausdrücklich um einvernehmliche Entscheidungen handeln (= der berühmte „handshake" zwischen Geschäfts- und IT-Seite), da erfahrungsgemäß nur so die gesamtunternehmerischen Ziele im Auge behalten und der für Trade-Off-Fragen entscheidende Konsens hergestellt werden kann. Bilaterale Verhandlungen einzelner Beteiligter bzw. „einsame" Entscheidungen führen selten zum Erfolg – dafür nimmt der Entscheidungsprozess häufig eine wenig zielführende politische Dynamik an.

Die Entscheidung von Service-Spezifika wie z. B. Preise, Volumina oder Qualitäts- und Verfügbarkeitsanforderungen im Rahmen des SLA-Management-Prozesses unterliegt dagegen der mittleren Management-Ebene. Ein übliches Modell setzt dabei auf Account Manager, die die IT-Services gegenüber der Abteilungsleitung auf Business-Seite vertreten, die SLA-Verhandlungen führen und über den gesamten Service-Lebenszyklus für ihre Kunden als Schnittstelle in die IT-Organisation agieren, wobei sie z. B. veränderte funktionale oder nicht-funktionale Anforderungen mit ihren Kunden und den nachgelagerten IT-Abteilungen in Service-Review-Meetings abstimmen, bei signifikanten Problemen moderieren und Service-Reporting und -Abrechnung unterstützen.

Die Feinabstimmung von technischen und funktionalen Details und die Lösung von Problemen im Tagesgeschäft bedarf üblicherweise keiner gesonderten Governance-Strukturen. Hier agieren Nutzer oder dedizierte „Super User" auf Kundenseite sowie – je nach Fragestellung – Business Analysts, IT-Architekten, Entwicklungsexperten oder Service-Desk-Mitarbeiter im Rahmen standardisierter

## 4.4 IT-Servicemanagement

Prozesse, primär auf der Service-Support-Ebene. Dabei ist hervorzuheben, dass auf dieser Ebene IT-Servicemanagement ein Mittel sein kann, überflüssige Entscheidungsstrukturen „einzusparen", da robuste Service-orientierte Standard-Prozesse und klare Verantwortlichkeiten häufig eine viel verbreitete (und in aller Regel begrenzt effektive) Kultur von inoffiziellen Entscheidungskomitees, Arbeitsgruppen und Debattierclubs obsolet machen.

Analog zur IT-Kunden-Schnittstelle erfordert die IT-Zulieferer-Schnittstelle eine partnerschaftlich orientierte Governance auf allen Ebenen. Während austauschbare Commodity-Güter und -Services (so überhaupt vorhanden) relativ unkompliziert nach klarer Kostenlogik beschafft werden können, stellen langfristig-strategische Fragestellungen hinsichtlich der übergreifenden Sourcing-Strategie (siehe Kap. 4.7) und etwaiger Rahmenverträge wiederum eine herausfordernde Aufgabe dar. IT-Führungsebene, Konzernstrategie und die Leitung konzernübergreifender Einkaufs- und Finanzfunktionen sollten derartige Richtungsentscheidungen in einem gemeinsamen Gremium abstimmen, dem Experten aus dem IT-Vendor-Management (bzw. den Vendor-Management-Funktionen anderer Geschäftsbereiche) beratend zur Seite stehen.

Angesichts zunehmender Komplexität in den Zulieferer-Märkten obliegt die Auswahl bzw. Empfehlung einzelner Zulieferer zunehmend einem dedizierten Vendor Management Office (VMO), das wiederum eng mit übergreifenden Einkaufsabteilungen auf Konzernebene zusammenarbeitet. In Zeiten heterogener Multi-Vendor-Beziehungen koordinieren VMOs über Account- bzw. Relationship-Manager die IT-spezifischen technischen, rechtlichen und kommerziellen Aspekte des RFI- bzw. RFP-Prozesses und stellen eine kontinuierliche Begleitung und Verbesserung bestehender Zuliefererbeziehungen sicher, indem sie regelmäßig Kostenstruktur und Qualität kritisch analysieren sowie das Marktumfeld im Auge behalten, um auf Technologie- oder Preistrends reagieren zu können. Die zentrale Bedeutung einer effektiven VMO-Funktion wird umso deutlicher, wenn man sich die Entwicklung der durchschnittlichen Inhouse-Wertschöpfungstiefe von IT-Organisationen

| | | Governance-Beteiligte | | | | | |
|---|---|---|---|---|---|---|---|
| | | CIO | Bereichsleiter Geschäftseinheiten | IT Account Management | Abteilungsleiter Geschäftseinheiten | Konzerneinkauf | VMO |
| Entscheidungsdomänen | Demand- bzw. IT-Portfolio | E | E | M | M | | M |
| | SLA-Rahmenkonzept | E | E | M | | | |
| | SLA-Verhandlung | I | I | E | E | | M |
| | IT-SM-Prozesse | E | | | | | |
| | Sourcing-Strategie Rahmenverträge | E | | I | | M, E | M |
| | VMO-Struktur, Rahmenkonzept | E | | | | M, I | M |
| | Vendor Selection | E | | | | M, I | M |

E = entscheidet   M = empfiehlt   I = wird informiert

**Abb. 4.31.** Beispiel für ein Servicemanagement-Governance Setup

über die letzten Jahre verdeutlicht. Dabei sind – sozusagen am jeweils entgegengesetzten Ende des Spektrums – zwei grundsätzlich unterschiedliche Modelle denkbar:

- Das klassische „Full-Service-Modell", in dem die gesamte IT-Service-Wertschöpfungskette von der Definition der Anforderungen bis zum Betrieb der Services und der dafür benötigten Infrastruktur in der Verantwortung der internen IT-Organisation liegt (d. h. das komplette Spektrum von „plan-build-run"). Da in diesem Fall die Bandbreite extern zugekaufter komplexer Dienstleistungen und damit das Risiko des Kontrollverlusts eher gering ist, konzentriert sich das VMO mit eher spartanischer Personalausstattung auf klassische Einkaufsthemen in Commodity-Kategorien wie Hardware, Standardsoftware etc.
- Das in den letzten Jahren an- bis aufgeregt diskutierte „Full-Outsourcing-Modell", in dem die gesamte IT-Wertschöpfungskette mit Ausnahme der Elemente mit direktem Bezug zu den Geschäftsanforderungen (z. B. Business Analysis, Demand Management) sowie einiger koordinierender bzw. kontrollierender Funktionen (z. B. Finanz- und Qualitätsmanagement) an einen externen Dienstleister vergeben wird. In diesem Fall ist das VMO Garant bzw. zentrales Instrument dafür, IT-Services im Sinne des Auftraggebers – sowohl mit Bezug auf Kosten, als auch auf Qualität, Funktionalität und Flexibilität – zu erbringen und einem Kontrollverlust entgegenzuwirken (siehe hierzu auch Kap. 5.6).

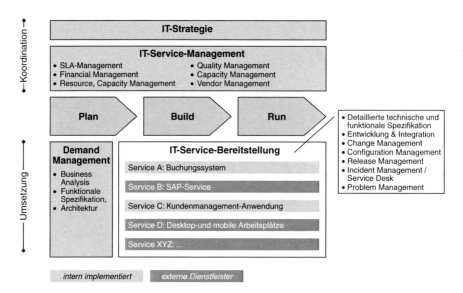

**Abb. 4.32.** Interne und externe Service-Bereitstellung im Kontext

Obwohl radikale „Full-Outsourcing"-Lösungen eher die Ausnahme sind, hat Vendor Management in den letzten Jahren massiv an Bedeutung gewonnen, was

4.4 IT-Servicemanagement

eine aktuelle Forrester-Studie (Forrester Research 2004) belegt: Eine Befragung von über 500 europäischen IT-Führungskräften hat ergeben, dass nahezu 70% der befragten Unternehmen im deutschsprachigen Raum VMOs eingerichtet haben; der europäische Durchschnitt liegt bereits bei 57%. Dies ist kaum verwunderlich. Denn so selten auf der einen Seite „Full-Outsourcing"-Szenarien sind, so selten sind andererseits die erwähnten „Full-Service"-Modelle geworden. Wie so oft liegt die Realität dazwischen: Ein hybrides Modell, in dem Teile der IT-Servicemanagement-Wertschöpfungskette extern erbracht und mit intern erbrachten Services integriert werden, ist inzwischen der Regelfall. Bei extern erbrachten Wertschöpfungsaktivitäten kann es sich um Support-Prozesse, Help- bzw. Service-Desk-Bereich, um Entwicklung und Betrieb kompletter Applikationen als Managed Service oder den Betrieb von RZ-Facilities und Infrastruktur handeln – die Konfigurationsmöglichkeiten sind nahezu grenzenlosDas sich daraus ergebende Multi-Vendor-Szenario ist oft hoch komplex – eine Tatsache, die in spezifischen Fällen eine stärkere Arbeitslast für ein VMO generieren kann als eine „Full-Outsourcing"-Situation, auch wenn das strategische Risiko niedriger ausfällt.

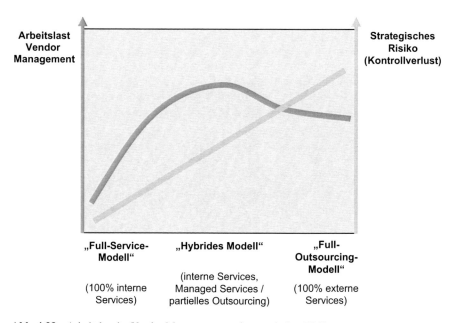

Abb. 4.33. Arbeitslast im Vendor Management und strategisches Risiko

### 4.4.4 Wie werden die Entscheidungen getroffen?

An der Kunden-IT-Schnittstelle sollten Entscheidungen mit Demand Management- bzw. IT-Portfolio-Bezug mit dem Budget-Zyklus synchronisiert werden, da hier zahlreiche Berührungspunkte bestehen (siehe hierzu auch Kap. 7.5). Ein quartalsweiser Review von Demand und IT-Portfolio auf Senior-Management-Ebene ist unabdingbar. Eine engere „Taktung", etwa auf Monatsbasis, kann in überdurchschnittlich dynamischen Geschäftsumfeldern mit entsprechenden Auswirkungen auf die Geschäftsanforderungen durchaus sinnvoll sein. Entsprechend sollten die Sitzungen der entsprechenden Gremien an der IT-Kunden-Schnittstelle, aber auch an der Schnittstelle zwischen IT und Zulieferern als Fixpunkte im Kalender des Senior-Management-Teams etabliert werden. Derartige Fixpunkte erlauben eine kontinuierliche und gewissenhafte Vorbereitung durch die beratenden Fachabteilungen, die z. B. funktionale und technische Anforderungen konsolidieren, Einkaufsvolumina aggregieren, Umsatz-, Kosten- und Kapazitätsabschätzungen zusammenstellen oder Machbarkeitsstudien aufbereiten und konsolidieren müssen, um einen effektiven Entscheidungsprozess im Gremium zu gewährleisten und allseits gefürchtete Ad-hoc-Zusammenkünfte von aufgebrachten Kunden und angesichts der unüberschaubaren Arbeitslast verzweifelten IT-Repräsentanten zu vermeiden. Die getroffenen Entscheidungen sollen für Klarheit hinsichtlich der geplanten Erweiterung bzw. Konsolidierung von IT-Services sorgen, was wiederum die Initiierung von SLA- bzw. Vertragsverhandlungen zwischen IT und Kunden bzw. Zulieferern erlaubt.

Sowohl SLA- als auch Vendor Management sind als kontinuierlicher Regelprozess, keinesfalls aber als einmalige Verhandlungsaktivität zu verstehen.

Im Rahmen des SLA-Management-Prozesses überprüft der IT-Account-Manager den Service-Bedarf seiner Kunden hinsichtlich deren funktionaler Anforderungen („Was braucht der Kunde?"), der impliziten technischen Anforderungen („Welchen Grad an Zuverlässigkeit benötigt der Kunde?" und „Welche Service-Kapazität benötigt der Kunde?") hinsichtlich System-Verfügbarkeit und -Skalierung und deren Service-Anforderungen („Wie schnell müssen Probleme behoben werden?"). Serviceorientierung sollte sich dabei in einer anwenderfreundlich-intuitiven Beschreibung von Service-Funktionalitäten ebenso ausdrücken wie in der Auswahl von Metriken, die direkten Bezug zum Geschäftsprozess bzw. -vorfall haben (z. B. Abrechnung pro Buchungsvorgang oder generiertem Bericht) und nicht eine rein technische – und damit für den Kunden oft wenig nützliche, dafür kryptische – Sicht auf die IT wiedergeben (z. B. Abrechnung pro MIPS, GB oder Prozessorkapazität). Nur so kann SLA-Management zu einer wirklich nachhaltigen Ausrichtung von IT-Leistungen an den Geschäftsanforderungen beitragen.

Eine SLA-Diskussion sollte immer mit einem Review von Qualitäts- und Performancekennzahlen aus der Vorperiode einhergehen, da so eine faktenbasierte Anpassung von Anforderungen vorgenommen werden kann (z. B. Kapazitätsanpassung bei stark vom Plan abweichender Abnahme von Services oder Anpassung der Verfügbarkeitsanforderungen basierend auf tatsächlichen Service-Nutzungsprofilen).

Im nächsten Schritt sollte der IT-Account-Manager die wirtschaftlichen Implikationen transparent machen, indem er Kostenstruktur und Preise für die gewünschten Services abhängig von den definierten Anforderungen erläutert und im Idealfall in den Kontext gängiger Marktpreise für vergleichbare Services stellt. Nur auf

## 4.4 IT-Servicemanagement

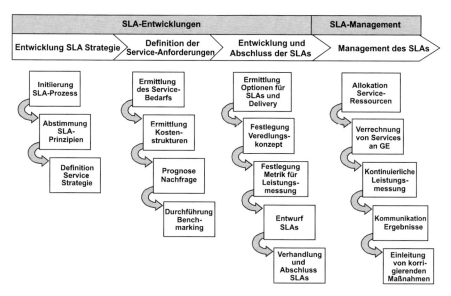

**Abb. 4.34.** SLA-Management im Kontext

Basis transparenter wirtschaftlicher Informationen wird dem Kunden eine klare Kosten/Nutzen-Abwägung möglich, die oft ökonomisch motivierte Anpassungen der Anforderungen zur Folge hat wobei Kunden ihre Anforderungen angesichts der Kosten mitunter durchaus reduzieren können, was eine effizientere Allokation von Ressourcen oder Einsparungen auf IT-Seite ermöglicht.

Verrechnungs- und Preisstrukturen für IT-Services wurden in den letzten Jahren kontinuierlich weiterentwickelt. Das inzwischen bereits archaisch anmutende „Urmodell" im Umgang mit IT-Kosten stellte keinen direkten Bezug zwischen IT-Service und Kunden her – die IT-Kosten gingen als monolithischer Kostenblock in das Gesamtergebnis ein, konnten in ihrer Gesamtheit von der Service-Nehmerseite aber in keinen Bezug zu dem genutzten Service gestellt werden. Entsprechend ineffektiv ist diese Methodik aus Governance-Gesichtspunkten, da wirtschaftliche Erwägungen, die eine bessere Ausrichtung der IT an den Geschäftsanforderungen motivieren, weitgehend ausgeblendet werden. Als nächster Evolutionsschritt kann das nach wie vor weit verbreitete Umlageverfahren gesehen werden. Hier werden IT-Service-Kosten zwar näherungsweise mit der Nachfrageseite in Bezug gebracht, pauschalisierte Verrechnungsmodelle sind aber i.d.R. zu intransparent und ohne ausreichenden greifbaren Geschäftsbezug, um den gewünschten Optimierungseffekt zu entfalten – selbst wenn sie volumenbasierte Elemente enthalten, die zumindest eine grundlegende dynamische Anpassung an die tatsächliche Service-Nachfrage darstellen.

Aus Governance-Perspektive am besten geeignet sind – wie oben bereits angedeutet – Modelle, die auf mit den Geschäftseinheiten bzw. Kunden dediziert festgelegten Verrechnungspreisen beruhen, die direkt an eine aussagekräftige, für den Kunden greifbare Leistungsbeschreibung im SLA gekoppelt sind.

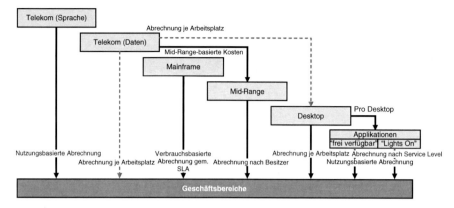

**Abb. 4.35.** Beispiel für ein Verrechnungsmodell

Diskussions- bzw. Verrechnungsgrundlage sollte dabei immer ein aus Geschäftsperspektive geschnittener Service sein (z. B. „Workflow-Tool für Einkaufsmanagement") – technisch beschriebene Services (z. B. „UNIX High-Availability-Hosting SAP-Modul MM...") erlauben keine Service-orientierte Diskussion im Sinne des Kunden und stehen rationalen Wirtschaftlichkeitserwägungen im Wege. Der Aufbau der benötigten Kostenerfassungs- und Konsolidierungsstrukturen ist allerdings alles andere als trivial, was den bisher eher geringen Verbreitungsgrad derartiger Modelle erklären mag. Der Kern der Schwierigkeit besteht darin, dass Kosten auf der Verursacherseite i.d.R. in traditionellen technischen Dimensionen erfasst, d. h. Hardwarekosten, Lizenzkosten oder Personalkosten, bzw. auf Systemebene aggregiert werden. Da jedoch Systeme selten deckungsgleich mit vom Kunden genutzten bzw. wahrgenommenen Services sind, ist eine Mengengerüst-basierte Zuordnung von Systemkosten auf Servicekosten notwendig, um Servicekosten abbilden zu können.

Ähnlich wie das SLA-Management sollte Vendor Management nicht als einmalige Auswahl- bzw. Verhandlungsentscheidung, sondern als kontinuierlicher Prozess etabliert werden. Dass die Auswahlentscheidung in diesem Prozess eine zentrale Rolle einnimmt, ist unstrittig. In dem Bestreben, Einkaufsmacht konzernweit zu konsolidieren und für Zulieferer-Verhandlungen zu nutzen, kann nur der Aufbau einer zentralen Vertrags-, Lizenz- bzw. Lieferantendatenbank die notwendige Transparenz schaffen. Eine solche Datenbank sollte so aufgebaut sein, dass Volumina nach unterschiedlichen Dimensionen aggregiert werden können. Die traditionelle Kostenarten-Systematik (z. B. Software, Hardware, Dienstleistungen usw.) verliert im Kontext komplexer Zulieferermärkte mit Anbietern von integrierten Service-Paketen zunehmend an Relevanz. So kann es z. B. sinnvoller sein, Einkaufsvolumina mit Sicht auf Full-Service-Provider in geografische Kategorien oder mit Blick auf Managed-Service-Lösungen entsprechend integrierter Anwendungs- oder Geschäftsprozessdomänen zu konsolidieren, um den entsprechenden Marktentwicklungen auf Anbieterseite gerecht zu werden. Der gleichen Logik folgend sollte ein VMO in Key Accounts strukturiert sein, die sich an der

## 4.4 IT-Servicemanagement

tatsächlichen Markt- bzw. Anbieterstruktur orientieren und nicht an traditionellen Kostenarten-Kategorien.

Als Teil des rollierenden Vendor-Management-Prozesses und unter Nutzung der diskutierten VMO- und Datenbankstrukturen sollte die Leistungserbringung der Zulieferer regelmäßig evaluiert werden, was immer mit einer kritischen Überprüfung der eigenen Anforderungen – ähnlich dem SLA-Management-Prozess – einhergehen sollte. Basierend auf finanziellen und operativen Kenngrößen, die Zulieferer im Rahmen ihrer vertraglichen Verpflichtungen regelmäßig übermitteln sollten, kann das Vendor Management ein Performance-Profil für jeden Zulieferer erstellen und mit anderen bestehenden Zuliefererbeziehungen, aber auch mit weiteren Anbietern am Markt in Beziehung setzen.

Rückblickend auf die vorangegangene Diskussion von IT-Servicemanagement entlang der aus Governance-Sicht wichtigsten Schnittstellen und Entscheidungsfelder wird deutlich: IT-Servicemanagement kann nur als ganzheitliches Konzept verstanden werden – es stellt nichts weniger als einen Paradigmenwechsel im IT-Management dar.

Insbesondere große Unternehmen mit inhärent komplexen Service-Anforderungen und IT-Landschaften verfolgen die Implementierung von IT-Servicemanagement-Strukturen mit hoher Priorität. Laut einer aktuellen Studie haben bereits 30–60% der Unternehmen mit mehr als 10.000 Mitarbeitern IT-Servicemanagement-Konzepte implementiert, während kleinere Unternehmen mit 10–20% in dieser Entwicklung noch deutlich weniger fortgeschritten sind (Schmidt 2004). Dies kann als Indikation dafür gesehen werden, dass (a) IT-Servicemanagement insbesondere von großen Unternehmen sehr ernst

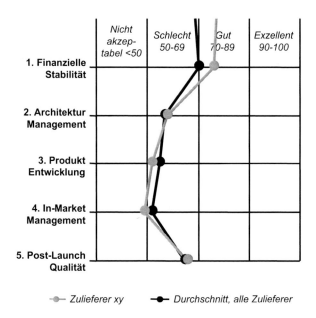

**Abb. 4.36.** Beispiel für ein Vergleichsschema für Zulieferer

genommen wird, und dass (b) nach wie vor signifikanter Handlungsbedarf besteht, sowohl bei großen als auch bei kleineren Unternehmen. Nachgewiesene Effizienzgewinne bei erhöhtem Kundennutzen in bereits abgeschlossenen Implementierungsinitiativen dürften die Motivation für die Einführung formeller IT-Servicemanagement-Strukturen nochmals erhöhen.

## 4.5 IT-Sourcing

Eine zunehmende Zahl von Dienstleistern mit teilweise sich überschneidenden Angeboten ist im Markt vertreten. Zusätzlich ermöglicht die stetige Innovation im IT-Bereich immer neue und differenziertere Dienstleistungsangebote.

Heute reicht es nicht mehr aus, diese Dienstleistungen klassisch in Beratung, Entwicklung und Integration zu unterteilen. Die IT muss die Dienstleistungen in neuen Kategorien sehen und umsetzen (siehe Abb. 4.37). Management ist die erste Kategorie: denn das erste Ziel ist die Optimierung des Wertes der Investitionen, also die Maximierung des Return on Investment (z. B. IT-Outsourcing). Zugriff ist das zweite Kriterium: die IT will notwendige Funktionalität kaufen, ohne die Technologie im Hause vorzuhalten und große IT-Abteilungen aufzubauen (z. B. Hosting – Internet data center). Optimierung ist die dritte Kategorie: Unternehmen konzentrieren sich auf ihre Wettbewerbsfähigkeit (z. B. Business process outsourcing). Wachstum ist die vierte Kategorie: Unternehmen wollen Wachstum schaffen (Return on Equity) durch den Aufbau von Geschäftsbeziehungen unter Nutzung neuer Geschäftsmodelle (z. B. Virtual „Net" Marketplace (Cohen und Berg 2002)).

Die IT muss aus den Angeboten unter Nutzung des ganzen Spektrums die Mischung finden, die am besten zum Unternehmenserfolg beiträgt – sowohl kurz- und mittelfristig als auch langfristig.

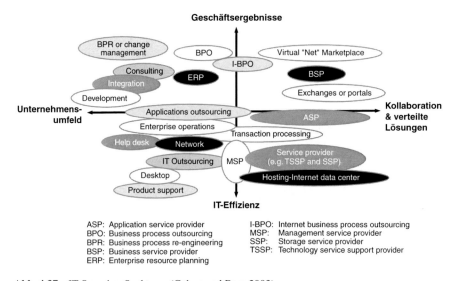

Abb. 4.37. IT-Sourcing-Spektrum (Cohen und Berg 2002)

Letztendlich ist der Kunde der externen Dienstleistungen – die IT des Unternehmens – der Dienstleister oder Partner für alle wertschöpfenden und unterstützenden Bereiche des Unternehmens. Das macht die Dienstleistungen der IT oder präziser die Ergebnisse besonders sichtbar für alle Beteiligten. Die IT sitzt wie auf dem Präsentierteller. Verantwortungsvolles und professionelles Handeln als Dienstleister für das Unternehmen in Verbindung mit einer optimierten Sourcing-Strategie ist daher oberster Grundsatz.

Der IT muss klar sein, dass Sourcing-Entscheidungen sehr große Auswirkungen auf das Unternehmen haben, und das über einen langen Zeitraum. Auch aus diesem Grund werden Entscheidungen nicht so oft getroffen. Das bedeutet aber auch, dass das Management sich häufig das erste Mal oder eines der ersten Male dem Versuch, Sourcing als strategische Maßnahme zu nutzen, gegenübersieht, und das erhöht die Gefahr Fehler zu machen in hohem Maße.

Gerade deshalb stellt das Sourcing hohe Anforderungen an wirkungsvolle Entscheidungs- und Kontrollstrukturen, geht es hier doch nicht „nur" um die Interaktion zwischen der IT und den Geschäftsbereichen, sondern als weitere Dimension um externe Unternehmen. Und dies nicht nur in Form des klassischen selektiven Outsourcing, sondern in einem Mix von Sourcing-Modellen, maßgeschneidert für ein Unternehmen. Die IT-Sourcing-Governance ist die Achillesferse des Sourcing.

Bei der IT-Sourcing-Governance geht es also darum: Entscheidungen mit allen beteiligten Teilnehmern (also der IT selber, den Geschäftsbereichen der Firmen des Unternehmens und den externen Firmen) bezogen auf die Beschaffung (also IT-Ressourcen, Dienste und Produkte) zu treffen und zu kontrollieren. Die Aufgabe ist es, mit den notwendigen Entscheidungen das Erreichen der Geschäftsziele zu unterstützen. Dabei muss sichergestellt werden, dass diese Entscheidungen angemessen getroffen und kommuniziert werden und dass die Entscheidungsträger verantwortlich sind für die Konsequenzen. Die IT wird immer wichtiger für die Geschäftseinheiten des Unternehmens und rückt immer stärker in deren Blickpunkt.

Viele Unternehmen sind sich gar nicht bewusst, dass sie ein Governance-Problem haben. Sie stellen nur fest, dass die Entscheidungsprozesse langsam und komplex sind und dass die Ergebnisse unbefriedigend sind. Im Folgenden werden einige wesentliche Aspekte, auf die besonderes Augenmerk gerichtet werden muss, angesprochen.

## *4.5.1 Sourcing-Modelle*

Es ist wichtig zu verstehen, dass die verschiedenen Sourcing-Modelle unterschiedliche Anforderungen an die IT-Governance stellen und dass es nicht *das* Sourcing-Modell für Unternehmen gibt, sondern Sourcing maßgeschneidert wird für ein Unternehmen. Unterschiedliche Anforderungen gibt es z. B. in Bezug auf die Zusammensetzung der Governance-Komitees, die Aufgaben der Gruppen in den Komitees, also wer entscheidet, empfiehlt, informiert wird.

Drei Dimensionen des Sourcing, die in den folgenden Modellen näher betrachtet werden, haben einen wesentlichen Einfluss auf die Ausbildung der IT-Governance (siehe Abb. 4.38):

1. Wie viele Dienstleister werden eingesetzt: von Single Sourcing (ein Dienstleister) über Selective Sourcing zu Multi Sourcing (beliebige Dienstleister).
2. In welche Richtung geht das Sourcing: von Insourcing (innerhalb des Unternehmens) zu Outsourcing (außerhalb des Unternehmens).
3. Was wird beschafft: von Assets (Hardware, Software), Geschäftsprozessen zu Geschäftsfunktionen (Business capability).

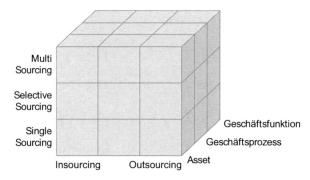

**Abb. 4.38.** IT-Sourcing-Modelle

Ein in der Praxis häufig angewendetes Sourcing-Modell ist das selektive Outsourcing. Dort hat jede IT-Funktion oder jeder Geschäftsprozess einen eigenen externen Dienstleister. Diese mehr taktische Variante des Sourcing nutzt den jeweils interessanten Dienstleister für einen Bedarf. Auch wenn oder gerade weil selektives Outsourcing einfach zu implementieren ist, stellt es an das Management sehr hohe Anforderungen. Unternehmen müssen Service- und Systemintegrator sein, um die Schnittstellen zwischen den an extern vergebenen IT-Funktionen und Geschäftsprozessen zu überwachen und am Laufen zu halten. Die Liste der Herausforderungen, mehrere Dienstleister zu managen, ist lang. Zusätzlich trägt in erster Linie das eigene Unternehmen die Risiken, insbesondere bei Problemen, an denen mehrere externe Anbieter beteiligt sind. Der schwarze Peter wird immer den anderen Dienstleistern zugeschoben. Zu viele verschiedene Dienstleister sind häufig das Ergebnis eines sehr taktischen und ungeplanten Vorgehens in der IT. Immer wenn ein neuer Bedarf besteht, wird ein weiterer Dienstleister ausgewählt, sich darum zu kümmern. Dabei ist sich die IT häufig nicht der Konsequenzen bewusst. Viele Unternehmen verwenden einen oder mehr Dienstleister für die IT-Infrastruktur (z. B. Daten Center, Netzwerk, Desktops), während die Applikationen und Projekte inhouse gehalten werden. Andere Unternehmen halten den laufenden Betrieb inhouse (z. B. Infrastruktur und Management der Applikationen), während intensiv externe Dienstleister für die mehr projektbezogenen Dienste (z. B. Applikationsentwicklung) verwendet werden.

Dieses Modell ist am besten geeignet für dynamische, im Wettbewerb agierende Unternehmen. Wenn die großen Potenziale (z. B. Kosten, Qualität der Dienstleistung, Innovation) in Verbindung mit Multi-Sourcing genutzt werden sollen, muss ein Unternehmen sehr gezielt und bewusst in die Governance-Fähigkeit investieren.

Ein anderes Modell ist das Outsourcing eines großen Teils der IT oder Prozesse an einen Dienstleister verbunden mit Verträgen mit Laufzeiten von 5 bis 10 Jahren. Oft beinhaltet der Vertrag eine strategische Partnerschaft mit dem Management des Dienstleisters. Auch wenn dieses Modell wesentlich einfacher gesteuert werden kann als das Multi-Sourcing-Modell (z. B. geringere Anzahl von Schnittstellen, klarerer Zuschnitt von Verantwortlichkeiten), darf das Unternehmen seine Governance-Verantwortung nicht vernachlässigen. Auf lange Sicht kann eine exklusive und wenig gesteuerte Outsourcing-Beziehung teuer werden, weil die für das Unternehmen vereinbarten Dienstleistungen und Innovationen nicht im notwendigen Maße erbracht werden.

Eine weitere Variante ist das Insourcing. Hier wird die IT alleine oder mit Geschäftsprozessen (Shared Service) in eine Geschäftseinheit ausgelagert. Diese Geschäftseinheit versorgt dann das Unternehmen mit Dienstleistungen auf Basis von Geschäftsregeln (z. B. semiformale Kontrakte, SLAs). Insourcing kann z. B. eine interessante Option sein, wenn strategisch wichtige Fähigkeiten im Unternehmen verbleiben oder aufgebaut werden sollen oder wenn neue IT-Technologien im Unternehmen eingesetzt werden sollen. Auch hier muss wie beim Outsourcing darauf geachtet werden, dass die Dienstleistungen und in noch stärkerem Maße die Innovationen auf lange Sicht erbracht werden. Die Innovationen müssen besonders beobachtet werden, weil es häufig Widerstände gegen Veränderungen gibt. Widerstände, die ein externer Dienstleister nicht in dem Maße aufbauen kann, weil sonst die Gefahr besteht, dass das Unternehmen in letzter Konsequenz den Dienstleister wechselt.

### 4.5.2 Governance-Beteiligte und Entscheidungsfindung

Wie schon oben erwähnt, geht es bei der IT-Governance um das Treffen von strategischen Entscheidungen. Diese Entscheidungen, zusammengefasst in Domänen, können z. B. wie folgt strukturiert sein:

- Sourcing-Strategie: Erstellung und Anpassung der Sourcing-Strategie (Grundsätze, strategische Sourcing-Partner, usw.)
- Vertrag: inhaltliche Genehmigung neuer und Erweiterung bestehender Verträge
- Dienstleistung: Entscheidungen bezüglich der Erbringung der Dienstleistung (wie wird/wurde sie erbracht) (basierend auf Kennzahlen)
- Finanzen: Entscheidungen bezüglich der Nutzen/Aufwand-Entwicklung (basierend auf Kennzahlen)
- Kommunikation: Festlegung, was an wen kommuniziert wird

Beteiligte der Entscheidungsfindung sind z. B.

- Vorstand: der CIO oder in Unternehmen ohne CIO der Leiter der IT, weitere Mitglieder des Vorstandes
- Sourcing – strategisches Komitee: Verantwortlicher Strategie, Business/IT-Verantwortliche der Geschäftsbereiche
- Sourcing – operatives Komitee: Verantwortlicher Architektur, Verantwortlicher Operations, Verantwortlicher Projekte/Entwicklung, Verantwortlicher Projektportfolio
- Interne Dienstleister: Verantwortlicher Financial Shared Service Center, Verantwortlicher Rechenzentrum, ...
- Externe Dienstleister: Key Accounter ERP-System, Verantwortlicher Rechenzentrum, ...

Diese Beteiligten der IT-Governance haben je nach Entscheidungsdomäne die Aufgabe zu entscheiden oder die Entscheidungsfindung zu unterstützen. Oder sie werden über Entscheidungen offiziell informiert. Die folgende Tabelle gibt ein Beispiel einer möglichen Entscheidungsdomäne (siehe Abb. 4.39).

|  |  | Entscheidungsdomänen | | | | |
|---|---|---|---|---|---|---|
|  |  | Strategie | Vertrag | Dienstleistung | Finanzen | Kommunikation |
| Governance Beteiligte | Vorstand | E |  |  | I |  |
|  | Sourcing - strategisches Komitee | M | M |  | E | E |
|  | Sourcing - operatives Komitee | I | E | M | M | M |
|  | Interne Dienstleister | I | M | E | M | M |
|  | Externe Dienstleister | I | M | E | M | M |

M = empfiehlt    E = entscheidet    I = wird informiert

**Abb. 4.39.** Entscheidungsdomänen der Sourcing-Governance

Grundsätzlich muss eine wirksame IT-Sourcing-Governance die folgenden Punkte – schon beim Aufbau – unbedingt berücksichtigen:

- präzise Definition von Grundsätzen, auf Basis derer gearbeitet wird, festgeschrieben z. B. in einer IT-Sourcing-Satzung (also z. B. „Sourcing-Entscheidungen

werden zum Nutzen des Unternehmens getroffen und erst im zweiten Schritt zum Nutzen einer Geschäftseinheit" und nicht „aus den Sourcing-Initiativen soll der maximale Nutzen gezogen werden".)
- effektive Besetzung mit Personen aus den beteiligten Bereichen (also Entscheidungsträger, die die Sourcing-Strategie verstehen. Alle beteiligten Bereiche sollten entsprechend repräsentiert sein und gleichzeitig sollten die Mitgliedschaften auf ein Minimum beschränkt sein – denn das Ziel ist es Entscheidungen zu treffen. Es ist auch denkbar Mitgliedschaften zu rotieren.)
- klare Definition der Entscheidungsdomänen (um effektiv entscheiden zu können, sollte die Anzahl der Domänen auf maximal sechs beschränkt werden. Es ist wichtig zu verstehen, dass die Beteiligten einer Domäne nicht zwangsläufig für die Ausführung der Entscheidung zuständig sind.)
- regelmäßige Sitzungen um Entscheidungen zu besprechen und zu treffen
- eindeutige Definition, wie Entscheidungen getroffen werden (also z. B. mehrheitlich, Konsens. Haben alle Beteiligten die gleiche Stimme?)
- klare Abgrenzung der Entscheidungsrechte (also wer entscheidet, empfiehlt oder wird informiert in jeder Entscheidungsdomäne, wobei nicht alle Beteiligten in jeder Domäne repräsentiert sein müssen.)

### 4.5.3 Beispiel: Global Technology Partnership

**Überblick**

Ein weltweit arbeitendes Pharmaunternehmen erwirtschaftet mit über 20.000 Mitarbeitern einem Umsatz von über 4 Mill. €. Die IT-Organisation folgt den funktionalen Einheiten und der Struktur der Regionen.

**Herausforderung**

Die Beschaffung im IT-Bereich soll optimiert werden. Eine weltweite IT-Standardisierung, homogene Hard- und Software sowie ein weltweiter IT-Support sind Voraussetzungen für ein substantielles Wachstum des Unternehmens.

Die Ist-Situation stellte sich so dar, dass weltweite IT-Standards nur teilweise in Betrieb waren, angewendete Standards waren getrieben von Produkten und Projekten (z. B. Windows NT, MS Office, SAP Hard- und Software, globales Dokumentensystem). Viele diese weltweiten IT-Standards waren mehr oder weniger Empfehlungen.

**Lösung**

Das Unternehmen baute eine strategische, globale Partnerschaft auf mit einem Dienstleister, der den gesamten Technologie-Bereich der IT abdeckt. Die folgenden

Ziele sollten mit dieser Partnerschaft erreicht werden: Standardisierung, Reduzierung der Kosten, Erfüllung regulatorischer Anforderungen, Kontinuität in der Beratung, Reduzierung des Trainingsaufwandes, Reduzierung des Aufwandes im Einkauf. Der vertragliche Teil der Partnerschaft ist bestimmt durch einen klaren und einfach zu lebenden Rahmenvertrag und daran angehängte landesspezifische Verträge. Die Einsparungen aus dieser Partnerschaft werden landesspezifisch angerechnet. Es gibt keine Vereinbarung über ein abzunehmendes Volumen.

Die IT-Sourcing-Governance wurde umgesetzt durch ein so genanntes Clearing Committee bestehend aus dem CIO des Unternehmens und auf Seiten des Dienstleisters dem Deutschland-Manager und dem Account-Manager weltweit. Zusätzlich einen Sitz in diesem Komitee hat der Vorsitzende des Monitoring-Teams. Das Monitoring-Team arbeitet auf der operativen Ebene und bildet die Schnittstelle zur IT-Sourcing-Governance (siehe Abb. 4.40).

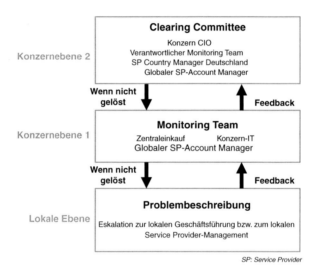

**Abb. 4.40.** Global Technology Partnership bei einem Pharmaunternehmen

**Ergebnisse**

Die Ergebnisse entsprechen in hohem Maße den am Anfang der Partnerschaft gesetzten Zielen. So konnten die Kosteneinsparungen und die Aufwandsreduzierung im Einkauf zu hundert Prozent erreicht werden, Aufwand für das laufende Training und die regulatorischen Anforderungen wurden zu fünfzig Prozent erreicht. Die Aufwandseinsparungen für die Evaluierung und das Testen von Hard- und Software wurden in hohem Maße erreicht. Lediglich die erwarteten Einsparungen durch eine kontinuierliche Beratung durch einen Dienstleister wurden nicht im erwarteten Maße erreicht.

Zusätzlich wird in der Zukunft ein weiterer Nutzen erwartet durch eine effektivere Fehlerbehandlung im Helpdesk. Die Standardisierung schafft eine Basis für das Leasing von Technologiekomponenten. Ebenso wird die Migration kostengünstiger erfolgen können.

### 4.5.4 Beispiel: Make or Buy

**Überblick**

Analog 4.5.3.

**Herausforderung**

Der Ausbau der IT-Infrastruktur ist im Unternehmen im Wesentlichen abgeschlossen. Aufgabe ist es nun, Ansätze zu finden, um weiter Kosten zu sparen.

Ein Ansatz ist es, den operativen Betrieb zu verbessern und zu integrieren unter Verwendung bestehender Technologien und Applikationen.

**Lösung**

Es wurden Optionen geprüft, wie die Beschaffung im Bereich der Rechenzentrumsdienste optimiert werden könnte. Dafür wurden die Dienstleistungen ähnlich dem Portfolio externer Dienstleister definiert. Auf dieser Basis wurden interne und externe Dienstleistungen verglichen und Kosteneinsparungs- und Effizienzerhöhungspotenziale identifiziert. Dies ermöglichte Aussagen und Entscheidungen darüber, ob zukünftig Dienste im Bereich IT-Infrastruktur weiter im Unternehmen oder von externen Dienstleistern angeboten werden sollten.

**Ergebnisse**

Die Kostenanalyse einschließlich Transaktionskosten und laufender administrativer Kosten unterstrich die hohe Effizienz der internen IT-Infrastruktur-Bereiche. Die IT des Unternehmens ist gut positioniert und bietet optimale Voraussetzungen für weitere Entwicklungen.

Dazu gehören unter anderem:

- Standardisierung (Reduzierung der Kostentreiber): Reduzierung der heterogenen Applikationslandschaft auf ein sinnvolles Maß (Best Practice) und eine Architektur innerhalb und zwischen den Geschäftseinheiten
- Zentralisierung: Zentralisierung der Entscheidungsprozesse, sowohl auf IT-Governance-Ebene (strategisch) als auch auf operativer Ebene.
- Dienstleister am Kunden: Veränderung der Rolle der IT-Infrastruktur als eine Abteilung, die unterstützende Funktionen bietet, zu einem Dienstleister am Kunden.

## 4.5.5 Fazit

Eine wohl balancierte IT-Sourcing-Strategie und deren Governance müssen heute zum Pflichtprogramm der IT gehören. Dabei stellen sich Erfolge aus der Umsetzung nicht von heute auf morgen ein. Im Gegenteil, das Beharrungsvermögen des Sourcing-Regelkreises hat eine sehr lange Halbwertzeit. Gründe dafür sind unter anderem:

- Komplexität der Dienstleistung: Geschäftsprozesse oder Geschäftsfunktionen sind vielfältig im Unternehmen verwoben. So müssen z. B. beim Outsourcing die ausgelagerten Prozesse sauber mit den relevanten Prozessen im Unternehmen verbunden werden.
- Zusammenspiel der Beteiligten: die beteiligten Partner müssen klar definiert haben, wer welche Aufgaben und Pflichten hat. Die Umsetzung und das Einschwingen des Zusammenspieles dauert seine Zeit.
- Aufbau von Kompetenzen: die IT als interner Dienstleister muss die aus der Sourcing-Strategie abgeleiteten Kompetenzen weiterentwickeln oder neu aufbauen.
- Besetzung von Stellen: die Zuordnung der Mitarbeiter zu neuen oder veränderten Stellen ist abhängig von Faktoren wie z. B. den Stärken, der Erfahrung der Mitarbeiter, sollte aber auch z. B. die Karriereentwicklung berücksichtigen. Das macht die Besetzung zu einem sensiblen Thema und erfordert Zeit, bis die Mitarbeiter den notwendigen Wirkungsgrad erreichen.

IT-Sourcing reagiert langsam, wie ein großer Tanker, auf Kursänderungen. Das bedeutet für die IT-Sourcing-Governance, dass die Beteiligten die notwendige Erfahrung haben, dass sie die Konsequenzen der Entscheidungen klar erkennen und dass vorausschauend entschieden wird.

## 4.6 IT-Budget

„Wer das Budget hat, hat die Macht". Fast richtig – der eingangs beschriebene Druck auf die IT und die gefühlte Machtlosigkeit hängt oft auch damit zusammen, dass die IT nur limitiert in den Entscheidungsprozessen zur Budget-Planung, -Priorisierung und Verwendung der Ressourcen Einfluss nehmen kann. Governance-Strukturen, die festlegen, wer, wie, in welchem Umfang über IT-Budgetabruf entscheiden kann und auch an der IT-Budgetverwendung gemessen wird, sind mitentscheidend dafür, welche Rolle die IT mit welchem Einfluss im Unternehmen einnimmt.

Wir sind überzeugt, dass das Thema IT-Budget von wichtiger Bedeutung für eine leistungsfähige IT-Governance ist und von daher unverzichtbarer Teil von IT-Governance-Projekten sein muss. Im Folgenden sollen die Steuerungsmechanismen für den Einsatz, aber auch die Kontrolle von IT-Ressourcen beschrieben werden. Anschließend wird dargelegt, wie Budgetverantwortung, d. h. die Priorisierung und

## 4.6 IT-Budget

Initialisierung von Projekten und anderen Budgetblöcken, am besten im Rahmen der IT-Governance etabliert wird.

Die IT-Budgets standen in den letzten Jahren permanent unter Druck und die Schrauben werden nach wie vor enger gezogen. Saßen Budgets für Technologieinvestitionen in der E-Business-Phase noch recht locker, müssen CIOs heute sehr kreativ und überzeugend sein, um Innovations-Projekte zu lancieren – und dies trotz steigender Globalisierung, steigender Mobilität der Mitarbeiter, steigender Geschwindigkeit in der Abwicklung von Geschäftsprozessen, steigendem Wettbewerbsdruck oder Einführung neuer Technologien wie RFID. Umso wichtiger ist es, Governance-Strukturen für den Budgetprozess zu etablieren, die es dem CIO/IT-Manager ermöglichen, den notwendigen Einfluss auf Budget-Entscheidungen, die IT betreffen, zu haben und eine ausgewogene Balance an wertschaffenden IT-Investitions-Projekten im Gesamtbudget zu verankern. Untersuchungen der Butler Group aus dem September 2005 zufolge geben IT-Manager nämlich nur rund 8% ihres Budgets für Projekte aus, die dem Unternehmen Mehrwert bringen.

Probleme klassischer Budgetprozesse haben wir vielfach in Unternehmen vorgefunden: Zum Beispiel die fehlende Verknüpfung von Langzeit-Planung (Strategischer Plan) und dem jährlichen Budget-Prozess. Oder Themen wie „Schattenbudgets" in anderen Abteilungen oder Entscheidungen, die per „Hüftschuss" aufgrund fehlender Zahlen-Transparenz getroffen werden. Solange der Budgetprozess als Controlling-Übung angesehen wird, kein Vertrauen in die generierten Budgetzahlen existiert oder keine Verantwortlichkeit für die Budgets im eigenen Bereich besteht (da man nicht auf alle Kosten direkten Einfluss hat), wird der Prozess nicht optimal funktionieren.

Zur Optimierung des Budgetprozesses werden daher einige Schlüssel-Prinzipien zur Umsetzung vorgeschlagen, wie beispielsweise

- Budgets werden erstellt und verantwortet von den Budget-Verantwortlichen (und nicht dem Controlling);
- Budgets werden „bottom-up" erstellt auf klar definierten und nachvollziehbaren Annahmen;
- Jede Modifikation des Budgets muss dokumentiert und vom Budget-Ausschuss oder ähnlichen Verantwortlichkeiten genehmigt werden;
- Sicherstellung klarer Verantwortlichkeiten der Budget-Eigner für alle Kosten in ihrem Bereich.

Entscheidend ist zudem die Abstimmung über die Abteilungs-(Budget-) Grenzen hinweg. Gerade für den IT-Bereich ist es essentiell, in die Erstellung der IT-Budgetanteile der Fachbereiche eingebunden zu sein und somit einen Gesamtblick über das IT-Budget eines Unternehmens erreichen zu können und darauf basierend entsprechende Adaptions-Vorschläge einbringen zu können. Die Verantwortlichkeiten für die einzelnen Budgetelemente des IT-Gesamtbudgets müssen dabei eindeutig geregelt sein – jeweils ausgerichtet an den Anforderungen der Fachseite.

Der IT-Ressourcen-Einsatz hängt direkt von den priorisierten Anforderungen der Fachbereiche an die IT und Anforderungen der IT selber ab. Für diese

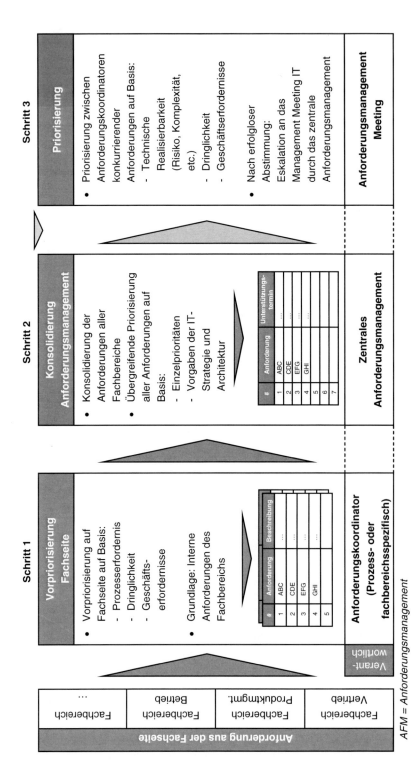

Abb. 4.41. Priorisierungsablauf IT-Budget-Erstellung

## 4.6 IT-Budget

Anforderungen muss natürlich die Kohärenz zu IT-Strategie und IT-Architektur sichergestellt sein – genauso wie ein Link des IT-Budgets zur Unternehmensstrategie sichergestellt sein muss.

Jeder Fachbereich erarbeitet – basierend auf Templates – einen Umsatz- und Opex-Plan, parallel zu einem projektbezogenen Plan (Opex/Capex). Neben den fachbereichs-getriebenen IT-Projekten sowie den von der IT direkt geplanten Projekten müssen daneben auch die Fachbereichs-Projekte berücksichtigt werden, die Technologie-Einsatz voraussetzen, die aber nicht durch geplante IT-Projekte abgedeckt sind. Oft wird hier die IT spät oder zu spät mit entsprechenden Anforderungen „überfallen", die dann nur noch schwer einzuplanen sind.

Wir halten die Messbarkeit und Steuerbarkeit des Budgets für essentiell. Die Kontrolle der Ressourcen erfolgt über die Einrichtung von Kennzahlen zur Steuerung des effizienten Zusammenspiels zwischen Fachseite und IT sowie innerhalb der IT und durch die Schaffung von Kontrollmechanismen zur IT-Budgetsteuerung. Daneben erfolgt ein Controlling der IT-Funktionen mit Schaffung von Transparenz zu IT-Kosten und IT-Leistungen mit klaren Kostenstrukturen sowie Bewertung und Monitoring der IT-Funktionen durch die Definition von Steuerungsgrößen, Werttreibern und Controllingprozessen (insb. Projektmanagement/ Nutzenbetrachtung).

Wer im Zusammenspiel zwischen IT-Supply- und Demand-Seite die Budgetverantwortung hat und wie die Budgetplanung gemeinschaftlich unternommen wird und über Budgetverwendung gemeinsam entschieden wird, bestimmt wesentlich den Erfolg jeder IT-Governance. Der Fokus liegt dabei auf dem Wort *gemeinsam*. Der Auftraggeber von IT-Dienstleistungen – die Fachseite oder Konzernfunktionen – plant, priorisiert und ruft ein IT-Budget ab. Werden insbesondere Projekt- und Applikations-Portfolio gemeinsam mit der IT-Seite (Supply) geplant und abgestimmt, optimiert man dadurch das Kapazitäts- und Expertise-Management.

Wichtiger als die Entscheidung für die Frage wer die Budgethoheit besitzt, ist also die Festlegung der optimalen Budgetplanungs-, -priorisierungs- und -abrufprozesse sowie das Controlling der Budgetverwendung. Im Folgenden sollen diese Prozesse kurz beleuchtet und in einem Industrie-Beispiel erläutert werden.

Wenn man als unterschiedliche Budgetarten, a) fachlich getriebene Projektbudgets, b) IT-Investbudgets und c) IT-Betriebsbudgets unterscheidet, dann müssen hinsichtlich Budgetplanung a) und b) durch ein zentrales Anforderungsmanagement laufen während c) auf Basis der Betriebsanforderungen (u. A. SLA) der Fachseite intern entschieden wird. Die Budgetzustimmung muss jeweils durch den CIO bzw. CTO erfolgen. Der Budgetabruf erfolgt bei a) durch die Fachbereiche mit formaler Freigabe durch die IT, bei b) durch die IT und c) durch den jeweils verantwortlichen Betriebsleiter (z. B. Competence Center) – die Freigabe im Falle a) und b) muss jeweils durch das Management, also z. B. GF genehmigt werden. Dieser Prozess ist kritisch für ein effektives Funktionieren des Budgetabrufs. Kontrolle und Verwaltung der Budgets sollte jeweils durch die IT-Seite erfolgen, wobei natürlich im Falle a) die Kontrolle der Projektbudgets durch die Fachseite erfolgt.

Einige Unternehmen haben bereits sehr konsequent Budgetkonten unter Berücksichtigung der neuen, an ITIL ausgerichteten Kostenarten und mit einer neuen Namenskonvention versehen eingeführt und nutzen diese, um die IT-Anschaffungen nach Budget zu klassifizieren und entsprechend analysieren zu können (siehe auch Erfahrungsbericht Hannover Rück in der Computerwoche 28.9.2005).

Neben dem klassischen finanzbezogenen IT-Controlling muss auch ein IT-Leistungs-Controlling (Service-, Support-Qualität) etabliert sein, um die Effektivität des eingeführten Budgetprozesses zu evaluieren. Das Controlling der Effektivität von Budgetplanung und -verwendung kann daher über die klassischen Dimensionen einer IT-Balanced Scorecard mit spezifischen KPIs (Key Performance Indicators) gemessen werden.

1. Finanzen/Ergebnis
   Kosten-Ratio (Ist vs. Plan), Projekterfolg, erzielte Nutzeneffekte, etc.
2. Kunde/Markt
   Verfügbarkeiten, SLA-Erfüllungsraten, Kundenzufriedenheit, etc.
3. Produktivität
   Time to market, Qualitäts-Level, etc.
4. Innovation/Technologie/Ressourcen
   Anteil Innovationsprojekte, Benchmark-Fähigkeit, etc.

Alles was messbar ist, kann auch gesteuert werden. Eine zukunftsorientierte IT muss in der Lage sein, auch die immateriellen Güter wie das interne Wissen (Knowledge Management), Innovationsgrad, Firmenkultur, Markennamen oder Level der Kundenbindung zu messen. Die Einführung spezifischer Kenngrößen (KPIs) ist eine wesentliche Voraussetzung bei der Ausgestaltung der Budget-Prozesse, die oft vernachlässigt wird. Jeder CIO/IT-Manager muss aber aussagefähig sein, ob sein IT-Budget wert-, leistungs- und qualitätsbezogen gerechtfertigt ist. Von daher kommt der CIO an der Einführung eines entsprechenden Management-Steuerungs-Systems wie Balanced Scorecard oder IT-Cockpit nicht vorbei.

Traditionell waren Controlling und IT im selben Verantwortungsbereich, nämlich beim CFO, angesiedelt und von daher meist relativ gut verzahnt. Auch wenn das heute nur noch in einer abnehmenden Zahl von Unternehmen Realität ist, ist die IT in vielen Unternehmen in die Investitions-Gremien und Investitions-Planungsprozesse eng eingebunden. Die entscheidende Frage dabei ist, ob die IT bei den letztendlichen Budget-Entscheidungen involviert ist und am Tisch sitzt, wenn die übergeordnete Budgetverwendung diskutiert wird. Die in Kap. 6.3 aufgeführten Kriterien hinsichtlich Leadership-Potenzial und entsprechender Kenntnisse des Unternehmens und seiner Prozesse sind Voraussetzung dafür, dass der CIO den Budgetprozess im Sinne der IT beeinflussen kann.

# Kapitel 5
# Relevante Themen der IT-Governance

*IT-Governance in der Praxis* – anschaulich wird die Relevanz der Umsetzung einer leistungsfähigen IT-Governance anhand der verschiedenen Praxisbeispiele, die in diesem Kapitel diskutiert werden. Jedes der vorgestellten Themen basiert auf der Erfahrung aus spezifischen Referenz-Projekten.

Welche Konsequenzen haben beispielsweise die SOX-Umsetzung oder Einführung eines IT-Risikomanagements auf die IT und damit die IT-Governance? Welche Wettbewerbsvorteile lassen sich durch eine leistungsfähige IT-Governance erzielen – etwa Umsatzwachstum oder Kostenreduktion durch Synergie-Effekte einer Konsolidierung? Diese und weitere Fragen werden im Folgenden beantwortet.

Zusätzlich beschreiben die Praxisbeispiele aus unterschiedlichen Unternehmen und Branchen auf der einen Seite Situationen, in denen tiefgehende Änderungen des Tagesbetriebs (M&A- bzw. PMI-Situationen) eine effektive IT-Governance erforderlich machen. Auf der anderen Seite werden Organisations- und Prozess-Themen beschrieben (z.B. Outsourcing oder Demand Management), die erhebliche Auswirkungen auf die existierende Governance der IT haben.

Desweiteren werfen wir einen Blick auf die Bedeutung einer adäquaten Besetzung des IT-Managements durch Personen mit entsprechenden Führungsqualitäten, der Qualifizierung des IT-Teams, sowie den Einfluss unterschiedlicher Unternehmenskulturen und interner Strukturen und Regeln auf die IT-Governance. Ihre wahre Effektivität können IT-Governance generell, und die in diesem Kapitel beschriebenen Projektaufgaben speziell, nur entfalten, wenn die Ansprüche an Führungs- und Team-Qualitäten erfüllt sind.

Das Kapitel wird in der nun vorliegenden zweiten Auflage um zwei neue Beiträge zu den Themen Compliance sowie Sicherheit in der IT erweitert. Beide Themen sind durch die aktuelle Entwicklung hin zu mehr Nachvollziehbarkeit im Handeln der Unternehmen stark in den Vordergrund gerückt und werden in der IT mit erheblichen Anstrengungen umgesetzt werden müssen.

## 5.1 Der Sarbanes–Oxley Act Section 404 in der IT

### 5.1.1 Grundlagen

Für europäische Unternehmen, die in den Vereinigten Staaten an der Börse gelistet sind, tritt in 2006 eine entscheidende Veränderung ein: Der Sarbanes–Oxley Act Section 404 wird auch für sie wirksam, und die Unternehmen müssen mit der Einreichung ihres Jahresabschlusses „Compliance" nachweisen. Damit bescheinigen sie, dass ein wirksames internes Kontrollsystem existiert, das die Richtigkeit ihrer Finanzberichterstattung sicherstellt. Diese Regelung ist auch an der IT nicht spurlos vorbeigegangen – die IT gilt mit ca. 30% als eine der Hauptquellen für Schwächen im internen Kontrollsystem.

Die Notwendigkeit, solche Schwächen zu beseitigen bzw. nicht aufkommen zu lassen, hat entscheidende Auswirkungen auf die IT-Governance. Zum einen wurde durch die Anforderung einer Dokumentation des Kontrollsystems ein hohes Maß an Transparenz über IT-Systeme und Prozesse geschaffen, die der Steuerung der IT dienen – damit ist Compliance in gewisser Weise selbst zum Governance-Instrument für den finanzberichtsrelevanten IT-Bereich geworden. Wichtiger noch ist jedoch die umgekehrte Wirkung. So tragen intakte Governance-Strukturen in der IT dazu bei, Kontrollschwächen gar nicht erst aufkommen zu lassen. Viele Unternehmen nutzen diesen Zwang, um ihre Governance auf diesen Bereich der IT durch Umstrukturierung und Vereinfachung zu verbessern.

Die Aktivitäten zur Erreichung der Compliance sind ein aktuelles Beispiel für die erforderliche Anpassung der (IT-) Governance-Strukturen und Mechanismen auf Grund äußerer, in diesem Fall gesetzlicher Einflüsse.

Im Folgenden wird die Umsetzung in der IT der Schering AG in den Jahren 2004 und 2005 beschrieben, die mit dazu geführt hat, dass Schering als erstes deutsches DAX-Unternehmen ein SOX-Testat erhalten hat, noch bevor das Gesetz offiziell für europäische Unternehmen wirksam wurde.

**Der Sarbanes–Oxley Act**

Der Sarbanes–Oxley Act aus dem Jahre 2002 ist ein U.S.-Gesetz, welches unter anderem Erweiterungen der Corporate Governance Standards zur Sicherstellung der Integrität finanzrelevanter Daten und somit verlässlicher Finanzberichte beschreibt. Auslöser für den Sarbanes–Oxley Act waren die bekannten Unternehmensskandale (WorldCom, Enron etc.) sowie die Verwicklung von Banken, Analysten und Wirtschaftsprüfern in diese Skandale. Das Gesetz soll dazu beitragen, das erheblich beschädigte Vertrauen der Investoren in die Funktionsfähigkeit der Kapitalmärkte wiederherzustellen. Dabei gelten folgende Hauptprinzipien:

- Sicherstellung der Integrität der Finanzdaten
- Verantwortlichkeit des Managements
- Unabhängigkeit des Prüfers.

## 5.1 Der Sarbanes–Oxley Act Section 404 in der IT

Erstmalig sind auch personenbezogene Sanktionen festgelegt. Unter anderem haften CEOs/CFOs[1] persönlich und können mit hohen Haft- und Geldstrafen belegt werden.

Betroffen sind alle bei der U.S.-Börsenaufsicht SEC (Securities and Exchange Commission) registrierten Unternehmen (incl. Tochtergesellschaften) und deren Wirtschaftsprüfer, unabhängig davon, ob es sich um amerikanische Unternehmen handelt. Obwohl das Gesetz mit sofortiger Wirkung im Jahre 2002 in Kraft getreten ist, sind bestimmte Bereiche erst in späteren Jahren wirksam. Die Section 404 sollte zum Beispiel für nicht-amerikanische Unternehmen ursprünglich im Jahre 2005[2] wirksam werden.

Der Sarbanes–Oxley Act besteht aus verschiedenen Abschnitten. Die weiteren Ausführungen beziehen sich auf die „Section 404" des Sarbanes–Oxley Acts (im Folgenden mit SOX abgekürzt).

Die wesentlichen SOX-Anforderungen bezogen auf finanzrelevante Daten sind:

- Das Management muss auf der Basis eines anerkannten Kontrollrahmens ein internes Kontrollsystem aufbauen.
- Die Effektivität des internen Kontrollsystems ist zu testen und vom Management zu beurteilen.
- Ein unabhängiger Prüfer muss einen Prüfbericht (Testat) über das interne Kontrollsystem und die Beurteilung des Managements erstellen.

Die Kontrolle der Einhaltung der Vorschriften durch die Unternehmen obliegt der SEC. Diese hat die so genannten *Final Rules* im Juni 2003 erlassen (vgl. SEC 2003). Die Überwachung der Wirtschaftsprüfer wird von der Aufsichtsbehörde der Prüfer PCAOB (Public Company Accounting Oversight Board) wahrgenommen. Das PCAOB hat als wichtigste Grundlage im März 2004 den „Auditing Standard 2" (AS2) veröffentlicht (vgl. PCAOB 2004). Dieser wurde wiederum von der SEC am 17. Juni 2004 gebilligt und war ab diesem Zeitpunkt von Wirtschaftsprüfern verbindlich anzuwenden. In Ermangelung anderer Regelungen oder Hinweise wurde dieser Prüfungsstandard auch für die gelisteten Unternehmen dadurch verbindlich, dass aus den geforderten Prüfungshandlungen die eigenen Maßnahmen abgeleitet werden konnten.

**SOX in der Schering AG**

Der Vorstand der Schering AG hatte sich frühzeitig vorgenommen, bereits für den Jahresabschluss 2004 das Prüfertestat bezüglich Sarbanes–Oxley Act Sec. 404

---

[1] CEO: Chief Executive Officer, CFO: Chief Financial Officer
[2] Am 2. März 2005 verlängerte die SEC den Compliance-Zeitpunkt für ausländische Unternehmen sowie für kleine und mittelständische U.S.-Unternehmen auf das erste Geschäftsjahr, das zum oder nach dem Juni 2006 endet (SEC 2005c).

Compliance zu erhalten. Anfang 2004 startete das interne Projekt Management Assessment of Internal Control (Schering 2004).

Zu diesem Zeitpunkt befanden sich die Unternehmen noch in einer Lernphase. Niemand hatte zuvor ein solches Projekt durchgeführt und konnte somit auch nicht aus Erfahrungen schöpfen. Als Schering im März 2004 anfing, gab es keinerlei Seminare, kaum Literatur und auch die offiziellen Bestimmungen hatten noch keinen stabilen Zustand. Regulatorische Ausführungsbestimmungen und Anleitungen fehlten weitgehend. Hinzu kam der enorme zeitliche Druck.

Die quantitativen Ausmaße zeigen auch die folgenden Zahlen aus dem ersten Jahr:

- Betroffen waren insgesamt weltweit 26 Geschäftseinheiten.
- Es wurden zwölf finanzrelevante Hauptprozesse mit jeweils diversen Unterprozessen betrachtet.
- Mehr als 11.000 Kontrollen waren zu dokumentieren und die Effektivität durch entsprechende Tests zu belegen.
- Die Dokumentation umfasste mehr als 70.000 Seiten.

Im Ergebnis gab es keine materiellen Schwächen (*material weaknesses*) zu berichten.

Im März 2005 beschloss der Vorstand deshalb, die nach SOX geforderte Erklärung zum internen Kontrollsystem für die Finanzberichterstattung bereits für das Jahr 2004 auf freiwilliger Basis bei der SEC (im Formular 20–F) einzureichen. Die Schering AG war damit das erste deutsche DAX-Unternehmen, das bereits für 2004 die SOX-Compliance erreicht hatte[3].

Auszug aus dem Geschäftsbericht des Jahres 2004 der Schering AG:

> Der Vorstand und das Management des Schering Konzerns haben die Wirksamkeit des internen Kontrollsystems für die Finanzberichterstattung zum 31. Dezember 2004 beurteilt. Bei dieser Beurteilung haben Vorstand und Management die in dem vom Committee of Sponsoring Organizations of the Treadway Commission (COSO) herausgegebenen Internal Control – Integrated Framework festgelegten Kriterien angewendet.
>
> Ausgehend von diesen Kriterien hat der Vorstand der Schering Aktiengesellschaft festgestellt, dass das interne Kontrollsystem für die Finanzberichterstattung des Schering Konzerns zum 31. Dezember 2004 wirksam ist. Diese Einschätzung und die Wirksamkeit des internen Kontrollsystems für die Finanzberichterstattung zum 31. Dezember 2004 sind von der BDO Deutsche Warentreuhand Aktiengesellschaft Wirtschaftsprüfungsgesellschaft, einer unabhängigen Wirtschaftsprüfungsgesellschaft, geprüft worden.

---

[3] Mehr als 2500 Unternehmen haben die SOX-Compliance-Erklärungen zum März 2005 eingereicht. Dabei haben ungefähr 8% *material weaknesses* berichtet (vgl. Jefferson Wells 2005).

5.1 Der Sarbanes–Oxley Act Section 404 in der IT    103

**SOX und IT**

Die IT ist in der Regel Bestandteil aller SOX-relevanten Geschäftsprozesse und somit auch von der Einführung eines Kontrollsystems erheblich betroffen.

Probleme in der IT, die möglicherweise zu falschen oder unvollständigen Finanzdaten führen, können auf Applikations- und Infrastrukturebene vielfältiger Natur sein, z.B.:

- Ansammlung von Berechtigungen kann zu unerlaubten Kombinationen führen (z.B. Konten anlegen und Bestellungen auslösen)
- Falsche Einstellungen (Customizing) sichern den Geschäftsprozess nicht hinreichend ab
- Verbuchungsabbrüche, die nicht korrekt vom System behandelt werden
- Unzureichend gesicherte Serverräume ermöglichen unberechtigten Zugriff
- Unberechtigte Änderung von Stammdaten
- Verwendung falscher Programmversionen im Produktionsbetrieb, weil z.B. das Produktionsübergabeverfahren nicht eindeutig geregelt ist
- Fehlende Funktionstrennung auf verschiedenen Ebenen, z.B. zwischen Entwicklung und Produktion, wodurch ggf. Entwickler Produktionsdaten verändern können
- Unzureichendes Sicherheitsverständnis, mangelnde Richtlinien (z.B. Password-Regelungen), fehlende Durchsetzung

**SOX und (IT-) Governance**

Wie auch bei anderen regulatorischen oder gesetzlichen Anforderungen sind die betroffenen Unternehmen verpflichtet, die vorgegebenen Bestimmungen umzusetzen: SOX gehört auch für die IT zu den *must-do*-Aufgaben.

Auf der Ebene Corporate Governance wird durch SOX insbesondere das Risikomanagement adressiert. Neben der Einführung eines internen Kontrollsystems müssen zudem grundsätzliche Management-Entscheidungen bezüglich des Kontrollniveaus sowie der Akzeptanz von Restrisiken getroffen werden. Ferner müssen die Zuständigkeiten und Verantwortlichkeiten unterhalb der Vorstandsebene für das initiale SOX-Projekt und für die Folgeaktivitäten festgelegt werden. Zudem sind Berichts- und Entscheidungswege zu definieren und ggf. neue Gremien (z.B. Audit Committee) einzurichten.

Bezüglich IT-Governance betrifft SOX im Wesentlichen den bereits im Kapitel „IT-Governance" aufgeführten Kontrollaspekt. Die IT muss ihr bestehendes Kontrollsystem prüfen und in den meisten Fällen erheblich anpassen. Dabei entdeckt man dann ggf. auch Schwächen bei den zu kontrollierenden Prozessen und Verfahren. Je stärker allerdings die IT ihre Prozesse bereits „im Griff" hat, desto weniger Probleme sind im Zusammenhang mit SOX auf der Prozessebene zu erwarten.

Die erforderliche Anpassung des Kontrollsystems erklärt auch den starken Auftrieb, den CobiT im Zusammenhang mit SOX erhalten hat. Nachdem CobiT jahrelang von der Praxis allein schon aus Kostengründen weitgehend ignoriert wurde, gelangen mit SOX und den Prüferanforderungen zumindest Teile von CobiT wieder ins Blickfeld.

## COSO und CobiT

Schering verwendet als Gesamtrahmen COSO[4] sowie die für die IT relevanten CobiT-Kontrollen.

Im Sarbanes–Oxley Act Section 404 wird die Anwendung eines anerkannten Kontrollrahmens verlangt und ausdrücklich erwähnt, dass COSO in diesem Sinne dienen kann, aber auch andere *frameworks* möglich sind.

COSO beschreibt für die folgenden fünf Bereiche Umfang und notwendige Ausgestaltung eines internen Kontrollsystems:

- Kontrollumfeld (Control Environment)
- Risikobeurteilung (Risk Assessment)
- Kontrollaktivitäten (Control Activities)
- Information und Kommunikation (Information & Communication)
- Überwachung (Monitoring)

Das folgende Bild zeigt COSO im Überblick:

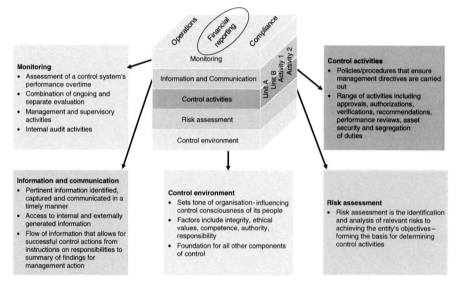

**Abb. 5.1.** COSO-Überblick

Für SOX404 ist der mittlere Teil des Würfels „Financial Reporting", bei dem die Ordnungmäßigkeit und die Verlässlichkeit der Finanzberichterstattung im Vordergrund stehen, relevant.

---

[4]Das Committee for Sponsoring Organisations of the Treadway Commission (COSO) wurde 1985 von verschiedenen Prüfungs-Instituten (u.a. American Institute of Certified Public Accountants (AICPA), Institute of Management Accountants (IMA)) in Amerika gegründet. 1992 wurde der COSO-Report, der den Kontrollrahmen für ein internes Kontrollsystem beinhaltet, veröffentlicht (COSO 1992).

## 5.1 Der Sarbanes–Oxley Act Section 404 in der IT

COSO ist nicht speziell auf die IT ausgerichtet. Zwar werden Rahmenbedingungen vorgegeben, aber keine konkreten IT-Kontrollen. Hierfür kann wiederum CobiT als IT-Kontrollrahmen verwendet werden, aber auch dies ist keine Vorschrift.

Auf CobiT wurde bereits im Kapitel „IT-Governance" eingegangen. Für SOX ist nur eine Teilmenge der CobiT-Kontrollen relevant. Kontrollen bezüglich der

| | | CobiT Areas/COSO Components | | | | | |
|---|---|---|---|---|---|---|---|
| | | | COSO Component | | | | |
| Company Level | Activity Level | CobiT Areas | Control Environment | Risk Assessment | Control Activities | Information and Communication | Monitoring |
| | | **Plan and Organize (IT Environment)** | | | | | |
| • | | IT strategic planning | • | • | | • | • |
| • | | Information architecture | | | • | • | |
| | | Determine technological direction | | | | | |
| • | | IT organization and relationships | • | | | • | |
| | | Manage the IT investment | | | | | |
| • | | Communication of management aims and direction | • | | | • | • |
| • | | Management of human resources | • | | | • | |
| • | | Compliance with external requirements | | | | • | • |
| • | | Assessment of risks | | • | | | |
| | | Manage projects | | | | | |
| • | | Management of quality | • | | • | • | • |
| | | **Acquire and Implement (Program Development and Program Change)** | | | | | |
| | | Identify automated solutions | | | | | |
| | • | Acquire or develop application software | | | • | | |
| | • | Acquire technology infrastructure | | | • | | |
| | • | Develop and maintain policies and procedures | | | • | • | |
| | • | Install and test application software and technology infrastructure | | | • | | |
| | • | Manage changes | | | • | | • |
| | | **Deliver and Support (Computer Operations and Access to Programs and Data)** | | | | | |
| | • | Define and manage service levels | • | | • | | • |
| | • | Manage third-party services | • | • | • | | • |
| • | | Manage performance and capacity | | | • | | • |
| | | Ensure continuous service | | | | | |
| | • | Ensure systems security | | | • | • | • |
| | | Identify and allocate costs | | | | | |
| • | | Educate and train users | • | | | • | |
| | | Assist and advise customers | | | | | |
| | • | Manage the configuration | | | • | • | |
| | • | Manage problems and incidents | | | • | • | • |
| | | Manage data | | | • | • | |
| • | | Manage facilities | | • | | | |
| | • | Manage operations | | | • | • | |
| | | **Monitor and Evaluate (IT Environment)** | | | | | |
| • | | Monitoring | | | | • | • |
| • | | Adequacy of controls | | | | | • |
| • | | Independent assurance | • | | | | • |
| • | | Internal audit | | | | | • |

**Abb. 5.2.** COSO-CobiT-Mapping, Quelle: (ITGI 2004b)

IT-Effizienz zählen zum Beispiel nicht dazu. Für die Auswahl gibt es eine entsprechende Vorlage vom IT-Governance Institute (ITGI)[5]. Abbildung 5.2 zeigt das COSO-CobiT-Mapping.

Diese Kontrollprozesse werden im genannten Dokument des IT Governance Institute im Anhang C ausführlich behandelt. Sie dienten auch als Basis für die bei Schering verwendeten Kontrollen.

**Vorhandene Prozesse und Kontrollstrukturen**

Sind bereits auf Grund anderer Rahmenwerke und Vorgaben IT-Prozesse etabliert und entsprechende Kontrollstrukturen vorhanden, erleichtert das die Arbeit für SOX erheblich und der Aufwand wird entsprechend reduziert. Zwar können die durch CobiT geforderten Kontrollen nicht immer 1:1 abgedeckt werden, aber in vielen Fällen werden die Kontrollbeschreibungen und auch die Kontroll-Assessments wesentlich vereinfacht. Darüber hinaus erleichtern vorhandene Prozesse und Kontrollen auch das Gespräch mit dem Prüfer.

**ITIL**

Schering hat im zentralen Computer Center in Berlin die Service-Support-Prozesse bereits weitgehend nach ITIL ausgerichtet. Dies hat sich bezüglich SOX klar als Vorteil erwiesen, zumal ITIL auch die Kontrolle dieser Prozesse beinhaltet. Beim Infrastruktur-Change-Management kann z.B. auf das interne Advisory Board sowie auf das Change-Logbuch verwiesen werden.

**IT-Risikomanagement basierend auf der ISO/IEC 17799**

Ist ein IT-Risikomanagement, basierend auf der ISO/IEC 17799, global implementiert, dann werden damit bereits wesentliche Punkte der Anforderungen adressiert und es kann bei den entsprechenden Kontrollen darauf verwiesen werden. Es ist allerdings zu beachten, dass die auf CobiT basierenden SOX-Kontrollen im Grundsatz zwar mit den Kontrollen der ISO/IEC 17799, Teil 2 vergleichbar sind, allerdings nicht immer übereinstimmen. Deshalb ist darauf zu achten, dass die Aussagen innerhalb der SOX-Prüfergebnisse mit den Feststellungen des bereits etablierten IT-Risikomanagements übereinstimmen. Sonst ergeben sich womöglich hieraus Defizite für den Prüfer.

Um diese möglichen Defizite/Inkonsistenzen in den Ergebnissen der beiden voneinander unabhängigen Prüfungen grundsätzlich zu vermeiden, ist mittelfristig – schon im eigenen Interesse – eine interne Harmonisierung der beiden Kontrollansätze erstrebenswert. Dies auch, um den Aufwand einer doppelten Aufgabenstellung zu reduzieren.

---

[5]Das IT Governance Institute (ITGI) wurde 1998 von der internationalen Prüfervereinigung (ISACA – Information System Audit and Control Association) gegründet.

## IT-Systeme/Applikationen im GMP[6] Umfeld

In der Pharmaindustrie sind auf Grund von GMP-Anforderungen und anderer zulassungsrelevanter Regelwerke IT-Systeme/Applikationen, die Einfluss auf die Produktsicherheit haben, zu validieren.

Ziel ist es, zu gewährleisten, dass Produkte gleich bleibend nach den Qualitätsstandards produziert und geprüft werden, die der vorgesehenen Verwendung und den Zulassungsunterlagen entsprechen.

Vereinfacht ausgedrückt bedeutet das, es ist nachzuweisen (zu dokumentieren), dass Anforderungen (Qualitätsanforderungen, Sicherheitsanforderungen, Umweltschutzanforderungen) in den definierten Prozessen und Tätigkeiten beachtet und eingehalten werden.

Um dies sicherzustellen, werden für diese validierungspflichtigen Systeme/Applikationen so genannte Standard Operating Procedures (SOPs) für verschiedene Betriebsprozesse (z.B. Einführung von Systemen, Change-Management, Betrieb von Systemen) verlangt. Das Personal muss entsprechend geschult werden und die Schulung muss ebenfalls dokumentiert werden (auch hierfür ist eine SOP erforderlich).

Liegen nun also bereits SOPs oder auch andere grundlegende Vorschriften (z.B. Phasenkonzept für die Applikationsentwicklung, Testkonzepte, Berechtigungskonzept) für die SOX-relevanten Systeme vor, kann man sich bei den Kontrollbeschreibungen und Assessments im Wesentlichen darauf beziehen.

### 5.1.2 Risk Assessment

**Der SOX-Prozess im Überblick**

Beim Risk-Assessment wird ein top-down- und risikobasierter Ansatz auf Prozessebene verfolgt. Im Rahmen des Scopings[7] werden deshalb ausgehend vom Financial Statement zunächst die signifikanten Konten (Bilanz-, GuV-Positionen) ermittelt, die einen wesentlichen Teil des Geschäftsergebnisses abdecken. Aus diesen Konten wird abgeleitet, welche Prozesse und welche Geschäftseinheiten

**Abb. 5.3.** Der SOX-Prozess[8]

---

[6]GMP: Good Manufacturing Practice

[7]Der Scoping-Prozess ist in der Regel sehr umfangreich und kann hier nur andeutungsweise beschrieben werden. Ausführliche Beschreibungen finden sich zum Beispiel in (Menzies 2004).

[8]Neben den hier aufgeführten Teil-Prozessen sind, wie auch bei anderen Projekten, das Projektmanagement und die Qualitätssicherung durchzuführen.

(Tochtergesellschaften etc.) zu betrachten sind und wo Kontrollen zu platzieren sind. Bei den Geschäftseinheiten wird dabei die SOX-Relevanz auf Grund bestimmter quantitativer Wesentlichkeitskriterien (z.B. Umsatz, Ertrag) oder qualitativer Kriterien (z.B. besondere Risiken, kürzlich durchgeführte Fusionen oder Übernahmen) beurteilt.

Das folgende Bild zeigt die hierarchische Struktur eines internen Kontrollsystems:

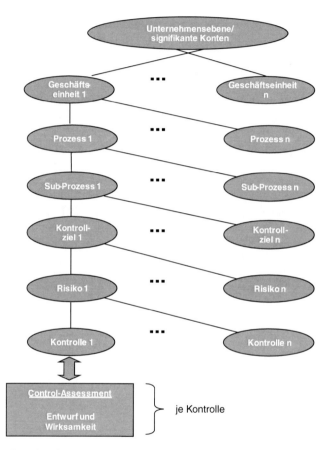

**Abb. 5.4.** Struktur eines internen Kontrollsystems

**Prozesse und Sub-Prozesse**

Bei Schering wurden vom SOX-Konzernprojekt zwölf SOX-relevante Haupt-Prozesse identifiziert, darunter Finanzen, Einkauf, Verkauf, Personal, Steuern und die IT. Aus der Bestimmung der Prozesse und Geschäftseinheiten wurden wiederum die *in-scope*-Applikationen mit der zugrunde liegenden Infrastruktur abgeleitet. Hierfür sind dann IT-seitig die entsprechenden Kontrollen vorzusehen.

## 5.1 Der Sarbanes–Oxley Act Section 404 in der IT

Bei den hier beschriebenen SOX-Aktivitäten der AG waren auf der Applikationsebene im Wesentlichen SAP-Systeme sowie Anwendungen für die Lagerbestandsführung und die Auslandsfakturierung zu berücksichtigen. Konzernweit waren in den betrachteten Einheiten natürlich wesentlich mehr Applikationen betroffen. Wie die gesamte Risikoeinschätzung ist auch die Auswahl dieser Systeme im Übrigen jährlich zu prüfen und gegebenenfalls anzupassen.

Externe Services werden nur in geringem Umfang in Anspruch genommen und sind vertraglich abgedeckt. Ein SAS 70 Typ II-Report[9] war deshalb für die IT-Systeme der Schering AG nicht erforderlich[10]. Grundsätzlich ist zu beachten, dass auch bei Outsourcing und Absicherung mittels SAS 70 letztlich das eigene Management (CEO/CFO) für das interne Kontrollsystem verantwortlich bleibt.

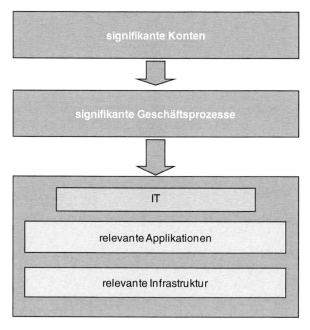

**Abb. 5.5.** Überblick: SOX und IT

Beim so genannten „End-User-Computing", also Anwendungen auf Basis von z.B. EXCEL oder ACCESS, muss geprüft werden, ob es sich um echte finanzrelevante Anwendungen und nicht nur um zusätzliche lokale Reports handelt. Die Grenze zwischen „EXCEL als Taschenrechner" und einer echten Finanz-Applikation auf EXCEL-Basis ist nicht immer einfach zu ziehen. Allgemeine Kriterien existieren nicht. Im Zweifel hilft wieder nur die Abstimmung mit dem Prüfer.

---

[9] Statement on Auditing Standard 70 (SAS 70), herausgegeben vom American Institute of Certified Public Accountants (AICPA).
[10] Hinweis: Interne „shared-services" erfordern keinen SAS 70 Typ II-Report.

Zur Infrastruktur gehören:

- die IT-Infrastruktur: z.B. Server, PCs, Netze, Datenbanken, Betriebssysteme sowie sonstige systemnahe Anwendungen (Firewalls, Virenschutz, Intrusion Detection and Prevention Systems etc.) und Verfahren (Backup, Recovery, Archivierung, Auslagerung etc.), aber auch
- die technische Infrastruktur: z.B. Zugangssicherungssysteme, Brandmelder, Löschsysteme und ähnliche sicherheitsrelevante Anlagen, Systeme und Verfahren, die in Bezug auf die IT eine Rolle spielen.

Während anwendungsnahe Kontrollen noch relativ leicht den finanzrelevanten Applikationen zugeordnet werden können, ist das auf der Infrastrukturebene höchstens noch bei den Servern möglich. Bei Netzkomponenten und Clients bedeutet das, dass in diesem Fall bei Betrachtung der AG letztlich alle Netzkomponenten sowie ca. 6.000 Clients von SOX betroffen sind.

Für den IT-Prozess stellt sich die Ausprägung des Kontrollsystems mit fünf Sub-Prozessen[11] wie folgt dar:

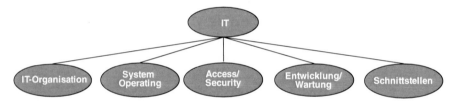

**Abb. 5.6.** IT-Sub-Prozesse

Das folgende Bild zeigt die wesentlichen Kontrollbereiche bei den einzelnen Sub-Prozessen.

| Sub-Prozesse | Kontrollbereiche (Auszug) |
|---|---|
| IT-Organisation | Funktionstrennung (segregation of duties), Beteiligung des Business, Risikomanagement, Service Levels, Outsourcing-Verträge |
| System Operating | Betrieb des Rechenzentrums, Backup und Recovery, Problem Management, Lizenzmanagement, Archivierung, Auslagerung |
| Access/Security | Zugangskontrolle, Security-Tools (Virenschutz, Firewalls, Intrusion Detection Systeme etc.), Autorisierungen |
| Entwicklung und Wartung | Change Management, Qualitätssicherung, Test- und Abnahmekonzept, Dokumentation |
| Schnittstellen | Testplan, Dokumentation, Freigabe durch Business, Verfahren zur Identifikation von Duplikaten und fehlenden Daten |

**Abb. 5.7.** IT-Sub-Prozesse und Kontrollbereiche

---

[11] Der Begriff „Sub-Prozess" ist für die IT auf dieser Ebene genaugenommen nicht ganz korrekt, wird aber aus Gründen einer einheitlichen Dokumentation verwendet.

## 5.1 Der Sarbanes–Oxley Act Section 404 in der IT

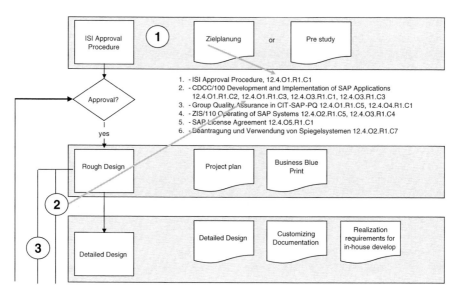

**Abb. 5.8.** Auszug aus einem Ablaufplan

Die einzelnen Sub-Prozesse werden entweder mit Hilfe eines Ablaufdiagramms und/oder in sprachlicher Form beschrieben. Ein Ablaufdiagramm sollte möglichst auf eine Seite passen und für das „Prüferauge" (nicht zu technisch) bestimmt sein. An den entsprechenden Stellen weisen Kontrollpunkte auf die Kontrollen im Dokument hin (im folgenden Beispiel mit Pfeilen gekennzeichnet). Dies ermöglicht eine Einschätzung durch den Prüfer, ob die Kontrollen an den richtigen Stellen im Prozess platziert sind und damit überhaupt wirksam werden können.

**Kontrollziele, Risiken und Kontrollen**

SOX erfordert die Dokumentation des gesamten Kontrollprozesses einschließlich der Beurteilung der Kontrollen hinsichtlich der Effektivität und der damit verbundenen Tests.

Bezüglich der Art und Weise der Dokumentation gibt es jedoch keine Vorschriften, außer der auch bisher verwendeten Regel, dass die Dokumentation für einen sachverständigen Dritten nachvollziehbar sein muss.

Für global agierende Unternehmen ist aber dringend zu empfehlen, ein einheitliches Dokumentationsverfahren auf Basis eines generischen Templates für alle zu prüfenden Geschäftseinheiten (*in-scope units*) und Prozesse (*in-scope processes*) zu verwenden und ein Web-basiertes Tool[12] weltweit einzusetzen. Sämtliche

---

[12] Auf die Tool-Problematik (Anforderungen, Marktanalyse, Reifegrad der Tools, Auswahlverfahren etc.) kann in diesem Beitrag nicht näher eingegangen werden (siehe zum Beispiel: Menzies 2004).

SOX-relevanten Dokumente sind im Übrigen nach amerikanischen Vorschriften 7 Jahre aufzubewahren. Da die SOX-Dokumentation deutscher Unternehmen allerdings steuerlich relevant sein könnte, empfiehlt sich die in Deutschland bekannte Aufbewahrungsfrist von 10 Jahren.

Um einerseits die Kommunikation im Unternehmen zu erleichtern und andererseits auf externe Prüfungen (SEC) entsprechend vorbereitet zu sein, werden bei Schering die SOX-Dokumente – abgesehen von einigen Zusatzdokumenten, wie Arbeitspapiere und Testprotokolle – in Englisch abgefasst.

Beispiel generischer Kontrollbeschreibungen:

| Objective | Risk | Control |
| --- | --- | --- |
| 12.3.O1 Confidentiality, integrity, availability, authenticity, and non-repudiation of data are preserved. Only valid transactions are processed and transactions are authorized and approved in the manner intended. | 12.3.O1.R1 Confidentiality, integrity, availability, authenticity, and nonrepudiation of data is threatened. Invalid/unauthorized transactions may be processed. | 12.3.O1.R1.C1 Formal and approved policies and procedures aligned with overall IT strategic plans exist and are followed covering computer security. |
| | | 12.3.O1.R1.C2 Security requirements have been defined within an IT security policy. Classification of sensitive systems and data has been performed. Respective security measures have been identified and are enforced. |
| | | 12.3.O1.R1.C3 Appropriate personnel is responsible for the administration / maintenance of an IS program, typically including both physical and logical security, ensuring that access to all computing resources is restricted to authorized users. |
| | | 12.3.O1.R1.C4 Logical access controls are in place, e.g., user IDs and passwords are assigned, procedures for issuing and changing passwords exist and are used, logging of unauthorized login attempts takes place etc. |
| | | 12.3.O1.R1.C5 Security-related activities, i.e., security violations, are logged, reported to appropriate personnel and reviewed and appropriately escalated on a regular basis to identify and resolve incidents involving unauthorized activity. |

**Abb. 5.9.** Generische Kontrollbeschreibungen

Die generische Beschreibung muss für jede wesentliche Kontrolle auf die speziellen Belange der Funktion angepasst bzw. erweitert werden. Die Vorgaben können bei Bedarf natürlich auch um eigene Kontrollen ergänzt werden.

**Kontrolltypen**

Nach dem Zeitpunkt der Wirkung der Kontrolle unterscheidet man:

- *vorgelagerte Kontrollen* (*preventive controls*), z.B. Zugangssicherungen, Customizing-Einstellungen, Password-Verfahren, Freigabegenehmigung für die Übernahme einer Änderung in die Produktion sowie

- *nachgelagerte Kontrollen* (*detective controls*), z.B. Plausibilitätsprüfungen, Abweichungsreports, Audit Trails

Je nach dem Grad der Automatisierung kann man weiterhin (voll-) automatische, halbautomatische und manuelle Kontrollen unterscheiden.

*Automatische Kontrollen*
Bei Kontrollen, die automatisch innerhalb einer Applikation angestoßen und durchgeführt werden, geht man davon aus, dass diese immer gleichartig funktionieren. Deshalb ist bei diesen Kontrollen auch nur ein Test pro Jahr erforderlich. Voraussetzung ist allerdings, dass eventuell vorgenommene spätere Änderungen auch bei den Kontrollen berücksichtigt wurden.
  Zu den automatischen Kontrollen gehören auch die permanenten Überwachungen, z.B.

- Brandmelder, Einbruchsmelder, wobei bei einer Störung sofort eine entsprechende Aktion in der Sicherheitszentrale ausgelöst wird. Der Test (Control-Assessment) besteht dann lediglich darin, einmal jährlich zu prüfen, ob die Wartungschecks durch die betreffenden Firmen erfolgreich durchgeführt wurden (Unterlagensichtung).
- Monitoring der Server per Software (z.B. mittels Patrol).

*Halbautomatische Kontrollen*
Hierbei laufen die Kontrollen zwar automatisch im System mit, aber eine manuelle Nachbetrachtung (z.B. Vergleich zweier Reports) ist zusätzlich erforderlich.

*Manuelle Kontrollen*
Bei manuellen Kontrollen werden die Kontrollen entweder in bestimmten Zeitintervallen (Jahr, Monat, Quartal, Tag) oder bei Eintritt eines bestimmten Ereignisses (*recurring manual control*), z.B. der Installation eines neuen Servers oder der Einspielung von Patches, durchgeführt.
  Im Hinblick auf COSO sind IT-Kontrollen im Wesentlichen auf folgenden Ebenen angesiedelt:

1. *Kontrollumfeld* (*control environment*)
   Hierzu gehören übergreifende Kontrollen, wie z.B. bezüglich IT-Business Alignment, IT-Governance, IT-Riskmanagement, IT-Strategie und allgemeine IT-Richtlinien und Verfahren.
2. *Kontrollaktivitäten* (control activities), wobei diese wiederum in IT-Anwendungskontrollen (IT application controls) und allgemeine IT-Kontrollen (IT general controls/ITGC) unterschieden werden.

*IT-Anwendungskontrollen* zur Absicherung von Geschäftsprozessen sind direkt in den betreffenden Anwendungen enthalten und häufig per Customizing einstellbar, z.B.

- fortlaufende und lückenlose Rechnungsnummernvergabe
- Toleranzprüfungen beim Rechnungseingang
- Verhinderung bzw. Warnung von/bei Bestellungs-Duplikaten
- Prüfung der Übereinstimmung von Bestellung, Wareneingang und Rechnung
- Zuordnung von Rechnungen zu einem Auftrag, einer Kostenstelle etc.
- korrekte Verbuchung von Rundungsdifferenzen bei Fremdwährungsumrechnungen
- automatische Abstimmung Hauptbuch und Nebenbücher
- Einschränkung der Bestellautorisierung im Rahmen von vorgegebenen Wertgrenzen

Es handelt sich in der Regel um automatische bzw. halbautomatische Kontrollen, die von der Fachabteilung durchgeführt, dokumentiert und hinsichtlich Entwurf und Ausführung beurteilt werden müssen.

Allerdings sind die Zuständigkeiten an der Schnittstelle Fachabteilung/ IT nicht immer klar erkennbar bzw. geregelt: Werden Applikations-Berechtigungen von der Fachabteilung oder von der IT vergeben? Wer ist verantwortlich, wenn die fortlaufende Belegnummernvergabe nicht eingestellt ist? Im Prinzip kann die IT nur die entsprechende „Infrastruktur" liefern und für deren Funktionieren verantwortlich gemacht werden.

Während die Anwendungskontrollen zum Teil bereits im Rahmen von Abschlussprüfungen Gegenstand einer externen Prüfung waren, trifft dies für die „allgemeinen IT-Kontrollen" in dieser Tiefe kaum zu.

*Allgemeine IT-Kontrollen* (*ITGC*) betreffen anwendungsnahe allgemeine IT-Kontrollen (z.B. Softwareauswahl, Entwicklungs- und Änderungsprozess) sowie die Infrastruktur.

Sofern Kontrollen für mehrere Systeme gleichartig ablaufen, bietet es sich an, diese Kontrollen auch gemeinsam zu betrachten (Cluster-Bildung). Wenn z.B. der Change-Request-Prozess für alle SOX-relevanten SAP-Systeme einheitlich abgewickelt wird, dann werden dieser Prozess und die damit verbundenen Kontrollen nur einmal beschrieben und das Kontroll-Assessment auch nur einmal, aber natürlich mit hinreichender Stichprobe, durchgeführt. Der gleiche Ansatz kann bei der IT-Infrastruktur, etwa bei den Servern, verfolgt werden.

Außerdem ist zu beachten, dass es ausschließlich um die finanzrelevanten Systeme geht. Hauptsächlich ist damit die Produktionsumgebung (Produktionssysteme, -server) der Systeme betroffen, nicht unbedingt die Entwicklungs- und Testumgebung. Es gibt allerdings auch Ausnahmen. Insbesondere ist hier wieder der Change-Management-Prozess zu nennen, bei dem die Berechtigungen zur Übergabe an die Produktion im Testsystem liegen.

Auf der anderen Seite ist z.B. bei Clients oder gar bei Netzkomponenten eine Abgrenzung bezüglich SOX-Relevanz in der Regel kaum möglich. In diesen Fällen helfen standardisierte Prozesse, z.B. zur Verteilung der aktuellen Virenpattern auf alle Clients, oder auch standardisierte Router-/Firewallkonfigurationen. Dann sind nur noch diese Standardprozesse Gegenstand der Kontrollen und Tests. Heterogene Komponenten können jedenfalls kaum wirtschaftlich getestet werden.

5.1 Der Sarbanes–Oxley Act Section 404 in der IT 115

**Kontrollbeschreibungen**

Zu beschreiben sind mindestens folgende Punkte (die so genannten 5 W's):

- Was wird kontrolliert?
- Wer führt die Kontrolle durch?
- Wie oft und wann wird die Kontrolle durchgeführt?
- Wie wird die Kontrolle im Detail durchgeführt (manuell/automatisch)?
- Auf welcher (Daten-/Report-) Basis wird die Kontrolle durchgeführt?

Beispiel:

---

**Control 12.2.O3.R1.C1**
**Standard configurations are used. Derivations from standard configurations are properly documented.**
There is an image for standard operating systems that is used for installations, details can be found in CSO-Handbook.
The actual installation and possible deviations to the standard have to be approved and documented in the C6000 system.
In the Client environment, the Schering Windows XP Standard Client ('COSMIC-Corebuild') is used for installation. Installation occurs in the process Installation Management see USS-Handbook Chapter 4.3.4 Installation Management.
Who has to perform the control: Mr. Müller-Lüdenscheid
The control is to be performed: annually
How often:  1 time
Type of Control is  manually

---

Bei Standardprozessen, die z.B. im Rahmen von SOPs beschrieben sind, wird auf die betreffende Prozessbeschreibung hingewiesen:

---

**Control 12.4.O2.R1.C1**
**All requests for changes, system maintenance and supplier maintenance are standardized and are subject to formal change management procedures.**
The change management procedure is described in the following SOP:
CSCC/101 'Change Control Management for SAP application software'
CSCC/101 'Change Control Management for SAP application software' replaces following SOPs from 01.06.2005.
ZIS/101 'Change procedure for SAP R/3 application software' and
ZIS/102 'Error handling for SAP R/3 application software'

---

Bei solchen Verweisen ist sicherzustellen, dass die oben erwähnten 5 W's dann tatsächlich auch in den betreffenden Dokumenten erscheinen.

Es empfiehlt sich, nur so genannte signifikante Kontrollen (*significant controls/key controls*) zu beschreiben, um den Aufwand möglichst gering zu halten und die Dokumentation nicht unnötig zu überfrachten. Bezüglich der Signifikanz einer Kontrolle existiert allerdings nur eine Negativdefinition: Eine Kontrolle ist nicht signifikant, wenn es unwahrscheinlich (*unlikely*) ist, dass ein Kontrolldefizit zu einer falschen Darstellung (*misstatement*) in der Finanzberichterstattung führen würde.

**Prüfung des Kontrollentwurfes**

In der Regel wird einmal pro Jahr für jede Kontrolle ein Assessment durchgeführt. Dabei wird der Kontrollentwurf geprüft und außerdem die Wirksamkeit der Kontrolle getestet. Das Ziel der Prüfung des Kontrollentwurfes besteht darin, zu ermitteln, ob die Kontrolle vom Entwurf her geeignet ist, Fehler aufzudecken bzw. zu vermeiden. Dabei sind u. A. folgende Aspekte zu berücksichtigen:

- Hilft die Kontrolle, das Risiko zu mindern?
- Ist die Kontrolle an der richtigen Stelle im Prozess platziert?
- Ist die Häufigkeit der Kontrolle in Einklang mit dem abzudeckenden Risiko oder wird die Kontrolle eher zu selten durchgeführt?
- Kann die Kontrolle Fehler vollständig aufdecken?
- Ist die Kontrolle hinreichend dokumentiert?
- Ist derjenige, der die Kontrolle durchführt, dafür auch qualifiziert?
- Wird insgesamt das Kontrollziel erreicht?
- Ist es möglich, die Kontrolle zu umgehen?

Man sollte sich darauf einstellen, dass diese Fragen später auch vom externen Prüfer behandelt werden.

Falls bereits der Entwurf als unzureichend angesehen wird, um das betreffende Risiko zu vermindern, muss die Kontrolle ggf. angepasst/geändert werden. Ansonsten kann anschließend der Effektivitätstest durchgeführt werden.

| Control | 12.2.O3.R1.C1 - Standard configurations are used. Derivations from standard configurations are properly documented. |
|---|---|
| **Procedures (used to assess the effectiveness of the control)** | **Comment (i.e., results, please refer to detailed documentation)** |
| Design Evaluation | Design Evaluation |
| Step 1 (Design): Checking IQ Checklist "CSOAA.IQ_Server_Installation .doc" whether a Standard installation was carried out. | The CSO Work Instructions "CSOAA.IQ_Server_Installation.doc" serve as guidelines for a standard installation. The work steps laid out in the instructions have to be followed. Deviations to the Standard installation have to be documented in the Function Manual FHB-02. |
| Step 2 (Design): Checking System Configuration, whether the installation was carried out according to the Standard guidelines. | IQ Checklist "CSOAA.IQ_Server_Installation.doc contains all necessary steps of a standard installation.<br>Consider different procedures to verify a successful installation:<br>Windows via Registry<br>HPUX via CoreBuild |

**Abb. 5.10.** Beispiel eines Kontrollentwurfes

**Effektivitätstest**

Ziel des Effektivitätstests ist es, festzustellen, ob eine Kontrolle wie entworfen funktioniert, also wirksam ist, und damit ein Risiko mindern kann.

## 5.1 Der Sarbanes–Oxley Act Section 404 in der IT

Der Test der Effektivität einer Kontrolle besteht darin, Stichproben von Kontrollen zu nehmen und auf die Gesamtheit der Kontrollen im Jahr zu schließen. Die Kontrolle ist dann effektiv, wenn alle Stichproben dies belegen.

Dabei sollen die Stichproben repräsentativ sein (Abdeckung der Gesamtperiode, Abdeckung des Prozesses) und, soweit möglich, zufällig entnommen werden. Jedenfalls dürfen nicht nur die „Rosinen herausgepickt" werden. Ein bestimmtes statistisches Verfahren ist nicht vorgeschrieben.

| Kontrollintervall | Test der Kontrolle | Strichproben-umfang je Testfall | Stichprobenumfang gesamt |
|---|---|---|---|
| jährlich | 1 | 30–45 | 30–45 |
| monatlich/ je Quartal | 2 | 15–23 | 30–45 |
| wöchentlich | 5 | 6–9 | 30–45 |
| täglich | 15 | 2–3 | 30–45 |

**Abb. 5.11.** Kontrollintervall und Stichprobenumfang

Bei automatischen Kontrollen ist, wie bereits ausgeführt, ein Test pro Jahr ausreichend. Dieser sollte möglichst früh in der betreffenden Periode durchgeführt werden, damit die Funktionsfähigkeit für die gesamte Periode gesichert ist. Dabei werden z.B. die Customizing-Einstellungen in den entsprechenden Tabellen einmalig geprüft.

Manuelle Kontrollen sind in der Regel wegen der Fehleranfälligkeit intensiver und umfangreicher zu testen als automatische.

Bei manuellen periodischen Kontrollen hängt der Stichprobenumfang (*sample size*) je Testfall von den Kontrollintervallen ab. Dabei sind Anzahl der Testfälle und Stichprobenumfang bei Schering so gewählt, dass insgesamt 30–45 Stichproben genommen werden, sofern die Grundgesamtheit dies zulässt.

Bei ereignisgesteuerten manuellen Kontrollen ist die Obergrenze ebenfalls auf 30–45 festgesetzt.

Nicht immer sind hinreichend viele Vorgänge vorhanden, um mindestens den vorgesehenen Stichprobenumfang abzudecken. In diesem Fall werden alle vorhandenen Vorgänge für den Testfall verwendet. Manchmal gibt es auch gar keine Testmöglichkeiten für die aktuelle Periode: Das Einhalten von Installationsvorschriften für Produktionsserver kann nicht kontrolliert und damit auch nicht getestet werden, wenn überhaupt kein Produktionsserver installiert wurde. Dann sind durch diesen Punkt natürlich auch keine Risiken für die Finanzdaten gegeben.

Falls man andererseits sowieso alle Kontrollvorgänge innerhalb eines Prozesses im Laufe einer Periode überprüft – zum Beispiel im Rahmen der Validierung –, kann man auf die Stichproben verzichten. Man verwendet einfach alle vorliegenden Vorgänge für das Assessment (*full check*).

Zeitlich ist zu bedenken, dass Kontrollen, die im Rahmen des Jahresabschlusses wirksam sein sollen, auch nur in diesem engen Zeitrahmen getestet werden können.

Weiterhin ist zu prüfen, ob eine Kontrolle in der gesamten Periode so wie entworfen gültig war.

| Tests of Operating Effectiveness<br>Step 3 (Operating): An IQ checklist "CSO-AA.IQ_Server_Installation.doc" for the server (BES981) was selected at random for checking.<br>Check if standard configuration or derivation is documented. | Test of Operating Effectiveness<br>**How** was the check done:<br>The work steps documented in the Work Instructions "CSO-AA.IQ_Server_Installation.doc" had been carried out and were initialled and dated by the tester. The initialled CSO Work Instructions are filed away in the Function Manual FHB-02. Standard configuration was executed and documented. |
|---|---|
| Step 4 (Operating):Entry for a server was selected for checking. | The entry proved to exist. See file labelled 'SOX SSPA 2005' |
| **Effective**(Yes, No, None) | Yes |
| **Frequency**(Daily/weekly/monthly/quarterly/annually) | Annually |
| **Actual Date**(i.e., Test Date) | 20. September 2005 |
| **Next Date**(calculated via actual date & frequency) | 20. September 2006 |
| **Rationale**(enables a brief description of the reason for the effective score) | The result of evaluation of design and test of operating effectiveness ensure that the control works as designed. |

**Abb. 5.12.** Beispiel für die Beschreibung eines Effektivitätstests

Treten beim Testen im Einzelfall Fehler (*exceptions*) in einer Stichprobe auf, kann der Test – sofern genügend Daten vorhanden sind – unter bestimmten Umständen (sprich: echtes Versehen, kein systematischer Fehler) zunächst ausgeweitet werden, bevor ein endgültiges Urteil gefällt wird.

Beispiel:

> Für eine monatliche Kontrolle wurden für den Test zwei Monate mit je 20 Stichproben ausgewählt. Zeigt nun eine Stichprobe einen Fehler, so kann ein weiterer Monat mit wiederum 20 Stichproben gewählt werden. Erst wenn dieser Test auch negativ verläuft, ist die Kontrolle für das ganze Jahr als nicht effektiv anzusehen.

Im Ergebnis des Effektivitätstests einer Kontrolle liegt die entsprechende Dokumentation im Kontroll-Assessment vor. Außerdem wird häufig ein zusätzliches Testprotokoll erstellt, auf das im Assessment verwiesen wird.

Hinweis: Zwischen Kontrollausführenden und Kontrolltester ist keine Funktionstrennung (*segregation of duties*) vorgeschrieben.

**Klassifizierung von Defiziten**

Werden beim Kontroll-Assessment Defizite (Schwachstellen) entdeckt, dann muss deren Bedeutung (significance) eingeschätzt werden. Außerdem muss geprüft werden, ob das Risiko ggf. durch andere Kontrollen gemindert wird.

Kontrolldefizite werden nach dem Schweregrad wie folgt klassifiziert (vgl. hierzu ausführlich PCAOB 2004):

*Kontrolldefizit (control deficiency)*
Ein Kontrolldefizit kann den Entwurf der Kontrolle (*design deficiency*) oder die Ausführung der Kontrolle (*operating deficiency*) betreffen.

## 5.1 Der Sarbanes–Oxley Act Section 404 in der IT

Ein Entwurfsdefizit besteht dann, wenn eine erforderliche Kontrolle gar nicht vorhanden ist, oder die Kontrolle so konzipiert ist, dass, selbst wenn die Kontrolle wie entworfen funktioniert, das eigentliche Kontrollziel nicht oder nicht immer erreicht wird.

Ein Ausführungsdefizit besteht dann, wenn die korrekt konzipierte Kontrolle nicht entsprechend funktioniert oder der Ausführende nicht hinreichend autorisiert bzw. qualifiziert ist, die Kontrolle durchzuführen.

*Signifikantes Defizit (significant deficiency)* gem. PCAOB Auditing Standard 2:
"A significant deficiency is an internal control deficiency or an aggregation of such deficiencies that could result in a misstatement of the financial statement that is more than inconsequential."

*Materielle Schwäche (material weakness)* gem. PCAOB Auditing Standard 2:
"A significant deficiency, or combination of significant deficiencies, that result in more than a remote likelihood that a material missstatement of the annual or interim financial statement will not be prevented or detected."

Weitere starke Indikatoren für eine materielle Schwäche sind gem. PCAOB Auditing Standard 2, §130 ff. zum Beispiel:

- eine ineffektive Kontrollumgebung
- eine ineffektive interne Audit-Funktion sowie
- signifikante Defizite, die nicht nach einer angemessenen Zeit beseitigt wurden

Materielle Defizite müssen vom Unternehmen publiziert werden. Sobald eine oder mehrere materielle Schwäche(n) vorliegt/vorliegen, darf das Management zudem nicht mehr behaupten, dass das interne Kontrollsystem wirksam ist.

**Risikobeurteilung und Sign-Off**

Bei der Risikobeurteilung sind im Defizitfall u. A. folgende Punkte zu berücksichtigen:

- Gibt es ergänzende Kontrollen (complementary controls), wodurch das Risiko gemindert wird?
- Gibt es redundante Kontrollen, wird das betreffende Risiko also bereits durch andere Kontrollen abgedeckt?
- Gibt es kompensierende Kontrollen (compensating controls), die das Defizit ausgleichen?
  Wenn z.B. eine präventive Kontrolle nicht funktioniert, kann das ggf. durch eine nachgelagerte Kontrolle ausgeglichen werden.

Neben der Suche nach *mitigating controls* ist immer die Auswirkung auf die Finanzberichterstattung zu prüfen.

In diesem Zusammenhang ist auch die Wechselwirkung zwischen IT-Anwendungskontrollen und allgemeinen IT-Kontrollen zu beachten. Einerseits darf man sich nicht ausschließlich auf die IT-Anwendungskontrollen verlassen, wenn die relevanten allgemeinen IT-Kontrollen nicht wirksam sind. Andererseits führt ein Defizit bei den allgemeinen IT-Kontrollen für sich alleine betrachtet selten zu einem signifikanten Defizit, es sei denn, das gesamte Backup-Verfahren funktioniert zum Beispiel nicht. Ist die allgemeine IT-Kontrolle jedoch eng mit der Anwendungskontrolle verbunden oder sogar der Auslöser für ein Defizit auf der Anwendungsebene, dann kann es in der Gesamtbetrachtung zu einer entsprechenden Einschätzung kommen.

In der Dokumentation wird im Abschnitt „Gap-Analyse" für jedes Risiko dokumentiert, ob es durch die Kontrollen abgedeckt ist oder nicht. Falls es nicht abgedeckt ist, muss angegeben werden, ob das Restrisiko vom Management akzeptiert wird oder Maßnahmen zur Verringerung eingeleitet werden müssen.

| Risk | 12.4.O2.R1 - Unauthorized changes are introduced to the production environment and may effect system stability and operation. |
|---|---|
| [X] | As a result of our risk assessment performed during documentation of this sub process and after assessment of individual controls we believe that this risk is adequately covered. |
| ☐ | As a result of our risk assessment performed during documentation of this sub process and after assessment of individual controls we have identified the following residual risk not covered by our internal controls that we have chosen to accept / have not yet taken care of: |

**Abb. 5.13.** Beispiel einer einzelnen Risikoeinschätzung

Für jeden Hauptprozess muss der Prozesseigner außerdem einen Sign-Off Report unterschreiben. Darin bestätigt der Prozesseigner im Wesentlichen die folgenden Punkte:

- Die Verantwortung für den betreffenden Prozess/die betreffende Funktion
- Die Einrichtung eines internen Kontrollsystems für den betreffenden Prozess/die betreffende Funktion
- Die Dokumentation der Prozesse und Kontrollen sowie deren Beurteilung unter Beachtung der Aufbewahrungsfrist von 10 Jahren
- Die Berichterstattung bezüglich finanzrelevanter Betrugsfälle (Fraud)
- Die Auflistung aller zum Zeitpunkt der Unterschrift noch nicht korrigierten Entwurfs- und Ausführungsdefizite

In dieser Auflistung im Anhang des Sign-Off Reports wird beschrieben, ob es andere risikomindernde Aspekte gibt (z.B. kompensierende Kontrollen), ob ggf. das Restrisiko vom Management getragen wird, welche wertmäßigen Auswirkungen auf die Finanzberichterstattung das Defizit haben kann und welche Eintrittswahrscheinlichkeit angenommen wird, welche korrigierenden Maßnahmen (*remediation*) geplant sind und bis wann diese umgesetzt werden.

Über den Fortschritt der Maßnahmen ist dann wiederum in der Folgeperiode mit dem Ziel zu berichten, die Schwachstellen bis zur nächsten Prüfung zu beseitigen.

Die Sign-Off Reports (inkl. Anhang) der einzelnen Funktionen/Prozesseigner müssen über mehrere Stufen entlang der Unternehmenshierarchie verdichtet und die Ergebnisse auf jeder Ebene einer Risikoeinschätzung unterzogen werden. Dies bildet die Basis für die Gesamtrisikobetrachtung des Unternehmens sowie den Management-Report mit der Einschätzung bezüglich der Wirksamkeit des internen Kontrollsystems.

### *5.1.3 Prüfung des internen Kontrollsystems*

*Nach der „Kontrolle der Kontrollen" erfolgt die „Kontrolle der Kontrolle der Kontrollen".*

Die Prüfungen der Kontrollen kann auf verschiedenen Ebenen durchgeführt werden: Qualitätssicherung durch das interne SOX-Projekt, Prüfung durch die interne Revision und dann natürlich die Prüfung durch die externen Prüfer im Rahmen des SOX-Audits sowie im Rahmen der Abschlussprüfung. Bei der weiteren Betrachtung steht die externe Prüfung durch eine Wirtschaftprüfungsgesellschaft (externer Prüfer) im Vordergrund.

Der externe Prüfer hat im Rahmen von SOX gem. SEC und PCAOB folgende Berichterstattungspflicht:

- Bestätigung der Managementbeurteilung bezüglich der Wirksamkeit des internen Kontrollsystems
- Eigene Einschätzung bezüglich der Wirksamkeit des internen Kontrollsystems

Bisher hat man sich mehr oder weniger gut auf selektive interne (z.B. interne Revision, Qualitätssicherung, Risk Management) oder externe (z.B. FDA, Jahresabschluss) Prüfungen vorbereitet. Mit SOX muss vom Prüfer nunmehr auch explizit die Wirksamkeit des gesamten internen Kontrollsystems bestätigt werden. Dabei müssen sowohl der Entwurf der Kontrolle als auch die operative Effektivität geprüft und bestätigt werden, was auf beiden Seiten mit einem erheblichen Aufwand verbunden ist.

Grundsätzlich empfiehlt es sich, den Prüfer frühzeitig fachlich einzubinden (z.B. bei der Festlegung der SOX-relevanten Applikationen im Rahmen des Scopings). Die terminliche Abstimmung ist besonders kritisch, weil für einen größeren Zeitraum das interne Fachpersonal sowie das Management zeitnah zur Verfügung stehen müssen.

**Prüfung der Kontrollen**

Gemäss PCAOB Auditing Standard 2 muss der Prüfer

- die Prozesse insgesamt nachvollziehen (Durchführung von so genannten *walkthroughs*)

- ein Verständnis für die Kontrollen des Unternehmens erlangen
- den Entwurf und die Funktionsfähigkeit des internen Kontrollsystems prüfen und einschätzen

Die Wirksamkeit der Kontrollen wird anhand der vom Unternehmen vorab durchgeführten Tests (*re-tests*) sowie zwingend eigener Tests geprüft. Der PCAOB Auditing Standard 2 verbietet dem Prüfer nicht generell, sich auf die Arbeit Dritter, also z.B. die Wirksamkeitstests durch die interne Revision, zu verlassen. Letztlich liegt es aber im Ermessen des Prüfers (und an den Vorgaben seiner Wirtschaftsprüfungsgesellschaft), wie er vorgeht. Im Übrigen kann der Prüfer auch wesentlich mehr Stichproben nehmen, als im Self-Assessment vorgesehen sind.

Im Rahmen der üblichen Prüftechniken werden außerdem Befragungen durchgeführt und Unterlagen gesichtet. Dabei werden weiterführende Dokumente (Arbeitsanweisungen, Handbücher, Stellenbeschreibungen, Organigramme, Logbücher, Change Requests, Reports etc.) herangezogen und sollten dementsprechend leicht zugänglich sein.

Bei den Prüferanmerkungen auf der Prozessebene gibt es in der Regel Abstufungen:

- reine Verständnisfragen sowie ggf. unterschiedliche Interpretation des Kontrolltextes
- ggf. Vorschläge zur Optimierung der Kontrollen

*Formale Aspekte, z.B.:*

- fehlende oder unvollständige Beschreibung (5 W's!)
- Inkonsistenzen, z.B. zwischen Kontrollbeschreibung und Kontroll-Assessment
- fehlende oder falsche Referenzen (auf andere Kontrollen und Dokumente)

*Inhaltliche Anmerkungen, z.B.:*

- abweichende Risikoeinschätzung, verbunden mit der Forderung nach zusätzlichen oder geänderten Kontrollen
- fehlende Erläuterung, warum ein Risiko nicht zutrifft oder eine Kontrolle nicht anwendbar ist
- Abweichung zwischen Entwurf und Ausführung einer Kontrolle
- Testentwurf unzureichend
- Test der Wirksamkeit unzureichend dokumentiert oder durchgeführt
- Prüferfeststellung der „Effektivität" oder „Ineffektivität" einer Kontrolle (Entwurf und/oder Ausführung) und einer damit verbundenen (Rest-/Residual-) Risikoeinschätzung

Zum Teil werden die Defizite auch direkt klassifiziert und priorisiert, z.B.:

- Defizit bei der Kontrollausführung (höchste Priorität)
- Defizit beim Kontrollentwurf

## 5.1 Der Sarbanes–Oxley Act Section 404 in der IT

- Defizit bei der Kontrollbeurteilung (z.B. Stichprobenumfang zu gering)
- Defizit im formalen Bereich (Dokumentationsdefizit)

In jedem Fall sind für die Beseitigung der Defizite Prioritäten und Zeitpläne mit dem Prüfer abzustimmen. Insbesondere ist auch zu klären, ob noch eine Nachbearbeitung innerhalb der zu prüfenden Periode möglich ist. Gegebenenfalls sind auch Anpassungen der eigenen Risikobeurteilungen erforderlich.

Für das gesamte Unternehmen muss der Prüfer die festgestellten Schwachstellen hinsichtlich ihrer Schwere beurteilen, kategorisieren und entsprechend berichten: wesentliche Unzulänglichkeiten (*significant deficiencies*) und wesentliche Schwachstellen (*material weaknesses*). Adressat des Prüferberichtes ist u. A. das interne Audit Committee.

Wesentliche Schwachstellen können zu wesentlichen Fehlern in der Finanzberichterstattung führen (*material misstatement*) und müssen deshalb vom Unternehmen der SEC und damit der Öffentlichkeit mitgeteilt werden.

**IT-Prüfungsschwerpunkte**

Schwerpunkte im Bereich der IT-Prüfungen sind insbesondere die Themen Sicherheit, Funktionstrennung (*segregation of duties*) und Change Management. Hierzu einige Beispiele:

**Sicherheit:**

- Wie wird die Kumulation von Nutzerrechten für Applikationen verhindert?
- Können sich inaktive Nutzer, wenn sie z.B. das Unternehmen bereits verlassen haben, noch in ein System einwählen?
- Wer hat überhaupt Zugang zum Firmennetz?
- Welche Password-Richtlinien gibt es?
- Wie sind die Zugänge zum Rechenzentrum und den Serverräumen gesichert?
- Wie wird sichergestellt, dass auf den PCs nur Standardsoftware eingesetzt wird?
- Sind die Produktionsserver von den Back-up-Servern hinreichend räumlich getrennt?
- Dürfen Entwickler Änderungen am Produktionssystem vornehmen?
- Wie sieht das Recoveryverfahren aus? Wer darf den Prozess anstoßen?
- Wie wird sichergestellt, dass Archiv- oder Back-up-Daten bei Bedarf wieder verwendet werden können?
- Wer darf Änderungen an welchen Systemen durchführen?

**Funktionstrennung:**

- Trennung von Anwendungsentwicklung und Produktionsbetrieb.
- Trennung von Änderungsdurchführung und Freigabe der Änderung für den Produktionsbetrieb.
- Trennung der Änderungsanforderung von der Änderungsdurchführung.

Ein Teil dieser Fragen betrifft bereits auch den *Change-Management-Prozess.* Dieser wird in der Regel aber auch gesondert und ganzheitlich betrachtet: Welche Verfahren/Vorschriften gibt es? Wer darf den Prozess anstoßen? Ist der Abnahmetest im Einzelfall korrekt durchgeführt und dokumentiert?

Im CIO-Magazin vom 1. Juli 2005 (vgl. Worthen 2005) werden die folgenden „Top Five IT Control Weaknesses" aufgeführt (Auszug):

- Failure to segregate duties within applications, and failure to set up new accounts and terminate old ones in a timely manner.
- Lack of proper oversight for making application changes.
- Inadequate review of audit logs.
- Failure to identify abnormal transactions in a timely manner.
- Lack of understanding of key system configurations.

Hilfreich ist in jedem Fall eine von Jahr zu Jahr fortzuschreibende Checkliste der Prüfungsschwerpunkte und Prüferanmerkungen.

Allerdings sind die SOX-Prüfer gemäß PCAOB § 104 angehalten, die Schwerpunkte zu variieren, damit die SOX-Prüfung nicht zur Routine wird. Außerdem müssen die individuellen Prüfer – nicht jedoch die Prüfungsgesellschaft – nach einer gewissen Zeit ausgewechselt werden.

### 5.1.4 Vom Projekt zur Daueraufgabe

Der Nachweis der SOX 404 Compliance wird im ersten Jahr im Rahmen eines relativ aufwändigen Projektes erbracht. Damit ist das Thema leider nicht erledigt.

Für die Folgezeit sind auf Basis der Projekterfahrungen Strukturen, Prozesse sowie klare Rollen und Verantwortlichkeiten auf globaler und lokaler Ebene zu definieren und zu etablieren, um das interne Kontrollsystem dauerhaft zu erhalten und ggf. anzupassen.

Strukturell besteht die Möglichkeit, das Thema in das globale Risikomanagement – sofern vorhanden – zu integrieren (Schering-Ansatz).

Auf der operativen Ebene gehören zu den wiederkehrenden Hauptaufgaben und Fragestellungen:

- Die Anmerkungen der Prüfer (intern, extern) sind zu berücksichtigen
- Geprüft werden muss, ob es wesentliche Änderungen in der IT gibt (z.B. Outsourcing, neue Systeme, organisatorische Änderungen, neue Richtlinien und Verfahren)
- Das Risk-Assessment und die Gap-Analyse sind durchzuführen. Gibt es neue Risiken? Stimmt die Einschätzung bei den bisherigen Risiken?
- Decken die Kontrollen die Risiken hinreichend ab, sind sie noch gültig?
- Neue/geänderte Kontrollen sind zu beschreiben, Tests sind zu planen und die Effektivität ist zu prüfen

5.1 Der Sarbanes–Oxley Act Section 404 in der IT                    125

- Der Maßnahmenplan (Defizite bearbeiten/ausräumen) aus der Vorperiode ist abzuarbeiten
- Die Einarbeitung/Schulung neuer Mitarbeiter ist zu planen und durchzuführen
- Es ist zu prüfen, ob Toolanpassungen oder neue Tools erforderlich sind
- Die Mitabeiter sind vorzubereiten; neue Mitarbeiter müssen geschult werden; das lokale Management ist einzubinden
- Die Tests sind durchzuführen
- Die Sign-Off Reports sind vorzubereiten

SOX kann auch als Daueraufgabe noch erhebliche Ressourcen in Anspruch nehmen. Deshalb sollte man kontinuierlich nach Verbesserungsmöglichkeiten suchen. Fragestellungen in diesem Zusammenhang sind z.B.:

- Wie kann die gesamte SOX-relevante Dokumentation unter Beachtung der 10?jährigen Aufbewahrungsfrist aktuell und leicht zugänglich gehalten werden?
- Welche Tools können den SOX-Prozess unterstützen?
- Wie können Kontrollen automatisiert werden? Welche Tools sind hierfür verfügbar?
- Welche Kontrollobjekte können reduziert/optimiert werden: Konsolidierung der SOX-relevanten Applikations- und Infrastrukturlandschaft, Konzentration auf key controls, Zusammenfassung von Einzelkontrollen (Cluster-Bildung), Ersetzen manueller durch automatische sowie nachgelagerter durch präventive Kontrollen.
- Wie können Tests in die bestehenden Prozesse integriert werden? Wie können Tests vereinfacht werden?
- Wie können die IT-Prozesse weiter optimiert werden?

Es ist außerdem zu fordern, die SOX-Prüfung und die Jahresabschlussprüfung noch besser zu integrieren. Darüber hinaus ist eine Harmonisierung mit anderen regulatorischen und gesetzlichen Anforderungen anzustreben.

## 5.1.5 Fazit

Die Hoffnung, dass es nach dem ersten Jahr wesentlich einfacher wird, hat sich so nicht erfüllt. Im Gegenteil: Die Prüfer nehmen sich mehr Zeit, führen mehr eigene Tests durch, gehen mehr in die Tiefe und sind vor allen Dingen besser vorbereitet, weil inzwischen natürlich etliche Prüfungen durchgeführt wurden. Der Aufwand bleibt erheblich, was sich auch in den entsprechenden Untersuchungen widerspiegelt.

Eine amerikanische Studie aus dem Jahre 2005 (vgl. Hartman 2005) kommt u. A. zu folgenden Ergebnissen:

- Die durchschnittlichen Kosten eines publizitätspflichtigen Unternehmens mit einem Umsatz von über 1 Mrd. $ stiegen von 2003 bis 2004 um 4,4 Mill. $ auf 14,3 Mill. $ (45%) an.

- Gleichzeitig stiegen zwischen 2003 und 2004 die zu zahlenden Gebühren für die Prüfer um durchschnittlich 61% an, wobei kleinere und mittlere Unternehmen überproportional betroffen waren.

Unter der Überschrift „Außer Spesen nichts gewesen" berichtet zudem das Handelsblatt vom 16.12.2005 (vgl. Lichter 2005) von einer Studie der Wissenschaftlichen Hochschule für Unternehmensführung in Koblenz an der sich 16 von 18 bei der SEC registrierten deutschen Unternehmen beteiligt haben. Danach hat die Hälfte dieser Unternehmen bereits mehr als 25.000 Stunden für SOX 404 aufgewandt, ein Viertel sogar mehr als 50.000 Stunden.

Die SEC hat sich im Rahmen eines Roundtable-Gespräches im April 2005 die vielfältigen Klagen bezüglich der hohen Kosten angehört, lastet aber den erheblichen Initialaufwand verständlicherweise nicht dem Gesetz an. Vielmehr werden die Durchführung und insbesondere die anfänglichen Unsicherheiten auf beiden Seiten (Unternehmen und Prüfer) dafür „verantwortlich" gemacht (vgl. SEC 2005a und SEC 2005b).

Zwar kann sicherlich die eine oder andere Verbesserung auf der Prozessebene erreicht werden. Es bleibt aber auch die Frage, ob durch ein sehr detailliertes internes Kontrollsystem der eigentliche Zweck, nämlich die Vermeidung der Finanzskandale, wirklich erreicht werden kann.

Letztlich nützt alles nichts: Für global agierende Unternehmen gibt es keine Möglichkeit, sich dem Verfahren zu entziehen. Im Gegenteil: Andere Länder (z.B. Kanada, Japan, Schweiz, Belgien, Niederlande) haben bzw. planen ähnliche Kontrollvorschriften und auf europäischer Ebene ist nun auch die 8. EU-Richtlinie zu beachten[13]. Man kann nur hoffen, dass diese Ansätze harmonisiert werden und die Unternehmen, die bereits jetzt ihre Governance-Strukturen angepasst haben und SOX-compliant sind, von diesem Vorsprung profitieren.

## 5.2 Die Einrichtung eines Risikomanagementsystems in der IT

Die immer komplexeren Unternehmensprozesse stützen sich nachhaltig auf die Informationstechnologie und auf elektronisch vorgehaltene Informationen. Die Verwendung der Informationstechnologie als Grundlage der Unternehmensprozesse bietet dabei große Chancen, bringt jedoch auch ihre eigenen, inhärenten Risiken mit sich. Diese Risiken dürfen jedoch das Unternehmen in der Verfolgung seiner Ziele nicht beeinträchtigen oder gar in seinem Bestand gefährden. Daher müssen die in der Verwendung der Informationstechnologie begründeten Risiken – ebenso wie andere Unternehmensrisiken – vermieden, beseitigt oder auf ein von der Unternehmensleitung akzeptiertes und definiertes Restrisiko reduziert werden. Die Chancen

---

[13]Die 8. EU-Richtlinie Gesellschaftsrecht („Abschlussprüferrichtlinie") wurde im September/Oktober 2005 von den europäischen Gremien (Parlament und Rat) verabschiedet und muss nun innerhalb der vorgegebenen Frist von den Ländern umgesetzt werden.

der Unternehmen, am Markt erfolgreich zu operieren, lassen sich durch Transparenz und Klarheit bezüglich der konkreten Risikosituationen und der auf dieser Grundlage getroffenen Entscheidungen zur Risikominimierung bzw. Risikoakzeptanz nicht nur wahren, sondern durchaus erhöhen.

Um Gefahren und Chancen im operativen Geschäft erkennen zu können und vor diesem Hintergrund angemessene und wohl informierte Entscheidungen zu treffen liegt es also im ureigensten Interesse der Unternehmen, ein angemessenes Risikomanagementsystem einzurichten. Wir werden an dieser Stelle nicht mehr auf die gesetzlichen Grundlagen und Anforderungen eingehen. Diese wurden im Kapitel 4, „Die Rolle der IT", ausführlich erwähnt und behandelt.

Das Eigeninteresse der Unternehmen an einem funktionierenden System zum Risikomanagement in der Informationstechnologie wird durch das Institut der Wirtschaftprüfer in dem IDW PS 330 zum Punkt *„Die Informationstechnologie und dessen Einsatz im Unternehmen"* unterstrichen. Für eine Präzisierung verweist der IDW PS 330 auf eine IDW Stellungnahme zur Rechnungslegung, die „Grundsätze ordnungsmäßiger Buchführung bei Einsatz von Informationstechnologie" (IDW RS FAIT 1). Dort findet sich insbesondere die folgende Forderung:

*„Die gesetzlichen Vertreter haben die Verantwortung dafür, dass die Unternehmensziele in Übereinstimmung mit der von ihnen festgelegten Geschäftspolitik des Unternehmens im Rahmen der gesetzlichen Vorschriften erreicht werden. Soweit hierfür Informationstechnologie eingesetzt wird, haben sie geeignete Regelungen einzuführen, um die Risiken aus dem Einsatz der Informationstechnologie zu bewältigen".*

### 5.2.1 Die Anforderungen

Zu den Risikofeldern innerhalb der Informationstechnologie sollte alles gezählt werden, was die elektronisch gespeicherten Unternehmensinformationen im Sinne der *Vertraulichkeit*, der *Verfügbarkeit* und der *Integrität* gefährden könnte. Dabei müssen die unternehmensinternen, die regulatorischen sowie die gesetzlichen Anforderungen an ein Unternehmen unter Einbeziehung wirtschaftlicher Aspekte berücksichtigt werden. Der Erfolg, die Leistungsfähigkeit und die Akzeptanz eines Risikomanagementsystems für die Informationstechnologie hängt wesentlich von der Transparenz und der Nachvollziehbarkeit der gewählten Methoden und Prozesse, sowie der Benennung und Priorisierung der abgeleiteten Maßnahmen unter wirtschaftlichen Gesichtspunkten ab.

### 5.2.2 Die Bedrohungen

Die nachfolgenden Aussagen mögen dazu dienen, ein Gefühl für die materiellen, und damit für das wirtschaftliche Handeln bedeutsamen, Auswirkungen im Sinne der drei Risikofelder *Vertraulichkeit*, *Verfügbarkeit* und *Integrität* zu entwickeln:

Der *Informationsdiebstahl* ist immer eine potenzielle Verletzung der Vertraulichkeit einer Information. Durch Wirtschaftsspionage (Hacker, Geheimdienste, Wettbewerber) werden eine Vielzahl von wichtigen Informationen entwendet. Die Wettbewerbsfähigkeit der betroffenen Unternehmen wird hierdurch erheblich geschwächt. Schadenshöhe: 70.195.900[14] $

Eine Denial-of-Service-Attacke stellt immer eine Verletzung der *Verfügbarkeit* von Informationen dar. Die dadurch hervorgerufenen Störungen des IT-Betriebes durch z.B. SPAM-E-Mails oder die Überlastung der Netzwerkverbindungen zum Internet bzw. der Internet-Server durch extrem gehäufte Aufrufe und die Überlastung der Weitverkehrsnetzwerke wirken sich immer nachhaltig auf die Kontinuität der Geschäftsprozesse aus. Schadenshöhe: 65.643.300 $

Malicious Code (Viren, Trojaner etc.) zielen immer auf eine Verletzung der *Vertraulichkeit*, der *Verfügbarkeit* und der *Integrität* einer Information ab. Durch das Einschleusen von schädlichem Code wird versucht, dem Verursacher der Attacke Informationen verfügbar zu machen, den regulären Betrieb der IT-Infrastruktur zu stören, oder gespeicherte Informationen zu verändern.
Schadenshöhe: 27.382.340 $

Der in seinen Auswirkungen stark unterschätzte Missbrauch durch Insider oder eigene Mitarbeiter stellt ebenfalls ein erhebliches Schadenspotenzial dar. Hierbei geht es ebenfalls um Informationsdiebstahl bzw. -verfälschung oder eine substantielle Beeinträchtigung im Betrieb der IT-Infrastruktur.
Schadenshöhe: 21.953.600 $

### 5.2.3 Die Konsequenzen

Bei jeder erfolgreichen Ausnutzung einer Schwachstelle wird sich für das Unternehmen immer ein, wenn auch nicht immer offenkundig sichtbarer, betriebswirtschaftlicher Schaden einstellen.

Darüber hinaus löst allein die Kenntnis der Möglichkeiten Informationen unberechtigterweise zu kopieren, zu verfälschen oder ihre Verarbeitung einzuschränken, eine sehr hohe Ressourcenbindung im Rahmen der Überprüfungen oder der Verhinderung durch proaktiv durchgeführte Maßnahmen innerhalb der Unternehmen aus.

Der Verlust an Reputation und die Schädigung des Images von Produktmarken bei Bekanntwerden entsprechender Vorfälle kann ebenfalls erheblich sein und den eigentlichen materiellen Schaden bei weitem übertreffen. Arbeitet das betroffene Unternehmen in sensiblen Bereichen, was – um nur einige Beispiele zu nennen – bei Banken, Versicherungen oder Pharmafirmen durchaus der Fall ist, so kann die Beseitigung der Imageschäden Jahre in Anspruch nehmen.

---

[14]in 2003, gemäß Computer Security Institute (CSI)

## 5.2.4 Die Lösung

Wie kann sich nun ein Unternehmen den umfangreichen externen und internen Anforderungen sowie der Minimierung der aufgezeigten Bedrohungen in Form eines angemessenen Risikomanagements im Bereich der Informationstechnologie stellen?

Sicherlich nicht durch isolierte Anstrengungen einzelner Teilbereiche. Auch hier ist das wohl orchestrierte Zusammenspiel einer Vielzahl, über eigenständige Aufgabenstellungen weitgehend unabhängig voneinander arbeitender Organisationseinheiten vonnöten. Risikomanagement in der IT darf nicht die Ausnahme sein, sondern muss als Regel fest in den Abläufen aller beteiligten Unternehmensfunktionen, und zwar nicht nur in der Informationstechnologie, verankert sein.

Im Umkehrschluss bedeutet dies allerdings auch, dass alle bereits verfügbaren und für die jeweilige Aufgabenstellung einer Organisationseinheit vorhandenen Regeln, Methoden und Abläufe weitestgehend für die Zwecke des Risikomanagements einzusetzen sind. Auch hier ist wieder der ganzheitliche Blick auf die Unternehmensabläufe gefragt, wenn die Einzelaufgaben mit informationstechnologisch unterstützten Prozessen unterlegt werden. Allen Prozessen gemeinsame Merkmale müssen „vor die Klammer gezogen werden" und als Einzelprozess-übergreifendes Rahmenwerk formuliert und implementiert werden. Dies geschieht im Rahmen der IT-Governance.

Im Folgenden soll dies beispielhaft anhand eines in einem großen pharmazeutischen Unternehmen erfolgreich eingeführten Systems zum Risikomanagement in der IT dargestellt werden.

Am Beginn steht der grundsätzliche Auftrag der Geschäftsleitung an alle betroffenen Unternehmensfunktionen, ein tragfähiges und auch von Wirtschaftprüfern anerkanntes Risikomanagement im Unternehmen zu etablieren und sich in der Folge dann auch mit den Ergebnissen der Risikoanalyse zu befassen und angemessene Maßnahmen zur Minimierung der Risiken zu ergreifen. Im Design und in der Umsetzung des Systems sind die Unternehmen frei. Hier existieren, je nach Standpunkt und Gestaltungskraft der Unternehmen, zum Glück (oder Unglück) keine Vorgaben, sodass sich ein Unternehmen frei im Rahmen der gegebenen Ressourcen und seiner Unternehmenskultur ein Risikomanagementsystem aufbauen kann.

Das nachfolgend beschriebene System des Risikomanagements in der IT ist gekennzeichnet durch eine dezentrale Verantwortung sowohl für die Identifikation von Risiken wie auch die Benennung und Umsetzung von Maßnahmen zur Risikobeseitigung.

Die gleichzeitige globale Berichterstattung und Konsolidierung sowie die Gliederung nach Risikofeldern erlaubt einen aktuellen Überblick über die Risikosituation in der IT des Unternehmens. Die Benennung von eingeleiteten Maßnahmen zum Zwecke der Risikominimierung und das Monitoring derselben in der Implementierung dokumentiert die Anstrengungen zur Beseitigung oder Abschwächung erkannter Risiken und die hierbei erzielten Fortschritte.

Das IT-Risikomanagement ist natürlich eingebettet in das generelle Risikomanagementsystem des Unternehmens. Organisatorisch ist es jedoch Bestandteil der Unternehmens-IT. Es hat sich zum Ziel gesetzt, der Risikomanagementpolitik der Geschäftsleitung in einer wirtschaftlich akzeptablen Form nachzukommen und nur nach akzeptierten und nachvollziehbaren Grundsätzen und Regeln zu arbeiten.

Grob zusammengefasst bedeutet das:

- Es müssen alle in der Informationstechnologie begründeten Risiken betrachtet und analysiert werden, die entweder die Unternehmens-IT selbst gefährden oder zu einer Gefährdung für die durch die Informationstechnologie unterstützten Geschäftsprozesse führen.
- Zur Bewertung von IT-Risiken werden nur objektiv nachprüfbare Methoden und Verfahren eingesetzt. Denn nur so können externe Gutachter und Wirtschaftsprüfer den Reifegrad und die Wirksamkeit erkennen.

Eine weitergehende Risikobetrachtung, wie die Abschätzung der Schadenspotenziale in den Geschäftsprozessen bei Eintritt des Risikos, muss nicht zwangsläufig im Fokus des IT-Risikomanagements liegen. Die Betreiber der Informationstechnologie eines Unternehmens, egal ob intern oder extern, können im Gegensatz zu den Nutzern der Prozesse in der Regel nur sehr wenig – soweit es nicht in festgelegten Service Level Agreements dokumentiert ist – über die möglichen finanziellen Auswirkungen bei einer Störung der Prozesse aussagen.

Darüber hinaus ist die Beeinträchtigung der Geschäftsprozesse durch die Informationstechnologie nur eine mögliche Störungsquelle unter vielen. Der Ausfall anderer Infrastrukturkomponenten wie z.B. Strom, der Ausfall von Mitarbeitern oder das Sperren von Anlagen oder Gebäuden, um nur einige zu nennen, können die Unternehmensprozesse ebenfalls stören oder zum Erliegen bringen.

Um dieser Situation gerecht zu werden, werden im konkreten Fall die möglichen Schadensfälle vom jeweiligen Inhaber des Geschäftsprozesses gesammelt, konsolidiert und die Schadenshöhe bewertet. Diese Vorgehensweise erscheint für die Beurteilung der potenziell zu erwartenden Schäden und der daraus abzuleitenden Handlungsalternativen zur Risikominimierung weitaus effektiver als die separate Ermittlung durch die einzelnen am Geschäftsprozess Beteiligten.

## 5.2.5 Der Rahmen

Für den Aufbau eines nachhaltig wirksamen IT-Risikomanagements in einem globalen Unternehmen reicht es nicht, sich auf die rein technischen Aspekte (Firewalls, Virenschutz, ... etc.) als potenzielle Risikofaktoren zu konzentrieren. Vielmehr muss auch die Effizienz der operativen Tätigkeiten sowie der Reifegrad der Organisation in der Informationstechnologie berücksichtigt werden.

Darüber hinaus müssen im Sinne eines umfassenden Ansatzes auch die beteiligten Mitarbeiter und ihr Verhalten in den durch sie begleiteten Prozessen in die Betrachtung mit einbezogen werden.

## 5.2.6 Der Prozess

Damit der gesamte Umfang der unternehmensinternen und der externen Anforderungen zu einem in sich geschlossenen Risikomanagement-System in der IT zusammengefügt werden kann, ist es notwendig, einen angemessenen Prozess zu gestalten. Dieser muss eine ausreichende Variabilität aufweisen, um zukünftigen Veränderungen gerecht zu werden. Auf der anderen Seite muss er genügend Stabilität besitzen, damit über die Jahre ein Mindestmaß an Kontinuität und Vergleichbarkeit gewährleistet ist.

Die Verantwortlichen für das IT-Risikomanagement-System sollten deshalb mindestens die vier aufgezeigten Prozessschritte einführen und in einem kontinuierlichen Prozess durchlaufen.

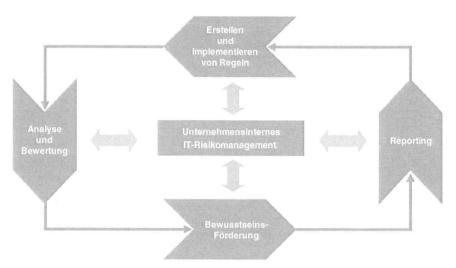

**Abb. 5.14.** Der Risikomanagement-Prozess

**Erstellen und Implementieren von Regeln**

 Zunächst ist es in einem ersten Prozessschritt auf jeden Fall notwendig, sich innerhalb des Risikomanagements einen Benchmark im Sinne einer Bestandsaufnahme zu schaffen, an dem die stetige Verbesserung des IT-Sicherheitsniveaus und somit auch die Veränderung der Risikolage immer wieder aufs Neue gemessen und dargestellt werden können. Ansonsten wäre eine Korrektur der eingeleiteten Maßnahmen auf Grund des Nicht-Erreichens der gesteckten Ziele im Sinne einer kontinuierlichen Verbesserung nicht möglich.

Grundlage des Systems sollte daher ein klares, den angestrebten Zielzustand beschreibendes und mit den IT-Verantwortlichen abgestimmtes Regelwerk zur IT-Sicherheit bilden. Dieses Regelwerk kann auf Grund eigener Erfahrungen und Erwartungen natürlich in Eigenregie erstellt werden.

Besser und einfacher ist es allerdings, sich gleich an bereits bestehenden Regelwerken oder IT-Sicherheitsstandards zu orientieren. Welches Regelwerk schlussendlich herangezogen wird, entscheidet sich an Hand der formulierten Unternehmensanforderungen und an den selbstgesteckten Zielen.

Im vorliegenden Beispiel wurde der international anerkannte Standard der ISO/IEC 17799-2000[15] als geeigneter Ausgangspunkt für ein unternehmensweit gültiges Regelwerk ausgewählt. Dieser wurde, wo notwendig, durch nationale Normen ergänzt sowie an die Erfordernisse des Unternehmens angepasst. Das Ergebnis ist ein klar strukturiertes und hierarchisch aufgebautes Dokument, welches auf jeder Stufe mit fortschreitender Detaillierung die Organisation und die mit jedem Organisationsgrad verbundenen Aufgaben und Regeln beschreibt.

Die auf der obersten Hierarchiestufe beschriebenen *Grundsätze* (Principles) bilden die Basis des IT-Risikomanagements im Unternehmen. Hier werden der Umfang, die Abgrenzung und die Schnittstellen zu anderen Systemen, die Verantwortlichen und Handelnden innerhalb des Risikomanagement-Prozesses, die weitere Detaillierung mit ihren Unterprozessen sowie die angewandten Methoden definiert und beschrieben.

Als nächste Stufe spezifizieren *Direktiven* (Directives) die Ziele einzelner Themengebiete, so wie diese in den Management-Gebieten des ISO/IEC-Standards festgelegt wurden.

Die *Corporate Procedures* beschreiben dann in ausführlicher Form die Verfahrensschritte, die zur Erreichung der Ziele in den einzelnen Themengebieten notwendig sind.

*Technische Standards* und Empfehlungen geben als letzte Stufe detailliert diejenigen technischen Maßnahmen vor, die zur Erfüllung der in den Corporate-Prozeduren festgelegten Anforderungen notwendig sind und liegen in der Verantwortlichkeit der operativen Organisatonseinheiten der Informationstechnologie.

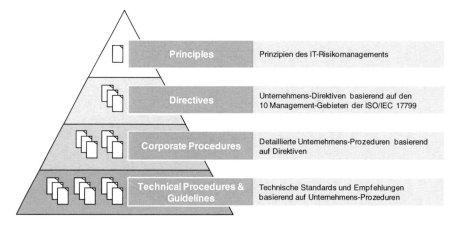

**Abb. 5.15.** Regelwerk zur Sicherheit in der Informationstechnologie

---

[15] Praxisregeln für ein IT-Sicherheitsmanagement: ISO (International Organization for Standardization)/IEC (International Electrotechnical Commission)

## 5.2 Die Einrichtung eines Risikomanagementsystems in der IT

Dieses Regelwerk muss für das gesamte Unternehmen gültig sein, gleichermaßen für Zentralfunktionen, Tochtergesellschaften und andere verbundene Unternehmen.

Nach Erstellung des Regelwerkes liegen die ausformulierten Sicherheitsziele im Sinne der Erhaltung der Vertraulichkeit, der Integrität und der Verfügbarkeit von elektronisch vorgehaltenen Informationen vor und können im weiteren Verlauf als Richtwert für den Erfolg der Maßnahmen zur Minimierung der Risiken in der IT verwendet werden.

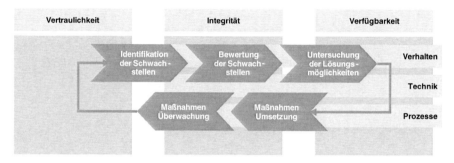

**Abb. 5.16.** Der Prozess zur Analyse und Bewertung

**Analyse und Bewertung der Risiken**

 Der zweite Prozessschritt dient der Identifikation von Schwachstellen und bildet als Unterprozess einen eigenständigen und in sich geschlossenen Regelkreis. Er dient der Realisierung der definierten Schutzziele und der Überwachung der getroffenen Maßnahmen auf allen Ebenen:

Um den Prozessschritt vollständig abschließen zu können, sind die folgende Einzelschritte notwendig:

Die Identifizierung der Bedrohungen und Schwachstellen für die IT-Vermögenswerte findet unternehmensweit auf Basis der zuvor vorgestellten Regelwerke statt. Anhand der Vorgaben aus den Direktiven des Regelwerkes werden die Vorgaben zu Fragen für die jeweiligen Verantwortlichen umformuliert. Die Antwortmöglichkeiten reduzieren sich auf ein Ja oder Nein bzw. eine Aussage zum Grad der Einhaltung einer Sicherheitsregel in Prozent.

Beispiel: Directive "Accountability for IT Assets"
*The objective of this directive is to investigate the accountability of business relevant assets, maintenance of asset inventories and the association with nominated asset owners*

*Inventory of business relevant information assets (e. g. databases, data files and archived information).*
  *Do you have an inventory list of information assets?*
  *Yes* ☐ *No* ☐
  *What percentage of your inventory of information assets has an assigned owner?*
  *<50%* ☐  *50–80%* ☐ *>80%* ☐

*What percentage of your inventory of information assets documents the security classification or the required protection level as determined in the risk assessment process?*
*<50%* ☐ *50–80%* ☐ *>80%* ☐
*Do internal auditors check the correctness of your information assets during regular audits?*
*Yes* ☐ *No* ☐

Durch dieses Vorgehen kommt es in einem Schritt zu zwei Ergebnissen. Zum einen wird das Niveau der Einhaltung der IT-Sicherheitsvorgaben überprüft – es findet also der zuvor angesprochene Benchmark statt – und zum anderen wird jede Nichteinhaltung der Regeln automatisch als potenzielles IT-Risiko ausgewiesen. Vervollständigt wird dieser Schritt durch die Möglichkeit der Nennung von Risiken, die nicht durch die Fragen in diesem Prozessschritt identifiziert wurden.

Die Ergebnisse der Analyse und Bewertung werden in einer Tabelle zwecks Aggregation übertragen. Somit werden Mehrfachnennungen eines Risikos aus den unterschiedlichen Standorten zu einem Gesamtrisiko zusammengeführt.

Wenn z.B. in den untereinander vernetzten Standorten des Unternehmens unterschiedliche Virenschutzprogramme mit unterschiedlichen Schutzmechanismen identifiziert werden, wird daraus ein Gesamtrisiko „fehlender oder unzureichender Virenschutz" formuliert.

Die Bewertung möglicher Auswirkungen eines identifizierten Risikos erfolgt in zwei Stufen. Der IT-Dienstleister (intern oder extern) klassifiziert das Risiko, indem er u. A. die Eintrittswahrscheinlichkeit und den möglichen Umfang der Auswirkungen bei Eintritt eines Risikos benennt.

Die Analyse beschäftigt sich zuerst mit den möglichen geographischen Auswirkungen: Ist das gesamte Unternehmen bei Eintritt eines festgestellten Risikos betroffen, betrifft es eine Region oder nur einen einzelnen Standort? Danach wird die Anzahl der möglicherweise betroffenen IT-Anwender ermittelt und eine Einschätzung der Dauer einer Unterbrechung des geordneten IT-Betriebes vorgenommen. Zum Schluss wird festgestellt, welches der definierten Schutzziele besonders gefährdet ist.

In der Verantwortung des Geschäftsprozesseigners liegt es dann, die finanziellen Auswirkungen für das Unternehmen, bezogen auf den von ihm verantworteten Geschäftsprozess, zu beschreiben.

Dies führt dann im weiteren Verlauf zur Untersuchung von möglichen risikominimierenden Maßnahmen für die identifizierten Risiken. Die sich anbietenden Maßnahmen werden analysiert und auf Basis einer wertorientierten Betrachtung im Sinne des möglichen Schadenspotenzials und der hiermit verbundenen risikominimierenden Aufwände bewertet.

Danach folgt die Implementierung der Maßnahmen um die Risiken zu beseitigen oder auf dem akzeptablen Niveau eines Restrisikos zu kontrollieren.

Seinen Abschluss findet dieser Teil des Prozesses in der Überwachung der Wirksamkeit der getroffenen organisatorischen, operativen oder technischen Maßnahmen durch alle Verantwortlichen im Unternehmen. Weitere Details zur praktischen Umsetzung dieses Schrittes finden sich in der Beschreibung der Berichterstattung im Rahmen des Systems.

## Risikobewusstsein schaffen

Die Schaffung von Risikobewusstsein auf Seiten der Anwender von Informationstechnologie ist für die Erreichung definierter Sicherheitsziele und einer erfolgreichen Implementierung eines IT-Risikomanagements von entscheidender Bedeutung.

Neben den konkret umgesetzten IT-Sicherheitsmassnahmen auf den Gebieten der Technik und der Prozesse ist der Mensch mit seinem Handeln in der jeweiligen Situation ein wichtiger Faktor. Während z.B. ein Schutzprogramm gegen Viren und Würmer nur alle bekannten Virenmuster erkennt, kann der informierte Anwender eines IT-Systems durch richtigen Umgang beispielsweise mit E-Mails dafür sorgen, dass unverlangt zugesandte E-Mails unbekannter Herkunft und mit einer ausführbaren Datei im Anhang sofort und ungeöffnet gelöscht werden.

Die bewusste Nutzung der IT-Systeme sowie die Kenntnis und Einhaltung von IT-Sicherheitsregeln sind von signifikanter Bedeutung für ein funktionierendes Risikomanagementsystem. Nur wenn der Nutzer sich der Risiken innerhalb der Informationstechnologie bewusst ist, wird er auch in nicht eindeutig als riskant zu erkennenden Situationen verantwortungsbewusst und flexibel reagieren und dadurch Schaden vom Unternehmen abwenden. Die hierfür notwendige Sensibilisierung für die Risiken in der Nutzung der Informationstechnologie geschieht durch Bewusstseinsbildung, Ausbildung und Schulung.

Die *Bewusstseinsbildung* hat dabei die Zielsetzung, risikorelevante IT-Themen aufzubereiten und so zu präsentieren, dass der Mitarbeiter bewusst handeln oder nachfragen kann.

Die *Ausbildung* verfolgt das Ziel, IT-Personal mit konkreten Bedrohungen und Risiken der von ihnen betreuten Systeme vertraut zu machen und Wissen über Schutzmechanismen und risikominimierende Verhaltensweisen zu vermitteln.

Eine *Schulung* bildet als dritte Stufe die kontinuierliche und umfassende Ausbildung aller Nutzer der Systeme, des IT-Personals und der Entscheidungsträger im Unternehmen.

Zusammenfassend gesagt soll die Risikosensibilisierung die Aufmerksamkeit aller Beteiligten auf die Vermeidung bzw. den Umgang mit Risiken in der IT lenken und das Interesse an risikominimierenden Maßnahmen wecken. Durch die Vermittlung von Grundwissen zu Themen der IT-Sicherheit soll zudem die Möglichkeit zum proaktiven Umgang mit nicht zweifelsfrei als riskant zu erkennenden Situationen erschlossen werden.

## Die Berichterstattung

Eine der Grundvoraussetzungen für ein funktionierendes Risikomanagementsystem – und ein wesentlicher Baustein dazu – ist die regelmäßige Erfassung und Berichterstattung über die IT-Risikolage und – wenn erforderlich – natürlich eine zeitnahe Information des Vorstandes oder der von ihm beauftragten Personen oder Gremien über eine sich verändernde Risikosituation.

In dem hier dargestellten Beispiel und der angewandten Methodik kommt es zu zwei grundsätzlichen Sichten auf die IT-Risikosituation des Unternehmens. Zum einen wird anhand des Benchmarks deutlich, wie weit die Übereinstimmung mit den IT-Sicherheitsregeln fortgeschritten ist.

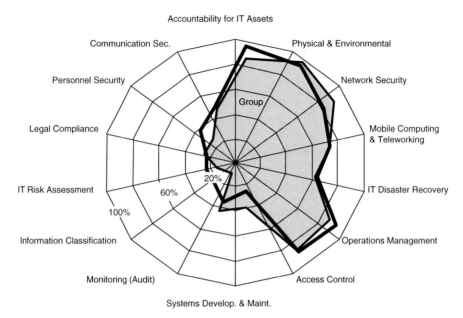

**Abb. 5.17.** Der Grad der Übereinstimmung mit den IT-Sicherheitsregeln

Dabei werden die weltweiten Ergebnisse des periodisch stattfindenden Reportings gegen die IT-Sicherheitsregeln auf Basis von statistischen Mittelwertberechnungen durchgeführt und in Form eines „Spiderwebs" dargestellt.

Diese Darstellungsform hat sich besonders bewährt, denn es ist auf einen Blick erkennbar, wo noch Defizite in der Einhaltung der IT-Sicherheitsregeln in den Bereichen des modifizierten ISO-Standards 17799:2000 vorliegen. Ein weiterer Vorteil liegt darin, dass auch unterschiedliche Regionen des Unternehmens direkt miteinander verglichen werden können. In dem folgenden Bild wird beispielhaft die Situation zwischen zwei organisatorischen Einheiten des Unternehmens in verschiedenen geographischen Regionen verglichen.

Da jede Nichteinhaltung einer IT-Sicherheitsregel zu Einzelrisiken führt, werden diese – zwecks besserer Analyse- und Detaillierungsmöglichkeiten – automatisch in einer tabellarischen Form zusammengeführt. Diese Tabelle wird danach um alle berichteten spezifischen Risiken ergänzt.

Die Aufteilung einer solchen Auflistung ist selbstverständlich frei gestaltbar und darum ist die hier dargestellte Form als Beispiel anzusehen. Es hat sich aber als durchaus sinnvoll herausgestellt, diese in die Hauptrubriken wie Risikobeschreibung, Risikokategorie und Risikokontrolle zu unterteilen.

## 5.2 Die Einrichtung eines Risikomanagementsystems in der IT

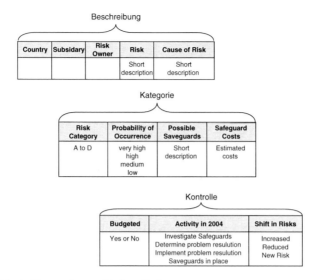

**Abb. 5.18.** Die Auflistung der spezifischen Risiken

Unter der Rubrik *Beschreibung* finden sich Angaben zum Ort bzw. der betroffenen Gesellschaft, der Risikoeigentümerschaft sowie die Kurzbeschreibung des Risikos und die Ursache für das Entstehen des Risikos.

In der Rubrik *Kategorie* finden sich Angaben zur Risikoeinordnung und Informationen zur Eintrittswahrscheinlichkeit. Daneben stehen die Angaben zu möglichen risikominimierenden Maßnahmen und die damit verbundenen Kosten.

Die in diesem Beispiel verwendete Risikokategorisierung umfasst vier Stufen (A–D), wobei jede dieser Stufen durch drei Faktoren bestimmt wird:

- die geographische Auswirkung bei Eintritt des Risikos
- Anzahl der betroffenen IT-Nutzer und
- Grad der Verletzung eines der Hauptschutzziele

Angaben zum möglichen Schadenspotential auf die betroffenen Geschäftsprozesse werden hier, wie bereits erwähnt, nicht abgefragt.

Die Angaben zur Eintrittswahrscheinlichkeit erfolgen ebenfalls in vier Stufen und zwar zwischen „mehr als einmal pro Jahr" und „weniger als einmal in fünf Jahren". Diese Abstufung wurde nicht willkürlich gewählt, sondern mit anderen risikoberichtenden Fachfunktionen abgestimmt, um Konsistenz und Vergleichbarkeit für den Gesamtrisikobericht des Unternehmens herzustellen.

Die Rubrik *Kontrolle* umfasst die Punkte der Budgetierung zwecks Risikobeseitigung oder -minimierung. Erstrecken sich die Maßnahmen mit ihren jeweiligen finanziellen Auswirkungen über mehrere Berichtsperioden, so kann der Fortschritt der laufenden Aktivitäten in dieser Rubrik festgestellt werden.

Hierzu ist der jeweilige Status anzugeben wie „Untersuchung von risikominimierenden Maßnahmen eingeleitet" bis zu der Aussage, dass alle notwendigen Maßnahmen umgesetzt wurden.

Die Entwicklung der Einzelrisiken im Vergleich zur vorhergehenden Berichtsperiode wird ebenfalls beobachtet. Die Erhöhung oder die Abschwächung eines in der Vorperiode berichteten Einzelrisikos wird ebenso festgehalten wie die Information, dass es sich um ein komplett neues Risiko handelt.

**Das Ergebnis**

Die Darstellung der IT-Risikosituation für die Geschäftsleitung kann aufgrund der gesammelten Informationen sehr individuell gestaltet werden. Im hier dargestellten Beispiel verlangen die Vorgaben des generellen Unternehmensrisikomanagements eine mehrschichtige Information:

Zum einen wird die Unternehmensleitung bzw. die von ihr beauftragten Gremien in der Form eines jährlich zu erstellenden Berichtes informiert. Zusätzlich dient dieser Bericht auch der Information weiterer sowohl unternehmensinterner Funktionen (z.B. Revision) als auch externer Institutionen (z.B. Wirtschaftsprüfer).

Zum anderen werden in Form einer Präsentation die Risikolage und die grundsätzlichen Informationen zu einzelnen Risiken dargestellt. Hierzu zählt auch die Darstellung der Übereinstimmung aller berichtenden Einheiten mit dem weiter oben beschriebenen *Regelwerk zur Sicherheit in der Informationstechnologie* an Hand des „Spiderwebs". Zusätzlich werden die einzelnen Risiken, gruppiert nach ihrer Zugehörigkeit zu den jeweiligen Sicherheitsregeln, tabellarisch aufgeführt. Dies hilft zu erkennen, in welchen speziellen Bereichen der Sicherheitsregeln (Netzwerksicherheit, Zugriffskontrolle usw.) welche Anzahl und Art von Risiken vorliegen. Mit Hilfe dieser Information ist es möglich, eine grundsätzliche Schwachstellenanalyse bei Häufung von Risiken in einem der identifizierten Bereiche zu beginnen, bevor mit Einzelmaßnahmen zur Risikominimierung begonnen wird.

Die Summe aller Ergebnisse wird zusätzlich an Hand der bekannten Risikomatrix dargestellt. Hierbei findet sich die Anzahl der berichteten Risiken entsprechend

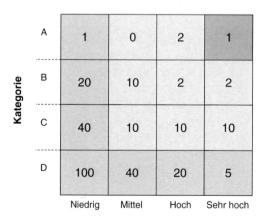

**Abb. 5.19.** Die Risikomatrix

ihrer Klassifikation in den jeweiligen Feldern wieder. Die in der Matrix enthaltenen Informationen können um zusätzliche Informationen, wie etwa die Kosten für die risikominimierenden Maßnahmen in den jeweiligen Kategorien, ergänzt werden.

Die Zusammenfassung der Einzelrisiken an Hand der Risikomatrix bietet neben der Gruppierung nach den speziellen Bereichen der Sicherheitsregeln eine weitere Grundlage für die Priorisierung von Maßnahmen zur Verringerung der Risiken in der Informationstechnologie. Hierbei wird man naturgemäß den Risiken der Kategorie A mit der höchsten Eintrittswahrscheinlichkeit die größte Aufmerksamkeit schenken.

### *5.2.7 Die Herausforderungen*

Der Betrieb eines Systems zum Risikomanagement in der IT verlangt die Mitarbeit aller Bereiche, über die Mitarbeiter in der Informationstechnologie hinaus.

Da das hier beschriebene Verfahren eine globale Ausrichtung hat und im Ergebnis auch eine globale Betrachtungsweise gewährleisten muss, liegen große Herausforderungen in der Koordinierung der weltweit verteilten Standorte des Unternehmens. Alle Anforderungen und Probleme werden wie mit einem Brennglas in der Person des lokalen Risikomanagers gebündelt. Abhängig von der Größe des jeweiligen Standortes kann es schwierig werden, die für den Betrieb des Risikomanagementsystems notwendigen, qualifizierten personellen Ressourcen bereitzustellen. Das primäre Interesse der Unternehmen und damit auch aller Tochtergesellschaften liegt eben zuallererst auf der schnellen Veränderung und Effizienzsteigerung der Kernprozesse mit Hilfe der Informationstechnologie.

Auch ist die Tatsache nicht zu unterschätzen, dass die Bereitschaft zur Benennung von Risiken bzw. die Übernahme von Verantwortung für dieselben in den einzelnen Unternehmensteilen sehr unterschiedlich ausgeprägt sein kann: Hier spielt nicht nur der persönliche Hintergrund der Betroffenen, sondern auch der kulturelle Hintergrund eine sehr wesentliche Rolle.

Mangelnde Bereitschaft, über den Tellerrand hinauszusehen, sowie das „not invented here"-Syndrom führen zusätzlich zu einem funktionalen und regionalen Silodenken mit den entsprechenden Mängeln an Transparenz auf globaler Ebene.

Die Konzentration auf weitgehend technische Aspekte und Lösungen, welche in eigener Regie und ohne große Abstimmung mit anderen Funktionen durchgeführt werden, verbunden mit dem Anspruch, für seinen Verantwortungsbereich ja das Richtige zu tun, führt in die selbst gewählte Isolation. Der Blick auf das Ganze geht hierbei zwangsläufig verloren, die Rückkehr in den Kreis der Kollegen in der globalen Organisation wird häufig mit dem Gefühl des Eingeständnisses eines Fehlverhaltens verbunden. Das Fehlen von organisatorischer und operativer Sicherheit in IT-Prozessen bleibt dabei oft unberücksichtigt.

Diese negativen Einflüsse auf das Risikomanagement können nur durch regelmäßige, enge Einbeziehung der in den Standorten tätigen Risikomanager in den Risikomanagementprozess, die Sensibilisierung der Mitarbeiter aller Hierachiestufen für die Belange des Risikomanagements und eine konsequente Plausibilitätsprüfung der jeweils berichteten Risikosituationen an zentraler Stelle reduziert werden.

## 5.2.8 Die Aussichten

Die Notwendigkeit eines Risikomanagements und seine feste und selbstverständliche Einbettung in alle Aspekte der Informationstechnologie wird immer deutlicher und wird sich mittelfristig weiter verstärken.

Die IDW PS 330 der Wirtschaftprüfer, Basel II, der Sarbanes–Oxley Act für an der NYSE notierten Unternehmen, mittelfristig zu erwartende ähnliche Vorschriften der EU und branchenspezifische Anforderungen der Behörden reichen definitiv aus, um umgehend ein angemessenes Risikomanagement aufzubauen und zu betreiben.

Um den Prüfungen und Bewertungen durch die o.g. Einrichtungen entspannter entgegensehen zu können, sollte ein Risikomanagementsystem von den fünf möglichen Stufen des Capability Maturity Model (*ad hoc, wiederholbar, definiert, verwaltet, optimiert*) objektiv betrachtet mindestens den Status *definiert* aufweisen.

Jenseits dieser Marke wird jedes Unternehmen individuell und seiner Situation am Markt und in der Gesellschaft entsprechend entscheiden müssen wie weit es gehen will – was sicherlich auch wieder mit Risikomanagement, allerdings auf höherem Niveau, zu tun hat.

## 5.3 IT-Governance als Katalysator für erfolgreiche Post-Merger-Integrationen

### 5.3.1 Ausgangslage

Nach dem M&A-Boom, insbesondere 1999 und 2000, standen die letzten Jahre vor allem im Zeichen von Entschuldung und operativer Kostensenkung. Gestärkt durch Rosskuren und unterstützt durch hohe Liquidität haben die Merger-Aktivitäten inzwischen wieder deutlich zugenommen. Beweggründe für Unternehmen hierfür sind vielfältig. Meist werden Merger-Transaktionen über die erwarteten Synergieeffekte aus der Unternehmensintegration begründet, sei es durch Stärkung des Marktangebots oder durch Optimierung der internen Kostenbasis. Diese Effekte tatsächlich zu heben hat sich in vielen Fällen allerdings als sehr schwierig herausgestellt. Viele Wirtschaftlichkeitsrechnungen erwiesen sich in der Nachschau als viel zu optimistisch, vor allem hinsichtlich des Aufwands und des Zeitbedarfs einer Post-Merger-Integration (PMI).

Die IT spielt in diesem Zusammenhang häufig eine zentrale Rolle. Die IT-Implikationen einer Post-Merger-Integration werden in ihrem Umfang und ihrer Komplexität regelmäßig unterschätzt. Als Folge hartnäckiger Alt-Systeme finden sich dann parallele Systemwelten, Migrationskosten jenseits der vorgesehenen Budgets und massiv überschrittene Zeitpläne. Verschiedene Faktoren bieten Erklärungsansätze hierfür:

*Hohe Komplexität und operatives Risiko der Aufgabenstellung*: Typischerweise berührt eine Post-Merger-Integration gleich mehrere betriebliche Kernprozesse von Vertrieb über Logistik und Produktion bis zu Unterstützungsprozessen wie beispielsweise Rechnungswesen. Durch die starke Verflechtung und wechselseitige Abhängigkeit von Geschäftsprozessen und IT-Lösungen zeigt sich die Harmonisierung und Konsolidierung der IT meist als hoch komplexe Aufgabenstellung. Hinzu kommt das operative Risiko für das Kerngeschäft, das von Systemmigrationen ausgeht und eines besonderen Risikomanagements bedarf. Dies gilt insbesondere, wenn die IT-Architektur stark durch „Legacy"-Systeme geprägt wird.

*Fehlende stabile geschäftliche Anforderungen und Rahmenbedingungen*: Angesichts des erforderlichen zeitlichen Vorlaufs für umfangreiche Systemprojekte muss die IT die fachlichen Anforderungen bereits sehr frühzeitig einfordern, meist bevor verbindliche fachliche Entscheidungen der Geschäftsseite gefällt worden sind. Folglich sind prämissenbasiertes Vorgehen oder gar Warteschleifen seitens der IT erforderlich, die sich negativ auf Umsetzungsgeschwindigkeit und -effizienz auswirken.

*„Operation am lebenden Patienten"*: Das IT-Geschäft läuft während des PMI-Prozesses weiter. Fehler- und Änderungsmanagement müssen fortgeführt werden, um den Geschäftsbetrieb aufrechterhalten zu können. Insbesondere im Bereich der finanzwirtschaftlichen Systeme sind Compliance-Anforderungen (z.B. SOX 404) zu berücksichtigen. Ein weitgehendes Einfrieren der Systemlandschaften ist meist nicht durchsetzbar, so dass die IT in Summe mit einer extrem hohen Komplexität zu leben hat.

*Klärung der eigenen PMI-Agenda*: Letztlich muss die IT als betriebliche Funktion in kurzer Zeit eine eigene PMI-Agenda entwickeln. Dies geschieht unter erschwerten Bedingungen, da die fälligen Richtungsentscheidungen existenzielle Bedeutung für Teile der IT haben können. Anders als auf der Prozessseite, auf der die Synergie-Effekte in der Organisation verteilt werden können, finden sich in der IT typischerweise klare Merger-Gewinner und -Verlierer. Letztere entstehen zwangsläufig bei einer Entscheidung gegen eine bestimmte Architektur oder ein einzelnes System, da Karrieren eng mit systemspezifischem Know-how verknüpft sind. Auch stellen sich fundamentale Fragen zur strategischen Ausrichtung der IT, beispielsweise zur Wertschöpfungstiefe, Standardisierungsgrad, Integrationsphilosophie, die durch eine gemeinsame IT-PMI-Agenda adressiert werden müssen.

Unklarheiten in der Governance in einer Post-Merger-Integration verschärfen die skizzierte Problemsituation. Zum einen werden im Zusammenspiel zwischen Geschäftsseite und IT die Rollen und Verantwortlichkeiten immer wieder infrage gestellt und notwendige Entscheidungen hierdurch hinausgezögert. Eine zügige Integration der IT-Systemwelten wird hierdurch unmöglich. Zum anderen wird durch eine unklare Governance auch zusätzliches IT-internes Konfliktpotenzial geschaffen und die Integration der IT als betriebliche Funktion massiv behindert. Eine explizite Festlegung und Verankerung einer IT-PMI-Governance gilt daher als wichtiger Katalysator für Geschwindigkeit und Effektivität im PMI-Prozess.

## 5.3.2 IT-Integrationsstrategie und IT-Governance

Unternehmen in PMI-Situationen können drei grundsätzlichen Integrationsstrategien folgen. Es gibt dabei keine richtige oder falsche Strategie. Vielmehr muss unternehmens- und situationsspezifisch eine Abwägung der Optionen hinsichtlich Geschwindigkeit, Integrationskosten und -nutzen sowie der Durchsetzbarkeit erfolgen. Als Resultat dieser Abwägungen finden sich in der Praxis häufig auch Mischformen.

*Dominante Architektur*: Die IT eines der Integrationspartner wird als Zielarchitektur definiert und auf das zu integrierende Unternehmen ausgerollt. Die Alt-IT wird nach einer kurzen Migrationsphase abgebaut. Dieser Ansatz, soweit durchsetzbar, gilt als schnell und ist typischerweise mit hohen Einsparungen im IT-Bereich verbunden.

*Parallel-Architektur*: In diesem Ansatz beschränkt sich die IT-Integration zunächst auf die Infrastrukturseite. Damit können bereits Synergien beispielsweise durch Standardisierung im Betrieb oder Einkaufsbündelung erzielt werden. Die erheblich komplexere Applikationsintegration bleibt entweder gänzlich aus oder wird zu einem späteren Zeitpunkt beispielsweise mittels einer Migration auf eine „Greenfield"-Zielarchitektur durchgeführt. Dieser Ansatz ist vor allem durch eine vergleichsweise geringe Umsetzungskomplexität und hohe Durchsetzbarkeit in der Organisation gekennzeichnet. Allerdings sind die Synergieeffekte eher gering und werden häufig durch die Komplexität der Parallelwelten überkompensiert.

*Best-of-Breed-Architektur*: Um eine IT-Architektur für das neue integrierte Unternehmen zu schaffen, die die Stärken der Alt-Architekturen kombiniert, wird der Best-of-Breed-Ansatz gewählt. Vorteil dieses Ansatzes ist vor allem die Durchsetzbarkeit sowie die Optimierung der Geschäftsunterstützung. Allerdings werden Komplexität und Integrationsaufwand stark erhöht.

Die gewählte Integrationsstrategie hat starke Auswirkungen auf die Gestaltung der IT-PMI-Governance, sowohl für die Integration der „IT als Produktionsfaktor" als auch der „IT als betriebliche Funktion".

So sollte die Rollenverteilung zwischen IT und Geschäftsseite für die Entwicklung der Ziellandschaft auf die Integrationsstrategie ausgerichtet sein. Im Falle einer „Best-of-Breed-Architektur" sollte die Geschäftsseite eine sehr prominente Rolle in der Anforderungsdefinition, Szenarioentwicklung und -bewertung und letztlich Systemauswahl für die Ziellandschaft einnehmen. Bei einer „dominanten Architektur" oder „Parallel-Architektur" dagegen kann der Prozess stärker durch die IT-Seite geführt werden.

Auch die Integration der IT als betriebliche Funktion erfordert Festlegungen zur IT-PMI-Governance, die mit der Integrationsstrategie im Einklang stehen sollten. Die Schaffung einer gemeinsamen IT-Strategie mit wesentlichen Eckpfeilern wie beispielsweise Wertschöpfungstiefe, Einkaufsstrategie oder Standardisierungsprinzipien bedarf insbesondere bei einer „Best-of-Breed-Architektur" großer Anstrengungen und erfordert gegebenenfalls die Schaffung neuer Arbeitsstrukturen für eine komplette Strategie-Überarbeitung. Bei Umsetzung einer „dominanten Architektur" wird dagegen eine entsprechende „dominante IT-Strategie" unterstellt.

Die Governance ist in diesem Fall auf das Ausrollen dieser Strategie in der neuen Gesamt-IT-Funktion auszurichten. Auch die Fragestellungen zur Integration der IT-Managementprozesse, Strukturorganisation und Steuerungsmodelle sowie der Personalmigration werden durch die Integrationsstrategie getrieben. Beispielsweise bleiben im Falle einer „Parallel-Architektur" die ursprünglichen IT-Funktionen, insbesondere für die Applikationsseite, weitestgehend unangetastet.

### *5.3.3 Rollen und Verantwortlichkeiten der IT im PMI-Prozess*

Mit der IT-Governance werden insbesondere die Rollen und Verantwortlichkeiten der IT-Funktion im Rahmen eines PMI-Prozesses geregelt. Bei ihrer Ausgestaltung sind die verschiedenen Phasen im Merger-Prozess mit ihren unterschiedlichen Anforderungen zu berücksichtigen.

**„Functional Analyst" in der Pre-Merger-Phase**

Die IT sollte bereits in die ersten Bewertungen möglicher Akquisitionsobjekte, also weit vor dem eigentlichen PMI-Prozess, involviert sein, vor allem um grobe Fehleinschätzungen zur Integrationskomplexität zu verhindern. Diese Fehleinschätzungen können angesichts der großen Hebelwirkung der IT auf die Realisierung erwarteter IT- und Prozesssynergien zu starken Verzerrungen in den Wirtschaftlichkeitsbetrachtungen in der Pre-Merger-Phase führen. Als „Functional Analyst" muss die IT-Funktion in der Lage sein, innerhalb kurzer Zeit und auf Basis unvollständiger Informationen eine erste Einschätzung zum voraussichtlichen PMI-Aufwand, Zeitbedarf und Risiken zu geben und dies bewertet in die Gesamtbeurteilung einfließen zu lassen.

In der Due Diligence kommt der systematischen, zielgerichteten Analyse der IT der zu integrierenden Unternehmen eine große Bedeutung zu. Welche Schwerpunkte dabei zu setzen sind, hängt in großem Maß von der Industrie und der strategischen Positionierung des Unternehmens ab. So sollte die IT-Due Diligence vor allem in unternehmenskritischen Kernprozessen eine hohe Eindringtiefe besitzen. Eine Analyse von IT-Plattform, Modulspektrum und Release-Ständen wäre beispielsweise zu oberflächlich, um eine qualifizierte Aussage zu Integrationsstrategie und Migrationsaufwand vornehmen zu können. Stattdessen müssen insbesondere die domänenspezifischen Komplexitätstreiber identifiziert und diese gezielt tiefer analysiert werden.

Die Verknüpfungen zwischen IT-Integrationsstrategie und -Prozess-Integrationsstrategie sind eng und wechselseitig, inhaltlich wie auch zeitlich. Beide müssen sich konsistent aus einer übergreifenden Integrationsvision für das neue Unternehmen ableiten. Beide müssen hinsichtlich ihrer operativen und kulturellen Implikationen aufeinander abgestimmt sein. Die IT als „Functional Analyst" muss gemeinsam mit der Geschäftsseite sicherstellen, dass in der Pre-Merger-Phase diese integrierte Perspektive auf die Beurteilung und Strategiebildung für die spätere Integration gewahrt ist.

**„Change Manager" in der Post-Merger-Phase**

Zum Zeitpunkt der Ankündigung einer geplanten M&A-Transaktion sind die wesentlichen Eckpfeiler der Integration in der Regel bereits eingeschlagen. Integrationsvision und -strategie müssen nun offen kommuniziert werden, ein Veränderungsruck muss erzeugt werden. Die Glaubwürdigkeit von Integrationsvision und -strategie hängt vor allem an klaren Entscheidungen und entschlossenem Handeln.

Ein sensibles Change Management ist wichtig, um die operative Handlungsfähigkeit sicherzustellen und gleichzeitig das erforderliche Veränderungsmoment zu entwickeln und aufrechtzuerhalten. So müssen Know- how-Trägern klare Perspektiven aufgezeigt werden, um der drohenden Gefahr von Mitarbeiterabwanderungen zu begegnen. Dies kann beispielsweise über eine prominente Einbindung der Mitarbeiter in den Aufbau der neuen IT erfolgen, so dass Betroffene zu Gestaltern werden. Auch finanzielle Anreize, beispielsweise ein Retention Bonus System, können gezielt eingesetzt werden.

Für das integrierte Unternehmen sind IT-Geschäftsmodell, -Governance und -Organisation in ihren Eckpunkten schnell zu verankern, um Klarheit hinsichtlich Rollen und Verantwortlichkeiten zu schaffen. So wird vermieden, dass sich die IT zu lange nur mit sich selbst beschäftigt. In diesem Zusammenhang sind Fragen zum „Demand/Supply"-Modell, zur Wertschöpfungstiefe, Budgetverantwortung, Richtlinienkompetenz, etc. zu beantworten – Fragen, zu denen es gegebenenfalls in den bisherigen IT-Organisationen sehr unterschiedliche Einstellungen und Aussagen gegeben hat.

Klare Aussagen sind auch für das IT-Projektportfolio erforderlich. Fortführung oder Abbruch zum Zeitpunkt der Integration laufender Projekte sind gleichermaßen denkbar, eine grundsätzliche Verfahrensweise hierzu gibt es nicht. Wichtig ist aber in jedem Fall eine frühe, klare Entscheidung, nicht zuletzt um die Glaubwürdigkeit der Integration zu untermauern und ein Agieren „mit halber Kraft" zu vermeiden.

Werden diese Risiken nicht abgefedert, kann die Aufrechterhaltung des operativen IT-Betriebs massiv gefährdet werden. Dies würde nicht nur negativ auf die Gesamtintegration abstrahlen, es kann den Geschäftsbetrieb in Summe massiv beschädigen.

Unter diesen Rahmenbedingungen muss die IT als „Change Manager" die Umsetzung der IT-Integration vorantreiben. Dabei ist insbesondere auf eine leistungsfähige Change Organisation zu achten. Diese zeichnet sich durch eine sichtbare Change Leadership aus dem Top-Management und eine breite mobilisierte Basis aus. Ein professionelles Programmmanagement gestaltet und treibt den Veränderungsprozess und stellt so bei allen Beteiligten sicher, dass Richtung und Geschwindigkeit gehalten werden.

Der Aufbau von Veränderungsmoment in der IT kann durch erfolgreiche Quick Wins unterstützt werden. Insbesondere im Infrastrukturbereich können in der Regel schnell erste Integrationserfolge nachgewiesen werden. Die Signalwirkung kann entscheidend für den gesamten Integrationsprozess sein.

Gerade für die Applikationsseite ist eine enge Abstimmung mit der Prozess-Integration unerlässlich. Die enge Verzahnung von Prozess- und IT- Landschaft erfordern eine tiefe inhaltliche und zeitliche Vertaktung. Dies muss sich auch in der Arbeitsweise und -organisation der Integrationsaktivitäten niederschlagen. Beispielsweise hat sich eine gemeinsame Führung der Integrationsaktivitäten sowie eine starke Rolle des Anforderungsmanagements als Schnittstellenfunktionen zwischen Geschäftsseite und IT- Funktion bewährt, um diese Vertaktung sicherzustellen. Die IT als „Change Manager" muss sich also gleichermaßen nach innen (IT Changes) und nach außen (Business Changes) orientieren.

### *5.3.4 Erfolgsfaktoren für eine IT-PMI-Governance*

Eine IT-Governance mit klar definierten Rollen und Verantwortlichkeiten ist eine zentrale Voraussetzung für einen erfolgreichen IT-PMI-Prozess. Diese Governance mit Leben zu füllen, setzt eine Reihe von Fähigkeiten in der IT-Funktion, den Erfolgsfaktoren für eine IT-PMI-Governance, voraus:

*Hohe interdisziplinäre Kommunikationsfähigkeiten*: Merger-Prozesse sind vor allem Veränderungsprozesse, in die eine Vielzahl von „Stakeholdern" zu involvieren sind. Um die enge Verflechtung von strategischen, organisatorischen, kulturellen und technischen Fragestellungen beherrschen zu können, muss die IT Kommunikationsfähigkeiten entwickeln, die weit über die Anforderungen im IT-Regelgeschäft hinausgehen.

*Handlungsfähigkeit unter Unsicherheit*: Merger-Prozesse sind durch hohe Unsicherheit und Geschwindigkeit geprägt. Entscheidend sind schnelles Analyse- und Urteilsvermögen, auch unter hoher Unsicherheit. Iteratives Vorgehen, Szenarioanalyse, Risikomanagement sind Methoden, mit denen die IT im Rahmen von Merger-Prozessen vertraut sein sollte, um mit den inhärenten Unsicherheiten umgehen zu können.

*Hohe Agilität der IT-Organisation*: Für die Begleitung von Merger-Prozessen muss die IT ein breites Spektrum an Kompetenzen unter Beweis stellen, von Anforderungsanalyse über Architektur-Entwicklung bis hin zu quantitativen, kommerziellen Fähigkeiten, allerdings mit schnell wechselnden Schwerpunkten. Die IT muss daher in der Lage sein, kleine Spezialteams kurzfristig aus der Linie herauszulösen und flexibel anzupassen, ohne das IT-Regelgeschäft zu gefährden.

*Aktives Architekturmanagement in der IT*: Die IT-Architektur hat maßgeblichen Einfluss auf Aufwand und Zeitbedarf einer IT-Integration. Ein aktives IT-Architekturmanagement gilt daher als weiterer Erfolgsfaktor. Durch klare Domänen-Strukturen, transparente Schnittstellenarchitekturen und Masterdatenstrukturen sowie skalierbare Technologien und Architekturen kann die Integrationsfähigkeit der IT deutlich erhöht werden.

Diese erforderlichen Fähigkeiten sind in heutigen IT-Abteilungen nur bedingt zu finden. Häufig arbeitet die IT mit Management- und Produktionsprozessen, die unter Unsicherheit nur bedingt funktionieren. Der Aufbau der dargestellten Fähigkeiten ist aber ad hoc kaum leistbar. Umso wichtiger ist das systematische Lernen aus allen

Vorhaben mit PMI-Charakter. Hierzu zählen auch die meisten Restrukturierungen und Ausgründungen. Auf diesem Weg lässt sich die Integrationsfähigkeit der IT nachhaltig steigern.

## 5.4 Konsolidierung – Synergieerschließung in internationalen Konzernen

### *5.4.1 Beschreibung Ausgangssituation*

Die Globalisierung von Großunternehmen hat das letzte Jahrzehnt geprägt wie kaum eine andere ökonomische Entwicklung. Diese Entwicklung wurde getrieben bzw. ermöglicht durch dramatische globale politische Umwälzungen und den daraus resultierenden Abbau von weltweiten Handelsbarrieren, Deregulierung von historisch national geprägten Märkten und nicht zuletzt durch den endgültigen Eintritt in das Zeitalter einer global vernetzten Wirtschaft und der damit verbundenen technologischen Innovationen.

Unternehmen haben die globale Expansion sowohl organisch durch Investitionen in die eigene Infrastruktur und den Aufbau von Tochterunternehmen, als auch durch externes Wachstum in Form von Fusionen und Übernahmen vorangetrieben, wobei der Schwerpunkt auf der Vergrößerung der Kundenbasis und der Differenzierung in den lokalen Märkten lag. Gerade im Versorger-Bereich oder mit noch stärkerer Dynamik im Mobilfunk-Markt haben internationale Konzerne ihre Aktivitäten in Europa im Zuge der Deregulierung der historischen Gebietsmonopole stark ausgebaut.

Durch die merkliche Abkühlung der globalen Konjunktur zu Beginn des neuen Jahrtausends und die daraus resultierenden ökonomischen Realitäten stehen Konzerne nun allerdings vor der Herausforderung, ihre schnell gewachsenen internationalen Strukturen zu ordnen und in den globalen Kontext des Konzerns zu integrieren. Defizite hinsichtlich der internen Effizienz und Effektivität, denen sich internationale Konzerne aufgrund heterogener Organisationen, Prozesse und Systeme in ihren lokalen Unternehmenseinheiten zwangsläufig ausgesetzt sehen, können nicht mehr durch rapides Marktwachstum oder optimistische Prognosen kompensiert werden. Ziel jedes dieser Zusammenschlüsse ist daher neben der strategischen Zielsetzung eine rasche Konsolidierung der Aktivitäten zur Synergie-Ausschöpfung. Eine der Schlüssel-Herausforderungen im Zuge der Konsolidierung ist dabei die schnelle und eindeutige Bestimmung einer Governance, die den Rahmen für Konsolidierungs-Projekt und später Regelorganisation vorgibt.

Die momentane Komplexität in den Konzernstrukturen und versäumte bzw. aufgeschobene Integrationsarbeit führen häufig dazu, dass der Wert des gesamten Unternehmens unterhalb der Summe aller Teile angesetzt wird. Eine konsequente Nutzung des konsolidierten Ergebnispotenzials könnte eine signifikante Stärkung der Wettbewerbsfähigkeit internationaler Konzerne gegenüber lokalen Marktteilnehmern zur Folge haben und zudem Anteilseigner und Finanzmärkte milde stimmen. Gute Beispiele existieren von Unternehmen aus der Öl-, Kreditkarten-,

IT- oder Service-Industrie, die schon früh eindeutige, stringente, globale Governance-Konzepte eingeführt haben.

## *5.4.2 Ziele und Ansatzpunkte der Konsolidierung*

Im Kern besteht die Herausforderung internationaler Konzerne darin, den scheinbaren Zielkonflikt eines vielfältigen Produkt- und Serviceangebots im Markt einerseits und einfacher, standardisierter und effizienter Prozesse und Infrastruktur auf der Erbringerseite andererseits zu überwinden: „Ein differenziertes Angebot mit möglichst einfachen Mitteln bereitstellen."

In der tatsächlichen Unternehmensrealität basiert ein vielfältiges Marktangebot bisher auf Erbringungsstrukturen, die ein schon komplexes Angebotsportfolio an Komplexität zum Teil noch deutlich überbieten. Neben den inhärenten Ineffizienzen und Redundanzen gewachsener Strukturen ist dies nicht selten auf von außen akquirierte Komplexität in Form heterogener Organisationen, Prozesse und Systeme aus „noch nicht verdauter" Übernahme- und Wachstumstätigkeit vergangener Jahre zurückzuführen.

Diese Komplexität bedingt Mehrkosten (oder Komplexitätskosten), die potenzielle Kostenvorteile aus der Nutzung von Skaleneffekten in internationalen Konzernen weitgehend kompensieren können. Die Komplexitätsbarriere kann nur durchbrochen werden, wenn sowohl die Nachfrage- als auch die Erbringerseite adressiert werden. Weder eine Differenzierung des Produkt- und Serviceangebots und der entsprechenden Organisation, Prozesse und Produkte um jeden Preis, noch eine bedingungslose Konsolidierung und Standardisierung können zu einer nachhaltigen Wertsteigerung beitragen. Genauso wenig würde eine isolierte Optimierung von Produkt- und Serviceportfolio, Organisation, operativen Prozessen oder Technologie und Systemen zu nachhaltigen Verbesserungen führen.

So würde eine isoliert betriebene Vereinheitlichung der IT zwar zunächst zu Kostenersparnissen führen, mittelfristig aber Abstimmungsaufwand und Komplexität der IT signifikant erhöhen, wenn die von der IT unterstützten Prozesse nicht in gleichem Maße angenähert werden. Dies würde den positiven Kosteneffekt nicht nur wieder zunichte machen, sondern brächte darüber hinaus signifikante Risiken in der Migrations- und Konsolidierungsphase mit sich und kann einen Verlust von Flexibilität und daraus resultierende Wettbewerbsnachteile zur Folge haben. Längere Entwicklungszeiten für neue Produkte bzw. Applikationsfunktionalitäten, verschlechterte Service Levels gegenüber internen und externen Kunden oder die übermäßige Beanspruchung einzelner Zulieferer mit komplexen Aufgabenstellungen und daraus resultierende Qualitäts- und Kostenprobleme sind denkbare Auswirkungen.

Vielmehr gilt es also, den Wert zusätzlicher Produkt- und Servicevielfalt und die Komplexitätskosten auf der Erbringerseite sorgfältig gegeneinander abzuwägen. Zur Sicherstellung einer ganzheitlichen Perspektive sollte ein Optimierungsprogramm zur Wertsteigung bzw. Komplexitätsreduktion vier zentrale Hebel adressieren:

1. Konsolidierung und Integration der Governance/Organisation
2. „Fit for purpose" IT
3. Standardisierung von Prozessen
4. Rationalisierung des Produkt- und Serviceportfolios

Aufbauend auf einer homogenen Prozesslandschaft können Organisationseinheiten und Standorte auf ihre Notwendigkeit überprüft werden. Ziel ist es dabei, unnötige Duplikationen von Funktionen und Tätigkeiten zu identifizieren und ggf. abzubauen.

Erst wenn ein internationaler Konzern über eine global integrierte Prozess-, Organisations-, Produkt- bzw. Service- und Systemlandschaft verfügt, wird er in der Lage sein, Skaleneffekte vollständig zu nutzen. Dies kann sich in „klassischen" Skaleneffekten äußern, wie z.B. in einer optimierten Fixkostenstruktur durch bessere Auslastung der Konzern-Infrastruktur oder in Preisvorteilen im Einkauf durch global konsolidierte Mengen und Zuliefererverhandlungen. Darüber hinaus kann „manövrierbare Größe" internationale Konzerne in die Lage versetzen, neue strategische Optionen wahrzunehmen, indem sie Teile der Wertschöpfungskette, die zuvor weitgehend außerhalb ihrer Einflusssphäre lagen, effektiv dominieren und das Verhalten von Kunden und Zulieferern in stärkerem Ausmaß beeinflussen können.

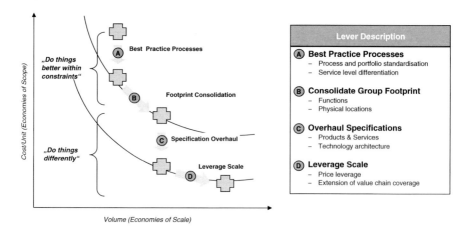

**Abb. 5.20.** Vorgehensschritte zur Wertsteigerung bzw. Komplexitätsreduktion

## 5.4.3 Grundsätzliche Überlegungen zur Konsolidierung

Eine umfassende Konsolidierung der IT in größeren Konzernverbünden stellt ein klassisches Spannungsfeld zwischen einzelnen Unternehmensbereichen bzw. Tochtergesellschaften und dem Gesamtunternehmen dar.

Die dezentralen Einheiten sind typischerweise an der Optimierung ihrer lokalen Anforderungen interessiert, die meistens eine entsprechende Spezialisierung der IT erfordert. Das Gesamtunternehmen wiederum ist an der Optimierung der Gesamtheit interessiert, was z.B. das Heben vorhandener Skaleneffekte, Kostenoptimierung und Steigerung der globalen Wettbewerbsfähigkeit umfasst. Oberstes Ziel ist daher eine diesen einzelnen Zielen angemessene Vereinheitlichung der Governance, Geschäftsmodelle, Prozesse und Infrastruktur, was in vielen Fällen Kompromisse für die Geschäftseinheiten bzw. Tochtergesellschaften bedeuten.

Eine große Hürde ist dabei, dass diese lokalen Unterschiede in den meisten Fällen historisch bedingt sind und nicht ohne weiteres als „richtig oder falsch" deklariert werden können. Oft entstehen lokale Besonderheiten schlicht aus dem Fehlen von spezifischen Vorgaben, haben sich über Jahre eingebürgert und werden dann als unabdingbar empfunden, was zu entsprechenden Widerständen beim Infragestellen deren Notwendigkeit führt. Zusätzlich entstehen Besonderheiten durch die primäre Orientierung am lokalen Wettbewerb anstatt an vergleichbaren Konzerneinheiten, was die Diversität und Komplexität im Konzern erhöht. Die so entstandene Vielfalt stellt dann ein nicht unwesentliches Hindernis bei einer skalenorientierten Konsolidierung dar, da für die lokale Einheit keine unmittelbaren Verbesserungen aus der Konsolidierung entstehen, sondern in erster Linie Veränderungen des Status quo mit den erforderlichen Investitionen, Umstellungsaufwand und Risiken.

Eine IT-Konsolidierung ist daher typischerweise Bestandteil einer strategischen Neuausrichtung des Gesamtunternehmens, die auf einem wesentlich breiteren Ansatz basiert. Auf der anderen Seite betrachtet dieser Ansatz die IT-Konsolidierung als ein wesentliches Instrument, um aus einer Föderation von Einzelunternehmen, Landesgesellschaften oder einzelnen Funktionseinheiten ein optimal aufgestelltes Gesamtunternehmen zu formen.

Dieser umfassende Ansatz wiederum kann nur erfolgreich werden, wenn die Zielvorgaben der dezentralen Einheiten, die das Handeln der Entscheidungsträger beeinflussen, im Sinne der Gesamtziele formuliert und strukturiert sind. Dies umfasst sowohl die Formulierung des Gesamtprogramms und die Verpflichtung wesentlicher Entscheidungsträger auf die Programmziele, als auch die Anpassung der Incentive-Struktur, die die Programmziele entsprechend stützt und lokale Interessen de-priorisiert.

Dies ist umso wichtiger, als eine Konsolidierung wesentlicher Kern-IT-Systeme einen Zeithorizont und Return on Investment umfasst, der normalerweise außerhalb der üblichen Eckwerte liegt. Bei der Konsolidierung von langjährig etablierten IT-Systemen, die entsprechende Unterschiede in Prozessen und Geschäftsmodellen sowie eine hohe Komplexität der Einbindung in die umgebende Infrastruktur (intern und extern) beinhalten, können aufgrund der Migrations- und Integrationskosten leicht Payback–Zeiten von über 5 Jahren auftreten, was einen isolierten IT-Business Case nicht unbedingt attraktiv macht.

Wie gesagt ist keinesfalls zu erwarten, dass die (wie auch immer forcierte) Vereinheitlichung der Applikationslandschaft automatisch eine Vereinheitlichung der Prozesse und Geschäftspraktiken einzelner Bereiche erwirkt. Ohne umfassendes Gesamtkonzept werden die lokalen „Zentrifugalkräfte" immer wieder versuchen, lokale Differenzen zu berücksichtigen, und damit den erzielten Konsolidierungseffekten entgegenwirken, so dass gerade erreichte Synergien mittelfristig wieder zunichte gemacht werden. Oft kommt es in solchen Fällen auch zu „Partisanentum", indem zusätzlich lokale Lösungen etabliert werden, die oft verdeckt entstehen und die alten Unterschiede erhalten, so dass die Kosten nicht sichtbar werden. Diese Situation wird umso kritischer, je dezentraler die IT-Erbringung im Konzern erfolgt. Aber selbst bei einer zentral geführten Konzern-IT (z.B. interner IT-Dienstleister) ist ein solches Verhalten nur schwer zu verhindern. Daher ist neben der Einbindung in ein strategisches Gesamtkonzept, das die Ursachen der lokalen Unterschiede behebt, ein ausgewogenes Kräfteverhältnis zwischen IT-Demand und Supply im Konzern und die Etablierung eines geeigneten Governance-Modells wesentlich, um Konsolidierungen nachhaltig umzusetzen.

Typischerweise basiert eine IT-Konsolidierung auf einem langfristig angelegten Konsolidierungsplan für das Gesamtunternehmen, der die Leitlinien für zukünftige Entwicklungen vorgibt und die Vereinheitlichung Schritt für Schritt vorantreibt (bzw. die Freiheitsgrade der einzelnen dezentralen Einheiten mehr und mehr beschneidet). Das bedeutet dann, dass jede Investitionsentscheidung auf ihre Konsistenz mit der Gesamtstrategie überprüft wird und nur die Investitionen genehmigt werden, die einen Beitrag zur Gesamtstrategie leisten. Langfristig entsteht dann eine konvergente Umgebung, die aber nicht notwendigerweise genau mit den am Anfang des Programms formulierten Zielen übereinstimmen muss – über eine Laufzeit von mehreren Jahren ist mit einer Modifikation der ursprünglichen Zielsetzung zu rechnen, die durch externe Veränderungen (veränderte Markt-Konstellation, weitere Zu-/Verkäufe o.ä.) hervorgerufen werden. Die Konsolidierung ist damit selber ein dynamischer Rahmen, der sicherstellt, dass alle Beteiligten eine gemeinsame Zielrichtung verfolgen, ohne dabei zu sehr einzuengen.

### 5.4.4 Umsetzung und Maßnahmen

Basierend auf den oben beschriebenen Hebeln ergibt sich ein IT-Konsolidierungsprogramm, das im Groben aus drei Schritten besteht:

1. Start der Konsolidierung (Business Integration)
2. Definition eines Transformation-Fahrplans
3. Implementierung eines Change-Management-Programms

**Business Integration**

Wie bereits oben beschrieben, kann ein Großteil potenzieller Einsparungseffekte eines IT-Konsolidierungsprogramms nur dann realisiert werden, wenn dieses Programm durch eine weit darüber hinausreichende Angleichung / Standardisierung / Integration der Geschäftsmodelle und Produktportfolien der verschiedenen Tochtergesellschaften begleitet wird.

Generell gilt: Während die IT-Infrastruktur von Geschäftsprozessen, Produkten etc. relativ unabhängig ist und daher Potenzial für Quick Wins oder Initiativen außerhalb eines unternehmensweit orchestrierten Konsolidierungsprogramms bieten kann, ist für die – betragsmäßig größeren – Einsparungspotenziale in der Applikationswelt eine Annäherung / Integration / Konsolidierung / Standardisierung von Geschäftsprozessen, Produkten etc. unabdingbar.

Gelingt dies Schritt für Schritt, ergibt sich – praktisch als logische Konsequenz – eine Angleichung bzw. Vereinheitlichung der Anforderungen an die (Weiter-) Entwicklung von Applikationen, womit ein sehr großer Hebel für eine (mittel- bis langfristige) weitreichende IT-Konsolidierung im Applikationsbereich angesetzt wäre.

Erfahrungen zeigen, dass dieses Alignment von Geschäftsprozessen und Produkten ein Top-down-Prozess sein muss, der nur dann erfolgreich sein kann, wenn er von großen Teilen des Top-Managements aus Konzernzentrale und Tochtergesellschaften unterstützt wird.

**Definition eines Transformations-Fahrplans**

In einem zweiten Schritt muss ein übergreifender Transformations-Plan entwickelt werden. Denn nur wenn das Konsolidierungsprogramm im Ganzen wohl orchestriert und die verschiedenen Initiativen umfassend koordiniert werden, können die Potenziale optimal genutzt werden. Dies erscheint nahezu allen Entscheidungsträgern sehr schlüssig, wenn nicht gar offensichtlich. Dennoch geht die Mehrzahl der Unternehmen ein IT-Konsolidierungsprogramm ausschließlich technisch und von der Kostenseite an. In der Regel werden dabei sehr wenig Gedanken in die Abhängigkeiten zwischen den Kostensenkungsinitiativen oder die zugrunde liegenden Voraussetzungen, die erfüllt sein müssen, um das gewünschte Ergebnis zu erzielen, investiert.

Das wesentliche Element des Transformations-Plans ist die Reorganisation der IT- bzw. anderer Management-Prozesse. Im Bereich der IT-Prozesse sind folgende Punkte typische Konsolidierungsbeispiele:

- Zentralisierung der Strategie-Entwicklung, der Planungsaufgaben, der Policy-Entwicklung (SLAs, Einkauf, ...)
- Zentralisierung der übergreifenden Verwaltungsaufgaben (z.B. Lieferanten-Management, Anlagen-Management)
- Zentralisierung der Entwicklungs- und Wartungsaufgaben (wo möglich auch Betrieb)
- Beschränkung der lokalen IT-Bereiche auf Integration, lokale Anpassungen und End User Support
- Entwicklung übergreifender Management-Prozesse und Policies
- Release Management
- Demand Management
- IT-Architektur-Management (Applikations- und technische Architektur)

Abbildung 5.21 beschreibt ein potenzielles Modell für eine neue Aufgabenverteilung zwischen zentralen und dezentralen Einheiten eines multinationalen Konzerns.

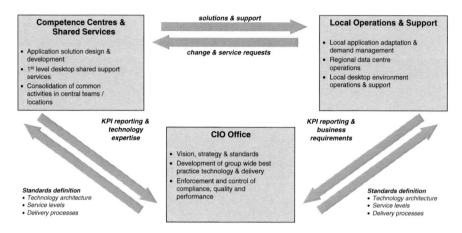

**Abb. 5.21.** Übersicht Governance in einem multinationalen Konzern

Dieses Konzept umgesetzt in einer Linienorganisation könnte beispielsweise die in Abb. 5.22 dargestellte IT-Organisation ergeben:

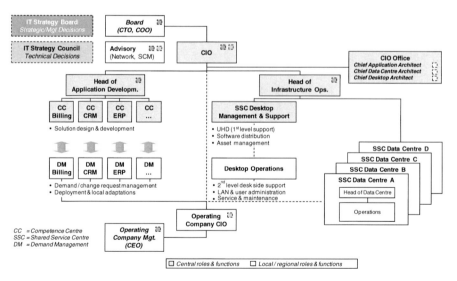

**Abb. 5.22.** Beispiel für eine IT-Organisation in einem multinationalen Konzern

## Implementierung eines Change-Management-Programms

Des Weiteren muss im Rahmen einer Konsolidierung ein übergreifendes Change-Management-Programm aufgesetzt werden. Ein Konsolidierungsprogramm, welches sowohl auf der IT-technischen als auch Geschäftsmodellseite ansetzt, wird zwangsläufig massive Veränderungen für die gesamte Organisation mit sich bringen. Es wird heftige Reaktionen vieler Mitarbeiter hervorrufen. Aus diesem Grund ist es absolut notwendig, im Rahmen des IT-Konsolidierungsprogramms nicht nur die inhaltliche, sondern insbesondere auch die menschliche Ebene zu adressieren. Ziel muss es sein, die Organisation intelligent – ggfs. behutsam – dazu zu bewegen, die Veränderungen zu akzeptieren, im Idealfall vielleicht sogar zu fördern. Dabei spielen kulturelle Eigenheiten des Unternehmens – vielfach sogar einzelner Tochtergesellschaften – eine zentrale Rolle. Diese müssen spezifisch adressiert und bei der Übersetzung der langfristigen Vision in ein Change-Programm berücksichtigt werden. Dieses Change-Programm wiederum ist der Rahmen für die Anpassung, respektive Veränderung der Arbeitsweisen im Tagesgeschäft der betroffenen Organisation und Individuen.

Die wesentlichen Erfolgsfaktoren für die Realisierung eines solchen IT-Konsolidierungsprogramms sind identisch mit den Erfolgsfaktoren jedes anderen großen Change-Programms:

- Top-down-Sponsorship (durch Top-Management)
- Konsequente und schnelle Veränderung der Governance-Strukturen
- Konsequente und schnelle Anpassung der Incentivierungssysteme

Das Gesamtprogramm muss von allen relevanten Stakeholdern – in der Zentrale und im „Feld" – getragen werden, ansonsten wird das Programm durch lokale Widerstände aufgerieben. Dies heißt zunächst einmal, dass das Projekt nicht allein von der Zentrale getrieben werden kann. Im Programm sollten die Tochtergesellschaften eine aktive fördernde Rolle übernehmen.

Ferner kann und darf das Konsolidierungsprogramm nicht allein ein Programm des IT-Vorstands/ CIO sein. Ohne die Unterstützung der Business-Seite des Top-Managements können zwar einige Effekte erzielt werden, doch sind die größeren Effekte (insbesondere im Applikationsbereich) nur in enger Zusammenarbeit von Business- UND IT-Seite zu erzielen. In diesem Sinne sollte die Governance-Struktur des Konsolidierungsprogramms ein Steering Committee vorsehen, das neben Top-Managern der IT-Organisation ebenso auch Top-Management-Vertreter der Business-Seite vorsieht.

Die Governance-Strukturen im Unternehmen – sowohl auf der IT- als auch der Business-Seite – müssen konsequent und schnell an die geplanten Veränderungen angepasst werden, um die Entscheidungswege zu zentralisieren und die Vereinheitlichung der Prozesse sicherzustellen. Im Klartext bedeutet dies, dass die neue Governance-Struktur die Veränderungen des Konsolidierungsprogramms vorwegnehmen muss. Nur auf diese Weise wird sichergestellt, dass die Konsolidierung/Integration durch klare Management-Zuständigkeiten unterstützt wird.

Darüber hinaus lassen sich auf diese Weise die Ziele der Konsolidierung sehr einfach in den Zielen des verantwortlichen Managements verankern. Dabei sollte ferner beachtet werden, dass nicht ein lokaler Erfolg, sondern der Beitrag zur Stärkung des Gesamtkonzerns belohnt werden soll.

## 5.5 Governance – Voraussetzung für robustes Wachstum

### 5.5.1 IT als Wachstumsbremse?

Viele Manager werden die Problematik kennen: Die von den Geschäftsbereichen eingeforderten Projekte sprengen jedes Jahr den IT-Ressourcenpool. Egal wie gut geplant und wie schnell gearbeitet wird, oft wird nicht schnell genug umgesetzt. Vielfach kommt es dadurch zu Verzögerungen bei Produkteinführungen oder der Unterstützung von neuen Geschäftsprozessen. Gerade in Unternehmen, deren Produkte und Dienstleistungen in hohem Maße von Informationstechnologie abhängen, wird deshalb die Technik in vielen Fällen (zu Unrecht) als Wachstumsbremse wahrgenommen. Abbildung 5.23 stellt die beiden typischen Standpunkte von Geschäftsbereichen und IT einander pointiert anhand einiger illustrativer Zitate gegenüber.

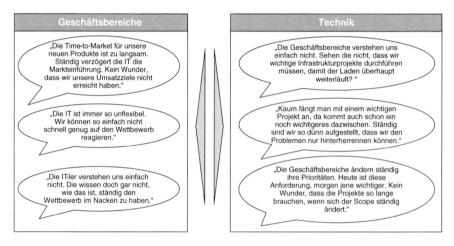

**Abb. 5.23.** Typische Standpunkte der Geschäftsbereiche und der IT

Zitate wie die oben angeführten Beispiele sind Ausdruck von Unzufriedenheit und Frustration auf beiden Seiten und deuten häufig auf ein ernstes Governance-Problem hin. Doch anstatt nach den wirklichen Ursachen zu forschen, wird vielfach der „Schwarze Peter" von einer Seite zur anderen geschoben. Dabei kann bei näherer Betrachtung oft mit wenigen, aber effektiven Maßnahmen beiden Parteien geholfen werden.

Im Folgenden soll ein Fallbeispiel vorgestellt werden, in dem durch die Behebung dieses Governance-Problems Wachstumsbremsen in der IT beseitigt und damit nachhaltiges Umsatzwachstum ermöglicht wurde. Das dazu betrachtete Unternehmen (TELCORP) ist ein großer europäischer Telekommunikationsanbieter, dessen Ausgangslage nachfolgend charakterisiert wird. Im Anschluss werden dann die im Rahmen eines vom CTO initiierten Projektes identifizierten Ansatzpunkte zur Verbesserung der Governance vorgestellt. Den Abschluss des Kapitels bildet ein Abriss der Ergebnisse der Neugestaltung der Governance und ihrer Effekte auf das Geschäftswachstum.

### 5.5.2 Ausgangslage

Wie viele Telekommunikationsunternehmen befand sich TELCORP nach Jahren des schnellen Wachstums in einer ungewohnten Situation. Einerseits hatten die abnehmenden Wachstumsraten im Neukundengeschäft den Fokus des Wettbewerbs stärker auf die Preise verlagert, während andererseits zwischen den Anbietern ein kostenintensiver Innovationswettlauf um neue Dienste und Tarifvarianten sowie die damit verbundenen Differenzierungsmerkmale entbrannt war. In diesem Umfeld hatte TELCORP mit hausgemachten Problemen zu kämpfen: Zum einen wurden immer ehrgeizigere Entwicklungsfahrpläne zu einem immer geringeren Prozentsatz umgesetzt (und dann oft nur mit großer Verspätung), zum anderen stiegen die Entwicklungs- und Betriebskosten exponentiell an.

Nachdem die Kosten- und Innovationsproblematik wiederholt im Vorstand diskutiert worden war, kam man zu dem Ergebnis, dass die Ursache vorwiegend in der geringen Leistungsfähigkeit des Technik-Bereiches zu suchen war. In der Folge startete der CTO ein Projekt, das die Ursachen der Leistungsschwäche identifizieren und Lösungsansätze erarbeiten sollte. Nach einer Reihe von Interviews mit Vertretern der Geschäftsbereiche und des Technik-Bereichs sowie einer Analyse der Innovationsprozesse präsentierte das Projektteam die folgenden Ergebnisse der Ursachenanalyse:

- *Selbstverständnis/Mission der Technik*: Von den Mitarbeitern der Geschäftsbereiche wurde die Technik als (lästiges) Mittel zur Umsetzung ihrer Ziele verstanden. Die Mission der Technik wurde definiert als die wunschgemäße Umsetzung von Vorhaben der Geschäftsbereiche. Ein originärer Wertbeitrag für das Unternehmen durch die Technik wurde nicht wahrgenommen, was sich auch in einem mangelnden Verständnis für Technik-initiierte Projekte (z.B. Architektur- oder Infrastruktur-Maßnahmen) äußerte. Das Selbstverständnis der Technik-Mitarbeiter war geprägt von ihrer Wahrnehmung durch die Geschäftsbereiche, was Ursache für Frustration und Resignation war.
- *Verantwortlichkeiten/Organisationsstrukturen*: Die Verantwortung für den Innovationsprozess war organisatorisch aufgeteilt zwischen den Geschäftsbereichen und dem Technikbereich. Während erstere für die Generierung von Ideen und

Konzepten für neue Dienste zuständig waren, oblag die Verantwortung für die Umsetzung allein der Technik. Damit verbunden war auch die quasi-Trennung der Verantwortung für Umsätze und Kosten neuer Dienste, die sich in den unterschiedlichen Erfolgskriterien für Geschäftsbereiche (Umsatz) und Technikbereich (Kosten) widerspiegelte. Dies führte häufig zu einem „Problem-über-die-Mauer-werfen", indem von den Geschäftsbereichen Entscheidungen zugunsten kurzfristig umsatzwirksamer Maßnahmen getroffen wurden (z.B. Einbindung fremdentwickelter Plattformen), die jedoch auf lange Sicht die Kosten negativ beeinflussten (z.b. für Schnittstellen-Entwicklung und Wartung).

- *Portfoliomanagement*: Die Verantwortung für das Portfoliomanagement war ebenfalls aufgeteilt. Während die Technik allein über Strukturprojekte (z.B. Infrastrukturmaßnahmen) entschied, wurde das Dienste- und Entwicklungsportfolio von den Geschäftsbereichen gemanagt. Ein Komitee aus Vertretern der Geschäftsbereiche entschied dabei regelmäßig über die Entwicklung neuer Dienste und die Priorisierung laufender Projekte. Allerdings wurden bei den Entscheidungen Auswirkungen auf das Technologieportfolio nur selten berücksichtigt. Zwar wurde für jeden neuen Dienst stets ein Business Case aufgestellt, doch da dieser von den Geschäftsbereichen entwickelt wurde, waren strukturelle Kostentreiber in der Technik (z.B. Komplexität der Architektur/ des Plattformportfolios) in der Regel nicht systematisch reflektiert. Dies führte in der Praxis dazu, dass Dienste entwickelt wurden, die im Nachhinein nicht profitabel zu betreiben waren. Außerdem ergaben sich aus der getrennten Steuerung der Entwicklungs- und Strukturprojektportfolios regelmäßig Ressourcenengpässe und Terminkonflikte.
- *Prozesse*: Des Weiteren wurde die geringe Formalisierung der Interaktionen zwischen Geschäftsbereichen und der Technik als Quelle von Problemen identifiziert. So wurden Prioritäten verschiedener neuer Projekte nur unzureichend an die Technik kommuniziert und unterlagen zudem über die Zeit häufigen Änderungen. Ein echtes Change Management fand nicht statt, weshalb die Geschäftsbereiche häufig ad hoc das Lastenheft von in der Entwicklung befindlichen Diensten (z.B. in Reaktion auf Wettbewerber) veränderten, ohne die damit verbundenen Auswirkungen auf die Entwicklungs-Roadmap abzuschätzen.
- *Architektur*: Aufgrund des hohen Zeitdrucks der meisten Entwicklungsprojekte wurden die vorhandenen Architekturvorgaben nur selten berücksichtigt. Im Zweifel entschieden die verantwortlichen Geschäftsbereiche oft zugunsten von Stand-alone-Plattformen für neue Dienste, die sich schnell implementieren ließen. Nach mehreren Jahren dieses Vorgehens waren die Wartungskosten für das Plattformportfolio jedoch massiv angestiegen. Insbesondere die Entwicklung und Wartung der Schnittstellen band zunehmend viele interne Ressourcen, die damit nicht mehr für die Neuentwicklung von Diensten zur Verfügung standen.
- *Sourcing*: Zuletzt wurde innerhalb der Technik eine in hohem Maße inkonsistente Sourcing-Politik festgestellt. Während einige Abteilungen alle Entwicklungstätigkeiten komplett selbst durchführten, konzentrierten sich andere auf das Management von externen Dienstleistern. In einigen Bereichen überstieg der Anteil von Fremdkräften deutlich die 50%-Marke, wobei Externe häufig von anderen Externen gemanagt wurden und ein gewisser „Wildwuchs" zu beobachten war.

## 5.5.3 Ansatzpunkte für die Governance-Neugestaltung

Das Projektteam war sich einig, dass die identifizierten Probleme nicht alleine innerhalb des Technikbereichs zu lösen waren, sondern vielmehr bereichsübergreifend angepackt werden mussten. Die oben vorgestellten Punkte wurden als eindeutige Hinweise auf ein Governance-Problem interpretiert. Die Etablierung adequater Governance-Strukturen war dementsprechend der Ausgangspunkt für die im Anschluss entwickelten Lösungsansätze:

- *Selbstverständnis/Mission der Technik*: Zunächst war man sich einig, dass die Technik nur als Berater und Partner der Geschäftsbereiche ihren vollen Wertbeitrag für das Unternehmen erbringen konnte. Dies erforderte jedoch ein Umdenken auf beiden Seiten und eine Neuausrichtung des Technikbereiches. Aus dem neuen Selbstverständnis wurden eine Reihe von Maßnahmen abgeleitet, um den Anforderungen gerecht zu werden: eine „kundenfreundlichere" Organisationsstruktur ausgerichtet an den Bedürfnissen der Geschäftsbereiche, veränderte Anreizsysteme und ein erweitertes Qualifikationsprofil der Mitarbeiter für mehr „Business Sense".
- *Verantwortlichkeiten/Organisationsstrukturen*: Des Weiteren erforderte die Bekämpfung der „Problem-über-die-Mauer-werfen"-Mentalität eine Anpassung des Zuschnitts der Verantwortlichkeiten. So sollten die Geschäftsbereiche nicht nur den Umsatz neuer Dienste, sondern auch den damit verbundenen Ressourcenverbrauch in der Technik verantworten. Insbesondere wurde ein gemeinsames Kennzahlenset als Basis für die Anreizsysteme auf beiden Seiten empfohlen. Als Grundlage dafür war jedoch mehr Transparenz insbesondere auf der Kostenseite erforderlich, die mit einer projektbezogenen Kostenrechnung und einem integrierten Berichtswesen (siehe Abb. 5.24) innerhalb des Technikbereiches erst

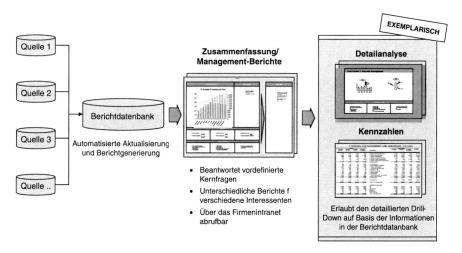

**Abb. 5.24.** Vollintegriertes und automatisches Berichtswesen

noch zu schaffen war. Darüber hinaus wurde auf Seiten der Technik mit dem *Programm-Manager* eine neue Rolle definiert, die von Anfang (Idee/ Konzept) bis Ende (Inbetriebnahme) für ein Projekt verantwortlich ist und den Geschäftsbereichen so stets als kompetenter Ansprechpartner zur Verfügung steht. Die Programm-Manager sollten dabei eng mit den entsprechenden Vertretern der Geschäftsbereiche (z.B. Produkt-Managern) zusammenarbeiten und gemeinsam mit ihnen für die Projektmeilensteine Verantwortung tragen.

- *Portfoliomanagement*: Zur neuen gemeinsamen Verantwortung für die Ressourcen des Technikbereiches gehörte auch, dass zukünftig das gesamte Projektportfolio (d. h. sowohl Entwicklungs- als auch Strukturprojekte) von ein und demselben Gremium gesteuert werden sollte. Ein neu eingerichtetes Komitee mit Beteiligung der Geschäftsbereiche, des Technikbereiches sowie der weiteren internen Kunden (siehe Abb. 5.25) sollte regelmäßig anhand einheitlicher Kriterien über neue Projekte entscheiden. Nur so konnte eine bessere Abstimmung der Planungen und eine hohe Akzeptanz für die Entscheidungen auf allen Seiten sichergestellt werden. Zukünftig sollten auf diese Weise Konflikte und Engpässe frühzeitig erkannt und umschifft werden. Auch wurde so eine Berücksichtigung der langfristigen Kosteneffekte von Portfolioentscheidungen gewährleistet.

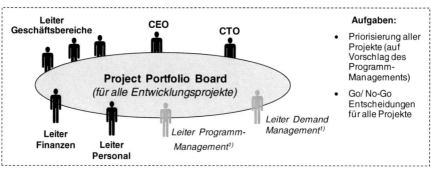

**Abb. 5.25.** Übersicht des Projekt-Portfolio-Boards

- *Prozesse*: Die Formalisierung und gezielte Steuerung der Interaktion zwischen den Geschäftsbereichen und der Technik sollte eine bessere Zusammenarbeit ermöglichen. Während in der Frühphase der Neuentwicklung von Diensten lediglich ein regelmäßiger Informationsaustausch vorgesehen war, sollte nach Beginn der Entwicklungsphase ein standardisiertes Change Management das Finetuning des Lastenheftes für neue Dienste steuern. Vor einer Anpassung des Scopes neuer Dienste stand nunmehr die Prüfung ihrer Auswirkungen auf Entwicklungskosten und Zeitplan. Des Weiteren wurde vorgeschlagen, den Zeitpunkt für Go/No-Go-Entscheidungen für die Entwicklung neuer Dienste zeitlich vorzuverlegen. Anstatt wie zuvor ein detailliertes technisches Design abzuwarten, sollte zukünftig die Entscheidung über die Implementierung bereits auf Basis eines weniger umfangreichen *high level*-Designs getroffen werden. Auf diese

## 5.5 Governance – Voraussetzung für robustes Wachstum

Weise sollte ein schnelleres Feedback bezüglich Ideen für neue Dienste aus den Geschäftsbereichen ermöglicht werden und zudem die Vergeudung von Ressourcen auf das detaillierte Design ohnehin nicht implementierter Dienste vermieden werden. Zudem wurde ein dreistufiges Priorisierungsschema für Entwicklungsprojekte entworfen (siehe Abb. 5.26), das allen Projekten eine klare Priorität und ein entsprechendes „Service Level" zuwies. Beispielsweise genossen Projekte mit Diamant-Priorität nun absoluten Vorrang bei der Ressourcenzuteilung, damit diese unter allen Umständen termingerecht fertig wurden (auch wenn dazu von anderen Projekten mit niedrigerer Priorität Ressourcen abgezogen werden mussten).

| Priorität | Service Level/ Commitment ggü. Kunden | Regeln der Ressourcen-Allokation |
|---|---|---|
| 'Diamant' | • 'Wir liefern termingerecht – egal was passiert'<br>• Zeitplanung gegen einen festen Fertigstellungstermin<br>• Termin kann vom Auftraggeber beliebig verschoben werden (falls erforderlich) | • Wenn das Projekt gefährdet ist, werden zusätzliche Ressourcen von 'Gold'-Projekten abgezogen<br>• Möglicher externer Zukauf von weiteren Ressourcen falls erforderlich, um den Termin zu halten |
| 'Platinum' | • 'Wir halten uns an den vereinbarten Zeitplan'<br>• Zeitplanung gegen einen festen Fertigstellungstermin<br>• Termin kann vom Auftraggeber nach Beginn der Implementierung nicht mehr verändert werden | • Nur in besonderen Ausnahmen werden zusätzliche Ressourcen von 'Gold'-Projekten abgezogen, um den Termin zu halten |
| 'Gold' *(Entspricht dem Ansatz für alle Projekte in der Ausgangssituation)* | • 'Wir versuchen den Zeitplan zu halten, aber Projekte mit höherer Priorität haben Vorrang'<br>• Zeitplanung mit Zielkorridor<br>• Zielkorridor kann sich nach hinten verschieben, wenn höher priorisierte Projekte zusätzlichen Ressourcenbedarf haben | • Zuordnung von Ressourcen auf Basis der Machbarkeitsstudie<br>• Falls Projekt verzögert, keine Zuordnung weiterer Ressourcen |

**Abb. 5.26.** Priorisierungsschema und Service Level für Entwicklungsprojekte

- *Architektur*: Eine konsequentere Durchsetzung von Architekturvorgaben schien notwendig, um den langfristigen Handlungsspielraum in der Technik zu wahren und die Komplexität des Plattformportfolios einzudämmen. Das Projektteam schlug dazu die Einführung von Eskalationsstufen vor, die auf verschiedenen Ebenen die Missachtung von Architekturvorgaben erschweren sollte. Beispielsweise sollte bei Investitionen ab einer gewissen Größe nur dann eine Abweichung von den Vorgaben möglich sein, wenn diese zuvor von den Leitern der Geschäftsbereiche und der Technik autorisiert wurde. Des Weiteren schlug das Projektteam die Zusammenfassung von ähnlichen oder miteinander zusammenhängenden Anforderungen zu modularen Plattformen vor, mit denen gleichzeitig mehrere Dienste unterstützt werden konnten. Auf diese Weise sollte nach und nach eine Rückführung der Stand-alone-Lösungen erreicht werden.

- *Sourcing*: Schließlich wurden einige Grundsätze für Sourcing-Entscheidungen innerhalb des Technikbereiches erarbeitet. So sollte das externe Sourcing auf Aktivitäten mit geringer strategischer Relevanz oder niedrigem Gesamtumfang beschränkt werden. Zudem wurde eine Formalisierung des Fremdvergabeverfahrens sowie ein regelmäßiges Controlling externer Beschäftigung in allen Abteilungen aufgesetzt.

Nicht ganz unerwartet führte die Präsentation der Ergebnisse und Empfehlungen des Projektes auf Vorstandsebene zu intensiven Diskussionen. Einige Überzeugungsarbeit war zu leisten, bevor auf Basis eines einheitlichen Verständnisses der Problemursachen die vielversprechendsten Lösungsansätze diskutiert werden konnten. Schließlich setzte sich jedoch die Einsicht durch, dass nur gemeinsam unter Mitwirkung aller beteiligten Bereiche die Wurzel der hausgemachten Probleme beseitigt werden konnten.

### 5.5.4 Ergebnisse und Fazit

Durch die Umgestaltung interner Governance-Strukturen konnte TELCORP seine akuten Problemfelder adressieren und die angezogene, hausgemachte „Wachstumsbremse" in der Technik lösen. Das Unternehmen hat sich damit für nachhaltiges Geschäftswachstum in eine gute Ausgangslage gebracht. Folgende Ergebnisse wurden erreicht:

- Höherer Durchsatz der technischen Entwicklung durch bessere Priorisierung und Auslastung der Entwicklungskapazitäten;
- schnellere Markteinführung für neue Dienste durch Plattform-basierte Architektur und konsequente Bevorzugung von Diensten mit hoher Priorität bei der Zuteilung von Ressourcen;
- bessere Planbarkeit des Zeitpunkts der Diensteinführung und damit bessere Einbettung in Kommunikationsmaßnahmen am Markt;
- Vermeidung von Ressourceneinsatz für Projekte mit schlechtem Kosten/Nutzen-Verhältnis;
- Kontrolle und Reduzierung der Kosten in Entwicklung und Betrieb durch konsequenteren Einsatz von Standards und intelligentes Sourcing sowie schließlich ein;
- geringeres Frustrationslevel bei allen Beteiligten und ein Ende der gegenseitigen Schuldzuweisungen.

Das Fallbeispiel TELCORP zeigt, dass IT-Governance nicht immer nur die Kostenseite des Unternehmens beeinflusst, sondern ebenfalls ein Wegbereiter für Wachstum sein kann. Gerade in Unternehmen, deren Produkte und Dienstleistungen in hohem Maße auf Leistungen der IT beruhen, ist daher eine funktionierende

Governance von entscheidender Bedeutung. Nur wenn Geschäftsbereiche und IT an einem Strang ziehen, ist hier nachhaltiger Erfolg möglich.

## 5.6 Demand Management – das Eingangstor zur IT

Die Unternehmens-IT wird oft von internen Kunden als „Black-Box" geschildert. Weder versteht man die Technik noch die dahinter liegenden Prozesse. Dieser Wahrnehmung von IT wird jeder CIO über Hierarchie-Ebenen hinweg schon einmal begegnet sein. Über diese Vorurteile gegenüber der IT hinwegzukommen, Zusammenhänge und Rahmenbedingungen zu erklären und Transparenz über IT-Themen hinweg zu schaffen, ist eines der wesentlichen Ziele des Demand Managements. Als eigenständige Einheit, oder dezentral integriert in einzelne IT-Leistungsabteilungen, bildet es die wichtige Schnittstelle zum internen Kunden. Da es sich dabei um eine operative Abteilung des Tagesgeschäfts handelt, grenzt es sich durch seinen Fokus auf IT-Projekte (Plan- & Build-Phase) vom Service-Management des Betriebs ab und durch den Fokus auf das jeweils aktuelle Tagesgeschäft vom längerfristigen Planungshorizont des IT-Portfolio Managements.

Dem internen Kunden steht es als operativer Ansprechpartner für alle Ideen mit IT-Bezug sowie laufende und zukünftige IT-Projekte zur Verfügung. Und da für immer mehr Branchen die IT Grundvoraussetzung für Wertschöpfung ist, erhält es im Rahmen der erfolgreichen Realisation von IT-Projekten eine immer höhere Bedeutung. Aber die „richtigen" IT-Projekte zu identifizieren, mit der Unternehmensstrategie, den Budget-Möglichkeiten sowie der IT-Architektur abzugleichen, hat sich als schwierige Aufgabe herausgestellt. Oft werden extra dafür geschaffene Prozesse nur bedingt gelebt und die „wirklich wichtigen" Projekte in jedem Fall über den CIO eskaliert, um ihre Realisation sicherzustellen.

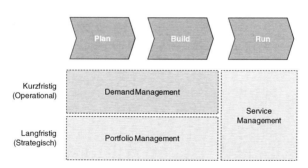

**Abb. 5.27.** Demand Management im IT-Prozessmodell

Unabhängig davon fließen jeden Tag Ideen aus allen Bereichen des Unternehmens Richtung IT – oft ohne Priorisierung auf der internen Kundenseite, bzw. Absprache der einzelnen Abteilungen. Die Aufgabe, diese Ideen-Flut zu managen und eine unternehmensweite Priorisierung durchzuführen, wird dann oft auf die IT-Seite verlagert. Im Zweifelsfall ist es eben einfacher, die oft unangenehme, da harte Entscheidungen benötigende Priorisierung an die IT zu delegieren und bei Missfallen zu kritisieren, als selbst mit einer intern abgestimmten Wunschliste die IT zu beauftragen.

Zusätzlich wird das Demand Management dabei mit einer zunehmend steigenden Anspruchshaltung der internen Kunden konfrontiert. Denn diese erwarten zunächst die Realisation der eigenen Projekte, an denen sie gemessen werden, und erst anschließend eine Priorisierung aus Sicht des Gesamtunternehmens. Oft wird auch die Befähigung der IT, überhaupt Demand Management betreiben zu können, in Zweifel gezogen, obwohl man sich für eine Verlagerung auf die IT-Seite entschieden hatte; ein Spannungsfeld, das nicht leicht aufzulösen ist. Es bietet jedoch der IT auch eine Vielzahl an Möglichkeiten, als Bindeglied zwischen internen Kunden aufzutreten.

So hat sich ein südeuropäisches Telekom-Unternehmen für eine weitgehende Demokratisierung des Demand Managements entschieden. Unter Leitung der IT tritt zwei-wöchentlich das mittlere Management interner Kunden zusammen, um die operative Umsetzung der IT zu verfolgen und in einem Abstimmungsprozess zu beeinflussen. Vorbereitet wird der Prozess durch das Demand Management. Hier werden Konflikte thematisiert und IT-Rahmenbedingungen transparent gemacht. In der Zeit zwischen den Meetings stehen den internen Kunden IT-Key-Account-Manager als Ansprechpartner zur Verfügung.

Im Gegensatz dazu haben wir für ein globales Pharma-Unternehmen einen weitgehend standardisierten Ansatz der Projekt-Priorisierung entwickelt. Hierzu werden alle Projekte über einen Multiple-choice-Fragebogen bewertet, in einer globalen Datenbank abgelegt und das Ergebnis als Grundlage in eine Priorisierungsdiskussion auf Management-Ebene eingebracht. Aber auch hier ist die IT das zentrale Bindeglied zur Informationssammlung und -verteilung.

Da insbesondere in Zeiten begrenzter IT-Budgets jedoch oft Anforderungen zurückgewiesen oder auf die „lange Bank" geschoben werden müssen, lassen

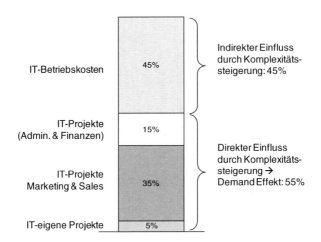

**Abb. 5.28.** Typische Verteilung und Einfluss interner Kunden auf IT-Kosten

Konfrontationen mit und zwischen internen Kunden, unabhängig vom gewählten Prozess, nicht lange auf sich warten. Die Herausforderung eines effizienten Demand Managements liegt daher im Erstellen des richtigen Projektmixes für das Unternehmen und in der gezielten strategischen Nachfragesteuerung und Kostenkontrolle. Nach Projekterfahrung von Booz & Company lassen sich über ein effizientes Demand Management dabei ca. 55% der IT-Projektkosten adressieren.

Jedoch sollte die Möglichkeit der Kostenreduktion durch effizientes Demand Management nicht das Gesamtbild überstrahlen. Wird Demand Management nur als Kostenkontrolle verstanden und operativ umgesetzt, werden interne Kunden es zuerst als Gatekeeper der IT sehen und entsprechend behandeln. Nur eine vollständige Abbildung aller strategischen Demand Management-Ziele kann eine weitgehende Akzeptanz sicherstellen.

### 5.6.1 Vom Business Case zur mehrdimensionalen Steuerung

Der Business Case ist in vielen Unternehmen die wesentliche Steuerungsdimension für IT-Projekte. Auch aus unserer Sicht hat er zu Recht als quantitatives Element hohes Gewicht. Um Business Cases sinnvoll zur Projektbewertung einsetzen zu können, sind jedoch einige Grundregeln zu beachten. So sollte im Vorfeld ein standardisiertes Bewertungsschema entwickelt werden, das von der Businesswie auch der IT-Seite mitgetragen wird. Vorab sollte geklärt werden, welche cashin- und cash-out-relevanten Bestandteile im Business Case abgebildet werden. Um realistische Annahmen z.B. in Bezug auf den zu betrachtenden Zeitraum, Abzinsungsfaktor etc. zu treffen, ist es oft hilfreich, die Struktur des Business Case mit dem Finanzbereich des Unternehmens abzustimmen. Weiterhin hat sich als praktikabel herausgestellt, Vorlagen zu entwickeln, die sowohl von der Business- als auch von der IT-Seite parallel genutzt werden und anschließend zu einem Gesamtbild zusammengefügt werden können. Es hat sich in der Vergangenheit als günstig erwiesen, mit einem einfach strukturierten Business Case zu beginnen, der später dann in der Struktur und Aussagekraft verbessert werden kann. Schließlich sollte der Business Case für jedes Projekt in relativ kurzer Zeit erstellt werden können.

Die Erfahrung kürzlich abgeschlossener Projekte zeigt, dass einige Kunden sich ausschließlich auf den Business Case verlassen. Dies geschieht vor allem dann, wenn Projekte in der Vergangenheit nicht oder nur sehr oberflächlich bewertet wurden, bevor sie zur Implementierung freigegeben wurden. So entschied beispielsweise ein italienischer Telekommunikationskonzern ausschließlich auf Business-Case-Ebene, welche Projekte durchgeführt werden sollten. Schwierigkeiten stellten sich ein, als realisiert wurde, dass Projekte, die in die Zukunftssicherheit von IT-Systemen investieren, bald fast vollständig von der Agenda verschwunden waren. Hier ging es etwa um den Infrastrukturausbau zur Performance- und Verfügbarkeitssteigerung, um Softwarepflege und um den Bereich IT-Sicherheit.

Die Bewertung von Projekten anhand des Business Case ist sicherlich ein sinnvoller erster Schritt zu einer Projektbewertung. Sich jedoch ausschließlich auf NPV, ROI oder Payback Period zu verlassen, ist oft nicht ausreichend. Eine

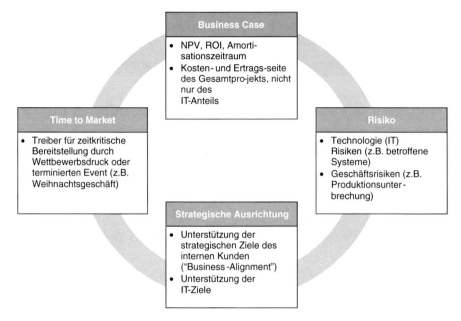

**Abb. 5.29.** Holistische Projektbewertung als Entscheidungsbasis

Managemententscheidung für oder gegen ein Projekt sollte auf Basis einer ganzheitlichen Betrachtung erfolgen. Wir schlagen hierzu eine Erweiterung der Entscheidungsdimensionen um die Kategorien strategische Ausrichtung, Risiko und Time-to-Market vor.

Die strategische Ausrichtung eines Projektes und dessen Einfluss auf die Gesamtstrategie des Unternehmens stellt dabei die am schwierigsten messbare und meist vernachlässigte Dimension dar. Unternehmensstrategien liegen selten in einer Form vor, gegen die sich Projekte direkt messen lassen. Da jedoch der Wertbeitrag der IT nicht nur in Euro, sondern zunehmend im Grad der Unterstützung des Geschäftsmodells gemessen wird, ist eine Beurteilung nötig und sinnvoll.

Zunächst sollte der Projektfokus ermittelt werden. Liegt dieser z.B. im Bereich Marketing und Vertrieb, so haben sich in der Praxis die folgenden Betrachtungen als hilfreich erwiesen, die strategische Bedeutung eines Projektes zu messen: Steigerung der Markenbekanntheit, Verbesserung des Customer Service, Unterstützung der Entwicklung von Produkt- und Service-Innovationen und direkte Auswirkungen auf den Point-of-Sale. Weiterhin könnte der Ausbau von strategischen Partnerschaften ein wichtiges Kriterium sein. Generell sollte sich die Bewertung der strategischen Ausrichtung an den in diesem Fall in Marketing und Vertrieb festgelegten strategischen Zielen ausrichten. Dies erleichtert auch die Abstimmung der Bewertungsvorlage für diese Projekte.

Informationstechnologie wird branchenübergreifend zunehmend komplexer. Jedes Projekt beeinflusst untereinander abhängige Systeme und oft auch über

Schnittstellen solche Systeme, die außerhalb des eigenen Unternehmens liegen. Echtzeitverarbeitung kritischer Unternehmensdaten ist heutzutage die Regel. Die Risikoanalyse aus technischer und aus operativer Sicht des Unternehmens wird damit zu einer wichtigen Entscheidungsdimension, denn nur im richtigen Risiko-Mix sind IT-Releases beherrschbar. Operative, aus „Business"-Sicht relevante Aspekte finden sich in erster Linie in der Anzahl der vom IT-Projekt betroffenen Kunden und der geographischen Reichweite der anvisierten IT-Lösung. Darüber hinaus spielt die Erfahrung, die ein Unternehmen im Diskursbereich des geplanten Projektes hat, ggf. eine zusätzliche Rolle, insbesondere, wenn das benötigte Know-how nicht einfach am Markt verfügbar ist. Technologie-Risiko kann ebenfalls anhand einiger Schlüsselkriterien beschrieben werden. Eine Auswahl möglicher Kriterien umfasst die Klarheit bzw. Abnahme des funktionalen Designs, die Anzahl der in der Implementierung tätigen Mitarbeiter sowie das Verhältnis von internen zu externen Ressourcen. Darüber hinaus sollte der Einfluss des Projektes auf die IT-Architektur geprüft werden. Werden hier grundsätzliche Entscheidungen bzgl. lokal oder global ausgeprägter Konfigurationen, Standardisierung oder die Anwendungsarchitektur in Frage gestellt oder verändert, so steigt das technologisch bedingte Risiko schnell an. Oft können jedoch auch schon einfache Betrachtungen, z.B. die Anzahl in das potenzielle Projekt involvierter Fremdfirmen oder die Anzahl der vom Projekt betroffenen Anwendungen eine Indikation über den technologischen Risikograd der Projektimplementierung geben.

Die fortschreitende Verkürzung von Entscheidungszyklen stellt einen weiteren Faktor dar. Mittel- bis langfristige Planungen sind oft bereits nach kurzer Zeit überholt, da Unternehmen auf das Markt- und Wettbewerbsumfeld reagieren müssen. Ohne die Zeitdimension bildet die Entscheidungsmatrix die Wirklichkeit nicht ab. Die Integration der Zeit- oder „Dringlichkeits"-Dimension sorgt für eine ausgeglichene Balance der Einflussfaktoren. In aktuellen Projekten gelang es Booz & Company, die durchschnittliche Time-to-Market bis zu 30% zu verkürzen. Wichtige Entscheidungshilfen bei der Einschätzung der Dringlichkeit bieten die Analyse der Wettbewerbsposition oder die Frage, ob die Projektimplementierung zu einem bestimmten von außen vorgegebenen Termin fertig gestellt sein muss (z.B. Weihnachtsgeschäft).

Wenn IT-Projekte durch diese vier Entscheidungsdimensionen beurteilt werden, dann steht dem Management eine Faktenbasis zur Verfügung, die die Entscheidungsfindung erleichtert und für das gesamte Unternehmen transparent darstellt. In der Praxis hat sich zu Beginn der Projektbewertung ein Vorgehen anhand der beschriebenen Dimensionen mit nur drei bis maximal fünf Bewertungskriterien bewährt. Hierbei sollten idealerweise Vorschlagswerte bereitgestellt werden, um eine einfache Handhabung bei der Projektbewertung in ggf. unterschiedlichen Abteilungen zu gewährleisten. Wird die Bewertung konsequent eingehalten, so gewinnt die Mittelverwendung des IT-Budgets an Transparenz und interne Kunden werden mit in die Verantwortung einbezogen. Die Kundenseite entscheidet hierbei final für oder gegen ein Projekt. Daher ist das Modell sowohl bei zentraler IT-Verantwortung als auch als Grundlage bei einer dezentraler Budgetierung anwendbar.

## 5.6.2 Der richtige Projekt-Mix – Demand Management auf dem Prüfstand

Der vorgestellte mehrdimensionale Ansatz sollte einer internen Erfolgskontrolle unterliegen. Diese sollte während der Projekt-Priorisierung und anschließenden Entwicklungsphase zunächst eine Echtzeit-Sicht auf den Projektfortschritt ermöglichen. Ein analytisches Business-Reporting erlaubt zusätzlich, die Belange funktionaler Units abzubilden, was die Entscheidungsgrundlage für die zukünftige Projektauswahl verbessert. Ergänzt wird der Ansatz durch das Performance-Management-Reporting, das die wesentlichen Metriken für jeden funktionalen Bereich zusammenstellt. Ziel ist, den Projekterfolg nicht nur anhand der Implementierung, sondern auch darüber hinaus messbar zu machen.

**Fokus auf interne Kunden**

Der geschilderte Evaluierungsprozess teilt sich operativ auf die beteiligten Unternehmensbereiche auf. Eine kurze Durchlaufzeit ist dabei kritischer Erfolgsfaktor. Daher sollte die Prozesshoheit für das Demand Management in zentraler Verantwortung liegen. Dies kann auch außerhalb der IT erfolgen, ist jedoch aus unserer Erfahrung heraus oft aufgrund fehlender Ressourcen schwierig. Verfügt die IT jedoch meist über die idealen Personal-Ressourcen zur Übersetzung der internen Kundenwünsche, ist sie oft automatisch der organisatorische und inhaltliche Treiber des Demand Managements. Hier sind die Wege zur Kostenseite, den Entwicklungsbereichen, kurz und die Aufgabe, Kundenwünsche in IT zu übersetzen, eine alltägliche Herausforderung. Soll die strategische Bedeutung des Demand

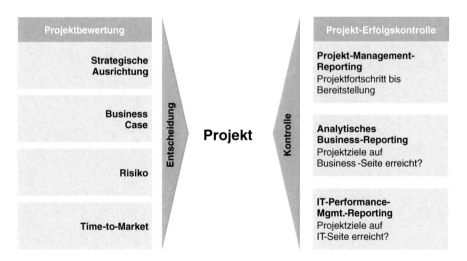

**Abb. 5.30.** Projektentscheidung und Erfolgskontrolle

Managements auch nach außen hin deutlich werden, wird die betroffene Abteilung teils auch direkt an den CIO gehängt.

Aber die Verankerung in der IT-Organisation ist nur die eine Hälfte. Erst bei geglückter Überzeitung der anderen Unternehmensbereiche wird das Demand Management Erfolg haben. Denn alle Abteilungen sollen ja nicht nur als Informationslieferant zur Bewertung der Entscheidungsdimensionen im Prozess, sondern auch als Hauptnutzer der Projektinformationen das Demand Management aktiv unterstützen und dessen Ergebnisse in ihrer Entscheidungsfindung nutzen. Erst nach Erreichen dieses Ziels wird das Demand Management die in es gesetzten Erwartungen erfüllen können.

**Demand Management von der IT auf das gesamte Unternehmen ausdehnen**

Demand Management stellt ein wichtiges Werkzeug dar, um den IT-Projektbedarf effizienter zu steuern. Der nächste Schritt ist jedoch, das Demand Management von der IT auch auf andere Unternehmensteile zu übertragen. Schließlich können nach demselben Verfahren auch allgemeine Technologie- und Business-Projekte bewertet werden. Der CIO kann so mit einer gut gesteuerten Planungs- und Implementierungsorganisation durchaus einen positiven Effekt für verschiedene Bereiche des Unternehmens erzielen. Wird Demand Management im Unternehmen konsequent eingesetzt, trägt dies zu einer verbesserten, faktenbasierten Steuerung bei. Darüber hinaus ist eine erhöhte Transparenz möglich, die nicht nur der IT vorbehalten werden soll. Dieser Effekt kann die Rolle des CIO stärken und eine enge Zusammenarbeit zwischen IT und verschiedenen Business Units fördern.

Dieser Ansatz birgt jedoch auch Risiken für den CIO. Durch den in den letzten Jahren verstärkten Outsourcing-Trend ist auch erkennbar, dass die Rolle des Demand Managements mehr und mehr in die Business Units abwandert und somit aus der IT herausgelöst wird, um möglichst nah am Geschäftsprozess zu sein. Dies ist notwendig, um z.B. outgesourcte Bereiche effektiv steuern zu können. Ein wichtiger Teil der IT-Verantwortung wird damit von der Demand-Seite, z.B. einer Business Unit, selbst wahrgenommen. Die Rolle des CIO wird in diesem Falle geschwächt, der CIO ggf. zu einem Manager einer IT-Implementierungs- und IT-Betriebsorganisation herabgestuft, mit eingeschränkter Entscheidungskompetenz in einer eher koordinierenden Rolle.

Es empfiehlt sich daher, in einer holistischen Betrachtungsweise mit dem Aufbau eines Demand Managements zu entscheiden, welche Bereiche im Unternehmen verbleiben sollen und durch ein Demand Management auf IT-Seite profitieren können. Typischerweise wird hier eine Unterscheidung in strategische und eher transaktionsgetriebene Teilbereiche vorgenommen. Für die mehr strategischen Bereiche sollte bewusst eine Entscheidung getroffen werden, ob das Demand Management auf Business- oder IT-Seite angesiedelt ist, um den Nutzen für das Unternehmen zu maximieren. Bleibt der CIO hierbei auf der Angebotsseite und nimmt sich der Rolle des Demand Managements nicht aktiv an, entfacht das die Diskussion um die Rolle des CIOs aufs Neue.

## 5.7 Governance – Erfolgsfaktor im Outsourcing

### 5.7.1 Die Problematik von Outsourcing-Governance

**Outsourcing als Querschnittsthema in der IT-Governance**

Eine anhaltend kontrovers diskutierte Entscheidungsdomäne der IT-Governance ist der Sourcing-Modus für die IT (siehe Kapitel 4.5). Im Rahmen der IT-Sourcing-Governance werden langfristige Richtungsentscheidungen hinsichtlich Eigen- und Fremdproduktion des IT-Leistungsportfolios (Sourcing-Strategie), Struktur des Lieferantenpools (Sourcing-Modell) und der internen Steuerung dieses Lieferantenpools gefällt.

Wurde nun im Rahmen der IT-SourcingGovernance ein bestimmtes Outsourcing-Modell beschlossen und der entsprechende Dienstleister ausgewählt, stellt sich als nächstes die Frage nach der konkreten Ausgestaltung der resultierenden Geschäftsbeziehung. Dies ist der Fokus der Outsourcing-Governance, die sich mit der Gestaltung und dem Management der Geschäftsbeziehung zwischen Kundenunternehmen und Dienstleister befasst.

Outsourcing berührt dabei als Querschnittsthema viele verschiedene Domänen der IT-Governance, so dass sich IT-Governance und Outsourcing-Governance wechselseitig beeinflussen. Zum Beispiel verändern sich durch die Einbindung eines externen Dienstleisters häufig die Anforderungen in den Bereichen:

- *Service Management*: detailliertere und formellere Beschreibung der Dienstleistungen und deren Qualitätsmerkmale sowie genauere Definition der Schnittstellen zwischen Kunde und Dienstleister.
- *Skills/Leadership*: veränderte Qualifikationsprofile für interne Mitarbeiter in der Retained Organisation.
- *Risk Management*: Erfassung und aktives Management von Risikoquellen im Umfeld des externen Dienstleisters.

Die vielfältigen Abhängigkeiten zu anderen Bereichen der IT-Governance machen Outsourcing bereits zu einem spannenden Thema. Doch nicht nur der Querschnittscharakter von Outsourcing-Governance rechtfertigt eine eingehendere Betrachtung.

**Governance als Erfolgsfaktor im Outsourcing**

Erfahrene Praktiker mit Outsourcing-Erfahrung werden bestätigen, dass das Management von IT-Outsourcing-Geschäftsbeziehungen keine ganz einfache Angelegenheit ist. Verschiedene Studien haben gezeigt, dass Outsourcing-Projekte oft aufgrund unzureichender Governance oder schlechtem Beziehungsmanagement scheitern (siehe Abb. 5.31). Doch warum ist Governance im Outsourcing ein so

## 5.7 Governance – Erfolgsfaktor im Outsourcing

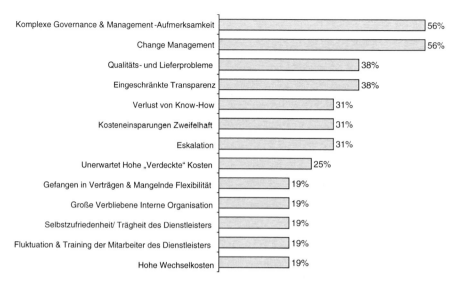

**Abb. 5.31.** Gründe für das Scheitern von Outsourcing-Beziehungen (Deloitte 2005)

entscheidender Erfolgsfaktor? Die Antwort liegt in den beiden großen Herausforderungen, denen das Management von Outsourcing-Beziehungen zu begegnen hat: (1) Opportunismusgefahr und (2) unternehmensübergreifende Koordination.

Vertragslaufzeiten von fünf Jahren und mehr sind keine Seltenheit im IT-Outsourcing. Langfristige Geschäftsbeziehungen dieser Art sind jedoch anfällig für opportunistisches Verhalten, wobei ein Vertragspartner durch eigennütziges Handeln die Abhängigkeitsverhältnisse der Geschäftsbeziehung ausnutzt und sich einen Vorteil auf Kosten des jeweils anderen verschafft. Diese Gefahr ist umso größer, wenn Ungewissheit über den zukünftigen Leistungsbedarf besteht oder – wie häufig der Fall – beziehungsspezifische Investitionen getätigt werden müssen (z.B. umfangreiches Training von Mitarbeitern, Schaffung von Schnittstellen zur Infrastruktur des Dienstleisters, etc.).

Außerdem sind Geschäftsbeziehungen im IT-Outsourcing von Natur aus komplex. Zum einen beziehen sie meist eine große Anzahl von unterschiedlichen Stakeholdern ein, die ihrerseits vielschichtige Beziehungen zueinander pflegen (z.B. die Geschäftsleitung, Mitarbeiter der IT, verschiedene Nutzergruppen). Zum anderen erschwert ein inhärenter Interessenskonflikt zwischen Kunde und Dienstleister die Zusammenarbeit. Laufende Qualitätsverbesserungen und Preissenkungen für den Kunden sind in der Regel nicht mit hohen Gewinnen aus dem Outsourcing-Geschäft für den Dienstleister vereinbar.

Aufgrund dieser vielschichtigen Problemstellung erfordern IT-Outsourcing-Geschäftsbeziehungen ein besonderes Maß an Kontrolle und Koordination. Auf Kunden- und Dienstleisterseite müssen sowohl Aktivitäten als auch Erwartungen immer wieder neu aufeinander abgestimmt werden. Die sorgfältige Gestaltung und Implementierung effektive-Mechanismen ist im IT-Outsourcing somit unerlässlich.

Im Folgenden sollen daher zunächst die vier grundlegenden Bausteine der Outsourcing-Governance vorgestellt werden. Hierzu werden der Reihe nach Verträge, Prozesse, Strukturen und Beziehungsprotokolle als Governance-Mechanismen charakterisiert und hinsichtlich ihrer Wirkung auf Kontrolle und Koordination in der Outsourcing-Beziehung beleuchtet. Im Anschluss werden dann die wesentlichen Fragestellungen der Governance-Gestaltung aufgezeigt. Dazu werden die wichtigsten Einflussfaktoren im spezifischen Kontext der Outsourcing-Beziehung identifiziert und die Problematik der Einbettung der Outsourcing-Governance in den IT-Governance-Gesamtkontext diskutiert. Schließlich werden einige idealtypische Governance-Konfigurationen vorgestellt und anhand von Beispielen illustriert. Zuletzt wird mit der Beziehungs-Scorecard ein Instrument zum gesamthaften Controlling von Outsourcing-Governance vorgestellt. Ein kurzes Fazit beschließt das Kapitel.

### 5.7.2 Mechanismen der Outsourcing-Governance

**Verträge**

Verträge bilden die formelle Grundlage einer jeden Outsourcing-Geschäftsbeziehung. Das Vertragswerk selbst ist häufig modular aufgebaut und umfasst in der Regel den Rahmenvertrag mit Anhängen, verschiedene Leistungsverträge für die vereinbarten Dienstleistungen und ggf. Übernahmeverträge, falls Personal oder Anlagegüter vom Kunden auf den Dienstleister übertragen werden (Söbbing 2005) liefert hier eine gute Übersicht). Struktur und Umfang der einzelnen Dokumente sind stark abhängig von den jeweiligen konkreten Rahmenbedingungen der Outsourcing-Vereinbarung. Rahmenvertrag und Leistungsverträge haben meist den größten Einfluss auf die Geschäftsbeziehung zwischen Kunde und Dienstleister.

- Der *Rahmenvertrag* legt übergreifend die Eckpunkte der Geschäftsbeziehung zwischen Dienstleister und Kunde fest. In einer Präambel werden häufig die Geschäftsziele der Outsourcing-Vereinbarung definiert. Darauf folgen dann im Hauptteil weitere Regelungen insbesondere zu Vertragslaufzeit, Haftung, Zahlungsbedingungen und Vertragsauflösung. Zudem definiert der Rahmenvertrag meist Verfahren zum Umgang mit Vertragsänderungen oder zur Schlichtung von Disputen. Wichtige Vereinbarungen, die häufigen Veränderungen unterliegen, werden meist in separaten Anhängen zum Rahmenvertrag festgehalten, wie z.B. Preislisten, Kontingente, Abstimmungsgremien oder Ansprechpartner.
- Die *Leistungsverträge* enthalten den eigentlichen Kern der Outsourcing-Vereinbarung. Zum einen findet sich in ihnen eine detaillierte Leistungsbeschreibung, die die Leistungsdefinition, den Übergabepunkt zwischen Kunde und Dienstleister, etwaige Prämissen und Ausschlüsse sowie die Mitwirkungspflichten des Kunden umfasst. Zum anderen enthalten die Leistungsverträge die spezifischen Service Level Agreements (SLA), die Performance-Zielgrößen

definieren, Qualitätsanforderungen in Form von Zielwerten festlegen, das Messverfahren beschreiben sowie Bonus- und Malus-Regelungen in Abhängigkeit vom Grad der Zielerreichung festsetzen.

Verträge werden im Rahmen der Outsourcing-Governance als ein wichtiges Kontrollinstrument eingesetzt. Die Detaillierung der Vereinbarung-en zwischen Kunde und Dienstleister, insbesondere im Hinblick auf Leistungsmerkmale und Qualitätsziele in den Leistungsverträgen, liefert die Basis für ein späteres Monitoring. Durch die Festlegung für ihn wichtiger Kennzahlen (z.B. Verfügbarkeiten oder Reaktionszeiten) kann der Kunde die Spielräume des Dienstleisters für opportunistisches Verhalten einschränken. Darüber hinaus können entsprechende Bonus- und Malusregelungen Anreize für ein Wohlverhalten der Vertragspartner schaffen. Zuletzt sind im Extremfall eines Disputs zwischen den Vertragsparteien nur solche Vereinbarungen vor Gericht einklagbar, die hinreichend detailliert im Vertrag fixiert wurden.

Neben ihrer Funktion als Kontrollinstrument erfüllen Verträge jedoch auch eine Koordinationsfunktion. Während der Vertragsverhandlungen gleichen Kunde und Dienstleister ihre gegenseitigen Erwartungen aneinander an und dokumentieren das Ergebnis dieser Angleichung im Vertragstext. Insbesondere die Definition von konkreten Zielgrößen und -werten schafft ein gemeinsames Verständnis für die Geschäftsziele der Outsourcing-Beziehung und hilft so, das Verhalten der Vertragspartner zu koordinieren. Weitere vertragliche Festlegungen im Hinblick auf Ansprechpartner, Abstimmungsgremien und -zyklen kanalisieren zudem den Informationsfluss zwischen den Geschäftspartnern und erleichtern so die Zusammenarbeit.

**Strukturen**

Zwischenbetriebliche Governance-Strukturen entstehen in jeder IT-Outsourcing-Geschäftsbeziehung rund um die organisatorische Schnittstelle zwischen Kunde und Dienstleister. Institutionalisierte Organe, abgegrenzte Verantwortungsbereiche und definierte Berichts- und Eskalationswege verleihen diesen Strukturen häufig den Charakter einer eigenen Aufbauorganisation. Zwei verschiedene Strukturelemente lassen sich differenzieren: (1) Gemeinsame Governance-Strukturen zwischen Kunde und Dienstleister sowie (2) individuelle Governance-Strukturen als Teil der jeweiligen Organisation der Geschäftspartner.

- Gemeinsame Governance-Strukturen sind vor allem zwischenbetriebliche Gremien, die gleichermaßen mit Vertretern des Kunden und des Dienstleisters besetzt sind. Je nach Spektrum der Verantwortlichkeiten lassen sich Organe mit eher strategischem, taktischem und operativem Fokus unterscheiden (vgl. Rybol 2005). Von besonderer Bedeutung für die Steuerung der Geschäftsbeziehung sind Gremien auf strategischer Ebene. In aller Regel definiert ein Lenkungsausschuss besetzt mit Mitgliedern der Geschäftsführung beider Vertragspartner hier die Geschäftsziele der Outsourcing-Beziehung und überwacht deren Umsetzung.

Im täglichen Management erweisen sich jedoch auch taktische und operative Gremien als sehr nützlich. Erstere dienen beispielsweise der Erarbeitung und Abstimmung konkreter IT-Initiativen auf Basis der definierten Geschäftsziele der Beziehung. Gemischte Teams auf der operativen Ebene können effektiv die eigentliche Realisierung des Outsourcing-Vorhabens im Rahmen der Tagesarbeit leiten.

- Individuelle Governance-Strukturen auf Kundenseite umfassen alle Positionen und Funktionsbereiche in der verbleibenden internen IT-Organisation („retained organization"), die Aufgaben in der Steuerung der Outsourcing-Beziehung wahrnehmen. Zu diesen Aufgaben gehören insbesondere das Beziehungsmanagement, das den Fokus auf die Aufrechterhaltung gut funktionierender Arbeitsbeziehungen auf allen Ebenen legt, und das Vertragsmanagement, in dessen Mittelpunkt die laufende Überwachung und Anpassung der Outsourcing-Verträge steht. Aufgrund vielfältiger Abhängigkeiten zwischen Vertrags- und Beziehungsaspekten werden die Verantwortlichkeiten für beide Aufgaben in vielen Fällen in einem kleinen Team oder einer einzigen Person gebündelt. Die konkrete Ausgestaltung hängt jedoch im Einzelfall auch vom übergreifenden IT-Governance-Modell des Kunden ab (siehe beispielhaft ein föderales Modell in Abb. 5.32). Zu den individuellen Governance-Strukturen auf Seiten des Dienstleisters gehört vor allem das Account Management, welches für den Dienstleister Aufgaben des Beziehungs- und Vertragsmanagements wahrnimmt. Aufgrund verschiedenartiger inhaltlicher und fachlicher Schwerpunkte ist das Account Management dabei oft organisatorisch von den technischen Linienfunktionen getrennt. Allerdings hängt auch hier die konkrete Ausgestaltung von der allgemeinen organisatorischen Aufstellung des Dienstleisters ab. Weitere interne Strukturen auf Dienstleisterseite mit Einfluss auf die IT-Outsourcing-Beziehung können z.B. Investment Boards oder Standardisierungsgremien sein.

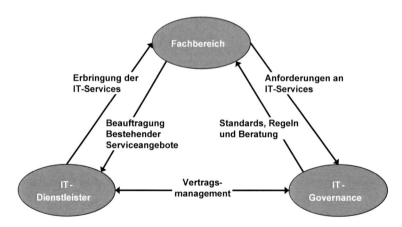

**Abb. 5.32.** Föderales Modell der IT-Governance im Outsourcing (Kaufmann und Schlitt 2004)

## 5.7 Governance – Erfolgsfaktor im Outsourcing

Gemeinsame Governance-Strukturen tragen erheblich zu einer effektiveren Kontrolle der Outsourcing-Geschäftsbeziehung bei. Sie bieten ein regelmäßiges Forum für den Austausch von Informationen über die Geschäftsbeziehung. Mit der dadurch geschaffenen Transparenz reduzieren sie den Spielraum für eigennütziges Handeln der Geschäftspartner. Zudem begünstigen sie die Entstehung persönlicher Bindungen und sozialer Normen zwischen den Mitarbeitern beider Unternehmen, welche die Neigung zu opportunistischem Verhalten auf beiden Seiten reduzieren. Darüber hinaus ermöglichen definierte Eskalations- und Berichtswege zwischen den einzelnen Governance-Organen eine quasi-hierarchische Kontrolle der Geschäftsbeziehung.

Gemeinsame Governance-Strukturen sorgen ebenfalls für eine effektivere Koordination der Handlungen beider Geschäftspartner. Dies wird insbesondere durch den laufenden Abgleich von Zielvorstellungen, Plänen und Erwartungen in den Gremien erreicht. Auftretende Konflikte finden hier ein Forum zur Diskussion und Lösungsfindung. Partnerschaftliche und auf Konsens ausgerichtete Entscheidungsfindung in den Gremien verbessert in aller Regel die Qualität und vor allem die Umsetzbarkeit der dort getroffenen Entscheidungen.

Individuelle Governance-Strukturen dienen ihrerseits für beide Geschäftspartner als Sammelstelle für Informationen über den Status des Outsourcing-Vorhabens. Die dadurch gebündelten Informationen ermöglichen eine wirksamere Kontrolle der Geschäftsbeziehung. Personelle Kontinuität insbesondere in den Positionen der Account- oder Relationship-Manager reduziert zudem opportunistische Interpretationsspielräume, da die jeweils andere Seite die Beziehungs-Historie und damit die Hintergründe zuvor getroffener Vereinbarungen kennt.

Zugleich unterstützen individuelle Governance-Strukturen die Koordination der Geschäftsbeziehung, indem sie durch die Bündelung von Interaktionspunkten und Ansprechpartnern Komplexität reduzieren. Den jeweiligen Beziehungsmanagern auf beiden Seiten kommt dabei durch ihre Rolle in der internen Meinungsbildung und Kommunikation besondere Bedeutung zu. Ihre holistische Perspektive auf den Gesundheitszustand der Geschäftsbeziehung erlaubt die frühzeitige Erkennung und Korrektur von Fehlentwicklungen.

**Prozesse**

Im Rahmen des IT-Outsourcing kommt ausgewählten IT-Governance-Prozessen besondere Bedeutung zu. Im Gegensatz zur internen IT-Leistungserbringung müssen diese Prozesse jedoch beim Outsourcing organisationsübergreifend abgestimmt und an den speziellen Kontext der Geschäftsbeziehung angepasst werden. Häufig werden die Eckpunkte dieser Prozesse dann bereits im Vertragswerk definiert. Die wichtigsten Prozesse in diesem Zusammenhang sind (1) das Performance- und Service Level-Management, (2) das SLA- und Vertragsmanagement, (3) das Nachfrage- und Kapazitätsmanagement sowie (4) der Strategieprozess.

- Das Performance- und Service-Level-Management zielt auf den Erhalt und die kontinuierliche Verbesserung der Qualität der vereinbarten IT-Dienstleistungen ab. Einerseits erfordert dies die regelmäßige Messung und Berichterstattung der Qualität der Leistungserbringung sowie die Überprüfung der Einhaltung der SLAs im Rahmen des SLA-Reportings. Andererseits gehört dazu auch eine entsprechende Analyse der Messergebnisse und die Ableitung von Empfehlungen zur Optimierung der Dienstleistungsqualität, z.B. bei wiederkehrenden Störungsmeldungen.
- Das SLA- und Vertragsmanagement hat die kontinuierliche Anpassung der Verträge und SLAs an geänderte äußere Rahmenbedingungen und Geschäftsanforderungen zum Ziel. Dazu muss laufend der Anpassungsbedarf in Form von Veränderungsanfragen (Change Requests) gesammelt und in regelmäßigen Runden zwischen den Vertragspartnern verhandelt werden. Relevante Abteilungen sind auf beiden Seiten zur Abstimmung der Vertragsänderungen entsprechend in den Prozess einzubinden.
- Das Nachfrage- und Kapazitätsmanagement zielt darauf ab, die Deckung des Dienstleistungsbedarfs bei gleichzeitig effizientem Ressourceneinsatz sicherzustellen. Zu diesem Zweck werden laufend die jeweiligen Pläne zu Leistungsbedarf und Leistungserbringung miteinander abgeglichen. Während das Nachfragemanagement des Kunden den zukünftigen Bedarf auf Geschäfts- und Dienstleistungsebene plant und budgetiert, fokussiert sich das Kapazitätsmanagement des Dienstleisters auf die Planung der Leistungserstellung auf IT- und Ressourcen-Ebene.
- Der Strategieprozess schließlich verfolgt die Wahrung der Geschäftsabsichten beider Vertragspartner. Im Gegensatz zu der kurz- bis mittelfristigen Perspektive des Nachfrage- und Kapazitätsmanagements beschäftigt sich der Strategieprozess mit der langfristigen Rolle der IT in der Wertschöpfungskette. Neben der Bewertung der Geschäftspotenziale von neuen Technologien und der Definition strategischer Anforderungen an die IT muss in diesem Prozess beispielsweise auch die Frage nach dem optimalen Sourcing-Modus für die IT beantwortet werden.

Alle oben beschriebenen Prozesse ermöglichen eine effektivere Kontrolle des Outsourcing-Projektes durch die systematische Generierung und den Austausch von Informationen über die Geschäftsbeziehung. So schafft das Performance- und Service-Level-Management Transparenz über den Grad der Erfüllung von Leistungsvereinbarungen und bildet damit die Basis für die ggf. erforderliche Einleitung von Sanktionen oder Korrekturmaßnahmen. Die Planungsergebnisse im Kapazitäts- und Nachfragemanagement hingegen reduzieren die Unsicherheit über Leistungsbedarf und -erbringung, wodurch die Spielräume für opportunistisches Verhalten für beide Geschäftspartner eingeschränkt werden. Das SLA- und Vertragsmanagement schließlich wahrt die Anwendbarkeit von Verträgen als Kontrollinstrument, indem es diese an veränderte Rahmenbedingungen anpasst und so ein gewisses Maß an Flexibilität erlaubt, die unabdingbar für den Erfolg langfristiger Geschäftsbeziehungen ist.

## 5.7 Governance – Erfolgsfaktor im Outsourcing

Zugleich sorgen Prozesse für eine bessere Koordination der Geschäftsvorgänge zwischen Kunde und Dienstleister, indem sie Abläufe, Beteiligte und Verantwortlichkeiten auf beiden Seiten festlegen. Durch die Vereinbarung von Prozess-Standards und Begriffsdefinitionen entsteht zudem eine gemeinsame „Sprache" zwischen den Mitarbeitern des Kunden und des Dienstleisters, welche die Zusammenarbeit erleichtert. Die wechselseitige Abstimmung und anschließende Kommunikation von Plänen hilft darüber hinaus, die Erwartungen der relevanten Stakeholder anzugleichen und so deren Handlungen zu koordinieren. Dabei erleichtert häufig schon die Planerstellung durch die explizite Erfassung und Priorisierung von Anforderungen der verschiedenen Stakeholder die Koordination zwischen den Geschäftspartnern.

**Beziehungsprotokolle**

In langfristigen Outsourcing-Geschäftsbeziehungen gewinnen soziale Aspekte zwischen Kunde und Dienstleister in besonderem Maße an Bedeutung. Verschiedene Studien haben gezeigt, dass Beziehungsprotokolle zwischen den Geschäftspartnern starken Einfluss auf den Erfolg von IT-Outsourcing-Vorhaben haben (z.B. Kim und Chung 2003). Beziehungsprotokolle sind zumeist implizite Regeln, die erwartete Verhaltensweisen und Einstellungen definieren und im Laufe der Zeit durch fortgesetzte Zusammenarbeit zwischen Kunde und Dienstleister entstehen. Getragen und entwickelt werden Normen zunächst auf der Basis persönlicher Beziehungen zwischen einzelnen Mitarbeitern und Teams. Später wirkt sich ihre Existenz jedoch auch auf der institutionellen Ebene in der Geschäftsbeziehung aus. Gezieltes Socializing zwischen den Mitarbeitern beider Organisationen (z.B. Mitarbeiter-Kollokation oder befristeter Austausch) kann die Entstehung von Beziehungsprotokollen fördern. Einige Beispiele für solche Beziehungsprotokolle sind:

- Commitment – der Glaube an den langfristigen Bestand der Geschäftsbeziehung und die Bereitschaft, in diese über den Vertrag hinaus zu investieren
- Vertrauen – die Erwartung, dass der Geschäftspartner in guter Absicht handelt und die getroffenen Vereinbarungen erfüllen wird, soweit es ihm möglich ist
- Flexibilität – die Bereitschaft, die getroffenen Vereinbarungen gütlich anzupassen, wenn sich die Rahmenbedingungen verändern, und
- Offenheit – die Bereitschaft, dem Geschäftspartner proaktiv und zeitnah Informationen zur Verfügung zu stellen, die für ihn nützlich sein könnten

Entsprechend ausgeprägte Beziehungsprotokolle besitzen eine tiefgreifende Kontroll- und Koordinationsfunktion. Reziprozität im Verhalten der Geschäftspartner reguliert dabei die Einhaltung der Protokolle und sanktioniert Fehlverhalten. Zeigt sich beispielsweise einer der Geschäftspartner in einer Sache besonders unfair, so wird der andere dies bei zukünftigen Verhandlungssituationen berücksichtigen und sich entsprechend verhalten. Darüber hinaus reduzieren Vertrauen und eine generelle Atmosphäre der Offenheit zwischen den Geschäftspartnern beidseitig die

Neigung zu opportunistischem Verhalten – zunächst auf persönlicher und später auf institutioneller Ebene. Einen ähnlichen Effekt haben ausgewiesenes Commitment und Flexibilität, da sie dem Geschäftspartner glaubwürdig die Absicht zu kooperativem Handeln signalisieren.

### 5.7.3 Gestaltung von Outsourcing-Governance

**Einflussfaktoren der Governance-Gestaltung**

Aus dem Kontext eines Outsourcing-Vorhabens erwachsen eine Vielzahl von Faktoren, die die Struktur der Beziehung zwischen Kunde und Dienstleister beeinflussen. Da diese folglich bei der Gestaltung von Steuerungsmechanismen zu berücksichtigen sind, werden die wesentlichen Einflussfaktoren nachfolgend erläutert.

Zu allererst wirken sich sowohl die Inhalte als auch die Kongruenz der mit dem Outsourcing-Vorhaben verbundenen Zielsetzungen von Kunde und Dienstleister auf die Kontroll- und Koordinationserfordernisse der Geschäftsbeziehung aus. Klar definierte und vor allem leicht überprüfbare Ziele stellen geringere Anforderungen an die Kontroll- und Koordinationsmechanismen zu ihrer Überwachung als solche, die inhaltlich vage sind oder deren Erreichung nur schwer zu beurteilen ist. Generell gilt auch, dass bei hoher Zielkongruenz zwischen Kunde und Dienstleister die Notwendigkeit von Kontrolle geringer ist, da die Gefahr opportunistischen Verhaltens des Geschäftspartners geringer ist.

Der Charakter der Dienstleistungen, die den Kern der Outsourcing-Vereinbarung ausmachen, hat ebenfalls in vielfältiger Weise Einfluss auf die Governance-Erfordernisse der Geschäftsbeziehung. So besteht erhöhter Kontroll- und Koordinationsbedarf für Leistungen, deren Merkmale nur schwer zu definieren oder vorherzusehen sind, z.B. in der Anwendungsneuentwicklung oder beim Einsatz unreifer Technologien. Das Gegenteil gilt entsprechend für standardisierte Commodity-Dienstleistungen, wie z.B. IT-Helpdesk oder Server-Management. Gleichermaßen erfordern wissensbasierte Dienstleistungen in aller Regel andere Governance-Mechanismen als Dienstleistungen, die im Wesentlichen auf physikalischen Gütern beruhen. Besondere Kontrollanforderungen stellen außerdem solche Dienstleistungen, die hohe einseitige spezifische Investitionen in Sach- oder Humankapital (z.B. Training) erfordern.

Je höher die Kritikalität der Beziehung von beiden Geschäftspartnern eingeschätzt wird, desto größer sind in aller Regel die Kontroll- und Koordinationsbedürfnisse. Die Kritikalität der Outsourcing-Beziehung bezeichnet ihre relative Bedeutung für den Geschäftserfolg von Kunde bzw. Dienstleister und lässt sich durch die potenziellen negativen Auswirkungen im Falle eines Scheiterns der Geschäftsbeziehung abschätzen. Aus Sicht des Kunden sind Outsourcing-Vorhaben häufig dann kritisch, wenn die vereinbarten Leistungen strategische Differenzierungsvorteile gegenüber dem Wettbewerb versprechen oder ihr Gesamtumfang sehr hoch ist im Vergleich zum IT-Gesamtbudget. Aus Dienstleistersicht sind vor allem solche Outsourcing-Geschäfte kritisch, die als Referenzprojekte eine hohe

Sichtbarkeit im Markt besitzen oder Möglichkeiten zur Erschließung neuer Märkte oder Kundensegmente versprechen.

Die jeweiligen Organisationsstrukturen und geographischen Aufstellungen von Kunde und Dienstleister beeinflussen selbstverständlich ebenfalls die Gestaltung der inter-organisationalen Schnittstelle zwischen ihnen. Beispielsweise stellen multinationale, divisionale Konzernstrukturen aufgrund ihrer Komplexität die Gestaltung der IT-Outsourcing-Governance vor weit größere Herausforderungen als lokal operierende Ein-Produkt-Unternehmen. Besondere Bedeutung kommt in diesem Zusammenhang auch dem generellen IT-Governance-Modell des Kunden zu (z.B. zentral, dezentral oder föderal), da dieses den Ansatzpunkt für die Steuerung der Outsourcing-Beziehung definiert.

Nicht zuletzt spielen Kulturen bei der Ausgestaltung von unternehmensübergreifenden Beziehungen eine nicht zu unterschätzende Rolle. Unterscheiden sich beispielsweise die jeweiligen Firmenkulturen von Kunde und Dienstleister hinsichtlich des Entscheidungsverhaltens (Konsens vs. top-down) oder der Prozessorientierung (ad-hoc vs. formalistisch) so entstehen besondere Koordinationsprobleme, die im Rahmen der Gestaltung der IT-Outsourcing-Governance zu berücksichtigen sind. Ähnliches gilt, wenn wie beim Offshore-Outsourcing die Geschäftspartner aus unterschiedlichen Kulturkreisen stammen und weder Sprache, noch Umgangsformen oder Geschäftsgebaren teilen.

Anhand der beiden Dimensionen Komplexität und Ungewissheit lässt sich die Vielzahl der oben identifizierten Einflussfaktoren auf ein einfacheres Schema reduzieren. Dabei besitzt jeder Faktor eine ganz eigene Wirkung auf diese beiden Dimensionen. So erhöhen Kulturunterschiede (z.B. beim Offshoring) Ungewissheit und Komplexität der Geschäftsbeziehung, während ähnliche Firmenkulturen zwischen Kunde und Dienstleister eher das Gegenteil bewirken. Ebenso unterscheiden sich ganz offensichtlich verschiedene Dienstleistungen hinsichtlich ihrer Bedeutung für Komplexität und Ungewissheit. Das Outsourcing einer strategischen eBusiness-Initiative ist mit der Auslagerung des Desktop-Services nicht vergleichbar.

**Idealtypische Governance-Konfigurationen**[16]

Durch die Reduktion auf zwei charakterisierende Dimensionen ist es möglich, Normstrategien für die Governance-Gestaltung abzuleiten. Dabei müssen diese als Startpunkt für eine situative Anpassung an den spezifischen Outsourcing-Kontext verstanden werden. Zunächst sollen vier Beispiele mit jeweils unterschiedlichen Ausprägungen der Dimensionen Komplexität und Ungewissheit betrachtet werden. Abbildung 5.33 beschreibt synoptisch die Outsourcing-Szenarien und ordnet sie bezüglich dieser beiden Dimensionen ein.

---

[16] Teile dieses Abschnitts sind in einer anderen Fassung bereits in Artikelform in HMD Heft 245 erschienen (Behrens und Schmitz 2005)

|  | **Fallbeispiel – Szenario I** | **Fallbeispiel – Szenario II** | **Fallbeispiel – Szenario III** | **Fallbeispiel – Szenario IV** |
|---|---|---|---|---|
|  | Outsourcing des Desktop-Service einer Spezialbank | Outsourcing der Netzinfrastruktur eines IT-Dienstleisters | Outsourcing des Rechenzentrums einer Universalbank | Outsourcing der Neuentwicklung eines Kernbanksystems |
| **UNGEWISSHEIT** | **NIEDRIG:**<br>• Eindeutig messbare Ziele: Kostensenkung, Servicequalität<br>• Standard-Dienstleistung (Commodity)<br>• Bekannte Service Level-Anforderungen | **HOCH:**<br>• Weiche Zielvorstellungen: Mehr Flexibilität, Zugang zu neuen Technologien<br>• Schnelle und schlecht vorhersehbare Entwicklung im Netzinfrastrukturmarkt<br>• Sehr lange Vertragslaufzeit | **NIEDRIG:**<br>• Klare Ziele: Fokussierung auf Kerngeschäft und Kostensenkung<br>• Standard-Dienstleistung (Commodity)<br>• Konstanter Leistungsbedarf und bekannte Anforderungen | **HOCH:**<br>• Weiche Zielvorstellungen: Vereinfachung der Geschäftsprozesse, Know-how Zugang<br>• Spezifikationen des Systems nicht vollständig bekannt<br>• Qualität des Endprodukts schwierig zu ermessen |
| **KOMPLEXITÄT** | **NIEDRIG:**<br>• Wenige Standorte, mittelgroße Organisation<br>• Überschaubarer Umfang<br>• Keine geschäftskritischen Dienstleistungen<br>• Geringe Kopplung an Geschäftsprozesse | **NIEDRIG:**<br>• Nur kleiner Teil der Organisation involviert<br>• Überschaubarer Umfang<br>• Ähnliche Firmenkulturen bei Kunde und Dienstleister | **HOCH:**<br>• Große, multi-divisonale Organisationsstruktur<br>• Viele Standorte in verschiedenen Ländern<br>• Sehr großer Projektumfang<br>• Geschäftskritische Dienste: z.B. Betrieb Kernbanksystem | **HOCH:**<br>• Weite Teile der Organisation in Projekt involviert<br>• Starke Abhängigkeiten zwischen Geschäftsprozessen und Entwicklungstätigkeiten<br>• Sehr großer Projektumfang<br>• Technisch anspruchsvoll |

**Abb. 5.33.** Vier Beispiele für unterschiedliche Outsourcing-Szenarien (Behrens und Schmitz 2005)

**Szenario I:** In Situationen von gleichzeitig niedriger Komplexität und Ungewissheit sind ergebnisorientierte Governance-Mechanismen wie Verträge am effektivsten. Sie sind in diesem Umfeld mit geringem Aufwand zu implementieren, da Ziele und Erwartungen der Geschäftsbeziehung relativ leicht explizit formuliert werden können. Prozesse sind zwar als Koordinationsmechanismus in diesem Szenario ebenfalls leicht umzusetzen, bergen jedoch die Gefahr eines „zuviel" an Bürokratie bei nur einem geringen Mehr an Kontrolle. Die Etablierung von weiteren verhaltensorientierten Mechanismen, d. h. ausgefeilten Strukturen und Beziehungsprotokollen, ist aufgrund des dafür erforderlichen hohen Einsatzes an Managementzeit und der Gefahr von Objektivitätsverlust kaum gerechtfertigt.

**Szenario II:** Bei hoher Ungewissheit nimmt die Effektivität von ergebnisorientierten Mechanismen ab, da sich nicht mehr alle Eventualitäten vorhersehen lassen, bzw. die Ergebnisziele nicht definierbar sind. Vertragstexte bleiben dann notwendigerweise vage. Diesen Verlust an Kontrolle können verhaltensorientierte Mechanismen ausgleichen. Insbesondere Prozesse sind besonders effektiv in diesem Szenario, da sie zur Reduzierung der Ungewissheit beitragen können (z.B. Planungsprozesse). Strukturen und Beziehungsprotokolle können ebenfalls zur Koordination und Kontrolle beitragen, jedoch ist ihre Wirkungsweise weniger transparent als die von Prozessen.

**Szenario III:** Hohe Komplexität im Umfeld von Outsourcing-Geschäftsbeziehungen führt in aller Regel zu längeren und unübersichtlicheren Verträgen. Dies geht zu Lasten ihrer Effektivität, da Abstimmung und Überwachung aufwändiger werden. Strukturen dagegen können durch die Bündelung von Verantwortlichkeiten die Komplexität der Geschäftsbeziehung beherrschbar

## 5.7 Governance – Erfolgsfaktor im Outsourcing

machen. Sie sind daher besonders geeignet, die Koordinations- und Kontrolldefizite von Verträgen in komplexen Geschäftsbeziehungen zu kompensieren. Prozesse und Beziehungsprotokolle können in diesem Szenario zwar ebenfalls zur Koordination beitragen, sind aber angesichts der hohen Komplexität nur mit großem Aufwand zu implementieren.

**Szenario IV:** In Situationen von gleichzeitig hoher Komplexität und Ungewissheit versagen ergebnisorientierte Governance-Mechanismen nahezu vollständig. Angesichts des vorhandenen Kontroll- und Koordinationsbedarfs müssen daher alle Register der verhaltensorientierten Kontrolle gezogen werden. An erster Stelle steht die gezielte Etablierung von Beziehungsprotokollen als dezentraler Kontrollmechanismus. Zu deren Entwicklung und Unterstützung bedarf es umfassender Strukturen, die zusätzlich eine Koordinationsfunktion übernehmen. Zuletzt können Prozesse trotz ihres hohen Implementierungsaufwands in diesem Szenario einen erheblichen Beitrag zur Kontrolle und Koordination der Geschäftsbeziehung liefern.

Abbildung 5.34 fasst die soeben getroffenen Tendenzaussagen aus den einzelnen Szenarien übersichtlich zusammen. Es wird ersichtlich, dass die verschiedenen Governance-Mechanismen in jedem Outsourcing-Szenario unterschiedlich gewichtet und aufeinander abgestimmt werden müssen.

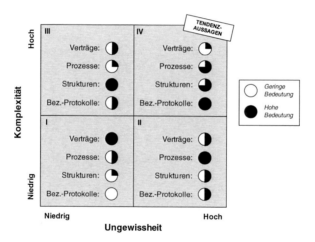

**Abb. 5.34.** Bedeutung verschiedener Governance-Mechanismen in unterschiedlichen Outsourcing-Szenarien (Behrens und Schmitz 2005)

### 5.7.4 Erfolgskontrolle im Outsourcing

Bei vielen Unternehmen endet die intensive Beschäftigung mit dem Thema Outsourcing-Governance mit der Vertragsunterzeichnung. Oft findet deshalb eine laufende Reflexion über den Status der Geschäftsbeziehung und den Stand der Zielerreichung im Hinblick auf die ursprünglich ausschlaggebenden Outsourcing-Ziele nicht statt. Zwar werden häufig umfangreiche Berichtssysteme etabliert, die qualitätsbezogene Kennzahlen liefern (z.b. Verfügbarkeiten, etc.). Eine Überwachung und vor allem Steuerung der Geschäftsbeziehung als Ganzes findet jedoch nur selten statt. Insbesondere unterbleibt eine Erfolgskontrolle hinsichtlich der Wirksamkeit der eingesetzten Steuerungsmechanismen.

Ein sinnvolles Instrument für eine umfassende Erfolgskontrolle und die gezielte Steuerung von Outsourcing-Beziehungen kann die Beziehungs-Scorecard sein (siehe Abb. 5.35). Sie ist ähnlich aufgebaut wie eine typische Balanced Scorecard und erweitert das häufig eng auf die Service-Qualität der Dienstleistungen fokussierte Berichtswesen um eine Beziehungs-, Finanz- und Strategieperspektive. Auf diese Weise kann die Entwicklung der Geschäftsbeziehung gesamthaft verfolgt und gesteuert werden.

| Qualität | Beziehung |
|---|---|
| • 2/20 KPIs übertroffen<br>• 12/20 KPIs erfüllt<br>• 6/20 KPIs nicht erfüllt<br>• 2 Eskalationen im Berichtszeitraum | • Ergebnis der Mitarbeiterbefragung:<br>  (5=Bestes Ergebnis)<br>  – Kunde = 3.2 (+0.5 vs. letzte Periode)<br>  – Dienstleister = 2.7 (–0.2 vs. letzte Periode)<br>• 2/10 Zielprotokollen als unzureichend bewertet |
| **Finanzen** | **Strategie** |
| • Gesamtkosten: +5% vs. letzte Periode<br>• Gesamtkosten: –20% vs. Baseline<br>• Stückkosten: 15% über Benchmark | • 9/12 Meilensteine im Zeitplan erreicht<br>• Anzahl Applikationen: –15% vs. Baseline<br>• Eine gemeinsam entwickelte Anwendung marktreif |

**Abb. 5.35.** Beispiel einer Scorecard für Outsourcing-Beziehungen (basierend auf Cullen 2004)

In der Beziehungsperspektive wird gezielt die Qualität der Arbeitsbeziehung beobachtet. Mit Hilfe von regelmäßigen Befragungen der internen Leistungsabnehmer kann z.B. die Entwicklung von Beziehungsprotokollen verfolgt werden. Diese Perspektive wird noch aussagekräftiger, wenn zusätzlich auch auf Seiten des Dienstleisters die Mitarbeiter zu den gleichen Inhalten befragt werden, so dass die beiden Perspektiven gegenübergestellt werden können. Durch die kontinuierliche Beobachtung der Beziehungsqualität können Anzeichen von Problemen frühzeitig erkannt und Gegenmaßnahmen eingeleitet werden, bevor es zu spät ist.

In der Finanzperspektive werden dagegen die monetären Ziele und Aspekte der Outsourcing-Beziehung nachgehalten und überwacht. Nicht selten wird nämlich nur vor der Outsourcing-Entscheidung einmalig ein Business Case erstellt, um die finanziellen Auswirkungen abzuschätzen. Nach der Vertragsunterzeichnung gerät dieser Business Case dann jedoch gerne in Vergessenheit, so dass nach ein paar Jahren kaum noch Aussagen darüber möglich sind, ob beispielsweise die ursprünglich avisierten Kosteneinsparungsziele realisiert wurden. Eine Aufnahme ausgewählter

Kennzahlen aus dem Business Case ist daher empfehlenswert. Darüber hinaus kann es sinnvoll sein, aussagekräftige Stückkosten-Kennzahlen und externe Benchmarks mit einzubeziehen.

Zu guter Letzt beleuchtet die Strategieperspektive die längerfristigen Ziele des Outsourcings. Hier kann z.b. der Status von Meilensteinen des Umsetzungsplanes oder die Erreichung von Einzelzielen verfolgt werden. Als Beispiele für solche Einzelziele seien hier die Konsolidierung des Applikationsportfolios, umfangreiche Software-Rollouts oder die Vermarktung eigenentwickelter Applikationen genannt.

## *5.7.5 Fazit*

Aufgrund der oben beschriebenen Kontext-Sensitivität ist eine situative Ausgestaltung von Outsourcing-Governance beinahe unerlässlich. Nur wenige in der Fachpresse und von einigen Marktteilnehmern gepriesene „Best Practices" besitzen universelle Gültigkeit. Stattdessen ist es wichtig, im Umfeld der Outsourcing-Beziehung gezielt die verschiedenen Einflussfaktoren zu analysieren und bei der Governance-Gestaltung zu berücksichtigen. Die oben vorgestellten Szenarien und idealtypischen Konfigurationen können als Startpunkt dafür Anregungen liefern.

Zuletzt sei an dieser Stelle noch einmal betont, dass mit Outsourcing keine Probleme zu lösen sind, die durch schlecht aufgesetzte IT-Governance entstehen. Vielmehr ist ein wohl definierter IT-Governance-Gesamtrahmen zwingende Voraussetzung für eine erfolgreiche Outsourcing-Strategie. Denn schließlich lässt sich fast alles in der IT outsourcen, nur nicht die Verantwortung für ihren Erfolg.

## 5.8 Organisation und Führungskultur

Ist die Überarbeitung und Anpassung der Entscheidungs-Domänen sowie die Bearbeitung der in diesem Kapitel diskutierten Projekte ausreichend für den Erfolg? Nein – jede noch so gute IT-Governance wird nie erfolgreich sein, wenn die Verantwortlichen, das Management-Team, zum einen nicht die ausreichende Qualität und Erfahrung mitbringen, zum anderen nicht in die internen Strukturen und Macht-Zirkel eingebunden sind. Schwache IT-Manager werden auch in sehr guten IT-Governance-Strukturen nicht erfolgreich sein. Schwache IT-Governance-Strukturen können zwar durchaus von sehr starken IT-Managern bis zu einem bestimmten Punkt ausgeglichen werden – erfahrene, sehr gute Manager werden aber auch schnell eine optimierte IT-Governance etablieren.

Ein guter, erfahrener Leader wird seine Organisation anhand der definierten Governance-Strukturen und Unternehmens-Vorgaben entwerfen und einführen. Oft spielen aber die „Boxen" einer Organisation – generell aber auch in der IT – eine zu dominante Rolle bei Entscheidungen zur Governance: Organisations-Entscheidungen werden nach verfügbaren Köpfen, Macht-Interessen und Personal-Entscheidungen getroffen.

Dagegen wird der spezifischen Definition der Rollen, den inhaltlichen Anforderungen sowie auch den Implikationen der verbundenen Struktur- und Kultur-Elemente in der Regel viel zu wenig Bedeutung beigemessen. Erfolgsfaktor für den Manager ist es, den effektiven Aufbau der Governance mit einem erfolgreichen Personal-Management zu verbinden. Dieses Kapitel beschreibt die Voraussetzungen, die auf der Personal-Seite, insbesondere hinsichtlich Führungs-Qualitäten (Leadership Skills) sowie der spezifischen Fähigkeiten des IT-Teams erfüllt sein müssen.

### 5.8.1 Welche Leadership-Fähigkeiten werden für eine funktionierende IT-Governance benötigt?

Der IT-Leiter (CIO) muss qua persona wirken, d. h. seine Persönlichkeit muss Kompetenzen wie Integrationsfähigkeit, Entscheidungsklarheit und Stringenz in der Umsetzung umfassen. Management-Fähigkeiten sind mindestens gleichbedeutend mit dem eigentlichen IT-Fachwissen. Je mehr sein Wort Gewicht im Unternehmen hat, je stärker er in die Entscheidungsprozesse des Unternehmens involviert ist, desto effektiver kann der CIO die IT-Governance steuern und die Belange der IT positiv vertreten.

In einer Untersuchung, „The human dynamics of teams" von Booz & Company, wurde transparent, dass ungefähr 40% der IT-Führungskräfte als einsame Wölfe operieren, das heißt nicht besonders integrationsfähig sind und gut mit anderen „klicken" – das ist doppelt so viel wie der Durchschnitt aller befragten Berufsgruppen. Die Attribute Integrationsfähigkeit und Fähigkeit, pro-aktiv das Gespräch zu suchen, müssen rekrutiert und entwickelt werden. Darüber hinaus findet auch die alte Weisheit – der Manager ist nur so gut wie seine Team-Mitglieder – Bestätigung. Bezeichnenderweise umgibt sich ein aus der Technik-Richtung kommender CIO selten mit Spitzenleuten, die auch andere Fähigkeiten und Disziplinen außerhalb der Technik-Spezialisierung mitbringen.

Haben gute IT-Manager wenig Chancen in den existierenden Strukturen oder gibt es zu wenige gute IT-Manager? Untersuchungen zur Turnover-Rate von CIOs zeigen zwei wesentliche Erkenntnisse: Die Verweildauer von IT-Managern hat generell zugenommen und es gibt mehr IT-Manager als früher, die in Geschäftsführungs- oder Vorstands-Funktionen aufrücken. So positiv diese Entwicklung ist, gibt es andererseits insgesamt noch großen Nachholbedarf, was die Qualifizierung der IT-Manager und ihrer Teams betrifft.

In einem DAX-Konzern wurde ein neuer CIO berufen, der als allerersten Schritt die Governance-Strukturen geändert hat: IT-Inseln wurden aufgelöst, klare Schnittstellen zwischen Fachseite und IT mit BIOs (Business Information Officer) etabliert, Demand-Prozesse genauso wie Entscheidungsprozesse neu eingeführt und eine schlanke, aber hoch-effiziente Gremien-Struktur etabliert. Erst dann wurden Schritt für Schritt Verbesserungs-Projekte hinsichtlich Service-Qualität, Applikations-Portfolio, Kostenreduktion, etc. angegangen. Einer der Erfolgsfaktoren des CIO

## 5.8 Organisation und Führungskultur

bei der Transformation der IT war, sich die Unterstützung der Top-Leistungsträger, auch junger Führungskräfte aus der 2. und 3. Ebene der IT, zu sichern und sich gleichzeitig aber auch von Managern, die den Qualitäts-Kriterien nicht standhielten, zu trennen. Mit seiner persönlichen Akzeptanz im Unternehmen und verbesserter Reputation der IT konnten dann auch nach den ersten anfassbaren Erfolgen der Transformation neue Innovations-Projekte aufgesetzt werden, die vorher ausschließlich nach außen vergeben oder gar nicht angegangen wurden.

Skill-Management, der Aufbau und die kontinuierliche Weiterentwicklung der Führungskräfte und Mitarbeiter in der IT umfasst nicht nur die technologische Komponente, sondern eben auch betriebswirtschaftliche und Management-bezogene Komponenten. Immer schnellere Technologie-Zyklen, viele, teilweise parallele Projekte erfordern eine entsprechende Ausbildung der Mitarbeiter – Projekte müssen abgewickelt und Innovationen eingebracht werden, das Ganze bei einem einwandfrei funktionierenden Tagesgeschäft. Ein weiterer Faktor ist, dass die IT als Unternehmensfunktion nicht mehr nur nach Kosten-Gesichtspunkten gesteuert wird, sondern auch über betriebswirtschaftliche Indikatoren, die über die reine Kostenstellenrechnung hinausgehen. Die IT-Mitarbeiter müssen sich also schrittweise weiter qualifizieren, um beispielsweise Themen wie die Balanced Scorecard als Steuerungs-Instrument in ihre tägliche Arbeit aufnehmen zu können. Ein elementar wichtiger Punkt ist darüber hinaus natürlich auch das Verständnis der Fachseite, d. h. den inhaltlichen Kontext von Anforderungen an die IT zu verstehen.

Eine Umfrage von Forrester unter 48 IT-Entscheidungsträgern in Europa aus 2005 bestätigt, dass die beschriebenen Skills im Fokus stehen.

Natürlich darf in diesem Zusammenhang nicht vergessen werden, dass IT-Organisationen durch Downsizing teilweise Talente verloren haben und keine Nachwuchskräfte mit geforderten Skills einstellen konnten. Die Balance zwischen erfahrenen Kräften und jungen Mitarbeitern, die in neuen Technologien zu Hause sind, ist oft unausgewogen. In fast allen IT-Organisationen trifft man dagegen auf

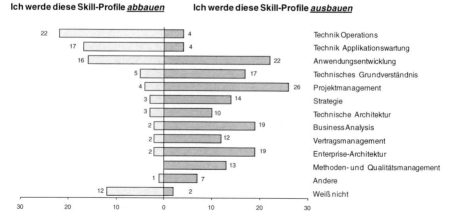

**Abb. 5.36.** Von CIOs geforderter Skill-Mix (Forrester Research 2005a)

eine hohe Zahl von externen Mitarbeitern (Consultants, Contractors), deren Wissen temporär ist, da sie das Unternehmen in der Regel nach einer gewissen Zeit wieder verlassen. Generell hat die Abhängigkeit von externen Organisationen zugenommen (Thema Sourcing/Outsourcing/Offshoring) – oft zu Lasten der Weiterentwicklung und Chance für die eigenen Leute.

Wir vertreten damit die Hypothese, dass zu einer erfolgreichen Positionierung der IT neben einer leistungsfähigen IT-Governance ausgeprägte Führungs-Fähigkeiten des CIO/IT-Managers sowie eine kontinuierliche Weiter-Qualifikation des IT-Teams (lt. Gartner 2005 machen die Kosten des IT-Teams ca. 25% der Kostenbasis aus) gehören. Damit wird nicht nur sichergestellt, dass generell benötigte Kenntnisse im Unternehmen vorhanden sind, sondern auch kontinuierlich weiterentwickelt werden. Dies muss eine Priorität des CIO sein.

Weitere spezifische Fähigkeiten des IT-Managers müssen in Verhandlungsstärke und Führung des IT-Shops sowie IT-Dienstleistern, insbesondere Outsourcing-Partnern liegen (siehe auch Kapitel Outsourcing).

Wenn dem Top-IT-Manager ein motiviertes, gut ausgebildetes IT-Team zur Seite steht, eine hocheffektive IT-Governance aufgesetzt ist, dann ist immer noch die Einpassung dieses Konstrukts in die Kultur des Unternehmens und die Verträglichkeit mit den internen Strukturen sowie den „hidden rules" zu berücksichtigen.

### *5.8.2 Welche Bedeutung hat die Unternehmenskultur?*

Ursachen der Probleme in der Zusammenarbeit zwischen Unternehmens-Funktionen liegen häufig innerhalb der Kultur und in der fehlenden organisatorischen Fitness begründet. Das hat eine Studie der internationalen Management- und Technologieberatung Booz & Company ergeben. Die Liste der beobachteten Defizite reicht von mangelhafter Entscheidungskultur bis hin zur fehlenden Informationstransparenz. Unterschiedliche Unternehmens-Kulturen können nicht generell in gut oder schlecht eingeteilt werden. Aber die Frage, welche Unternehmens-Kultur mit welcher Führungs-Kultur und mit welcher Art von Profilen der IT-Mitarbeiter am besten funktioniert, ist wichtig – und das muss individuell eruiert werden. Die Profilanalyse von Booz & Company (www.orgdna.com) betrachtet in diesem Zusammenhang das jeweilige „Erbgut (die DNA) der Organisation" oder kurz „OrgDNA". Die Analyse zeigt, dass es keine beste Einheitslösung für alle Unternehmen gibt; im Rahmen der Untersuchung werden jedoch individuelle effektive Wege zu einer gesunden OrgDNA in der IT anhand von Best Practices identifiziert und beschrieben.

So sieht der Alltag in den meisten Unternehmen aus: IT-Funktionen agieren nicht, sondern reagieren auf die unterschiedlichsten Zielsetzungen und Erwartungshaltungen, die ihnen aus den Unternehmensbereichen entgegengebracht werden. Dabei wird nach den vergangenen Jahren der Kostenorientierung heute immer deutlicher, dass IT in der Gestaltung des Unternehmenswachstums und in Fragen der Qualität eine entscheidende Rolle spielt. „Wir brauchen eine andere IT", hört man nun aus vielen Führungsetagen. Vom CIO und seiner IT-Funktion wird gefordert, dass sie sich stärker am Geschäft orientieren, zur Flexibilisierung des Unternehmens beitragen und vielfach sogar helfen, Marktleistungen zu professionalisieren. Die IT soll nicht nur Systemlösungen gemäß Anforderung effizient bereitstellen und betreiben, sie soll sich vor allem auch als Lösungsmanager verstehen und sich die Probleme und Herausforderungen der Business-Seite pro-aktiv zu eigen machen.

Doch um sich zu einer solchen professionellen Service-Funktion hin zu entwickeln, braucht die IT die richtige organisatorische Fitness. Dazu ist wiederum die Stimmigkeit der vier Elemente Unternehmensstruktur, Entscheidungsrechte, Motivatoren und Information relevant. Kombinationen dieser vier Elemente bestimmen das Wesen einer Organisation, die OrgDNA, und sind der Schlüssel zur Entfaltung des vollen Unternehmenspotenzials, um strategische Ziele schnell und wirksam umzusetzen (siehe Abb. 5.37).

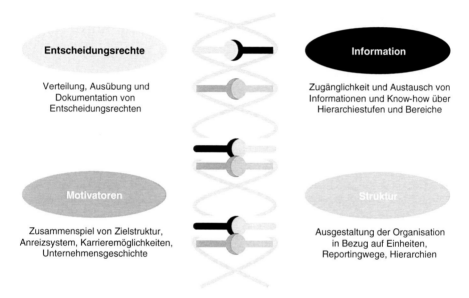

**Abb. 5.37.** Bausteine des „Erbguts" der Organsiation (Quelle: Booz & Company OrgDNA Profiler$^{SM}$)

**IT-Manager beurteilen eigene Organisation negativer als der Durchschnitt**

Booz & Company hat über 20.000 Führungskräfte in 30 Ländern, darunter mehr als 2.000 CIOs und IT-Manager, in einer weltweiten Online-Studie zur Fitness ihrer Organisation befragt. Aus den Antworten wurden sieben OrgDNA-Profile entwickelt, deren Eigenheiten Hinweise auf Stärken und Schwächen in den Organisationen der Unternehmen geben (siehe Abb. 5.38).

Interessant ist die Einschätzung der über 2000 befragten IT-Führungskräfte, von denen nur 26% die OrgDNA ihrer Organisation als positive charakterisieren. Das ist im Vergleich zu den anderen betrieblichen Funktionen – gemeinsam

| | OrgDNA Profil | Kurzbeschreibung | Anteil Gesamt-antworten[1] | Anteil IT-Antworten[2] |
|---|---|---|---|---|
| „Gesunde" OrgDNA Profile | Die Flexible Organisation | Kann schnell auf Veränderungen im Markt reagieren. Dennoch auf eine klare Geschäftsstrategie fokussiert und ausgerichtet. | 18% | 13% |
| | Die Just-In-Time Organisation | Nicht immer auf Veränderungen vorbereitet, aber anpassungsfähig genug, um auf Marktveränderungen zu reagieren, ohne dabei die Unternehmensstrategie aus dem Blick zu verlieren. | 10% | 9% |
| | Die Hierarchische Organisation | Oft nur von einem kleinen Management Team geleitet. Der Erfolg beruht auf der Entscheidungskraft, dem Durchsetzungsvermögen und der Voraussicht der Vorgesetzten. | 4% | 4% |
| „Ungesunde" OrgDNA Profile | Die Komplexe Organisation | Zu komplex, um von einem kleinen Team effektiv geleitet zu werden – muss die Macht, Entscheidungen zu treffen „demokratisieren" und auf mehrere Mitarbeiter verteilen | 16% | 18% |
| | Die Überverwaltete Organisation | Vielzahl Management-Ebenen lähmen in einem bürokratischen und sehr politischen Umfeld die Umsetzung strategischer Zielsetzungen. | 3% | 3% |
| | Die Unkoordinierte Organisation | Die Organisation besteht zu einem Großteil aus motivierten und talentierten Mitarbeitern, die jedoch selten gleichzeitig auf dasselbe Ziel hinarbeiten. | 8% | 10% |
| | Die Passiv-Aggressive Organisation | Scheinbar konfliktfrei gelingt es dieser Organisation, einen Konsens zu erzielen. Allerdings wird die Umsetzung durch ein allgemeines Mitspracherecht häufig verzögert. | 27% | 30% |

1) n>25.000
2) n>2.000
Differenz zu 100% reflektiert Anteil nicht verarbeitbarer Antworten
Quelle: Booz & Company OrgDNA Profiler[SM]

**Abb. 5.38.** Unterschiedliche Profile der OrgDNA

mit Forschung & Entwicklung – das schlechteste Ergebnis. Die Bereiche Finanzen, Personal und Vertrieb kommen mit über 34% zu einer deutlich positiveren Einschätzung.

Bei 32% aller Befragten zeigen sich gesunde OrgDNA-Profile. Dabei handelt es sich beispielsweise um den Typ 1, die flexible Organisation, die schnell auf Veränderungen reagieren kann und gleichzeitig auf eine klare Geschäftsstrategie ausgerichtet ist (18%). Ebenfalls vorteilhaft im Sinne der OrgDNA sind die „Just-In-Time"-Organisation (10%) und die hierarchische Organisation (4%), die sich durch Anpassungsfähigkeit und ein entscheidungsstarkes Management-Team auszeichnen. Die anderen vier Typen werden von einer statischen, passiven oder überverwalteten Organisation geprägt. Ein Blick auf die Profitabilität der untersuchten Typen zeigt, dass Unternehmen mit gesunder OrgDNA besser als andere dastehen.

**Zu wenig Informationen, unklare Kompetenzen**

Woran macht sich die schlechte Einschätzung der IT fest? Als wesentliches Defizit führen IT-Manager Entscheidungsschwäche und mangelnde Stabilität einmal getroffener Entscheidungen an. Besonders die Geschwindigkeit der Entscheidungswege bewerten die IT-Manager deutlich schlechter als ihre Kollegen aus anderen betrieblichen Funktionen. Angesichts der erforderlichen intensiven Verzahnung von Geschäft und IT (besonders in Applikationsentwicklung und -management) zeigt sich hier ein enormer Nachholbedarf. Auch im Bereich der Verantwortungsstrukturen haben die IT-Manager eine deutlich schlechtere Wahrnehmung als ihre Kollegen

## 5.8 Organisation und Führungskultur

in anderen Funktionen: Die fehlende Klarheit in den Entscheidungskompetenzen, insbesondere in der Rollenverteilung zwischen Geschäft und IT im Demand Management, zählt zu den Hauptdefiziten.

Wesentlich schlechter als ihre Kollegen beurteilen die IT-Manager auch die Informationstransparenz und -durchlässigkeit. Aus Sicht der Befragten ist die Einbindung in unternehmensweite Meinungsbildungs- und Informationsprozesse nicht ausreichend gegeben. In vielen Unternehmen ist die Emanzipierung der IT unter den betrieblichen Funktionen noch nicht abgeschlossen. Darüber hinaus fehlen häufig die Management-Informationen, die für eine wirksame Führung und Steuerung erforderlich sind. Ein voll funktionierendes IT-Controlling ist noch eine Ausnahmeerscheinung innerhalb der IT-Bereiche.

Außerdem nehmen die IT-Manager im Vergleich zu anderen Funktionen zunehmend Schwächen bei der Motivation und Incentivierung wahr. Zu enge Karrieremodelle, teilweise ohne Experten- und Projekt-Pfade, und häufig rein monetär ausgerichtete Anreizsysteme tragen den Anforderungen von Personalmanagement und -entwicklung in der IT nicht ausreichend Rechnung.

Der Anspruch der internen Kunden an die IT ist von der Realität weit entfernt. Gerade beim Vergleich zu anderen betrieblichen Funktionen wird der Nachholbedarf besonders deutlich: Die IT ist vielfach mit ihrer DNA noch nicht als Lösungsmanager aufgestellt. Was ist zu tun?

**Governance als Regelwerk für den Erfolg**

Es gibt sicherlich keinen Königsweg. Es haben sich aber Wege herausgebildet, über die die CIOs ihre IT-Funktionen auf die Rolle als Lösungsmanager effektiv vorbereiten. Erfolgversprechende Ansätze gehen dabei stets vom Kunden und dessen Geschäftsanforderungen aus. Andernfalls besteht die Gefahr, dass die IT, wie so häufig auf der Geschäftsseite kritisiert wird, am Kunden vorbei operiert und dabei allein sich selbst optimiert. Der Hebel liegt vor allem in der richtigen Gestaltung des strategischen Bedarfsmanagements. Die beobachteten Defizite in der Governance, den Entscheidungsprozessen und Informationsflüssen müssen an der Kundenschnittstelle gelöst werden. Typischerweise ergeben sich dadurch auch positive Effekte auf viele beobachtete Probleme in den nachgelagerten IT-Wertschöpfungsstufen.

So sollte die Governance sicherstellen, dass die fachliche Verantwortung für die Gestaltung der IT auf der Business-Seite verankert und dort auch tatsächlich wahrgenommen wird. So eingängig diese Aussage auch ist, sie wird in der Praxis eben oft noch nicht gelebt. In vielen Unternehmen vertritt der CIO, wie im vorigen Kapitel beschrieben, beispielsweise immer noch alleine das IT-Budget, ohne dass er dabei die erforderlichen Steuerungsmöglichkeiten eines Etatinhabers besitzt.

Die verbindliche Definition der Governance ist dabei nur ein erster Schritt. Um die Fachseite tatsächlich in die Verantwortung zu bringen und zu halten, müssen entsprechende Fähigkeiten aufgebaut werden. Einige Unternehmen haben damit durch Einrichtung von Business Information Officers auf der Demand-Seite bereits begonnen. Eine fachliche und persönliche Nähe im Sinne eines Key-Account-Managements in der IT ist dabei für die Zusammenarbeit an der Demand-Schnittstelle sehr förderlich. Auch Job-Rotationen können sehr hilfreich sein.

## IT braucht Informations- und Steuerungsinstrumente

Der vielfach unzureichenden Verbindlichkeit und Stabilität von Entscheidungen kann nur auf mehreren Pfaden begegnet werden. Zum einen sind klare Regeln bei der Entscheidungsfindung und -umsetzung zu etablieren und durchzusetzen. So wird für die IT eine robuste Arbeitsbasis geschaffen. Zum anderen ist die IT in der Verantwortung, der Business-Seite die bestehenden Entscheidungsspielräume klar, aber sehr differenziert zu kommunizieren. Die IT muss in diesem Umfeld auch Angebote für die Fachseite schaffen, andernfalls wird die IT schnell in eine Blockade-Rolle gerückt.

In vielen Unternehmen sind die erforderlichen Informations- und Steuerungsinstrumente, insbesondere Planung, Budgetierung, Projektkalkulation und Erfolgsrechnung, noch nicht ausreichend ausgeprägt. Die Steuerbarkeit der IT-Funktion leidet enorm unter diesen Defiziten. Vorzeige-Unternehmen schaffen über ein wirksames IT-Controlling die erforderliche Transparenz. Diese Unternehmen agieren mittels Servicevereinbarungen, um den richtigen Anreiz für eine effektive Nutzung von IT-Leistungen zu setzen. Leistungsmessung und -abrechnung bieten darüber hinaus auch für die interne Steuerung und Optimierung der IT einen wichtigen Zusatznutzen.

Die Erkenntnisse der OrgDNA-Studie haben klare Defizite in der organisatorischen Fitness aufgezeigt. CIOs sollten diese potenziellen Schwachpunkte im Grundcharakter ihrer Organisation rasch identifizieren und über die verschiedenen Hebel die bestehenden Störgrößen auf dem Weg zur IT als pro-aktivem Lösungsmanager abbauen. Dementsprechend wird sich auch die Rolle des CIOs in Zukunft weiter klar verändern: Weg vom reinen Technologie-Implementierer hin zum kundenorientiert agierenden Analysten und innovativen Vordenker.

## Organisations-Design und organisatorische Fitness

Neben Leadership-Fähigkeiten, Qualifikation des IT-Teams und Kohärenz mit der Unternehmenskultur ist die organisatorische Fitness wesentlicher Faktor für eine erfolgreiche Positionierung der IT im Unternehmen. Organisatorische Fitness leitet sich davon ab, dass man den – in der Regel im Unternehmen vorgegebenen – Design-Prinzipien für die Organisations-Entwicklung folgt (z.B. Führungsspannen) und Organisations-Entscheidungen nicht – wie eingangs erwähnt – an Personalentscheidungen hängt oder von Macht-Konstellationen abhängig macht.

Der IT fällt in den Unternehmen vom organisatorischen Aspekt her eine Sonderrolle zu: Durch ihre unternehmens-übergreifende Funktion ist die IT – daher vielfach auch Integrations-Technik genannt – oft Vorreiter bei der Bildung von Shared-Service-Organisationen oder Kompetenz-Zentren. Richtige Idee, schlecht ausgeführt: Die IT leidet vielfach an der fehlenden Erfahrung beim Aufbau einer Shared-Services-Funktion sowie der fehlenden Akzeptanz im Unternehmen. Auch als Trendsetter für die Ausgründung von Einheiten in eigenständige Gesellschaften konnte die IT nicht reüssieren. Zwar haben weit mehr Unternehmen ihre IT in eigenständige GmbHs ausgegründet als dies allgemein bekannt ist, jedoch haben verfehlte Ziele wie der Traum von zusätzlichen externen Umsätzen (non-captive

## 5.8 Organisation und Führungskultur

Drittmarktgeschäft) auch hier dazu geführt, dass die Positionierung der IT sich nicht verbessert hat. Dabei sind die Ziele einer Professionalisierung der IT oder Effektivitäts-Steigerung auf Marktniveau absolut wichtig und richtig – die Ausgründung von anderen Unternehmensfunktionen, wie Abrechnungs-Gesellschaften, Trading-Gesellschaften o.ä. sind heute fast normale Praxis.

Das Organisations-Design und damit die Frage, wie man die IT am besten aufstellt, sollte man daher auch immer im Kontext der Erfahrungen im Unternehmen und der vorgegebenen Strukturen betrachten. Die Frage beispielsweise, wie zentral vs. dezentral die IT in einem länder- oder funktionsübergreifenden Konzern aufgestellt wird, ist von entscheidender Bedeutung.

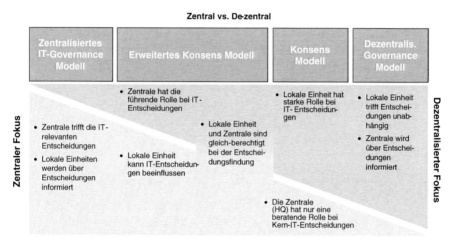

**Abb. 5.39.** Lokale vs. zentrale Verantwortung

Die Frage, welche Positionierung die IT im Unternehmen haben sollte und auf welchem Entwicklungspfad sie von der gegenwärtigen zur Ziel-Situation transformiert werden soll, ist immer im Kontext der IT-Governance-Überlegungen zu adressieren. Das gilt nicht nur für die Frage „zentral vs. dezentral", sondern auch für Fragen wie die, an wen ein funktionaler IT-Verantwortlicher (z.B. BIO Vertrieb) berichten soll, d. h. in der IT oder im Vertrieb, wo die Grenze zwischen IT und Technik liegen soll (z.B. IT und Netz in der Telekommunikation) oder welche Gremien-Struktur zur Steuerung der IT etabliert sein muss.

Auch Projekte wie die Überprüfung des Organisations-Design und Erreichung von organisatorischer Fitness der IT sind Themen, die kontinuierlich auf der Agenda des CIO stehen müssen. Je besser die IT aufgestellt ist hinsichtlich Organisation und Qualität des IT-Teams, desto besser und erfolgreicher können die in diesem Kapitel beschriebenen aktuellen Themen der IT-Governance bearbeitet und umgesetzt werden.

Als Quintessenz fassen wir zusammen, dass eine hervorragend definierte IT-Governance nur durch einen CIO positiv umgesetzt werden kann, der

- in die Kultur und „OrgDNA" des Unternehmens passt,
- integrative Führungsqualitäten besitzt,
- der Weiterentwicklung seines Teams hohe Aufmerksamkeit schenkt,
- Machbarkeit bei der Zielerreichung als Erfolgsfaktor berücksichtigt.

Damit wird klar, dass es auch in dieser Frage keine Lösung von der Stange für jedes Unternehmen gibt, sondern dass die Lösung maßgeschneidert sein muss.

## 5.9 Herstellung und Nachweis der IT-Compliance

Mit dem flächendeckenden Einsatz der IT haben sich die Unternehmen nicht nur vielfältige und neuartige Möglichkeiten erschlossen, sondern sie haben auch eine mindestens ebenso große Abhängigkeit von dieser IT entwickelt. Die Ansprüche an die Sicherheit der Daten und die Verfügbarkeit der IT-Systeme sind dabei genauso gestiegen wie die Komplexität der IT und der Prozesse für ihren Betrieb. Mit dem Ausfall einzelner IT-Systeme oder dem Verlust von Daten waren immer schon Probleme verbunden, heute sind es aber schnell existenzgefährdende Situationen für ein Unternehmen, insbesondere dann, wenn keine angemessenen Gegenmaßnahmen ergriffen und deren sichere Funktionsweise überprüft wurde.

Dieser Mechanismus, in Abhängigkeit von einem *Risiko* (z.B. Datenverlust) bereits vorab eine angemessene *Gegenmaßnahme* zu ergreifen (z.B. tägliche Datensicherung) und sich dann regelmäßig von ihrer *Wirksamkeit* zu überzeugen (z.B. durch Test der Datenrücksicherung), scheint naheliegend, ist aber keineswegs selbstverständlich. Weil es aber für bestimmte Einsatzgebiete der IT im öffentlichen Interesse liegt und damit geboten ist, die IT-Systeme sicher und verlässlich zu betreiben sowie die Daten zu schützen, hat der Gesetzgeber entsprechende Vorgaben formuliert und darüber hinaus unabhängige Dritte beauftragt, die Einhaltung dieser Vorgaben zu überprüfen. Selbst wenn die Beachtung von Gesetzen immer schon verpflichtend war, so haben doch gerade erst die spektakulären Fälle ihrer Missachtung oder die erkannten Regelungslücken dazu geführt, dafür einen eigenen Begriff auszuprägen, was die Relevanz deutlich anzeigt. Die Einhaltung von Vorgaben beziehungsweise die Konformität von „etwas" mit Vorgaben wird auch in Deutschland als *Compliance* bezeichnet. Allerdings sollte das Compliance-Verständnis angereichert werden: Die Compliance muss *explizit nachweisbar* sowie von einem unabhängigen und sachverständigen Dritten *überprüfbar* sein.

Herstellung und Nachweis der Compliance in der IT sind der zentrale Gegenstand dieses Kapitels. Der Einstieg erfolgt dabei über eine Klassifikation der heute bereits vorhandenen Vorgaben für die IT und das begriffliche Rüstzeug für den Umgang mit der IT-Compliance. Trotz aller Unterschiede von diversen Vorschriften mit Auswirkung auf die IT gibt es einen allgemeingültigen Ansatz, den gesetzlichen und regulatorischen Vorgaben zu begegnen. Das Kernstück dieses Ansatzes – das so genannte *Interne Kontrollsystem* – wird wegen seiner grundlegenden Bedeutung ausführlich dargestellt, sowohl im Allgemeinen als auch in seiner spezifischen Ausprägung für die IT.

Konkretisiert werden der Compliance-Ansatz und seine Prüfung durch unabhängige Dritte am Beispiel der rechnungslegungsrelevanten IT-Systeme im Rahmen der Jahresabschlußprüfung, die der Wirtschaftsprüfer durchführt. Dieses Beispiel eignet sich deshalb, weil einerseits sehr viele Unternehmen davon betroffen sind und andererseits die Prüfungsstandards und das Prüfungsvorgehen gut dokumentiert und methodisch gefestigt sind. Abschließend wird die Brücke von der IT-Compliance zur IT-Governance geschlagen, weil beides in enger Wechselwirkung steht und mit Blick auf die Praxis kaum getrennt zu behandeln ist.

### 5.9.1 Gesetzliche und regulatorische Vorgaben für die IT

Technische Systeme, und damit auch die Informationstechnologie, sind auf einem hohen Niveau angekommen. Die Entwicklung und industrielle Fertigung von Hardware werden gut beherrscht und Kontrollen entlang aller Produktionsschritte sorgen für die notwendige Qualität. Mit Einschränkungen gilt das auch für Software, auch wenn die Komplexität heutiger Anwendungssysteme die Zusicherung der geforderten Funktionen als Qualitätsmerkmal erschwert. Störungen, Fehlfunktionen und Ausfälle, in einzelnen Komponenten oder im Zusammenspiel von Hardware und Software, bleiben demnach eine Tatsache. Selbst wenn Mechanismen für die Erkennung, Vermeidung oder Kompensation von Fehlern in Hardware und Software die Sicherheit und Zuverlässigkeit erhöhen und bestimmte Fehlerklassen damit weitgehend ausschließen, bleibt immer noch die Gefahr einer falschen, missbräuchlichen oder unzulässigen Verwendung der IT. Ob das im Einzelfall durch Unachtsamkeit, Unkenntnis, Unfähigkeit, Fahrlässigkeit oder Vorsatz geschieht, kann für die juristische Bewertung und die strafrechtliche Würdigung wichtig sein, soll hier aber nicht weiter unterschieden werden.

Entscheidend ist vielmehr, dass durch technische Fehler oder die Umstände von Einsatz und Nutzung der IT für Dritte ein Schaden entstehen *könnte*. Das kann die Beeinträchtigung ihrer Rechte und berechtigten Interessen oder die Schädigung von Leben, Gesundheit oder Vermögen sein. Und diese Schädigung kann bereits dann eintreten, wenn die IT an sich zwar frei von wesentlichen Fehlern ist, aber zu einem bestimmten Zeitpunkt nicht oder nur eingeschränkt zur Verfügung steht. Und da die Abhängigkeit von dieser potentiell fehlerhaften und eventuell nur bedingt verfügbaren IT heute in vielen Bereichen sehr hoch ist, ist es im Sinne der Allgemeinheit und für ein geordnetes Wirtschaftsleben unverzichtbar, geeignete Regelungen und Vorschriften für Einsatz und Betrieb dieser IT zu erlassen.

Zu betrachten sind zum einen Regelungen und Vorschriften, die die IT unmittelbar betreffen und beispielsweise den Schutz der darin gehaltenen Daten einfordern. Schutz bedeutet hier die Sicherung von Integrität, Vertraulichkeit und Verfügbarkeit, also die Verhinderung einer Offenlegung gegenüber unbefugten Personen, sowie die Manipulation oder Löschung der Daten. Zum anderen gibt es Regelungen und Vorschriften, die die IT in ihrer Rolle als Hilfsmittel oder Unterstützung für Geschäftsprozesse betreffen. Das ist beispielsweise beim Einsatz der IT für die

Finanzbuchhaltung eines Unternehmens oder bei der Erstellung von Jahresabschlüssen einer kapitalmarktorientierten Gesellschaft der Fall. Hier steht die Frage im Raum, welche Konsequenzen ein Fehler in der IT für die Vollständigkeit, Richtigkeit oder Aktualität der Zahlen hat, die in den Jahresabschluss einfließen. Von einer wesentlichen Falschdarstellung in Folge eines Fehlers oder von einer vorsätzlichen Bilanzmanipulation sind der interessierte Anleger oder der Anteilseigner betroffen. Ansonsten sind unvollständige oder falsche Zahlen natürlich in erster Linie ein Problem für das Unternehmen selbst. Ihm fehlen damit verlässliche Informationen, ohne die eine zielgerichtete Steuerung und damit ein erfolgreiches Wirtschaften kaum möglich sind.

**Anforderungen an den Umgang mit Risiken**

Hoch entwickelte Technik, klar definierte Prozesse und gut ausgebildete Mitarbeiter können also nicht verhindern, dass beim Einsatz von IT Probleme und Fehler auftreten. Auch der Missbrauch der Daten, aus unterschiedlichen Motiven und auf allen Ebenen des Unternehmens verübt, bleibt wie zuvor ausgeführt eine Gefahr; somit sind Schäden für Dritte bei realistischer Betrachtung nicht auszuschließen. Für ein geordnetes Zusammenleben im Allgemeinen und eine funktionierende Wirtschaft im Speziellen reicht es daher nicht, allein auf die Kompensation des Schadens zu setzen, nachdem er entstanden ist und festgestellt wurde. So kann beispielsweise die Offenlegung personenbezogener Daten als Folge mangelhafter IT-Sicherheit im Unternehmen die berufliche Existenz der betroffenen Mitarbeiter gefährden, unabhängig davon, welche Schadensersatzforderungen im Nachgang erhoben, zugesprochen oder durchgesetzt werden.

Die Mehrzahl der möglichen Schäden können, sind sie einmal eingetreten, nur unzureichend oder überhaupt nicht kompensiert werden. Deshalb muss im Vorfeld etwas dafür getan werden, dass der Schaden nicht entsteht. Dieser Wechsel von „Kompensation" zu „Vermeidung" erfordert, sich vorausschauend mit den potentiellen Schäden, den Gründen für ihren Eintritt und der Wahrscheinlichkeit dafür zu beschäftigen. Dazu gehört zunächst ein Blick auf die Wirkungszusammenhänge: Schäden können eintreten, wenn *Bedrohungen* auf *Schwächen*, *Defizite* oder *Unzulänglichkeiten* treffen. Wird dieses potentielle Zusammentreffen noch mit einer Eintrittswahrscheinlichkeit versehen, liegt ein *Risiko* vor. Das notwendige Aufeinandertreffen von *Bedrohung* und *Verwundbarkeit* ist gleichzeitig auch der Ansatz, dem Phänomen zu begegnen. Eher theoretisch ist die Möglichkeit, die Bedrohung zu beseitigen, vor allem nicht bei Motiven, die hinter dem Diebstahl von Daten oder ihrer vorsätzlichen Manipulation stehen. Erfolgreicher ist es, die Verwundbarkeit der IT zu verringern oder in einzelnen Bereichen sogar auszuschalten. Das gelingt am besten, wenn mindestens die bereits bekannten Schwächen oder Defizite beseitigt werden, um bei den Ursachen anzusetzen. Bleibt noch die ergänzende Möglichkeit, das Ausmaß des Schadens zu reduzieren, wenn sich schon die latente Bedrohung und die Angriffsfläche nicht verkleinern lassen.

Bezogen auf ein einzelnes Unternehmen können Werkzeuge wie Bedrohungsanalyse, Schutzbedarfsanalyse und Risiko-Assessment in der IT dabei helfen, die

## 5.9 Herstellung und Nachweis der IT-Compliance

Gefahren abzuwenden. Mit Hilfe dieser Werkzeuge lassen sich die unternehmensspezifischen Schwachstellen feststellen und beheben. Das alles setzt jedoch voraus, dass das Unternehmen über die notwendige Expertise verfügt oder sich diese beschafft, vor allem aber der Notwendigkeit bewusst ist, aktiv werden zu müssen. Genau an diesem Punkt, der Bereitschaft sich den Schwachstellen und Defiziten der IT aus eigenem Antrieb anzunehmen, beginnt bei vielen Unternehmen die Abwägung zwischen den Kosten für die Schutzmaßnahmen und dem Ausmaß des Schadens. So eine Abwägung ist durchaus ein legitimes Prinzip der Unternehmensführung, es muss aber dort seine Grenzen finden, wo Dritte gefährdet werden, Schaden für die Allgemeinheit zu erwarten ist oder geltendes Recht verletzt wird.

Der Gesetzgeber oder entsprechend autorisierte Organe können deshalb nicht darauf setzen, dass mit Einsatz und Nutzung der IT im Unternehmen auch gleichzeitig alle notwendigen Maßnahmen ergriffen werden, die mit Blick auf die Risiken alle möglichen Schäden ausreichend verhindern. Es ist vielmehr notwendig, die erkennbaren Risiken zu analysieren, ihre möglichen Ursachen und Auslöser zu identifizieren und vor allem Verhaltensformen zu sanktionieren, die aus Risiken die realen Gefahren werden lassen. Darüber hinaus gibt es weitere Gründe, weshalb der Einsatz und die Nutzung der IT immer mehr Regeln und Vorgaben unterworfen werden:

- Nachweislich eingetretene Schäden, erkannter Missbrauch oder aufgedeckte Betrugsfälle in Unternehmen (Beispiel: Bilanzmanipulation, Falschdarstellung)
- Entwicklungen in der IT, die Unternehmen vor neuartige Möglichkeiten stellen (Beispiel: Finanzbuchhaltung als Software-as-a-Service über das Internet)
- Gestiegenes Bewusstsein für grundsätzlich bekannte Gefahren, die neu bewertet werden (Beispiel: Umfassende Patientendaten auf einer Chipkarte)

In diesen Fällen führt eine Neubewertung der Situation dazu, vorhandene Regelungen zu verschärfen, ihren Geltungsbereich ausdehnen, Vorgaben zu präzisieren, Gestaltungsspielräume einzuschränken, die Einhaltung zu forcieren oder Sanktionen bei Missachtung zu verschärfen. Dahinter steht immer die Absicht oder sogar die Notwendigkeit, durch eine Vorschrift oder Regelung ein bestimmtes Verhalten zu erreichen beziehungsweise zu verhindern. Adressiert werden dabei meist die Unternehmen oder ihre gesetzlich bestimmten Vertreter. Die Befolgung der Vorgaben soll dann mit hinreichender Sicherheit garantieren, dass die erkannten Risiken reduziert werden und die potentiellen Schäden nicht eintreten.

Da sich das Prinzip allgemein anwenden lässt, ist eine Zunahme von Regelungen und Vorgaben für Unternehmen und ihre IT zu beobachten, und zwar aus mehreren Richtungen und auf unterschiedlichen Ebenen. Es gibt Vorgaben und Regelungen in der Europäischen Union, die nach Umsetzung in nationales Recht auch in den einzelnen Ländern verbindlich sind. Vorgaben können auch branchenspezifisch sein, so dass es zu stark reglementierten oder zumindest beaufsichtigten Märkten kommt, insbesondere bei Finanzdienstleistungen, in der Pharma-Branche sowie der Energiewirtschaft. Hinzu kommen Unternehmen, denen ihre Stellung im Markt erlaubt, für Dritte verbindliche Vorgaben zu erlassen, zumindest wenn diese Dritte eine Kooperation anstreben oder die Produkte und Dienstleistung des Unternehmens nutzen wollen, wie das Beispiel der Kreditkartenindustrie mit dem *Payment Card Industry Data Security Standard* (PCI DSS) zeigt.

Mit der expliziten Festlegung von Vorgaben und Regelungen ist zudem ein weiterer Vorteil verbunden: Abweichungen davon lassen sich erkennen und damit auch sanktionieren. Sanktionen oder Strafandrohung sind schon deshalb notwendig, weil die meisten Vorgaben und Regelungen einen massiven Eingriff in die Organisation der Unternehmen und daher Kosten bedeuten. Oft sind es auch Einschränkungen in den Abläufen, zusätzliche Kontrollen, besondere Aufsichtsgremien, Offenlegungspflichten gegenüber Behörden oder der Öffentlichkeit, Überprüfungen durch Dritte, um nur einige Beispiele zu nennen. Verweigert ein Unternehmen die angemessene Umsetzung geltender oder selbst gewählter Vorgaben, kann das recht unterschiedliche Folgen haben, etwa:

- *Aberkennung* eines Zertifikats, das eine Institution vergibt, um die Einhaltung bestimmter Mindeststandards zu bescheinigen (Beispiel: ISO-Standard 9000)
- *Einschränkungen* eines Testats, das die Korrektheit veröffentlichter Angaben bestätigt (Beispiel: Prüfung des Jahresabschluss durch einen Wirtschaftsprüfer)
- *Ausschluss* der Aktien vom Handel an einem Kapitalmarkt (Beispiel: Erfüllung des Sarbanes Oxley-Act als Voraussetzung für das Listing an der NYSE)

In keinem der aufgeführten Beispiele wird die IT explizit angesprochen, dennoch ist sie direkt oder indirekt betroffen. Einfach ist die Situation noch bei Standards, die sich direkt auf die IT oder ihre Teile beziehen, beispielsweise im ISO-Standard 20000 (IT Service Management), ISO-Standard 2700x (IT-Sicherheit) oder ISO-Standard 38500 (IT-Governance). In diesen Fällen ist die IT, ihr Betrieb, ihre Sicherheit oder ihre Governance unmittelbar Gegenstand der Zertifizierung. Beim Beispiel der Jahresabschlußprüfung ist der Zusammenhang auch noch leicht herstellbar, da kein Finanz- und Rechnungswesen heutiger Unternehmen ohne IT auskommt. Dort übertragen sich zunächst Anforderungen an die Buchführung relativ geradlinig auf die dafür eingesetzten IT-Systeme, insbesondere die Forderungen aus den „Grundsätzen ordnungsmäßiger Buchführung" (GoB). Für die Prüfung von Jahresabschlüssen bei Einsatz von Informationstechnologie gibt es seit 2002 einen gleichnamigen Prüfungsstandard, den das Institut der Wirtschaftsprüfer in Deutschland (IDW) herausgegeben hat (vgl. IDW PS 330). Darin werden konsequenterweise auch Risiken angesprochen, die überhaupt erst durch den Einsatz von IT entstanden sind und für das Prüfungsvorgehen eine wichtige Rolle spielen. Die Auswirkungen des Sarbanes Oxley-Act auf die IT sind noch komplexer, was den großen Anteil der Kosten für die sogenannte SOX-Readiness in der IT erklärt (Menzies 2004).

Die Entscheidung, ob die IT von einer Vorgabe für das Unternehmen betroffen ist, und wenn ja, in welcher Art und Weise, ist erkennbar nicht trivial. Die Herausforderung für die Praxis beginnt aber schon bei der Frage, welche Regelungen überhaupt für das Unternehmen gelten. Haben diese zudem noch den Charakter sogenannter *Rechtsnormen*, kann die Nichtbeachtung oder die Zuwiderhandlung erhebliche Konsequenzen für das Unternehmen haben. Damit entsteht eine weitere Art von Risiken, die man als *Compliance-Risiko* bezeichnen kann, also Risiken durch Regelverstöße und Nichtbeachtung von Vorgaben. Das bedeutet in der Umkehrung, gegen dieses Risiko hilft praktisch nur, die entsprechenden Vorgaben und Regelungen einzuhalten. Der erste Schritt in diese Richtung besteht darin, die Gesetze, Verordnungen, Normen, Richtlinien und Umsetzungsvorschriften zu katalogisieren und zu strukturieren, um auf dieser Basis die Relevanz für das eigene Unternehmen und die IT systematisch zu prüfen und dann die Umsetzung zu planen.

**Klassifikation der Anforderungen und Regelungen für die IT**

Gesetzliche und regulatorische Vorgaben sind im folgenden der Oberbegriff für das gesamte Spektrum von Regelungen und Verlautbarungen dazu autorisierter Organe, die für Unternehmen oder ihre gesetzlichen Vertreter von Bedeutung sind. Für eine juristisch präzise Klassifikation, Abgrenzung und vor allem Interpretation wird auf entsprechende Standardwerke verwiesen (z.B. Reinhard, Pohl, Capellaro 2007); hier geht es um Beispiele von Gesetzen und Rechtsverordnungen, aus denen Anforderungen an die IT folgen, die sich auf den Einsatz der IT beziehen, auf die Nutzung der Daten ausstrahlen oder organisatorische Maßnahmen erfordern.

Zur Erschließung, Strukturierung und Durchdringung dieses weiten Feldes gibt es verschiedene Möglichkeiten. Für die Frage, was in den *Geltungsbereich* der IT-Compliance fällt, bietet sich eine Definition an, die stark auf Rechtsnormen als Quelle für Compliance-Vorgaben abstellt (Klotz und Dorn 2008). Für die *Umsetzung* der IT-Compliance im Unternehmen hingegen ist eine Gliederung der Anforderungen nach Themen sinnvoll, da inhaltlich vergleichbare Forderungen aus mehreren Rechtsnormen unter Umständen gemeinsam erfüllt werden können, was den Umsetzungsaufwand erheblich vermindern kann. Beide Ansätze zur Klassifikation der Vorgaben werden nachfolgend kurz vorgestellt.

Klassifikation der Vorgaben nach formalen Kriterien

An erster Stelle sind die *Rechtsnormen* zu nennen. Rechtsnormen sind von einem nationalen oder supranationalen Gesetzgeber erlassene Gesetze, oder auf deren Grundlage formulierte Rechtsverordnungen der Verwaltungen sowie Regelungswerke, auf die in Verwaltungsvorschriften verwiesen wird oder die von der Rechtsprechung zur Auslegung herangezogen werden. Nach Verabschiedung und Bekanntgabe werden diese rechtlichen Vorgaben zu geltendem Recht und damit verbindlich. Als nächstes sind *Verträge* zu erwähnen, die zwischen dem Unternehmen und einem Geschäftspartner geschlossen wurden. Typische Geschäftspartner sind in diesem Sinne Hersteller und Lieferanten von Hardware und Software, Anbieter von Dienstleistungen aber natürlich auch Zulieferer in der Wertschöpfungskette des Unternehmens. Relevant werden die Verträge in diesem Zusammenhang, wenn sie IT-bezogene Leistungen enthalten. Allerdings war die Verletzung von Rechtsnormen oder die Missachtung von Verträgen immer schon mit Sanktionen, Strafen und Reputationsverlust verbunden, so dass hier im Prinzip keine neue Situation entstanden ist. Aus formaler Sicht kommen zu den Rechtsnormen und Verträgen noch die *Regelwerke* hinzu, die das Unternehmen sich selbst gegeben hat, beispielsweise in Form von Richtlinien, Standards und Prozeduren oder die außerhalb definiert wurden und die das Unternehmen für sich übernommen hat.

Es ist bislang nicht geklärt, ob der Begriff IT-Compliance beispielsweise auf die Erfüllung von Verträgen mit IT-bezogenen Inhalten ausgedehnt werden soll oder ob das eine Überladung mit einem bereits anderweitig abgedeckten Sachverhalt bedeutet. Auch die Zugehörigkeit von unternehmensintern und unternehmensextern definierten Regelungen zum Geltungsbereich der IT-Compliance wird kontrovers diskutiert. Sehr hilfreich ist daher, über das Risiko der Nichterfüllung und die sogenannte Bindungswirkung zu argumentieren (Klotz und Dorn 2008). Danach sind Rechtsnormen am strengsten zu beachten, freiwillig übernommene Standards stehen am anderen Ende des Spektrums. Demnach gibt es einen gewissen Interpretationsspielraum, und das hat zur Folge, dass es die „absolute" IT-Compliance nicht geben kann. Es ist vielmehr eine unternehmensspezifische Festlegung, die auch von der Frage berührt wird, welches Risiko das Unternehmen für sich akzeptiert. Die Folgen der Nichteinhaltung von Vorgaben sind so unterschiedlich, dass diese Abwägung durchaus sinnvoll ist, zumindest für die Vorgaben mit geringerer Bindungswirkung.

Klassifikation der Vorgaben nach inhaltlichem Schwerpunkt

Für eine Präzisierung von IT-Compliance war es hilfreich, die unterschiedlichen Vorgaben für die IT nach formalen Kriterien zu gliedern und damit entweder ein- oder auszuschließen. Das hat einen hohen definitorischen Wert, ist aber nur der erste Schritt. Für die Herstellung der IT-Compliance in der Praxis ist die Gliederung der Vorgaben nach ihren Inhalten wichtig, weil sich damit gleichartige Forderungen aus unterschiedlichen Vorgaben gemeinsam umsetzen lassen. Dabei gibt es eine Reihe von Vorgaben, die die IT gar nicht explizit ansprechen, sie aber dennoch betreffen. Es hängt demnach vom einzelnen Unternehmen ab, wobei der hohe Durchdringungsgrad der IT praktisch keinen Bereich unberührt lässt und wenige Aufgaben der Geschäftsführung nicht direkt oder indirekt auf die Verfügbarkeit und Funktionsweise der IT setzen. Aus dieser Präsenz und Abhängigkeit von der IT folgt, dass jedes neue Gesetz und jede Verordnung sorgfältig daraufhin zu prüfen ist, ob es ohne entsprechende IT überhaupt umsetzbar ist und wenn nicht, welche Anforderung an genau diese IT und in der Folge auch an die bereits vorhandenen IT-Systeme zu stellen sind. Im Folgenden werden aus drei Themenbereichen die Rechtsnormen, Gesetze, Verordnungen und Empfehlungen vorgestellt, die direkte oder indirekte Folgen für die IT, ihre Nutzung und ihren Betrieb, sowie für die darin gehaltenen Daten haben können. In diesen Vorgaben werden verschiedene Inhalte angesprochen, auch der Bezug zur IT ist unterschiedlich deutlich:

- Verantwortungsvolle Unternehmensführung
- Erkennung von Risiken
- Finanzberichterstattung

## 5.9 Herstellung und Nachweis der IT-Compliance

Zu beachten ist, dass jedes Unternehmen regelmäßig und sorgsam für sich prüfen muss, ob die Anwendbarkeit gegeben ist. Kriterien dafür können die Rechtsform sein, die Industrie oder Branche, das Land, in dem das Unternehmen tätig ist. Ebenso spielen die Art der erzeugten Produkte, die angebotenen Dienstleistungen, die Orientierung am Kapitalmarkt oder die Notierung an einem Wertpapierhandelsplatz, oder auch allein die Tatsache, dass bestimmte Teile der IT von Dritten betrieben werden, ein wichtige Rolle.

*Verantwortungsvolle Unternehmensführung*
Die Einhaltung der Vorgaben in der IT ist nur ein Spezialfall der allgemeineren Forderung an Unternehmen, sich an geltendes Recht zu halten. Die Vergangenheit hat gezeigt, dass dies zum einen nicht immer geschieht und wenn doch, damit noch nicht sichergestellt ist, dass keine anderen Schäden für Aktionäre, Mitarbeiter, Kunden oder Geschäftspartner entstehen. Vor diesem Hintergrund ist die Forderung zu sehen, ein Unternehmen *verantwortungsvoll* zu führen. Zwei Vorgaben sind hier zu nennen:

- **DCGK** (Deutscher Corporate Governance Kodex). Im DCGK werden Grundsätze für die verantwortungsvolle Führung eines Unternehmens formuliert, die zur Verbesserung von wirtschaftlicher Effizienz und Wachstum und vor allem zu mehr Anlegervertrauen führen sollen. Zumindest für börsennotierte Unternehmen ist der DCGK verbindlich, denn gemäß §161 AktG (Aktiengesetz) wird eine jährliche Entsprechungserklärung gefordert, wenn auch nur hinsichtlich der Frage, welche Empfehlungen aus dem Kodex umgesetzt wurden.
- **BilMoG** (Bilanzrechtsmodernisierungsgesetz). Das BilMoG konkretisiert die Aufgaben des Aufsichtsrats, unter anderem mit der Forderung, die Wirksamkeit des sog. „Internen Kontrollsystems" (IKS) zu überprüfen und zu überwachen (Wermelt 2008). Das IKS umfasst alle Grundsätze, Verfahren und Maßnahmen zur Sicherung der Wirksamkeit und Wirtschaftlichkeit der Geschäftstätigkeit, zur Sicherung der Ordnungsmäßigkeit der Rechnungslegung und auch zur Sicherung der Einhaltung maßgeblicher rechtlicher Vorschriften.

Sowohl beim DCGK als auch beim BilMoG ist ein Bezug zur IT-Compliance in Ansätzen bereits erkennbar, denn das darin geforderte IKS dient dem Erhalt der Compliance für das gesamte Unternehmen und diese wiederum ist ohne Compliance der IT als einem wesentlichen Bereich nicht zu erreichen.

*Erkennung von Risiken*
Risiken, ganz gleich welcher Herkunft, sind eine unausweichliche Begleiterscheinung jeden Handelns, insbesondere im komplexen Umfeld eines Unternehmens. Es ist daher nur konsequent, den angemessenen Umgang mit Risiken nicht nur der Voraussicht und Einsicht der handelnden Personen zu überlassen, sondern eine klar formulierte Forderung danach zu erheben, wie nachfolgende Beispiele zeigen:

- **KonTraG** (Gesetz zur Kontrolle und Transparenz im Unternehmensbereich). Dieses Gesetz verpflichtet seit 1998 die Geschäftsführung eines Unternehmens, ein systematisches Risikomanagement durchzuführen. Systematisch bedeutet in diesem Zusammenhang sowohl ein planvolles Handeln entlang festgelegter Prozesse als auch den Aufbau einer Struktur, in der Aufgaben und Verantwortlichkeiten für den Umgang mit den Risiken klar definiert sind.

- **§91 Abs. 2 AktG** (Aktiengesetz). Diese Neuregelung adressiert den Vorstand einer Aktiengesellschaft und fordert von ihm die Einrichtung eines Überwachungssystems, um existenzbedrohende Gefahren frühzeitig zu erkennen und dann geeignete Maßnahmen zu treffen, um den Gefahren zu begegnen. Zu diesem Überwachungssystem gehört nach geltender Auffassung insbesondere ein System zum Umgang mit Risiken („Risikomanagementsystem"), weil aus diesen Risiken genau die existenzbedrohenden Gefahren erwachsen können.
- **MaRisk** (Mindestanforderungen an das Risikomanagement). Mit dem Rundschreiben 18/2005 hat die Bundesanstalt für Finanzdienstleistungsaufsicht (BaFin) am 20. Dezember 2005 einen Rahmen vorgegeben, in dem Kreditinstitute ihr Risikomanagement ausgestalten sollen. Das MaRisk ist kein Gesetz, allerdings haben Rundschreiben der BaFin grundsätzlich einen sogenannten norminterpretierenden beziehungsweise normkonkretisierenden Charakter, womit sie automatisch zum Beurteilungsmaßstab der Bankenaufsicht werden, mit allen Konsequenzen im Falle von erkannten Verstößen.

Auch wenn alle drei Regelungswerke das Thema Risikomanagement ansprechen, gibt es doch Unterschiede: Das KonTraG adressiert die Unternehmen im Allgemeinen, der §91 Abs. 2 AktG richtet sich an die Aktiengesellschaft als eine spezielle Form des Unternehmens und das MaRisk stellt explizit auf Unternehmen ab, die einer bestimmten Branche angehören. Das allein zeigt, dass die Frage, welches Gesetz konkret anzuwenden ist, nicht einfach ist. Dabei ist noch nicht einmal berücksichtigt, dass es auch die sogenannte „Ausstrahlung" gibt, mit der beispielsweise Grundsätze für das Risikomanagement in einer Aktiengesellschaft auch für andere Gesellschaftsformen, wie etwa die GmbH, gelten können.

Dennoch ist auch hier der Bezug zur IT ableitbar: Der Einsatz und die Nutzung der IT birgt teils erhebliche Risiken, so dass dies im geforderten Risikomanagementsystem berücksichtigt werden muss. Berücksichtigung geht aber über die Identifikation und reine Kenntnisnahme von IT-Risiken hinaus, und damit ist der Schritt zum *angemessenen* Umgang mit IT-Risiken getan. Dieser erfordert geeignete Schutz- und Kontrollmechanismen in der IT, die konzipiert, eingeführt, betrieben und in ihrer Wirksamkeit überwacht werden müssen. Geschieht das nicht oder nur unzureichend, fehlen der IT letztlich die Voraussetzungen, die sich über die dargestellten Zwischenschritte aus einem Gesetz ergeben, so dass man zumindest von einer deutlich eingeschränkten Compliance der IT sprechen muss.

*Finanzberichterstattung*

Für Aktionäre und interessierte Anleger sind die Zahlen, die ein Unternehmen über seine Geschäftstätigkeit und seine Ergebnisse veröffentlicht, wichtige Aspekte einer Kauf- oder Verkaufsentscheidung. Allein daraus ergibt sich, dass die

5.9 Herstellung und Nachweis der IT-Compliance

Finanzberichterstattung strengen Regeln folgen und sorgfältiger Überwachung unterliegen muss. Als repräsentatives Beispiel für eine Vorgabe, die unter anderem die Finanzberichterstattung reglementiert, ist zu nennen:

- **SOX** (Sarbanes-Oxley Act). Der Sarbanes-Oxley Act ist ein US-Gesetz aus dem Jahr 2002, in dessen Umsetzung vor allem die Integrität, Vollständigkeit und Korrektheit der Daten für die Finanzberichterstattung sichergestellt werden soll. Betroffen sind alle Unternehmen, deren Tochtergesellschaften und deren Wirtschaftsprüfer, die bei der US-Börsenaufsicht (SEC) registriert sind. Eine wesentliche Forderung der Section 404 des Act besteht auch hier wieder in dem Aufbau eines Internen Kontrollsystems, seinem Angemessenheit- und Wirksamkeitsnachweis durch das Management und einer Beurteilung durch einen unabhängigen Dritten.

Die sog. SOX-Compliance ist seitdem zu einem festen Begriff geworden, und die Auswirkungen auf die IT sind in wenigen Schritten herstellbar. Korrekte und verlässliche Finanzdaten sind nur zu erwarten, wenn ihre Erstellung, Verarbeitung und Darstellung in der IT keine Möglichkeit zur Manipulation gibt, Fehler erkannt und behoben werden, die Sicherheit und Verfügbarkeit der IT gewährleistet ist und auch ihre Nutzung bestimmten Regeln unterliegt. Das wiederum erfordert auch für die IT ein angemessenes und nachweislich wirksames Kontrollsystem, dessen Ausgestaltung sogar genau spezifiziert wurde. Eine ausführliche Darstellung findet sich dazu in Abschnitt 5.1, und auch dort wird wieder sichtbar, dass aus gesetzlichen beziehungsweise regulatorischen Vorgaben für ein Unternehmen erhebliche und vor allem zwingend zu erfüllende Forderungen an seine IT folgen. Diese sind auch dann zu erfüllen, wenn das Unternehmen diese IT gar nicht selbst betreibt, sondern ein externer Dienstleister. Er muss die notwendigen Voraussetzungen für die IT seines Kunden herstellen und dies auch für eigene IT-Systeme sicherstellen, sofern er damit bestimmte Leistungen für diesen Kunden erbringt.

**Compliance als Zustand nachweisbarer Vorgabenkonformität**

Die Übersetzung des Begriffs „Compliance" aus dem Englischen zeigt drei leicht unterschiedliche Facetten: erstens neutrale Bedeutungen wie Übereinstimmung oder Konformität mit „etwas", zweitens Bedeutungen, die eine implizite Aufforderung enthalten wie „Beachtung", „Befolgung", „Erfüllung" und drittens die strikte „Einhaltung", was die Forderungen des Nicht-Verlassen eines Korridors oder eines gesteckten Rahmens bedeutet.

In allen Fällen setzt die Forderung, sich „compliant" zu verhalten, immer Vorgaben, Vorschriften oder Anweisungen voraus, dazu ein Individuum oder ein Unternehmen, das dieser Forderung nachkommen soll. Die Forderung kann auch eine Selbstverpflichtung sein, dann fallen die fordernde und die betroffene Instanz zusammen. In diesem Spezialfall ist die Bereitschaft, den Vorgaben zu folgen, naturgemäß größer, was nicht automatisch auch die Fähigkeit dazu und vor allem den

Erfolg dieser Bemühungen bedeutet muss. Selbst in diesem besonderen Fall ist klar, dass eine Kontrolle durch eine unabhängige Instanz notwendig ist.

Definition von „IT-Compliance"

„Compliance" ist ein Zustand, in dem zuvor bestimmte Vorgaben nachweisbar erfüllt sind. Folglich ist „Compliance der IT" die nachweisbare Konformität der IT mit den für sie geltenden Vorgaben, im Folgenden als „IT-Compliance" bezeichnet. Dem entsprechend lautet auch eine Definition: „IT-Compliance bezeichnet einen Zustand, in dem alle für die IT des Unternehmens relevanten Gesetze oder in ihrer allgemeinen Gestaltungsanordnung von diesen abgeleiteten Rechtsnormen nachweislich eingehalten werden." (Klotz 2009). Allerdings ist diese Definition nicht die einzige, und die Folge davon ist eine Vielfalt von Vorgaben, die für die eine oder andere Form der IT-Compliance zu erfüllen seien.

Insbesondere der Sprachgebrauch in mancher Hersteller- und Produktwerbung führt zusätzlich in die Irre, und das gleich aus drei Gründen: So werden manchmal sogenannte „Best Practices" oder „Frameworks" zum Maßstab erhoben, wie beispielsweise ein IT Service Management nach ITIL, um dann eine „ITIL-Compliance" zu fordern. Ein anderes Mal werden bereits erwähnte Selbstverständlichkeiten wie die Erfüllung von geschlossenen Verträgen oder beispielsweise die Einhaltung von Lizenzbedingungen zu „Contract Compliance" beziehungsweise „License Compliance" hochstilisiert. Und schließlich wird durch die isolierte Erfüllung einzelner Vorschriften wie beispielsweise die Archivierung von Dokumenten eine (umfassende) „Compliance" suggeriert, ohne den entscheidenden sprachlichen Zusatz „Beitrag zur". Langfristig ist damit weder dem Unternehmen noch dem Hersteller dieser Softwareprodukte gedient, weil die inflationäre Ausdehnung, Trivialisierung oder irreführende Verwendung von „Compliance" bei Betrachtung durch den Wirtschaftsprüfer, Zertifizierer, Aufsichtsbehörden oder entsprechend qualifizierte und autorisierte Dritte ohnehin entdeckt wird.

Einzugsbereich der IT-Compliance

Hilfreicher ist es daher, den „Einzugsbereich" der IT-Compliance nicht zu groß zu wählen. Zweckdienliche Vorgaben, Standards, Frameworks und Empfehlungen ohne Rechtsnormcharakter sind für die IT durchaus zu beachten, aber nicht automatisch in den Rang von Compliance-relevanten Inhalten zu erheben. So gibt es auch keine Verpflichtung, die Einhaltung von Richtlinien und Empfehlungen sicherzustellen, die nicht in nationales Recht umgesetzt wurden (Beispiel: *OECD Guidelines for the Security of Information Systems and Networks*). Allerdings enthalten solche Richtlinien oft wertvolle Hinweise und das allein motiviert ihre Verwendung hinreichend.

Gleiches gilt auch für Standards, selbst wenn sie von der ISO (International Standards Organization) herausgegeben wurden und sich zunehmend verbreiten, beispielsweise die ISO/IEC 20000 (IT Service Management) oder ISO/IEC 38500 (Corporate Governance of Information Technology). Sie sind – im vorgeschlagenen

### 5.9 Herstellung und Nachweis der IT-Compliance

strengen Sinn von IT-Compliance – nicht relevant, solange sie nicht explizit in die Rechtsnormen aufgenommen sind (durch sogenannte Verweisung) oder durch konsekutive Rechtsprechung eine gewisse Verbindlichkeit erreicht haben, was für die ISO 2700x durch ihre steigende Verbreitung durchaus gelten kann.

Allerdings kann ein etablierter Standard durchaus als „Stand der Technik" oder „übliche Berufsauffassung" angesehen werden; und das kann Folgen haben, denn es entsteht indirekt eine Verpflichtung zur Einhaltung, die ohne gute und nachvollziehbare Begründung nicht mehr übergangen werden sollte. Spätestens im Fall einer gerichtlichen Auseinandersetzung wäre es nachteilig, von einem anerkannten oder sogar explizit benannten Standard abzuweichen, weil das als „unsachgemäß" oder dem Stand der Technik nicht entsprechend bewertet werden könnte. Auch außerhalb eines Gerichtsverfahrens kann die Prüfung durch ein Aufsichtsorgan zu Beanstandungen führen, wenn Verweise auf Standards ohne nachvollziehbaren Grund und dann mit geringerer Güte umgesetzt wurden, beispielsweise eine IT-Sicherheit weit unter dem Niveau bekannter und etablierter Standards. Das gilt erst recht, wenn in einer Rechtsnorm oder einem vergleichbaren Dokument ein expliziter Hinweis steht, beispielsweise in den MaRisk (Mindestanforderungen an das Risikomanagement) auf das IT-Grundschutzhandbuch verwiesen wird.

Unternehmensinterne Regelungen sind hingegen ein Grenzfall, weil sie zunächst eine Selbstverpflichtung der Unternehmen darstellen. Allerdings können solche Regelungen schnell notwendiger Bestandteil einer Umsetzung werden, die zur Erfüllung einer Rechtnorm notwendig ist. Wenn beispielsweise ein „angemessener Schutz der IT" verlangt wird, ist das ohne eine auf das Unternehmen zugeschnittene IT-Sicherheitsrichtlinie kaum wirksam und nachweisbar umzusetzen.

Folgen aus der Nichterfüllung der IT-Compliance

Hier hängt es stark davon ab, welche der Vorgaben nicht erfüllt worden sind und welcher Schaden tatsächlich dadurch entstanden ist. Allerdings birgt schon allein das Bekanntwerden der Nichterfüllung von Vorgaben das Risiko, dass das Unternehmen Schaden erleidet, beispielsweise durch massive Abwanderung der Kunden oder Geschäftspartner, auch wenn ansonsten gar nichts geschehen ist, insbesondere nicht das, was mit der Vorgabe eigentlich verhindert werden soll.

Die Einschätzung ist auch deshalb nur für den Einzelfall möglich. Unter bestimmten Umständen ist der Verstoß gegen eine Rechtsnorm weniger schlimm und vor allem in den Folgen viel kalkulierbarer als das Bekanntwerden des Verstoßes mit allen unvorhersehbaren Konsequenzen in der Öffentlichkeit und bei Geschäftspartnern. Zusammenfassend ergeben sich folgende Konsequenzen, oftmals in Kombination oder – noch schlimmer – als Kettenreaktion, die am Ende in keinem Verhältnis mehr zu dem initialen Vorfall stehen:

- Gesetzlich vorgesehene Strafen
- Strafen aus Verletzungen von Vertragsbeziehungen
- Zahlung von Schadensersatz
- Schädigung der Beziehungen zu Geschäftspartnern

- Verlust einer Zulassung
- Reputationsverlust
- Aberkennung von Zertifikaten
- Einschränkung der Finanzierungsmöglichkeiten am Kapitalmarkt
- Ausschluss von der Bewerbung um öffentliche Aufträge oder Ausschreibungen
- Einschränkungen eines Testats
- Keine Entlastung des Vorstands
- Abstufung in Bewertungen oder Ratings

Abgesehen von diesen teils drastischen Konsequenzen kann die Einhaltung und Befolgung der Vorgaben, selbst wenn dies keine Rechtsnormen sind, aus anderen Gründen geboten oder zwingend notwendig sein. Wenn beispielsweise innerhalb der Branche bestimmte Standards für die IT etabliert sind, müssen sie allein schon deshalb eingehalten werden, weil es der Wettbewerb fordert, oder weil anderenfalls eine Kooperation mit anderen Unternehmen erschwert wird. In diesen Fällen handelt es sich aber nicht mehr um IT-Compliance im engeren Sinn sondern um strategische Fragen und Wettbewerbsfähigkeit der IT im Allgemeinen und damit um Themen der IT-Governance, die im vorderen Teil des Buches ausführlich dargestellt wird.

**Herausforderungen beim Umgang mit der IT-Compliance**

Aus Sicht des Unternehmens ist die erste Frage, welche Vorgaben und Regelungen relevant sind und befolgt werden müssen. Das setzt mindestens das Wissen über die Existenz voraus, zumal der Grundsatz „*Unkenntnis schützt vor Strafe nicht*" auch hier gilt. Danach folgen weitere Fragen: nach dem Zeitpunkt für die Herstellung der Compliance, eventuell geltende Ausnahmeregelungen, Übergangsfristen oder Gestaltungsmöglichkeiten beim Umgang mit den identifizierten Vorgaben. Bei dem Aufwand für die Beantwortung dieser Fragen spielt die Unternehmensgröße eine wichtige Rolle: entweder weil das Unternehmen dadurch oft in unterschiedlichen Ländern mit abweichender Gesetzgebung vertreten ist, oder weil durch die Größe potentiell viele Bereiche des Unternehmens betroffen sein können, nicht nur die IT-Systeme in der Finanzbuchhaltung, sondern auch IT-Systeme in der Produktion oder für die externe Berichterstattung. Innerhalb eines IT-Systems sind dann zumeist auch alle Komponenten über die gesamte Architektur betroffen, von Anwendungssystemen über die Middleware, Datenbanken und Betriebssysteme bis zu aktiven Netzwerkkomponenten. Der Geltungsbereich der Vorgaben schließt in letzter Konsequenz auch die Einrichtungen, Ressourcen und Prozesse ein, die für den Betrieb dieser IT notwendig sind.

Adressat für die Forderung nach IT-Compliance

Mit der Forderung nach Einhaltung der Vorgaben, also zur Herstellung der Compliance, wird zunächst das Unternehmen adressiert, praktisch aber sein gesetzlich vorgesehenes Vertretungsorgan. Je nach Rechtsform des Unternehmens ist das der

Vorstand oder die Geschäftsführung. Diese wird üblicherweise Herstellung und Erhalt der Compliance an weitere Personen delegieren, bleibt aber im Aussenverhältnis weiterhin voll verantwortlich, bis hin zu Fragen der Haftung. Zudem kommt, dass es mit der Beauftragung beispielsweise des CIO für die Herstellung der IT-Compliance allein nicht getan ist. Vielmehr wird zunehmend stärker gefordert, dass sich der Vorstand ein eigenes Bild darüber verschaffen muss, wie weit die Umsetzung erfolgt ist und wie wirksam die eingerichteten Mechanismen tatsächlich sind. Damit wird deutlich, dass das Thema IT-Compliance für die Geschäftsführung von großer Bedeutung ist und, mit Blick auf eine mögliche persönliche Haftung, noch weiter steigen wird. Daran ändert sich auch nichts, wenn – was häufig der Fall ist – die IT durch Dritte betrieben wird. Im Gegenteil, dann sind weitere Aspekte zu beachten, beispielsweise §25 Abs. 2 KWG, wenn eine Bank oder ein Finanzdienstleister wesentliche Teile seiner IT ausgelagert hat. Dahinter steht – etwas vereinfacht ausgedrückt – die Aussage, dass die Verantwortung der Geschäftsführung für die IT nicht mit ausgelagert werden kann.

Vorüberlegungen zur Herstellung der IT-Compliance

Nach der Klärung, welche Vorgaben für das Unternehmen relevant sind und ihrer Adressierung an die Geschäftsführung und nachfolgend an den CIO müssen die oft abstrakt formulierten Anforderungen aus diesen Vorgaben präzisiert werden. Dazu ist zum einen immer eine Interpretationsleistung notwendig, um die Auswirkungen zu verstehen. Zum anderen ist zu beachten, dass sich aus einer einzelnen Anforderung an die IT oft die gesamte Bandbreite von technischen, organisatorischen oder auch personellen Maßnahmen ableiten kann.

Die Umsetzung der Compliance-Anforderungen bedeutet weiterhin, zusätzliche Kontrollmechanismen einzuführen, um Verstöße gegen die Vorgaben zu erkennen, besser noch, zu verhindern. Dahinter steht am Ende der Aufbau oder die Erweiterung des Internen Kontrollsystems und der Nachweis, ob dieses auch wirksam ist. Dies wiederum ist eng verbunden mit der Forderung nach expliziter Dokumentation, sowohl der Kontrollmechanismen als auch der Ergebnisse ihrer Anwendung. Das dient auch dazu, sich zu einem späteren Zeitpunkt durch Einsichtnahme in diese Dokumente ein Urteil zu bilden, was dann Aufgabe des Wirtschaftsprüfers sein kann.

Herausforderungen bei der Prüfung der IT-Compliance

Compliance wurde als Zustand eingeführt, so dass die Entscheidung über das Zu- oder Absprechen der Compliance die Feststellung genau dieses Zustandes erfordert. Allerdings kann der „Zustand" der IT in dieser Allgemeinheit kaum festgestellt werden, sondern nur der Zustand aller „Komponenten", die diese IT bilden. Komponenten sind in diesem Zusammenhang zunächst die IT-Systeme (z.B. Anwendungssysteme) und Einrichtungen (z.B. Rechenzentrum), deren (technischer) Zustand durch Prüfung der Konfiguration, Einstellungen, Parameter beziehungsweise durch Begehung oder Inaugenscheinnahme zu beurteilen ist. Komponenten der

IT sind in diesem Sinne weiterhin Elemente der Aufbau- und Ablauforganisation, also die Organisationsstrukturen und die IT-Prozesse. Die Prüfung von IT-Prozessen muss auch ihre Dokumentation umfassen und dort Kriterien wie Vollständigkeit, Richtigkeit, Nachvollziehbarkeit und Konsistenz berücksichtigen. Allein das Kriterium „Vollständigkeit" ist in der Praxis schwer zu beurteilen, weil beispielsweise bei einem Prozess die Abgrenzung gegenüber anderen Prozessen und ein klar definierter Anfang und ein Ende gar nicht immer möglich sind, oder teils willkürlich festgelegt wurden. Ebenso werden in einer Dokumentation einzelne Aufgaben nicht explizit dargestellt, selbst wenn sie in der praktischen Ausführung dazugehören. Das muss nicht immer ein Zeichen schlechter Prozessdokumentation sein, sondern war eventuell eine absichtlich getroffene Entscheidung zu Gunsten der Lesbarkeit. Da es keine verbindlichen Standards für die Inhalte einer Prozessdokumentation gibt, tritt auch hier das gesamte Spektrum möglicher Informationen über den Prozess auf: Aufgaben, Akteure, Dokumente, kausale und temporale Abhängigkeiten, Kontroll- und Datenfluss, Ereignisse, Zustände und vieles mehr. Die Prüfung, ob ein Prozess vollständig ist, setzt also eine sorgfältige Definition voraus, was diese Vollständigkeit im Einzelnen wirklich bedeutet.

Ein weiterer wichtiger Aspekt bei der Beurteilung der Compliance ist die Übereinstimmung zwischen einer dokumentierten Sollvorgabe, etwa anhand der erwähnten Prozessdokumentation und den in der Praxis ausgeführten Abläufen, also den Instanzen dieses Prozesses. Es ist nicht so, dass eine zusätzlich ausgeführte Aktivität oder das fallweise Auslassen einer vorgesehenen Aktivität automatisch den Verlust der Compliance bedeuten muss, weshalb ein rein formales Vergleichen zwischen Dokumentation und Ausführung keine belastbare Aussage liefert. Natürlich gibt es Fälle, in denen einzelne Aktivitäten und ihre Ausführung das Ergebnis der Compliance-Prüfung bestimmen können, beispielsweise wenn eine zwingend vorgeschriebene Kontrollhandlung nicht erfolgte oder eine Abstimmung zwischen zwei Maßnahmen im Prozess unterlassen wurden.

Am Beispiel eines Prozesses, und das ist nur eine Komponente der IT, wird deutlich, dass es eine einfache Entscheidung über die Erfüllung der Vorgaben nicht gibt, IT-Compliance also nicht trivial feststellbar ist.

Nachweis der IT-Compliance

Wie eingangs dargestellt, erfordert die IT-Compliance nach der gewählten Definition auch den expliziten Nachweis; eine unbelegte Aussage darüber reicht nicht aus. Das liegt nicht nur daran, dass es Zweifel an der Glaubwürdigkeit dieser Aussage geben könnte, sondern die reine Aussage ist auch schlicht zu wenig, um den Zustand der IT fundiert und umfassend zu beurteilen. Die Einschätzung des Unternehmens, es wäre alles „in Ordnung", mag glaubhaft vorgetragen sein, nur wird sie der inhärenten Komplexität nicht im Mindesten gerecht. Es gilt allerdings auch die Umkehrung, dass ein isoliert vorgelegter schriftlicher Nachweis, beispielsweise über das Ergebnis einer durchgeführten Kontrollhandlung, nicht immer die notwendige Sicherheit für den Prüfer geben kann. Es ist also im Interesse aller

## 5.9 Herstellung und Nachweis der IT-Compliance

Beteiligten, wenn für die Beurteilung der Sachverhalte alle verfügbaren Unterlagen offengelegt werden (von Seiten des Unternehmens) und diese Unterlagen dann nach Maßgabe des Prüfungsauftrags und der vorgeschriebenen Prüfungshandlungen umfassend gewürdigt werden (von Seiten des Prüfers). Welche Sachverhalte oder diese Sachverhalte beschreibende Unterlagen im Einzelnen für den Nachweis der Compliance herangezogen werden, ist unterschiedlich; allein für den Spezialfall der reinen IT-Compliance kommen folgende Unterlagen in Frage:

- Prozesse (explizite Darstellung einer geforderten Verfahrensweise)
- Dokumente (Nachweise über die schriftliche Niederlegung)
- Mechanismen (Kontrollhandlungen im Rahmen eines IT-Prozesses)
- Prozeduren (Sicherung der Daten und Lagerung der Datenträger)
- Verfahren (Genehmigung des Zugriffs auf ein IT-System)
- Regelungen (Vorgehensweise zur Wiederherstellung nach Systemausfall)
- Richtlinien (Voraussetzungen zur Erteilung des Systemzugriffs)
- Pläne (Anweisungen zur Reihenfolge der Wiederherstellung)
- Protokolle (Bestätigungen über die Weitergabe von Entscheidungen)
- Einstellungen (Aktivierung der Funktion zur Protokollierung)
- Merkmale (Ausschluss einer undokumentierten Löschung)
- Programme (Überwachung technischer Systeme)

Im Allgemeinen liegt das konkrete Vorgehen im Ermessen der Personen, die diese Prüfung durchführen. Damit diese zu einer belastbaren Aussage kommen können, was ja gerade die Intention des Gesetzgebers ist, muss man ihnen das Recht zusprechen, sich in angemessener Form Einsicht verschaffen zu können, über das gesamte Spektrum der Unterlagen und Sachverhalte, die die Liste exemplarisch aufführt.

Feststellung über die Erfüllung der geltenden Vorgaben für die IT

Da eine reine Prüfung über das Vorhandensein von erforderlichen Dokumenten selten ausreicht, kommt es fast immer auf die angemessene Interpretation der vorgelegten Unterlagen an. Das setzt eine profunde Fähigkeit zur Beurteilung voraus, das sogenannte „Professional Judgement", das auf der Grundlage von Ausbildung, Qualifikations- und Befähigungsnachweisen, Angehörigkeit zu einem Berufsverband, nachgewiesener Fortbildung und vor allem einer ausreichenden praktischen Berufserfahrung beruht. Diese umfassende Qualifikation ist auch notwendig, um den vorhandenen Interpretationsspielraum richtig nutzen zu können, denn gerade ein bestehender Ermessensspielraum macht eine Entscheidung nicht leichter. Oft ist auch der einzelne Sachverhalt nur einer von vielen Faktoren, die in ein Gesamturteil eingehen. Die Entscheidung über die Erfüllung der Vorgaben ist in der Realität dann auch eine Gesamtbewertung und Würdigung, keine einfache Summe aus einzelnen Werten, die addiert werden und dann einen Schwellenwert über- oder unterschreitet. Das bedeutet keine grundsätzliche Absage an automatisierte Prüfungshandlungen, nur sind diese immer nur ein weiterer Bestandteil, um dann in der Gesamtsicht eine prüferische Meinung zu bilden. Gerade deshalb erfordert die Prüfung der IT-Compliance eine entsprechend qualifizierte Person, die mit der notwendigen Sachkenntnis die Entscheidung treffen kann, ob die Compliance gegeben ist. Zu den notwendigen Prüfungshandlungen gehören dann der Test mittels Stichproben, das Nachvollziehen einzelner Handlungen, Einsichtnahme in Unterlagen, Befragungen, Begehungen oder Inaugenscheinnahme, Auswertungen und Analysen.

Liegt das Prüfungsergebnis vor, wird dies von der mit der Prüfung beauftragten Instanz in einer vordefinierten Form abgegeben, typischerweise in einem Bericht. Die Einhaltung eines vordefinierten Berichtsformats und die Abdeckung unternehmensübergreifend festgelegter Inhalte hat dabei mehrere Gründe: Erstens ist damit sichergestellt, dass zumindest bei Standardprüfungen kein wichtiger Sachverhalt vergessen wird, also auch die prüfende Instanz mögliche Fehlerquellen vermeidet. Zweitens ist damit für die Empfänger des Prüfberichts die Orientierung leichter, insbesondere wenn eine Prüfung wiederholt oder regelmäßig durchgeführt wird und die Ergebnisse zwischen den Prüfungszeiträumen verglichen werden sollen. Drittens dient die Standardisierung dazu, die Ergebnisse zwischen unterschiedlichen Prüfungsgesellschaften auszutauschen. Das Festhalten an den Berichtsformaten ist daher kein Formalismus, sondern eine Maßnahme der Qualitätssicherung oder bei bestimmten Prüfungshandlungen eine berufsständische Verpflichtung.

### *5.9.2 Internes Kontrollsystem für die IT*

Der vorherige Abschnitt hat gezeigt, dass die Sicherstellung der IT-Compliance in der IT früher oder später auf die Forderung hinausläuft, zusätzliche Regelungen einzuführen und Maßnahmen zur Kontrolle und Überwachung der IT zu ergreifen, und dies vor dem Hintergrund, Risiken und daraus folgende Schäden zu verhindern. Lässt man die Herkunft der Vorgaben und Details ihrer konkreten Forderungen einmal außer Acht, dann bleibt als gemeinsamer Nenner, ein sogenanntes „Internes Kontrollsystem" (IKS) zu definieren, einzuführen und seine Wirksamkeit sicherzustellen. Dieses System aus internen Kontrollen dient dazu, auf verschiedenen Ebenen des Unternehmens und in unterschiedlicher Ausprägung dafür zu sorgen, dass Fehler in den Prozessen verhindert werden, insbesondere die Fehler, die den Fortbestand des Unternehmens gefährden oder zumindest seine Handlungs- und Wettbewerbsfähigkeit erheblich schädigen können. Das IKS ist daher ein generell anwendbares und mächtiges Konstrukt, das in seiner allgemeinen Form – noch ohne Bezug zur IT – im Prüfungsstandard 261 des IDW definiert wird (IDW PS 261). Teile dieses Prüfungsstandards gehen wiederum auf "COSO Internal Control – Integrated Framework" zurück (COSO 1994). Auch wenn der Prüfungsstandard 261 im Zusammenhang mit den originären Aufgaben einer Wirtschaftsprüfungsgesellschaft steht, spricht nichts dagegen, das Prinzip des IKS auf Sachverhalte außerhalb der Jahresabschlußprüfung anzuwenden. Es ist vielmehr ein universelles Hilfsmittel für die Herstellung der IT-Compliance und wird daher ausführlich dargestellt.

## Grundlegende Begriffe und konzeptioneller Rahmen

Risiken sind das zentrale Element, um das herum ein IKS gestaltet wird. Wären der Betrieb und die Nutzung der IT aus sich heraus sicher, frei von Fehlern und jeder Schaden damit ausgeschlossen, bestünde keine Notwendigkeit, etwas Zusätzliches wie ein IKS für die IT einzuführen. Da das aber nicht der Fall ist, muss man mit den IT-Risiken umgehen. Neben den unterschiedlichen Möglichkeiten, zu denen auch das Akzeptieren seines Eintretens und das Hinnehmen der eventuell nachteiligen Folgen gehört, geht es hier um die Einführung von Mechanismen, um den IT-Risiken zu begegnen und die negativen Folgen im Falle ihres Eintritts zu vermeiden. Dazu gibt es im englischsprachigen Umfeld den Begriff der „Control", der mit dem deutschen Wort „Kontrolle" unzureichend und sachlich falsch übersetzt ist. Kontrolle ist nach dem üblichen Verständnis eine meist im Nachhinein ausgeführte Handlung, die einen vorgefundenen Sachverhalt „kontrolliert", beispielsweise einen Soll/Ist-Vergleich anstellt. Eine treffendere Übersetzung von „Control" führt zum Begriffspaar „Kontrollziel" (engl. *Control Objective*) und „Kontrollmechanismus" (engl. *Control Practice*). Das Kontrollziel beschreibt dabei einen zu erhaltenden oder anzustrebenden Zustand, der Kontrollmechanismen ein dazu geeignetes Verfahren im weitesten Sinn, also auch Einrichtungen, Maßnahmen, Grundsätze, Regelungen, Prozeduren und Anweisungen. Selbst ein Element der Aufbauorganisation, etwa eine Funktion oder ein Gremium, können ein Kontrollmechanismus sein, der Begriff „Kontrollgremium" spiegelt dies wieder. Die Tätigkeit eines solchen Kontrollgremiums umfasst auch Soll/Ist-Vergleiche als Mittel der Kontrolle im zugeordneten Themenbereich, aber ein wirkungsvoll agierendes Gremium wird sich berechtigterweise darauf nicht reduzieren lassen. Eine weitergehende Darstellung dazu bietet Abschnitt 5.1, dort unter der speziellen Sichtweise des Sarbanes-Oxley Act, der an das einzuführende IKS konkrete Anforderungen stellt.

## Aufbau eines Internen Kontrollsystems (IKS)

Das IKS besteht strukturell aus zwei Komponenten, dem „Steuerungssystem" und dem „Überwachungssystem". Das Steuerungssystem umfasst die Regelungen und Mechanismen zur Steuerung des Unternehmens, wobei Steuerung nicht nur operativ und kurzfristig zu verstehen ist, sondern durchaus die langfristige Ausrichtung impliziert. Das Überwachungssystem sind hingegen die Regelungen, die dazu dienen, die Einhaltung dieses Regelungswerkes aus dem Steuerungssystem zu überwachen. Das ist besonders hervorzuheben, weil zu dem Steuerungssystem mit Absicht eine weitere Ebene eingeführt wird und diese ausdrücklich der Kontrolle dient. Das geschieht einfach deshalb, weil nicht unterstellt werden kann, dass die Steuerungsmechanismen in jeder Hinsicht und jederzeit uneingeschränkt „funktionieren". Das gilt insbesondere für Elemente des Steuerungssystems, die aus Anweisungen bestehen, über deren Einhaltung der Mitarbeiter – trotz aller Verpflichtung dazu – letztlich selbst entscheidet. Sieht man von einer vorsätzlichen Missachtung ab, bleibt noch die Gefahr des Nichtverstehens oder einer nicht wissentlich falschen Umsetzung, was allein schon ausreichend Grund für diese Absicherung des Steuerungssystems durch das Überwachungssystem ist.

Steuerungssystem

Das Steuerungssystem ist seinerseits ein System aus verschiedenen Steuerungsmechanismen, wobei System auch hier wieder Synonym für das geordnete Zusammenwirken einzelner Elemente ist. Elemente im Sinne des Steuerungssystems sind Regelungen, insbesondere Vorgaben für gewünschte Handlungen, Standards für die Festlegung von Mindestanforderungen, Richtlinien als Gestaltungs- und Orientierungshilfsmittel und Prozeduren, die exakte Anleitung für arbeitsteilige Handlungen von Akteuren machen. Steuerungsmechanismen finden in der Organisation ihren Niederschlag in funktionalen Elementen der Aufbauorganisation als auch in prozeßbezogenen Elementen (Ablauforganisation).

Überwachungssystem

Das Überwachungssystem dient dazu, die richtige und vollständige Anwendung beziehungsweise Umsetzung der Regelungen zu überwachen, die im Steuerungssystem vorgesehen sind. Einerseits geschieht dies deshalb, weil ein Teil dieser Regelungen missachtet werden kann, vor allem aber auch, weil sich diese Regelungen als unwirksam herausstellen könnten, trotz vollständiger und richtiger Anwendung durch alle Beteiligte. Das Überwachungssystem gibt deshalb eine Rückmeldung darüber, ob das Steuerungssystem zum einen überhaupt strukturell geeignet ist, seine Funktion zu erfüllen, zum anderen, ob es tatsächlich funktioniert, also das Unternehmen der Steuerung und intendierten Richtung „gefolgt" ist. Dahinter steckt in letzter Konsequenz das Prinzip eines Regelkreises. Um seinen Auftrag zu erfüllen, kennt das Überwachungssystem zwei Arten von Maßnahmen:

- **Prozessintegrierte Maßnahmen**. Diese Maßnahmen sind in die Prozesse eingebettet, die zu überwachen sind, beispielsweise in Form von zusätzlichen Aktivitäten oder Prozessschritten. Sie werden nur zu diesem Zweck eingeführt und leisten streng genommen keinen Beitrag für den Prozess selbst oder sein Ergebnis, sondern sichern nur das ohnehin produzierte Ergebnis des Prozesses ab. Sie sind damit prozesstechnisch verankerte Sicherungsmaßnahmen für die Erkennung und Verhinderung von Fehlern (Beispiel: Prüfungs- und Genehmigungsschritte, 4-Augen-Prinzip). Ausgeführt werden diese prozessintegrierten Maßnahmen durch die Mitarbeiter, mit Unterstützung von IT-Systemen oder auch vollständig durch ein IT-System. An dieser Stelle zeigt sich, wie die IT in zwei Rollen auftreten kann: als Gegenstand der Überwachung und als ein wichtiges Hilfsmittel dazu.
- **Prozessunabhängige Maßnahmen**. Diese Maßnahmen sind von einem konkreten Prozess unabhängig, wobei Prozess an dieser Stelle weitreichend zu verstehen ist. Ein Prozess umfasst auch Aktivitäten, die innerhalb des Unternehmens ausgeführt werden, selbst wenn sie mangels Wiederholbarkeit, Planbarkeit oder

## 5.9 Herstellung und Nachweis der IT-Compliance

Determinierung kein Prozess im strengen Sinne sind. Beispiele für prozessunabhängige Maßnahmen sind die Tätigkeit der Internen Revision oder auch sogenannte Company Level Controls. Auch die Arbeit des Controllings ist eine prozessunabhängige Maßnahme und damit Teil des Überwachungssystems, da die Entwicklung des Unternehmens hinsichtlich seiner Zielerreichung darüber verfolgt wird.

Es wird deutlich, dass die Einrichtung eines IKS eine komplexe Aufgabe ist und viele Unternehmensbereiche umfasst, entweder als zu steuernder und überwachender Bereich oder als Bereich, der diese Steuerung und Überwachung ausübt.

**Angemessenheit und Wirksamkeit eines IKS**

Die Definition und Einrichtung des IKS sind Aufgaben des Unternehmens, aber selbst bei aller unterstellten Qualität von Konzeption und Implementierung ist die Überprüfung durch Dritte unabdingbar. Ziel der Überprüfung ist die Beurteilung von zwei Merkmalen, die das IKS aufweisen muss:

- **Angemessenheit**. Die Prüfung der *Angemessenheit* stellt sicher, dass das IKS in seiner Struktur und Gestaltung die gestellten Aufgaben im Prinzip erfüllen kann. Dabei gilt die Annahme, dass die definierten Regelungen korrekt und vollständig angewendet werden.
- **Wirksamkeit**. Mit der Prüfung der *Wirksamkeit* des IKS wird beurteilt, ob die eingerichteten Kontrollmechanismen auch in der Praxis so funktionieren, wie es einerseits intendiert war, andererseits natürlich auch vor der Frage, ob das damit angestrebte Ziel erreicht wurde. Ein im Sinne des Designs funktionierender Kontrollmechanismus kann unwirksam sein, wenn er das intendierte Risiko nicht abdeckt, so dass bei diesem Ergebnis die Angemessenheit in Frage steht.

Mit der Prüfung von Angemessenheit und Wirksamkeit des IKS wird sichergestellt, dass es seiner Funktion – der Verhinderung von Risiken – auch genügt. Damit wird viel für die Absicherung der überwachten Prozesse getan, aber selbst dann ist noch keine absolute Sicherheit gegeben; es müssen letztlich immer alle Arten von Risiken betrachtet werden. Somit kommen zu den *inhärenten Risiken*, die sich originär aus dem Prüffeld selbst ergeben noch die *Kontrollrisiken*, die aus einem nicht angemessenen oder nicht wirksamen IKS stammen, abschließend noch die *Entdeckungsrisiken*. Sie beschreiben die Risiken, die trotz etabliertem IKS im Rahmen einer Prüfung nicht erkannt werden, bis sie durch den Eintritt eines Schadens sichtbar werden.

**Ausgestaltung eines Kontrollsystems für die IT**

Da die IT inzwischen eine wesentliche Aufgabe in jedem Unternehmen übernimmt und allein durch ihre Komplexität eine große „Angriffsfläche" für Fehler bildet, muss die IT einerseits vom IKS abgedeckt werden, andererseits kann sie auch zum

Hilfsmittel werden, das IKS für das Unternehmen auszugestalten. Demnach ist die IT inzwischen ein unverzichtbares Element bei der Steuerung und Überwachung von Unternehmen. Andererseits ist die IT zentrales Objekt und Gegenstand der Überwachung, wenn es um den angemessenen Umgang und die Vermeidung von Risiken geht, die sich zwangsläufig aus den Einsatz der IT ergeben. In diesem Abschnitt geht es um die Gestaltung eines IT-IKS, also eines IKS, das die IT abdeckt. Abbildung 5.40 zeigt den ersten Schritt von der Übertragung der allgemeinen Struktur auf die spezielle Ausprägung für ein IT-IKS.

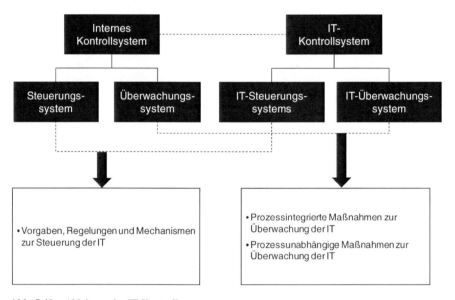

**Abb. 5.40.** Ableitung des IT-Kontrollsystems

Bei der inhaltlichen Ausgestaltung des IT-IKS geht man primär von den Risiken aus, die durch Einsatz und Nutzung der IT entstehen können und daher überwacht und idealerweise verhindert werden müssen. Allein die weitreichende Verbreitung und die damit einhergehende Abhängigkeit von der IT ist ein Grund, hier besondere Maßnahmen zu ergreifen; es ist also eine Aufsicht über den Betrieb der IT einerseits und ihre Nutzung im Unternehmen andererseits erforderlich. Beides ist zu unterscheiden, denn: Ein schlecht organisierter Betrieb der IT verhindert eine sinnvolle Nutzung, wo hingegen ein gut organisierter Betrieb die missbräuchliche Nutzung keineswegs verhindert, so dass beide Forderungen gleichermaßen zu beachten sind. Das ist vor allem dann der Fall, wenn die IT in einer Art und Weise eingesetzt wird, dass ihre Daten oder die mit ihr realisierten Funktionen von besonderem Interesse oder von besonderer Bedeutung für Dritte sind. Dritte können die Personen sein, deren Daten im System gehalten werden und deren Rechte bei Offenlegung oder Verfälschung gefährdet sind. Dritte können aber auch Eigentümer oder Anteilseigner des Unternehmens sein, die durch fahrlässigen Einsatz der IT gefährdet werden, oder es sind Personen, die sich auf diese IT verlassen oder ihre Entscheidungen mit

## 5.9 Herstellung und Nachweis der IT-Compliance

ihrer Hilfe treffen. Und da die betriebliche Nutzung der IT nicht in einer idealen sondern fehleranfälligen Umgebung stattfindet, müssen bei der Gestaltung des IT-IKS weitere Aspekte in Betracht gezogen werden:

- Abhängigkeit des Unternehmens von den IT-Systemen
- Änderungsgeschwindigkeit und die ihrer Bewältigung
- Verfügbares Wissen und die notwendigen Ressourcen
- Ausrichtung auf die Erfordernisse des Geschäfts

Für eine angemessene Gestaltung des IT-IKS hilft es, die zu Grunde liegende Orientierung am Risiko systematisch anzugehen, beispielsweise durch die Kombination der zuvor genannten vier Risiken aus dem betrieblichen Einsatz mit Aspekten der IT. Das Ergebnis ist eine „Themenlandschaft", wie sie Abb. 5.41 zeigt.

| Risikofeld | Abhängigkeit | Änderung | Wissen, Ressourcen | Geschäftliche Ausrichtung |
|---|---|---|---|---|
| IT-Umfeld | Dominanz der IT-Bereiche | Widerstände, Festhalten | Bewusstsein, Verständnis | Strategie, Konzeption |
| IT-Organisation | Betrieb, Verfügbarkeit | Projektmanagement | Aufgabenabwicklung | Richtlinien, Kompetenzen |
| IT-Geschäftsprozesse | Automatisierung, Komplexität | Anwenderakzeptanz | Anwenderunterstützung | Aufgabenabwicklung |
| IT-Anwendungen | Ausfälle, Geschäftsbetrieb | Funktionalität, Fehler | Entwicklung, Betreuung | Markt, Benutzeranforderungen |
| IT-Infrastruktur | Outsourcing, Provider | Technologie, Sicherheitslücken | Strukturen, Betreuung | Inhomogenität, Sicherheit |
| Daten | Umfang, Inhalt, Aktualität | Migration, Archivierung | Auswertungen, Analysen | Entscheidungsrelevanz |

**Abb. 5.41.** Risikolandschaft in der IT (vgl. IDW PS 330)

Diese Tabelle erhebt keinen Anspruch auf Vollständigkeit, vermittelt aber einen guten Eindruck darüber, in welchen Themenfeldern IT-Risiken bestehen. Zudem ist diese Tabelle eine der Grundlagen, mit denen Wirtschaftsprüfungen die IT-Prüfungen nach dem IDW Prüfungsstandards 330 (IDW PS 330) organisieren.

Der nächste Schritt zu einem risikoorientierten IT-IKS ist, für die identifizierten IT-Risiken oder Gruppen aus zusammengehörenden IT-Risiken angemessene Kontrollmechanismen zu definieren. Das ist kein mechanischer Prozess, sondern dabei müssen verschiedene Faktoren berücksichtigt werden, so zum Beispiel der Reifegrad und der Entwicklungsstand der IT im Unternehmen und vor allem das Einsatzgebiet der IT beziehungsweise ihre Verwendung im Unternehmen. Aus diesem Grund können Sammlungen von IT-Kontrollmechanismen wie die „Control Objectives for Information and related Technology" (CobIT) der „Information Systems Audit and Control Association" (ISACA) immer nur Anhalts- oder Ausgangspunkt sein, nie die vollständige Lösung dieser Aufgabe. Vielmehr muss der CIO zusammen mit der Geschäftsleitung die Risikosituation der IT einerseits und die Summe der gesetzlichen und regulatorischen Anforderungen andererseits einschätzen und auf dieser Basis ein Rahmenwerk für das IT-IKS konzipieren.

### 5.9.3 Risikoorientierte Prüfung von IT-Systemen

In der bisherigen Darstellung wurde die Compliance der IT als allgemein gefasste Forderung eingeführt, eine Reihe von Anforderungen aus gesetzlichen oder regulatorischen Vorgaben hinsichtlich der IT umzusetzen. Ein wichtiger Bestandteil dabei war das Konstrukt des IKS, mit dem spezifische Risiken verhindert und den Anforderungen aus den Vorgaben begegnet wird. Um die allgemeine Darstellung zu konkretisieren, wird im Folgenden die Prüfung eines IT-Systems durch eine Wirtschaftsprüfungsgesellschaft als Beispiel herangezogen. Das besondere Interesse liegt hier in der Frage, ob die sogenannten *rechnungslegungsrelevanten* IT-Systeme die notwendigen Eigenschaften aufweisen, um eine *sichere* und *ordnungsmäßige* Finanzbuchhaltung zu erlauben. Sicherheit und Ordnungsmäßigkeit sind demnach die zwei zentralen Forderungen an die IT-Systeme, wenn mit ihrer Hilfe die Finanzbuchhaltung und die Finanzberichterstattung abgewickelt werden.

Im Rahmen der gesetzlich vorgeschriebenen Jahresabschlußprüfung muss sich der Wirtschaftsprüfer diesen IT-Systemen annehmen, um die Entstehung wesentlicher Risiken für eine Falschdarstellung mit hinreichender Sicherheit auszuschließen zu können. Das Beispiel wurde gewählt, weil es eine besondere Form der IT-Compliance darstellt, die praktisch alle Unternehmen betrifft und eine gut verstandene und dokumentierte Vorgehensweise zeigt. Insbesondere das IDW hat eine Reihe von Prüfungsstandards veröffentlicht, mit denen ein hoher Qualitätsstandard und eine weitgehende Vergleichbarkeit dieser Prüfungen sichergestellt werden. Diese Prüfungsstandards sind nicht nur für Wirtschaftsprüfungsgesellschaften zugänglich. Es empfiehlt sich daher für jedes Unternehmen, diese Prüfungsstandards zu kennen. Abgesehen davon, dass damit ein besseres Verständnis für die Prüfung selbst entsteht, sind diese Prüfungsstandards eine sehr gute Quelle für Hinweise für die eine Absicherung der IT und eine weitere Verbesserung ihrer Qualität erlauben.

**Einsatz der IT im Finanz- und Rechnungswesen**

Der Begriff „Rechnungslegung" hat ursprünglich das Führen von Büchern und Inventaren beschrieben; heute umfasst er aber die Buchführung, den Jahresabschluss und den Lagebericht beziehungsweise auf Konzernebene den Konzernabschluss und den Konzernlagebericht. Die Rechnungslegung ist demnach unverzichtbar für die Führung, Steuerung und Kontrolle des Unternehmens, insbesondere liefert es neben dem Controlling wichtige Informationen für strategische oder betriebswirtschaftliche Entscheidungen. Die Rechnungslegung ist zudem die Ausgangsbasis für Informationen an externe Dritte, insbesondere in Richtung des Kapitalmarkts, wo die Entscheidung über Investitionen in das Unternehmen auch auf Grundlage dieser Angaben erfolgt, woraus sich der hohe Anspruch an Korrektheit erklärt.

Der Begriff „Rechnungslegung" ist trotz seiner inzwischen deutlichen Ausweitung weiterhin gebräuchlich. Er dient auch dazu, die sogenannten *rechnungslegungsrelevanten* IT-Systeme von anderen IT-Systemen eines Unternehmens abzugrenzen. Zu diesen rechnungslegungsrelevanten IT-Systemen gehören mehr als nur die klassischen Finanzbuchhaltungen, sondern alle IT-Systeme, in denen für die Finanzbuchhaltung wichtige Daten erfasst, aufbereitet oder bearbeitet werden, die sogenannten Vorsysteme. Aus der zentralen Bedeutung, die IT-Systeme in der Rechnungslegung haben, leiten sich die hohen Anforderungen an diese IT-Systeme selbst, ihren Betrieb, ebenso an die mit ihnen verarbeiteten Daten ab.

**Jahresabschlußprüfung beim Einsatz von IT**

Im Rahmen der Jahresabschlußprüfung hat der Abschlussprüfer zu beurteilen, ob die auf IT-Systemen gestützte Rechnungslegung den gesetzlichen Anforderungen entspricht, um auf dieser Basis dann eine Prüfungsaussage über die Ordnungsmäßigkeit der Buchführung zu machen. Die gesetzlichen Anforderungen richten sich insbesondere an die Sicherheit und die Ordnungsmäßigkeit der für die Rechnungslegung eingesetzten IT-Systeme und ihres Betriebs. Konkretisiert und für eine tatsächliche Prüfung spezifiziert werden diese Anforderungen in einer sogenannten *„Stellungnahme zur Rechnungslegung: Grundsätze ordnungsgemäßer Buchführung bei Einsatz von Informationstechnologie"* des IDW (IDW RS FAIT 1). Entsprechend seinem Auftrag muss der Abschlussprüfer das IT-System insoweit prüfen, als dass seine Elemente dazu dienen, Daten über Geschäftsvorfälle oder betriebliche Aktivitäten zu verarbeiten oder als Grundlage dafür dienen. Diese Einschränkung ist wichtig, weil damit ein Teil der IT-Systeme von der Prüfung ausgenommen wird und bei den rechnungslegungsrelevanten IT-Systemen nur bestimmte Aspekte geprüft werden. Aus diesem Grund kann eine IT-Systemprüfung im Rahmen der Jahresabschlußprüfung auch keine Prüfung der IT-Systeme ersetzen, in denen beispielsweise Merkmale wie Leistungsfähigkeit, Durchsatz, Kosten oder Flexibilität festgestellt werden sollen, ebenso wenig die Erfüllung von Anforderungen, die aus Vorgaben außerhalb der Rechnungslegung stammen.

Prüfungstechnisch ist die Prüfung des IT-Systems ein Teilausschnitt der Prüfung des IKS und wird auch entsprechend geplant und durchgeführt. Das Ziel ist klar: Die Beurteilung des Risikos, das durch Fehler in der IT wesentliche Fehler in der Rechnungslegung nicht erkannt werden. Die Rechnungslegung ihrerseits ist ebenfalls ein Element des IKS, denn darin werden die Regeln für die Abbildung und Behandlung der Geschäftsvorfälle definiert. Über diese Argumentation ist die Prüfung der IT-Systeme in den Kontext der Jahresabschlußprüfung eingebettet, so dass im nächsten Abschnitt das Vorgehen der IT-Systemprüfung präzisiert wird.

**Notwendigkeit einer IT-Systemprüfung**

Damit die IT-Prüfung im Rahmen der Jahresabschlußprüfung die gewünschte Prüfungssicherheit liefert, ist ein besonderer und vor allem präzise definierter Prüfungsansatz erforderlich. Der beginnt schon damit, den Begriff des „Systems" eindeutig festzulegen, nämlich als organisiertes Zusammenwirken von Elementen, die ihrerseits in einem bestimmten Umfeld bestehen. IT-Systeme sind Spezialfälle von Systemen und das Umfeld bildet sich hier aus dem Unternehmen, seiner Organisation, seinem Agieren am Markt sowie seiner Ausrichtung und seiner Ziele. Über dieses Umfeld einerseits und die Elemente des IT-Systems andererseits organisiert sich dann die Prüfung. Mit Blick auf die heute immer noch im Einsatz befindlichen IT-Systeme bietet sich als Gliederungsmittel ein Schichtenmodell an, das von Geschäftsprozessen über IT-Anwendungen und IT-Infrastruktur zur Hardware reicht.

Innerhalb des Schichtenmodells organisiert sich die Prüfung je Ebene, muss aber auch das Zusammenspiel der Elemente auf unterschiedlichen Ebenen berücksichtigen, da hier eine gegenseitige Einflussnahme besteht. Für das Umfeld ist die gesamte IT-Systemlandschaft zu betrachten, also auch die Vorsysteme, sofern diese rechnungslegungsrelevante Daten erfassen oder verarbeiten, weiterhin die vorhandenen Schnittstellen zwischen den IT-Systemen, auch dies wieder auf allen Ebenen. Diese Herangehensweise macht die IT-Systemprüfung zwar aufwendig, aber ohne die Betrachtung der Gesamtheit ist keine sichere Beurteilung möglich.

**Anforderungen an Ordnungsmäßigkeit und Sicherheit der IT**

Die Forderungen, die sich aus den Vorgaben für die rechnungslegungsrelevanten IT-Systeme ergeben, werden unter zwei Oberbegriffen zusammengefasst:

- **Sicherheit**. Die Forderung nach sicheren IT-Systemen ist naheliegend und braucht keine weitere Begründung. Die Definition der Sicherheit basiert auf den üblichen Kriterien, die an die Daten gestellt werden: *Vertraulichkeit*, *Integrität*, *Verfügbarkeit*, dazu kommen noch Forderungen an die Verarbeitung der Daten wie *Autorisierung*, die *Authentizität* und die *Verbindlichkeit*. Können diese Eigenschaften nicht garantiert werden, folgen daraus spezifische Risiken, die entweder direkt oder indirekt Einfluss auf die Rechnungslegung haben können. Nicht autorisierte Änderungen können Zahlen verfälschen, ohne *Authentizität* ist die Rückverfolgung von Änderungen nicht möglich und ohne *Verbindlichkeit* wäre es unmöglich, den Verursacher einer Änderung zur Verantwortung zu ziehen.
- **Ordnungsmäßigkeit**. Die Anforderungen an die Ordnungsmäßigkeit der Buchführung (GoB) gehen auf §239 HGB zurück, lassen sich aber sinngemäß auf Anforderungen an die IT-Systeme übertragen. Auch darin müssen sämtliche buchungspflichtigen Transaktionen und Geschäfte *vollständig* und *lückenlos* aufgezeichnet werden. Werden Transaktionen im IT-System aufgezeichnet, dann *richtig*, also inhaltlich zutreffend und auf Grundlage von Belegen. Die Buchungen müssen auch im IT-System *zeitgerecht* erfolgen, dem Grundsatz der *Ordnung* genügen und natürlich *unveränderlich* sein.

Es ist leicht einzusehen, dass all diese Forderungen durch ein IKS abgesichert werden müssen, um absichtliche oder unbeabsichtigte Verstöße dagegen zu verhindern. Weiterhin ist erkennbar, dass ein Teil der Forderungen bereits bei der Konzeption und Implementierung des Anwendungssystems realisiert werden müssen, weil das IKS sonst nicht wirksam gestaltet werden kann.

**Gestaltung des Prüfungsansatzes für IT-Systeme**

Der *Prüfungsansatz* umfasst die Herangehensweise durch den Prüfer, insbesondere die Auswahl und Abgrenzung des Prüfgebiets, die Organisation der Prüfung, die eingesetzten Methoden und auch die Intensität, mit der geprüft wird. Ein guter Prüfungsansatz zeichnet sich dadurch aus, dass er die besonderen Faktoren der IT im Unternehmen berücksichtigt, insbesondere die Wesentlichkeit der IT und vor allem die Komplexität dieser IT. Das dient nicht nur dazu, ein angemessenes Prüfungsergebnis zu erzielen, sondern auch dem Grundsatz der Wirtschaftlichkeit einer Prüfung zu genügen, zu der der Prüfer ebenfalls angehalten ist.

Für die Durchführung der Prüfung gibt es unterschiedliche Möglichkeiten, beispielsweise die sogenannten „aussagebezogenen" Prüfungshandlungen. Darunter versteht man die Prüfung konkreter Geschäftsvorfälle als Ergebnis aus den rechnungslegungsrelevanten IT-Systemen. Für ein umfassendes Prüfungsurteil reichen rein aussagebezogene Prüfungshandlungen in diesem Zusammenhang nicht mehr aus, da zur Abbildung der zu prüfenden Geschäftsvorfälle die verwendete IT-Systeme mit einbezogen werden müssen, da darin potentielle Risiken verschiedener Art stecken. Vor diesem Hintergrund empfiehlt sich ein Prüfungsansatz, der durch die nachfolgenden Merkmale gekennzeichnet ist:

- **Konsequente Systemorientierung.** Der Prüfungsansatz orientiert sich an den IT-Systemen. Daher ist im ersten Schritt eine vollständige Identifikation der IT-Systeme notwendig, um dann auf verlässlicher Basis die Untermenge der rechnungslegungsrelevanten IT-Systeme auszuwählen. Für jedes dieser IT-Systeme sind dann alle seine Ebenen und Komponenten von Bedeutung, keinesfalls nur die Anwendungsebene, sondern alles bis zur Hardware. Anderenfalls wäre nicht sichergestellt, dass Kontrollmechanismen auf der Anwendungsebene nicht durch Manipulationen auf unteren Ebenen, beispielsweise direkt in der Datenbank, umgangen werden.
- **Integrierte Sichtweise.** Die integrierte Sichtweise auf die IT-Systemprüfung bedeutet, das IT-System nicht als isoliert stehendes Anwendungssystem zu betrachten, sondern das gesamte technische und organisatorische Umfeld und alle dort relevanten Komponenten zu berücksichtigen. Das erfordert:
    - IT-Strategie als übergeordnete Instanz und Leitlinie
    - Bedeutung der Organisation um die IT-Systeme herum
    - Regelungen über den Einsatz und Betrieb des IT-Systems
    - Betrachtung der unterschiedlichen Ebenen des IT-Systems
    - Beachtung der einzelnen Elemente aus denen das IT-System besteht
    - Beachtung der Wechselwirkungen zwischen den Ebenen

- **Prozessorientierte Sichtweise.** Die Vorgehensweise der IT-Systemprüfung orientiert sich an den Geschäftsprozessen, zu deren Unterstützung die IT-Systeme eingesetzt werden. Damit ändert sich der Blickwinkel von der Einzelbetrachtung hin zur ablauforientierten Sichtweise über alle rechnungslegungsrelevanten Prozesse. Die konsequente und über viele Unternehmen inzwischen vergleichbare Prozessorientierung hat keine gesetzlichen oder regulatorischen Gründe, sondern ist eine logische Folge einer möglichst effektiven und effizienten Abwicklung des Geschäftsbetriebs, und dies muss auch der Prüfungsansatz reflektieren.
- **Risikoorientierte Herangehensweise.** Risikoorientiert bedeutet hier, dass bereits im Zuge der Prüfungsplanung sorgfältig analysiert wird, an welchen Stellen im „Gesamtsystem der IT-gestützten Rechnungslegung" die größten Risiken für einen wesentlichen Fehler für die Rechnungslegung liegen. Diese Risikoorientierung führt dann zur Auswahl einzelner Prüffelder. Es ist nicht ungewöhnlich, dass sich diese Prüffelder jährlich ändern, insbesondere wenn das Unternehmen in der Zwischenzeit festgestellte Mängel erkennbar abgestellt hat. Insgesamt dient die Risikoorientierung dazu, die verfügbaren Mittel auf Seiten des Prüfers und des Unternehmens so einzusetzen, dass ein bestmögliches Verhältnis zwischen Aufwand und Nutzen entsteht.

Insgesamt werden Art und Umfang der IT-Systemprüfung davon bestimmt, wie wesentlich die IT-Systeme für die Rechnungslegung des Unternehmens sind, weiterhin auch von der Komplexität der vorgefundenen IT-Systeme. Nach diesen Parametern und den zuvor vorgestellten Grundsätzen ergibt sich dann die konkrete Vorgehensweise für die IT des zu prüfenden Unternehmens.

**Vorgehensweise der risikoorientierten IT-Systemprüfung**

Die Vorgehensweise bei der IT-Systemprüfung wird vom angestrebten Ziel bestimmt: eine verlässliche Aussage über die Angemessenheit und Wirksamkeit des IT-IKS über die rechnungslegungsrelevanten IT-Systeme. Da rein aussagenbezogene Prüfungshandlungen keine hinreichende Prüfungssicherheit liefern, tritt an ihre Stelle die prozessorientierte, an Risiken orientierte IT-Systemprüfung. Der Ablauf gliedert sich dazu in drei Stufen: IT-Systemaufnahme, Aufbauprüfung und Funktionsprüfung.

Stufe 1: Aufnahme der prüfungsrelevanten IT-Systeme

Für den hier dargestellten Fall einer IT-Systemprüfung im Zusammenhang mit der Jahresabschlußprüfung sind die Geschäftsprozesse des Unternehmens der erste Bereich, über den sich der Prüfer einen Überblick verschaffen muss. Ausgehend vom Jahresabschluss werden die Geschäftsprozesse erhoben, die zu aufzeichnungspflichtigen Geschäftsvorfällen führen. Auch hier spielt die Risikoorientierung des Prüfungsansatzes eine Rolle, besonderes Augenmerk gilt daher den wesentlichen, komplexen und daher potentiell fehleranfälligen Geschäftsprozessen.

## 5.9 Herstellung und Nachweis der IT-Compliance

Im nächsten Schritt verschafft sich der Prüfer einen Überblick über sämtliche IT-Systeme, um dann die rechnungslegungsrelevanten IT-Systeme abzugrenzen; dazu hilft die Kenntnis der zuvor erhobenen Geschäftsprozesse. In komplexen IT-Umgebungen ist dies gerade bei einer Erstprüfung eine anspruchsvolle Aufgabe, weil die Funktionsweise jedes einzelnen IT-Systems als auch seine Schnittstellen zu anderen IT-Systemen verstanden werden muss. Ist ein rechnungslegungsrelevantes IT-System identifiziert und fällt es in den jährlich wechselnden Umfang der aktuellen Prüfung, so gilt das Interesse des Prüfers allen Ebenen dieses IT-Systems, bis hinunter auf die verwendete Hardware. Weiterhin gehört in die Aufnahmephase das Kennenlernen des sogenannten IT-Umfelds, und das ist keineswegs nur die technische Umgebung. Die Grundeinstellung des Unternehmens, beispielsweise die Bedeutung der IT-Sicherheit, spielt hier eine große Rolle, ebenso die Aufbau- und Ablauforganisation in der IT-Abteilung. Sind hier bereits deutliche Mängel erkennbar, beispielsweise in Form von unklaren Zuständigkeiten für IT-Systeme, widersprüchliche Kompetenzen für wichtige Entscheidungen wie Strategie, Budget, Anschaffung und Entwicklung von Software, dann können dies erste Feststellungen im Rahmen der Prüfung sein.

Gerade in dieser Phase zeigt sich, welche Vorteile eine vom Unternehmen gut dokumentierte und aktuell gehaltene Übersicht der Geschäftsprozesse und der IT-Systemlandschaft hat. Liegen solche Unterlagen nicht vor oder wurden Änderungen gegenüber dem Vorjahr nicht eingearbeitet, erhöht das den Aufwand für den Prüfer und daher die Kosten, die das Unternehmen für die Prüfung zu tragen hat.

Stufe 2: Aufbauprüfung

In der Aufbauprüfung wird die Angemessenheit eines IKS beurteilt. Angemessenheit beschreibt die grundsätzliche Eignung der eingerichteten Mechanismen zur Verhinderung von Risiken, die durch das IKS erkannt beziehungsweise verhindert werden sollen. Bei dem verwendeten Beispiel sind das die Risiken für eine wesentliche Falschdarstellung in der Rechnungslegung, und der zu prüfende Teil des dazu eingerichteten IKS sind demnach die rechnungslegungsrelevanten IT-Systeme. Aus Sicht der Prüfung sind sie wichtige Komponenten im IKS, die das Unternehmen zur Steuerung und Überwachung seiner Geschäftstätigkeit eingesetzt hat, so dass die Angemessenheit der IT-Systeme zu prüfen ist. Allerdings schränkt der IDW PS 261 die Prüfung auf die relevanten Kontrollmaßnahmen im IKS ein, was wiederum eine Auswahl und Entscheidung des Prüfers verlangt.

Angemessenheit von IT-Systemen (in ihrer Funktion als Teil des IKS) erfordert, dass sie in ihrem Grundaufbau so gestaltet sind, den Risiken durch technische, organisatorische und auch personelle Maßnahmen ausreichend zu begegnen. Das setzt angemessen geplante und korrekt implementierte Kontrollmechanismen auf allen IT-Systemebenen voraus. Für das Anwendungssystem innerhalb des IT-Systems kann diese Prüfung reduziert werden oder entfallen, wenn eine sogenannte „Software-Bescheinigung" gemäß IDW PS 880 einer Wirtschaftsprüfungsgesellschaft vorliegt. Darin wird unter anderem bescheinigt, dass die Grundsätze der ordnungsgemäßen Buchführung in der Funktionalität der Software beachtet wurden.

Auf jeden Fall ist aber zu prüfen, wie das IT-System und seine Komponenten betrieben werden. Dazu gehören auch die Fragen, wie Änderungen an der Software vorgenommen werden, wie die Verfügbarkeit sichergestellt wird und der Zugriffsschutz realisiert ist. Als Orientierungshilfe kann auch hier wieder auf CobIT verwiesen werden, weil sich dort Vorschläge für Kontrollmechanismen befinden. Allerdings hat CobIT selbst in der aktuellsten Version immer noch Defizite, so dass ein angemessenes IT-IKS nicht ohne Inhalte aus anderen Quellen auskommt, im Bereich der IT-Sicherheit beispielsweise die ISO-Standards 2700x. Die „handwerkliche" Kunst bei der Gestaltung eines IT-IKS, das eine nachfolgende Angemessenheitsprüfung erfolgreich übersteht, liegt in der unternehmensindividuellen Kombination der Inhalte aus unterschiedlichen Standards, Best Practices und Frameworks, eine Lösung von der „Stange" gibt es hier nicht.

Stufe 3: Funktionsprüfung

War die Aufbauprüfung erfolgreich, besteht die dritte Stufe in der Prüfung der Wirksamkeit des IKS. Die Funktionsprüfung ist insbesondere dann durchzuführen, wenn eine Aussage in der Rechnungslegung von der Funktionsfähigkeit einer Kontrollmaßnahme ausgeht oder aussagebezogene Prüfungen allein zur Gewinnung hinreichender Prüfungssicherheit nicht ausreichend sind.

Wieder übertragen auf das Beispiel der IT-Systemprüfung im Rahmen der Jahresabschlußprüfung ist zu klären, ob die eingeführten Kontrollmechanismen auch wirksam waren. Wirksamkeit bedeutet die richtige, vollständige und regelmäßige Durchführung der Verfahren, Prozesse, Tests, Kontroll- und Prüfmechanismen, aber ebenso die Arbeit von Gremien, Funktionsträgern und Rolleninhabern, sofern diese Bestandteil des etablierten IKS sind. Der Prüfer wird die Kontrollmechanismen plausibilisieren und nachvollziehen und durch Testfallprüfungen sicherstellen, dass die vom Unternehmen vorgelegten Nachweise auch reproduzierbar sind.

### *5.9.4 Nachhaltige Compliance durch Governance der IT*

Die ausführliche Herleitung der IT-Compliance und die Darstellung ihrer Prüfung an einem Beispiel hat das Ziel, Unternehmen bei der Erreichung und dem Erhalt dieses besonderen Zustands zu unterstützen. Die Notwendigkeit dazu wurde ausreichend begründet; es ist definitiv längst keine Option mehr, sondern eine zwingend anzugehende Aufgabe. Weiterhin wurde deutlich, woher die vom Gesetzgeber formulierten Anforderungen kommen und dass sie in erster Linie dem Unternehmen und insbesondere der IT dienen, die Qualität der Leistungen weiter zu steigern, die Sicherheit zu erhöhen und bereits erkannten oder noch in Zukunft auftretenden Risiken bestmöglich zu begegnen. Bleibt die Frage zu beantworten, welchen Beitrag eine wirksame IT-Governance leisten kann, wenn man neben ihren üblicherweise benannten Zielen von IT/Business Alignment, Wertbeitrag, Risikomanagement, Ressource Management und Performance Measurement noch den Erhalt der Compliance in der IT hinzunimmt.

## 5.9 Herstellung und Nachweis der IT-Compliance

**Bedeutung wirkungsvoller IT-Governance**

Die Einhaltung von Vorgaben – als zentrales Thema der IT-Compliance – erfordert eine systematisch geplante, konsequent durchgeführte und nachhaltig angelegte Umsetzung teils aufwändiger Maßnahmen, und das oft gegen Widerstände im eigenen Unternehmen, mindestens aber in Konkurrenz um Ressourcen und Budget. Ohne wirkungsvolle Mechanismen zur Ausrichtung, Steuerung und Überwachung der IT – also den Merkmalen guter IT-Governance – ist das nicht machbar.

Ist die Compliance der IT einmal hergestellt, ist das ein höchst fragiler Zustand, der jederzeit und durch vergleichsweise kleine Fehler wieder verloren gehen kann. Auch deshalb sind die Aufrechterhaltung und die Nachhaltigkeit der Bemühungen ein anspruchsvolles Thema; es erfordert also wieder das Engagement des Managements, die ernsthafte Beteiligung der Geschäftsführung oder des Vorstands. Die Systematik, die zu Beginn des Buches hinsichtlich der Entscheidungsdomänen von IT-Governance eingeführt wurde, bedeutet für das Thema IT-Compliance:

- Welche Entscheidungen sind (grundsätzlich) zu treffen?
    - Klares Bekenntnis zur Erfüllung aller geltenden Vorgaben
    - Aufbau und Gestaltung eines geeigneten IKS
    - Zuweisung von Aufgaben und Verantwortlichkeiten zur Umsetzung
    - Einrichtung eines nachhaltigen IT-Compliance-Managements
- Wer hat diese Entscheidungen zu treffen?
    - Geschäftsführung, bei IT-Aspekten unter Beteiligung des CIO
    - Bei rechnungslegungsrelevanten Themen der CFO
    - Fachbereiche bei Kontrollmechanismen in den Geschäftsprozessen
- Wie sind diese Entscheidungen zu treffen?
    - Zentral bei grundsätzlichen Aspekten der IT-Compliance
    - In Abstimmung mit dem CIO hinsichtlich der Mitwirkungsleistung der IT
    - In Abstimmung mit dem CFO bei rechnungslegungsrelevanten Systemen
    - In Abstimmung mit dem CISO zu Themen der IT-Sicherheit
    - In Abstimmung mit dem IT-Management hinsichtlich der Umsetzung
    - In Abstimmung mit der Administratoren für technische Detailfragen
    - In Abstimmung mit den Fachbereichen bei den Geschäftsprozessen

Generell wird der Zusammenhang zwischen IT-Governance und IT-Compliance noch wenig adressiert; so kommt in der Begriffswelt des IT Governance Instituts die Compliance der IT als eigenständige Domain gar nicht vor. Bestenfalls wird eine nicht vorhandene Compliance als eine Form des Risikos betrachten, sozusagen das Compliance-Risiko, so wie aus unzureichender Sicherheit ein „Sicherheits-Risiko" erwachsen kann. Potentielle Verstöße gegen Regelungen und Vorgaben sind dann eine besondere Form des Risikos. Im Rahmen von CobiT wird das Thema IT-Compliance nur gestreift und es wäre sinnvoll, diesen Defekt nachträglich zu reparieren, wie es inzwischen mit dem Thema IT-Risiko Management erfolgt ist.

Eine weitere wichtige Beziehung von IT-Governance und IT-Compliance wird noch kaum diskutiert, nämlich der Nutzen, den man aus der IT-Compliance nur ziehen kann, wenn eine wirkungsvolle IT-Governance besteht (Böhm 2008).

**Nutzenpotentiale erfolgreich umgesetzter IT-Compliance**

Die Vorgaben von Gesetzgeber, Aufsichtsbehörden und weiteren Organen stellen in der überwiegenden Mehrzahl berechtigte und nachvollziehbare Anforderungen an die IT, selbst wenn die Umsetzung teils erheblichen Aufwand bedeutet. Das gilt insbesondere dann, wenn eine neue Vorschrift als Reaktion auf ein anderenorts erkanntes Problem entstanden ist, das potentiell jedes andere Unternehmen auch treffen kann. Die meisten Vorgaben und Regelungen stellen auf Sicherheit, Transparenz, Dokumentation, Ausfallsicherheit, Stabilität, Verfügbarkeit der IT ab und weisen damit in eine Richtung, die bei objektiver Betrachtung für jede IT-Abteilung und jeden CIO ein Ziel sein muss.

## 5.10 IT-Sicherheit & Compliance

### *5.10.1 Konsens & Komplexität*

Wer von Ihnen bereits das Vergnügen hatte, sich mit dem Thema IT-Sicherheit auseinanderzusetzen, wird die Erfahrung gemacht haben, dass eine signifikante Lücke zwischen dem allgemeinen Konsens über die Wichtigkeit der IT-Sicherheit einerseits und der Bereitschaft, sich angemessen mit dem Thema auseinanderzusetzen anderseits, besteht. Woher rührt dieses Spannungsfeld?

Ein guter Startpunkt für eine Beantwortung dieser Frage ist die Betrachtung der Bedeutung der IT-Sicherheit für die Unternehmen. Kaum ein IT-Thema wird in so regelmäßigen Abständen in den Medien vorgeführt wie die Bedrohung, die eine unzureichende IT-Sicherheit für die Unternehmen darstellt. Die Drohkulisse spannt sich über das Eindringen von Hackern bis hin zum Datenklau im Auftrag der Konkurrenz. Zumindest ebenso erwähnenswert ist die weniger spektakuläre tägliche Gefährdung von Unternehmensdaten durch Mitarbeiter, die aufgrund zu weitreichender Berechtigungen willentlich oder unbeabsichtigt die Integrität von Daten oder sogar Systemen gefährden.

Lücken in der IT-Sicherheit können, aus welchen Gründen auch immer, zu Verfälschungen von Daten z.B. zur Steuerung eines Unternehmens verwendet werden und somit zu Fehlentscheidungen führen, Systeme zum Absturz bringen und damit das Unternehmensfortführungsprinzip gefährden, oder einfach zu Informationsverlusten sensibler Daten mit merkbaren Einschnitten in den Umsätzen führen.

Durch die Bedeutung der IT-Sicherheit, insbesondere als wesentlicher Bestandteil des Internen Kontrollsystems und damit der Unternehmensorganisation, steht diese regelmäßig auf dem Speiseplan der turnusmäßigen Prüfungen der Internen

## 5.10 IT-Sicherheit & Compliance

und Externen Revisoren. Dies erhöht zwar nicht die Akzeptanz des Themas, beschert den Fachbereichs- und IT-Leitern aber immer wieder einen "warmen Regen" von Prüfungsfeststellungen mit den entsprechenden wohlwollenden Reaktionen der Geschäftsführung. Irgendwann sind die Betroffenen die Prügel dann leid und gehen das Thema mit dem kleinstmöglichen Ansatz an, nur um den Prüfer endlich ruhigzustellen. Dies greift jedoch allein schon deswegen zu kurz, weil der Prüfer lediglich Bote von Feststellungen ist, deren Behebung im Eigeninteresse der Unternehmen liegen müsste.

Genauso wenig nachhaltig sind Ansätze, die die IT-Sicherheit von einem rein technischen Standpunkt aus angehen. Rein technische Ansätze werden beschritten, weil diese aus IT-Sicht als weniger komplex und damit beherrschbar eingeschätzt werden. Technische Komponenten können jedoch nicht oder nur in geringem Umfang organisatorisch und prozessual verursachte Probleme lösen. Insofern sind rein technische Lösungen ohne das entsprechende organisatorische Fundament bzw. eine ausreichende Dokumentation der Prozesslandschaft kaum zielführend. Eine angemessene Lösung bietet nur ein integrierter Ansatz, der die IT-Sicherheit als Bestandteil einer übergreifenden IT-Governance unter Einschluss der relevanten Compliance-Anforderungen betrachtet.

Aus den oben erwähnten unterschiedlichen Sichten der IT, der Fachbereiche und der Prüfer sind mit der Zeit eine Vielzahl von unterschiedlichen Standards und Regelwerken entstanden, die sich spezifisch oder als Bestandteil eines größeren Themenbereichs mit dem Thema IT- oder Informationssicherheit befassen. Die Ausführungen im Kapitel „Gesetze, Standards, Definitionen" versuchen sowohl die Relevanz des Themas im Rahmen der Compliance zu klären, als auch generell das Dickicht der Standards und Definitionen ein wenig zu lichten.

Unternehmen stehen nun vor der Herausforderung, sich auf der Grundlage der unternehmenseigenen Anforderungen aus der Vielzahl an Standards und Informationen ein geeignetes Sicherheitsmodell abzuleiten. Ein solches Modell wird aber nur dann erfolgreich sein, wenn es nicht nur die internen und externen Anforderungen im Blick hat, sondern hierbei auch die bewährten Unternehmensstrukturen im Auge behält. Das Kapitel „IT-Sicherheitsprozesse und -strukturen" stellt ein Beispiel für einen Auszug einer solchen Modellgestaltung vor, der sich auf wesentliche Aspekte der IT-Sicherheit konzentriert. Aus diesem Modell wird im Folgekapitel wiederum der Teilaspekt des „Identity und Access Management" (IAM) herausgegriffen, um einen Eindruck der Komplexität des Themas auf einem etwas detaillierteren Niveau zu vermitteln.

Nachdem ein Unternehmen eine Vorstellung der strukturellen Voraussetzungen sowie der technischen Herausforderung von IT-Sicherheitsmodellen gewonnen hat, stellt sich die Frage nach den geeigneten Maßnahmen für die Einführung und den Betrieb von IT-Sicherheitsprozessen und -strukturen. Das Kapitel „IAM in der Praxis" betrachtet die wesentlichen vier Aspekte für den Erfolg einer IAM-Initiative:

Für die Umsetzung einer IAM-Initiative sind nicht unbeträchtliche finanzielle und personelle Investitionen erforderlich. Hierbei können lediglich IAM-Initiativen im Vergleich zu anderen Investitionen in IT-Sicherheit einen direkten, messbaren, wenn auch überschaubaren Return on Invest vorweisen. Umso mehr erfordert die Vorbereitung und Durchführung solcher Projekte ein hohes Maß an Aufmerksamkeit für mögliche Fallstricke. Der Abschnitt „Die Projektdurchführung" nennt die wichtigsten Hürden und wie man diese erfolgreich angeht.

Nach dem Spiel ist vor dem Spiel. Was im Projekt abgeliefert wurde, muss auch im Betrieb überleben können bzw. auf Dauer in diesen eingebettet werden. Im Idealfall werden sich alle relevanten Spieler – Geschäftsführung, Fachbereiche, IT und Compliance – bereits im Rahmen der Projektarbeit einbringen. Im Abschnitt „Einbettung in die Organisation" werden die wichtigsten Mitspieler und die wichtigsten prozessualen Spielregeln erläutert.

Sind die ersten Investitionen von IAM-Projekten fast vollständig der Transparenz und Sicherheit gewidmet, können später durchaus erkleckliche ROI-Effekte durch Automatisierungsmaßnahmen erzielt werden. Der Abschnitt „Das Maß der Automatisierung" stellt die Möglichkeiten, aber insbesondere auch die Grenzen der Automatisierung unter Beachtung des Unternehmenskontextes dar.

Keine Automatisierung ohne die geeignete Software. Der Abschnitt „die geeignete Software" rundet das Praxiskapitel mit einer Darstellung der wesentlichen Elemente einer angemessenen und modernen IAM-Lösung ab.

## 5.10.2 Gesetze, Standards, Definitionen

Veröffentlichungen zum Thema IT-Sicherheit sind so vielfältig wie die Interessengruppen, die sich mit dem Thema auseinandersetzen müssen. Das vorliegende Kapitel wird sich auf die Aspekte beschränken, die sich aus dem Compliance-Kontext ergeben oder die als Standards einen Nutzen bei der Umsetzung in der Praxis versprechen.

Den Anfang machen hierbei die deutschen Gesetze und gesetzesnahen Standards. Diese werden ergänzt um internationale gesetzesnahe Standards. Den Abschluss bilden die sonstigen Standards und Normierungen.

**Deutsche gesetzliche Anforderungen und Interpretationen**

Generell sollten Unternehmen natürlich bereits aus reinem Eigeninteresse ihre Informationen vor unberechtigtem Zugriff schützen. Gleichwohl gibt es eine Reihe weiterer Personenkreise (Stakeholder), für die der Schutz von Unternehmensinformationen von Bedeutung ist. Soweit für einen solchen Schutz ein öffentliches Interesse besteht, kann ein Gesetzgeber entsprechende gesetzliche Anforderungen definieren. In der Bundesrepublik Deutschland trifft dies insbesondere auf den Schutz von Informationen im Rahmen des Jahresabschlusses von Unternehmen sowie auf den Schutz personenbezogener Daten vor Missbrauch zu.

Beginnen wir mit der Herleitung der gesetzlichen Relevanz von IT-Sicherheit im Kontext des Jahresabschlusses: Wichtigstes Gesetz zum Jahresabschluss oder – anders formuliert – zur Führung von Handelsbüchern ist das Handelsgesetzbuch (kurz HGB). Hier findet sich in § 238 Absatz 1 Satz 1 die grundlegende Verpflichtung von

## 5.10 IT-Sicherheit & Compliance

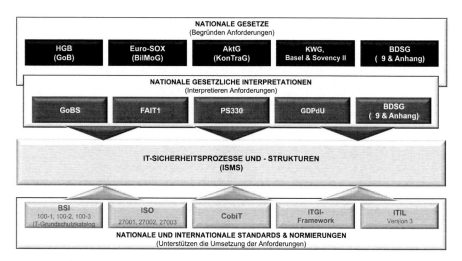

**Abb. 5.42.** Übersicht Gesetze & Standards

Kaufmännern, Bücher zu führen. Mit dem § 239 Absatz 4 Satz 1 wird diesen Kaufmännern die Möglichkeit eingeräumt, ihre Handelsbücher auch auf „Datenträgern" zu führen.

Dies ist allerdings nur zulässig, soweit diese Formen der Buchführung einschließlich der hierbei angewandten Verfahren den Grundsätzen ordnungsmäßiger Buchführung (GoB) entsprechen, die insbesondere in den § 238 ff. kodifiziert sind. Mehr an Details, wie diese Grundsätze für die Anwendung im Rahmen von IT-Systemen ausgelegt werden sollen, findet sich in der Interpretation der GoB in den Grundsätzen ordnungsmäßiger DV-gestützter Buchführungssysteme (GoBS, 7. 11.1995) der Arbeitsgemeinschaft für wirtschaftliche Verwaltung e. V. (AWV), Eschborn. In den GoBS findet sich erstmalig der Begriff der „Datensicherheit" unter anderem in den folgenden Formulierungen:

„Die starke Abhängigkeit der Unternehmung von ihren gespeicherten Informationen macht ein ausgeprägtes Datensicherheitskonzept unabdingbar. Dabei muss dem Unternehmen bewusst und klar sein, dass Datensicherheit nur dann hergestellt und auf Dauer gewährleistet werden kann, wenn bekannt ist, was, wogegen, wie lange und wie zu sichern ist und geschützt werden soll."

„Zu sichern und zu schützen sind neben den auf Datenträgern gespeicherten, für die Buchführung relevanten Informationen zugleich die weiteren Informationen, an deren Sicherung und Schutz das Unternehmen ein Eigeninteresse hat oder dies aufgrund anderer Rechtsgrundlagen erforderlich ist." „Unter „Informationen" sind in diesem Zusammenhang die Software (Betriebssystem, Anwendungsprogramme), die Tabellen- und Stammdaten, die Bewegungsdaten (z.B. die Daten eines Geschäftsvorfalles) sowie die sonstigen Aufzeichnungen zu verstehen."

Neben den GoBS finden sich zur Interpretation des HGB für IT-Systeme ebenfalls noch die FAIT1-Stellungnahme (FAIT1, 24.09.2002) des Fachausschuß für Informationstechnologie und der Prüfungsstandard 330 (PS330, 24.09.2002) des

Instituts der Wirtschaftsprüfung (IDW). Während die FAIT1-Stellungnahme eine weitere Konkretisierung der Anforderungen an die Führung der Handelsbücher mittels IT-gestützter Systeme vornimmt und die beim Einsatz von IT möglichen Risiken für die Einhaltung der Grundsätze ordnungsmäßiger Buchführung verdeutlicht, legt der PS330 die Berufsauffassung dar, nach der Wirtschaftsprüfer im Rahmen von Abschlussprüfungen Systemprüfungen bei Einsatz von Informationstechnologie (IT) durchführen. In der FAIT1-Stellungnahme finden sich u.a. die folgenden Passagen zur IT-Sicherheit:

„Unter IT-Sicherheit ist die Sicherheit der in IT-Systemen verarbeiteten Daten unter Anwendung einer Risikoeinschätzung der betrachteten Systeme und der darin verwalteten Daten zu verstehen. Dabei sind die folgenden Anforderungen zu beachten: Authentizität, Autorisierung, Vertraulichkeit, Verbindlichkeit, Integrität und Verfügbarkeit."

Weiteres Gewicht erhält die IT-Sicherheit, wenn durch die Branchenzugehörigkeit oder die Gesellschaftsform weitere gesetzliche Anforderungen begründet werden:

Soweit ein Unternehmen eine Aktiengesellschaft ist, unterliegt es den aufgrund des KonTraG in das HGB und AG übernommenen gesetzlichen Anforderungen. Demnach muss eine Aktiengesellschaft über ein Risikofrüherkennungssystem verfügen, das die Ermittlung, die Aufnahme und die Berichterstattung von Risiken gewährleistet, damit den Fortbestand der Gesellschaft gefährdende Entwicklungen früh erkannt werden. Zu diesen Risikofaktoren gehört auch die Gefährdung der Informationssicherheit als Bestandteil des Internen Kontrollsystems eines Unternehmens.

Für kapitalmarktorientierte Unternehmen sollen zukünftig durch das Bilanzmodernisierungsgesetz (BilMoG) erweiterte Vorschriften zum Internen Kontrollsystem und zur Corporate Governance zur Anwendung kommen. Diese müssen im Lagebericht die wesentlichen Merkmale des internen Kontrollsystems und des Risikomanagementsystems im Hinblick auf den Rechnungslegungsprozess beschreiben. Diese Beschreibung ist Bestandteil der Prüfung durch den Abschlussprüfer.

Für Banken und Versicherungen gelten darüber hinaus die Vorschriften Basel II bzw. Solvency II sowie das Kreditwesengesetz. Diese Vorschriften beinhalten auch die Forderung an eine verfeinerte Risikoermittlung und -berücksichtigung.

Ein wenig mehr an Anforderungen ist den Regelungen des Bundesdatenschutzgesetzes (BDSG) zu entnehmen. Das BDSG fordert im § 9 Satz 1 in Verbindung mit der Anlage zum § 9 dass, soweit eine Organisation personenbezogene Daten automatisiert verarbeitet oder nutzt, die innerbehördliche oder innerbetriebliche Organisation so zu gestalten ist, dass sie den besonderen Anforderungen des Datenschutzes gerecht wird. Eine solche Organisation hat Maßnahmen zu ergreifen, die insbesondere die Anforderungen der Zutritts-, Zugangs-, Zugriffs-, Weitergabe-, Eingabe- und Verfügbarkeitskontrolle erfüllen. Wie genau diese Maßnahmen gewährleistet werden sollen, lässt das Gesetz auch hier offen.

Zusammenfassend lässt sich zu KonTraG, BilMoG, Basel und Solvency II, KWG sowie BDSG sagen, dass diese Vorschriften keine konkreten Vorgaben zur Ausgestaltung der IT-Sicherheit, insbesondere der hierzu notwendigen Organisation und

Prozesse beinhalten. Generell kann man sagen, dass diese lediglich die Relevanz der Anforderungen der bereits oben beschriebenen GoBS, FAIT1 und PS330 weiter erhöhen.

Abgeleitet aus der Erkenntnis, dass Unternehmen zur Einrichtung eines Sicherheitskonzepts verpflichtet sind (natürlich nur wenn das Unternehmen zur Führung der Handelsbücher auf IT-Systeme und -Anwendungen zurückgreift), stellt sich die Frage, wie ein solches Sicherheitskonzept aussehen könnte. Hier bieten die o. g. Publikationen leider nur eine vergleichsweise abstrakte Hilfe. Die folgenden Ausführungen begeben sich auf die Suche nach geeigneten Standards und Normen.

**Internationale gesetzesnahe Standards**

Im internationalen Zusammenhang hat das Thema IT-Sicherheit im Vergleich zur relativ unveränderten Gesetzeslage in Deutschland den Höhepunkt der Aufmerksamkeit im Zusammenhang mit Internen Kontrollsystemen als Bestandteil des Sarbanes-Oxley Acts erfahren (s.o. 5.1, Der Sarbanes-Oxley Act Section 404 in der IT). Aus diesem Grund finden sich in diesem Zusammenhang eine Reihe detaillierter und praxisnaher Standards, auf die wir im Folgenden näher eingehen.

Wichtigster Standard im SOX-Umfeld ist neben den Publikationen des PCAOB (Public Company Accounting Oversight Board) der ursprünglich von der Information Systems Audit and Control Association (ISACA) veröffentlichte und inzwischen in den Händen des IT Governance Institute (ITGI) liegende Standard Control Objectives for Information and Related Technology (CobiT). CobiT beschreibt eine Methode zur Kontrolle von Risiken, die sich durch den IT-Einsatz zur Unterstützung geschäftsrelevanter Abläufe ergeben. War CobiT ursprünglich als Werkzeug für IT-Prüfer (Auditoren) gedacht, hat es sich inzwischen zum führenden Werk für IT-Governance bezüglich der Steuerung der IT aus Unternehmenssicht entwickelt.

CobiT definiert zwei Ziele als Hauptaufgabe der IT-Governance: die Optimierung der Verwendung von Ressourcen sowie die Erfüllung der Anforderungen an Qualität, Fürsorgepflicht und Sicherheit der Informationen sowie für alle Unternehmenswerte. In Bezug auf die Sicherheit von Informationen legt CobiT die unternehmensspezifischen Erfordernisse Wirksamkeit, Wirtschaftlichkeit, Vertraulichkeit, Integrität, Verfügbarkeit, Compliance und Verlässlichkeit fest.

Die beiden Kernelemente Ressourcen und Sicherheit werden eingebettet in ein Prozessmodell aus 34 Prozessen der Prozessbereiche Plane und Organisiere, Beschaffe und Implementiere, Erbringe und Unterstütze sowie Überwache und Evaluiere. Aus diesem Grunde ist es fast unmöglich, den Aspekt der Informationssicherheit im CobiT-Modell auf einige der 34 Prozesse einzuschränken. Vielmehr ist der Sicherheitsaspekt in fast jedem Prozess mehr oder weniger umfangreich eingebunden.

CobiT beinhaltet zwar den Aspekt der Einhaltung gesetzlicher Anforderungen (Compliance), geht aber gleichwohl in seinem Umfang weit über den eines Hilfsmittels zur Erfüllung der Compliance-Anforderungen hinaus.

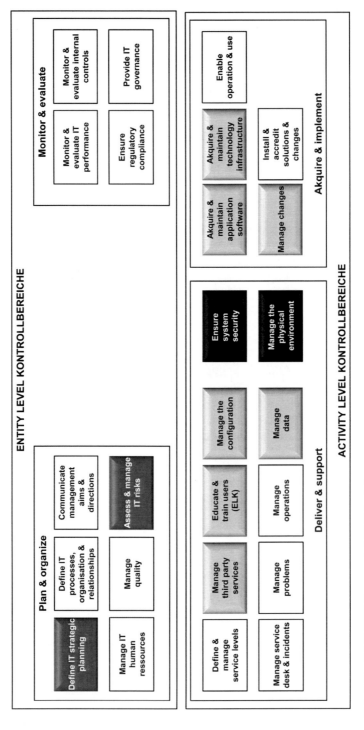

**Abb. 5.43.** CobiT, ITGI-Framework & IT-Sicherheit

## 5.10 IT-Sicherheit & Compliance

Wollen Unternehmen lediglich die gesetzlichen Vorgaben von Sarbanes-Oxley für ihr Internes Kontrollsystem erfüllen, aber nicht gleich das vollständige CobiT-Modell einführen, können diese auf eine weitere Publikation des ITGI, das so genannte ITGI-Framework (IT Control Objectives for Sarbanes-Oxley, 2nd Edition, September 2006), zurückgreifen. Das ITGI-Framework unterstützt Unternehmen bei der Beurteilung und Erweiterung ihres Internen Kontrollsystems und baut hierbei eine Brücke zwischen den SOX-Compliance-Anforderungen und den gängigen Normierungen ITIL und CoBIT (s.u.).

Für uns ist hierbei wichtig, dass das ITGI-Framework 14 IT-Kontrollbereiche auf Activity-Level und 11 Kontrollbereiche auf Entity-Level aus den insgesamt 34 CobiT-Prozessen herausgreift, die aus Compliance-Gesichtspunkten von Relevanz sind. Die Entity-Level-Kontrollbereiche zeichnen sich hierbei durch einen geringeren Aktivitätsbezug und damit durch eine im Vergleich zu den Activity-Level-Kontrollen verringerte Compliance-Relevanz aus. Hier bestätigt die in 12 von 14 Kontrollbereichen vorgenommene Zuordnung zu dem Bereich „Access to Programs and Data" der PCAOB IT General Controls, wie stark die Integration des Sicherheitsaspektes in die Kontrollbereiche ausgeprägt ist.

**Sonstige Normen und Standards**

Neben den Gesetzen und gesetzesnahen Standards findet sich eine kaum noch überschaubare Vielfalt von themenspezifischen Standards und Veröffentlichungen zu IT-Sicherheit, aus denen die des Bundesamtes für Sicherheit in der Informationstechnik (BSI) sowie die Publikationen der internationalen Normierungsorganisationen ISO und IEC herausragen.

Das BSI verfolgt insbesondere mit den Standards BSI 100-1, 100-2 und 100-3 sowie den IT-Grundschutzkatalogen das Ziel, Empfehlungen für Methoden, Prozesse und Verfahren sowie Vorgehensweisen und Maßnahmen zu geben, die mittel- und langfristig Informationssicherheit in den öffentlichen Verwaltungen gewährleisten. Diese Empfehlungen werden jedoch inzwischen ebenfalls in vielen deutschen Unternehmen verwendet. Das Kernverständnis des BSI zur IT- oder Informationssicherheit ist wie folgt:

„Unter IT-Sicherheit wird ein Zustand verstanden, in dem die Risiken, die beim Einsatz von Informationstechnik aufgrund von Bedrohungen und Schwachstellen vorhanden sind, durch angemessene Maßnahmen auf ein tragbares Maß reduziert sind. IT-Sicherheit ist also der Zustand, in dem Vertraulichkeit, Integrität und Verfügbarkeit von Informationen durch angemessene Maßnahmen geschützt sind. Dabei werden sowohl die Informationen selber, als auch die Einrichtungen, die für die Speicherung und Verarbeitung von Informationen verwendet werden (IT-Systeme, Drucker, Anwendungen usw.) in die Betrachtung mit einbezogen."

Wie das BSI mit seinen nationalen Standards strebt auch die Internationale Organisation für Normung (ISO), insbesondere mit den von ihr veröffentlichten Standards ISO 27000, 27001 und 27002 eine Verbesserung der Informationssicherheit in Behörden durch die Einrichtung eines angemessenen Information Security Management System (ISMS) an. Auch im Fall der ISO-Standards finden diese nicht nur bei öffentlichen Einrichtungen, sondern auch in privaten Unternehmen Anwendung. Insbesondere die Gliederung und Inhalte der Prozessbereiche des ISO 27002 findet sich in vielen Organisationen in ähnlicher oder leicht abgewandelter Form wieder.

Mit dem IT Infrastructure Library (ITIL) des United Kingdom's Office of Government Commerce (OGC) beschließen wir unseren Kanon der wesentlichen Quellen für IT-Sicherheit. ITIL unterscheidet sich deswegen maßgeblich von den vorgenannten Quellen, weil die Verfasser sich mit dem Thema IT-Sicherheit als Bestandteil der Standardisierung der Management-Prozesse von IT-Services aus Sicht eines IT-Dienstleisters befasst, nicht aus der Compliance-Perspektive. Ziel ist weniger die Compliance als vielmehr die Optimierung der Effektivität und Effizienz der IT-Prozesse.

ITIL besteht inzwischen aus insgesamt 5 Kerndisziplinen: Service Strategy, Service Design, Service Transition, Service Operation und Continual Service Improvement. Die 5 Disziplinen orientieren sich am Gedanken des Service Lifecycles, also an einem Lebenszyklus, der mit der Markteinführung eines Services beginnt und mit dem Ausscheiden aus dem Service-Portfolio endet. Das IT Security Management, das bislang Gegenstand einer eigenen Publikation war, wurde in der Version 3 in die Disziplin „Service Design" zugunsten einer besseren Einbettung in den Lifecycle integriert.

Das Security Management nach ITIL verfolgt die folgenden zwei Ziele: die Umsetzung der Sicherheitsanforderungen, aus Service-Level-Vereinbarungen (SLA) und anderen Anforderungen aus Verträgen, der Gesetzgebung sowie weiteren internen oder externen Richtlinien sowie die Gewährleistung eines Grundsicherheitsniveaus als Voraussetzung für die Nachhaltigkeit der Management-Organisation.

Insgesamt lässt sich festhalten, dass ITIL zwar Anleitungen zur Integration des Sicherheitsmanagements als Bestandteil der IT als Serviceorganisation gibt, es allerdings insbesondere im Kontext von Compliance-Anforderungen nur in Kombination mit weiteren Standards wie dem ITGI-Framework, den ISO-Standards oder CobiT anwendbar ist.

Neben diesen eher abschlussorientierten Standards sind auch noch die beiden folgenden Quellen erwähnenswert: Zum Umgang mit persönlichen Daten findet sich in den Vereinigten Staaten zwar keine dem deutschen Datenschutzgesetz vergleichbare umfassende Regelung, gleichwohl finden sich bereichsspezifische Regelungen wie der Health Insurance Portability and Accountability Act (HIPAA) für den Umgang mit Versichertendaten im Bereich der Krankenversicherungen.

Ebenso ist der Payment Card Industry Data Security Standard (PCI) zu erwähnen. Der PCI ist ein Standard im Zahlungsverkehr, der von Handelsunternehmen und Dienstleistern, die Kreditkarten-Transaktionen speichern, übermitteln, oder abwickeln erfüllt werden muss.

**Vom Gesetz zur Praxis**

So vielfältig das geschilderte Spektrum der Gesetze und Standards auch sein mag, lassen sich unseres Ermessens doch die folgenden Kernaussagen treffen:

## 5.10 IT-Sicherheit & Compliance

Der Sicherheit von Informationen und die Sicherheit der diese verarbeitenden Informationssysteme, ob als IT-Sicherheit, Datensicherheit oder Informationssicherheit bezeichnet, wird von den nationalen wie internationalen Gesetzgebern eine zunehmende Bedeutung im Rahmen der IT-Prozesse und Kontrollen beigemessen. Gleichermaßen nehmen die generellen IT-Kontrollen (ITGC) wiederum eine wesentliche Stellung in der Beurteilung des Internen Kontrollsystems eines Unternehmens ein. Das IKS wiederum rückt durch die Gesetzesnovellen der vergangenen Jahre, egal ob durch SOX oder durch Euro-SOX zunehmend in den Fokus der allgemeinen Abschlussprüfung sowie der branchen- und unternehmensspezifischen Regelungen.

Gleichwohl vermitteln die Gesetze lediglich eine äußerst abstrakte Sicht auf die generellen Anforderungen an die IT-Sicherheit wie Authentizität, Autorisierung, Vertraulichkeit, Verbindlichkeit, Integrität und Verfügbarkeit, sowie nur eine vage Vorstellung der Art und Weise der Umsetzung in der täglichen Praxis. Diese Lücke kann teilweise durch die gesetzesnahen Verlautbarungen der Prüfungsorganisationen wie dem IDW oder der ISACA/ITGI und weiter durch Veröffentlichungen von Normierungsinstitutionen wie dem BSI oder der ISO geschlossen werden.

Welcher der beschriebenen Standards/Modelle Anwendung findet, hängt von der Unternehmensform, der Branche, der Börsennotierung sowie der Gestaltung der IT-Prozesse und Organisation im jeweiligen betrachteten Unternehmen und nicht zuletzt von den Vorstellungen der Unternehmensleitung in Bezug auf die Bedeutung der IT-Sicherheit im Besonderen und von Compliance im allgemeinen ab. Unseres Ermessens weist aber jedes der betrachteten Modelle Vorteile und Defizite auf.

Hierbei muss man darauf achten, dass die Größe und Komplexität des Unternehmens und dessen Sicherheitsrisiken in einem angemessenen Verhältnis zur Komplexität des zu etablierenden Modells sowie den hiermit verbundenen Einführungs- und laufenden Managementkosten stehen.

Im Unterschied zu den vielen Bereichen der ITGC, in denen die IT-Sicherheit eine eher begleitende Rolle spielt (wie im Change Management oder IT-Betrieb), wird einem Bereich der Informationssicherheit in jedem der betrachteten Modelle ein beträchtlicher Raum beigemessen. Dies sind die Prozesse und Strukturen zum Schutz von Informationen gegen unberechtigte Zugriffe. Hierbei finden sich für einen identischen oder ähnlichen Schutzbereich der IT-Sicherheit eine Vielzahl von Begriffen wie Access Management im Bereich der ISO, System Management im ITGI-Framework, Access to Programs and Data in den ITGCs des PCAOB oder Zugriffsschutzverfahren in der FAIT1-Stellungnahme.

Das folgende Kapitel wird sich deshalb auf diesen Kernbereich der IT-Sicherheit beschränken, den wir als „IT-Sicherheitsprozesse und -strukturen" bezeichnen.

Als dessen Kerngegenstand wird nachfolgend das „IT-Sicherheitsmanagement" betrachtet, bei dessen Herleitung aus den Compliance-Gesichtspunkten wir uns an den Begriff „System Security" des ITGI-Frameworks anlehnen können:

„Das Management der IT-Sicherheit im engeren Sinne umfasst beides, physische und logische Kontrollen, die den berechtigten Zugriff ermöglichen (Enable) und den unberechtigten Zugriff vermeiden (Protect). Diese Kontrollen unterstützen üblicherweise die Autorisierung, Authentifizierung, Unleugbarkeit, Datenklassifizierung und Sicherheitsüberwachung."

Flankierend werden die Aspekte „IT-Sicherheitsstrategie und -planung" und „Notfallplanung und -management" und deren Relevanz aus gesetzlicher Perspektive betrachtet, die sich gut aus der FAIT1-Stellungnahme herleiten lassen:

„Das Sicherheitskonzept muss in Übereinstimmung mit der IT-Strategie und der IT-Organisation stehen und eine Bewertung der spezifischen Sicherheitsrisiken des Unternehmens enthalten."

„Der IT-Betrieb umfasst Verfahren für den Notbetrieb. Diese umfassen organisatorische Regelungen zur Wiederherstellung der Betriebsbereitschaft und reichen von Maßnahmen bei Systemstörungen (Wiederanlaufkonzepte) bis hin zu Konzepten bei einem vollständigen Ausfall des IT-Systems (Katastrophenfall-Konzept).

## *5.10.3 IT-Sicherheitsprozesse und -strukturen*

Die IT-Sicherheitsprozesse und -strukturen sind der Teil der Sicherheitsvorkehrungen eines Unternehmens, die die sichere Bereitstellung der Wirtschaftsgüter regelt, die in den Informationssystemen des Unternehmens gespeichert und bearbeitet werden.

Prinzipiell wird jedes Unternehmen, das IT-Systeme im Einsatz hat, zumindest Teile der nachfolgend beschriebenen Prozesse und Strukturen betreiben. Dies erfolgt allerdings häufig als punktuelle Lösung und nicht im Gesamtzusammenhang eines übergreifenden IT-Sicherheitskonzeptes. Im Folgenden wird deswegen versucht, die Aufgaben rund um die IT-Sicherheit strukturiert und ganzheitlich darzustellen.

Die Anforderungen an die IT-Sicherheitsprozesse und -strukturen werden zu einem Teil durch die im vorhergehenden Kapitel beschrieben externen regulatorischen und gesetzlichen Anforderungen bestimmt. Diesen Anforderungen zu genügen ist notwendig, aber nicht hinreichend. Auch ein Unternehmen das 100 % aller externen Anforderungen erfüllt, kann am Markt Schiffbruch erleiden. Weiterhin ist anzuraten, die ergriffenen Maßnahmen in einer sinnvollen Reihenfolge zu implementieren. So sollte z.B. zunächst sichergestellt werden, dass die Computer beim Verlassen des Arbeitsplatzes gesperrt werden, damit kein Unbefugter mit dem angemeldeten Benutzer arbeiten kann, bevor ein Intrusion Detection/Prevention System eingeführt wird, das über die Erkennung von Unregelmäßigkeiten im Netzwerkverkehr unerlaubte Zugriffe verhindern soll.

Eine ganzheitliche Sicht auf das Unternehmen ist wichtig, um die IT-Sicherheitsprozesse und -strukturen so aufzubauen und anzupassen, dass mit möglichst geringem Ressourceneinsatz ein größtmöglicher Schutz erreicht wird.

Um diese ganzheitliche Sichtweise zu unterstützen, werden die IT-Sicherheitsprozesse und -Strukturen in vier Teilbereiche untergliedert.

- IT-Sicherheitsstrategie und -programm
- IT-Sicherheitsmanagement
- Notfallplanung und -management
- Compliance Monitoring & Reporting

## 5.10 IT-Sicherheit & Compliance

Alle vier Teilgebiete haben Auswirkungen aufeinander und sind insgesamt als Prozess zu verstehen, der im Rahmen des IT-Betriebs regelmäßigen Änderungen unterliegt.

**Abb. 5.44.** IT-Sicherheitsprozesse und -strukturen

### IT-Sicherheitsstrategie und -programm

Die IT-Sicherheitsstrategie und das IT-Sicherheitsprogramm haben die Aufgabe, die Anforderungen an die IT-Sicherheitsprozesse und -strukturen zu ermitteln und daraus die IT-Sicherheitsstrategie und die Maßnahmenplanung abzuleiten.

Für die Erstellung der IT-Sicherheitsstrategie sind u.a. die folgenden unternehmensspezifische Rahmenbedingungen zu identifizieren:

- Unternehmenskritische Informationen und Geschäftsprozesse sowie zugrundeliegende IT-Systeme: Wo liegen die kritischsten Informationen für den Unternehmenserfolg bzw. in Bezug auf den potentiellen Schaden für das Unternehmens? Hierbei sollten nicht nur die Finanzsysteme, auf die u.a. im Rahmen des Sarbanes-Oxley Act ein starker Fokus liegt, betrachtet werden. Unter Umständen finden sich die Informationen mit dem größten Schadenspotential auf einer ungesicherten Dateiablage der Entwicklungsabteilung.
- Bedrohungen und Schätzung des Schadens für das Unternehmen: Auch hierbei sollten verschiedene Blickwinkel in Betracht gezogen werden. Wie hoch ist der Schaden für das Unternehmen jeweils bei Verlust, Veränderung, Veröffentlichung und Zugriff durch unbefugte Personen? Hierbei haben auch zeitliche Aspekte wie z.B. die Wiederverfügbarkeit der Informationen oder die maximale Ausfalldauer eines Geschäftsprozess einen Einfluss. Neben der Schadenshöhe spielen die Schadensklassen eine Rolle. Diese sind ebenso breit gefasst, beginnend mit dem Marktanteilsverlust und der Unternehmensreputation, über verlorene Aufträge und den Verlust der Wettbewerbsposition, bis hin zu Strafen durch die Verletzung von externen Vorgaben (s.o. 5.2, Die Einrichtung eines Risikomanagementsystems in der IT).
- Sicherheitsbedarfsklassen und Klassifizierung der Informationen/ Geschäftsprozesse: Diese verallgemeinerten Regeln schreiben fest, wie die Informationen in verschiedenen Klassen eingeordnet werden. Die Sicherheitsbedarfsklassen haben verschiedene Dimensionen, z.B. Vertraulichkeit (geheim, intern, öffentlich etc.), Verfügbarkeit (99 %, 95 % etc.), Veränderbarkeit

(unveränderbar, Änderungen verfolgbar, Bearbeiter verfolgbar sowie Freigabeprozesse und Autorisierung des Bearbeiters etc.). Das heißt auch, dass öffentlich verfügbare Informationen (z.B. Internetauftritt) trotzdem hohe Anforderungen an die Kontrolle der Veränderbarkeit haben. Als Ergebnis entsteht daraus eine Anforderungsmatrix der Schutzbedarfe an die IT-Systeme.
- Die Sicherheitsniveaus der IT-Systeme: Während oben der Bedarf an Sicherheit ermittelt wurde, wird jetzt festgestellt, welches Sicherheitsniveau die IT-Systeme in den verschiedenen Sicherheitsbedarfskategorien bieten.
- Die Risiken der Nichteinhaltung des ermittelten Sicherheitsbedarfs: Aus dem Sicherheitsniveau und dem Sicherheitsbedarf kann das Risiko für das Auftreten eines Schadens und die zu erwartende Schadenshöhe ermittelt werden.

Unter anderen sind folgende Einflussfaktoren bei der Ermittlung der o.g. Informationen zu berücksichtigen.

| Interne Faktoren | Externe Faktoren |
|---|---|
| Geschäftsmodell | Gesetzliche Anforderungen |
| Bereitschaft zur Risikoübernahme | Regulatorische Vorgaben |
| Geschäftsstrategie und -ziele | Wettbewerbsumfeld |
| Mitarbeiterfluktuation und Loyalität | Markttrends |
| Bedeutung der IT für die Kernprozesse | Geschäftsprozesseinbindung von Dritten |
| Unternehmensgröße und Komplexität | Technische Entwicklung |
| IT-Strategie | Sozioökonomische Entwicklung |
| ... | ... |

**Abb. 5.45.** Gängige Einflussfaktoren auf IT-Sicherheitsstrategie und -programm

Das Ziel bei der Ermittlung der Rahmenbedingungen ist es, eine Unternehmenssicht auf den Wertbeitrag und die Risiken der IT-Sicherheit zu erhalten. Dadurch können die wesentlichen Punkte identifiziert und der Ressourceneinsatz effizient gesteuert werden.

Hierbei ist auch das Verhältnis der IT-Maßnahmen zu den Schutzmaßnahmen der realen Welt zu bewerten, um eine ganzheitliche Sicht zu bekommen. So mag es z.B. im ersten Schritt sinnvoller sein, den Missbrauch von Unternehmensdaten auf Notebooks von Außendienstmitarbeitern bei Diebstahl durch eine angemessene Festplattenverschlüsselung zu verhindern, als ein Digital-Rights-Management einzuführen, um die Leserechte auf Dokumente zu kontrollieren.

IT-Sicherheitsstrategie

Auf Basis der ermittelten Rahmenbedingungen und der identifizierten wichtigen Punkte der IT-Sicherheit wird eine IT-Sicherheitsstrategie entwickelt. Die IT-Sicherheitsstrategie legt in enger Abstimmung mit der IT-Strategie fest, mittels welcher organisatorischen, prozessualen und technischen Maßnahmen, ...

## 5.10 IT-Sicherheit & Compliance

- ... die definierten Sicherheitsniveaus für die unterschiedlichen Sicherheitsbedarfsklassen erreicht werden, z.B. Erhöhung der Verfügbarkeit durch redundante Auslegung der IT-Systeme, Einführung von Genehmigungsprozessen für die Veränderung von Informationen, Bereitstellung und Durchsetzung der Nutzung von verschlüsselten Speichermedien für vertrauliche Informationen.
- ... die IT-Sicherheitsprozesse und -strukturen das Geschäft des Unternehmens unterstützen. So können über Techniken zur Identity Federation die Geschäftsprozesse durch die schnelle und sichere Einbindung von Geschäftspartnern beschleunigt werden.

Die IT-Sicherheitsstrategie hat das Ziel, die Maßnahmen der IT-Sicherheit auf das Geschäftsmodell abzustimmen. Auch hier ist die ganzheitliche Betrachtung wichtig, um die richtige strategische Ausrichtung zu finden und die wichtigen Punkte zu adressieren. Hierbei werden auch langfristige Ziele gesetzt, um z.B. über eine Reduzierung der IT-Plattformen die geforderten Sicherheitsniveaus effizienter und effektiver erreichen zu können.

IT-Sicherheitsprogramm

Basierend auf der IT-Sicherheitsstrategie werden im IT-Sicherheitsprogramm konkrete Maßnahmen u.a. in Abstimmung mit dem Programm-/Portfolio-Management priorisiert und geplant. Die Maßnahmen des IT-Sicherheitsprogramms gliedern sich u.a. in

- technische Maßnahmen, wie z.B. die Anschaffung von Hardware/Software für eine Sicherheitsinfrastruktur und das Festlegen von Standards
- organisatorische Maßnahmen, wie z.B. die Einführung einer IT-Sicherheitsorganisation oder die Durchführung von Schulungsmaßnahmen.
- die Prozessanpassung, wie z.B. die Integration der Sicherheitsorganisation in die Produktauswahlprozesse.

Das IT-Sicherheitsprogramm ist integraler Bestandteil des Change-Managements der IT, um sicherzustellen, dass das Ziel der effizienten IT-Sicherheitsprozesse und -strukturen erreicht werden kann.

**IT-Sicherheitsmanagement**

Die Hauptaufgaben des IT-Sicherheitsmanagements lassen sich mit den Begriffen „Enablement" und „Protection" umschreiben. Die Aufgabe des „Enablement" ist es, befugten Personen Zugriff auf die notwendigen Informationen zu geben und es ihnen dadurch zu ermöglichen, im Sinne des Unternehmens zu arbeiten. Die Aufgabe der „Protection" ist es, diejenigen, die nicht befugt sind auf die Informationen zuzugreifen, daran zu hindern. Beide Aufgaben erstrecken sich auf verschiedene Ebenen der Informationslandschaft, beginnend mit den Unternehmensgrenzen (Perimeter) über die Systeme bis hin zu den Datenbanken.

Hierzu implementiert und betreibt das IT-Sicherheitsmanagement originäre IT-Sicherheitssysteme und -anwendungen. Art und Umfang der IT-Sicherheitssysteme und -anwendungen werden durch die IT-Sicherheitsstrategie und das IT-Sicherheitsprogramm vorgegeben.

Die Systeme und Anwendungen des IT-Sicherheitsmanagements können in zwei Kategorien unterteilt werden: zum einen das Identity- & Access Management und zum anderen das Threat & Vulnerability Management. Während der Schwerpunkt des Identity & Access Management stärker auf der Seite „Enablement" liegt, fokussiert „Threat & Vulnerability Management" auf „Protection".

Die Zuordnung ist allerdings nicht trennscharf, da z.B. die Abweisung falscher Anmeldeinformationen im Rahmen des Access Management dem Bereich „Protection" zuzuordnen ist.

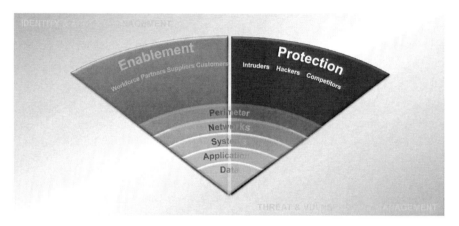

**Abb. 5.46.** Bereiche des IT-Sicherheitsmanagements

Identity & Access Management

Da das Identity & Access Management (IAM) im nächsten Kapitel ausführlich behandelt wird, erfolgt an dieser Stelle nur eine kurze Beschreibung.

Die Aufgabe des IAM ist stark mit dem „Enablement" verbunden, also der Befähigung der beteiligten Personen, ihre Aufgaben innerhalb der IT-Systeme des Unternehmens durchzuführen. Der Leitsatz zu IAM lautet: "Provide the right information to the right people at the right time". Die übergeordneten Aufgaben der IAM-Dienste sind die effiziente und effektive Bereitstellung
- eines zentralen Benutzermanagements, das sowohl Benutzerkonten als auch deren Mitgliedschaft in Gruppen/Rollen in verschiedenen Zielsystemen verwaltet. Dies kann auch automatisiert durch Nutzung von im Unternehmen vorhandenen Mitarbeiter- und Organisationsinformationen erfolgen.
- der technischen Prozesse für die Verwaltung von Benutzern, Gruppen und Gruppenmitgliedschaften.

## 5.10 IT-Sicherheit & Compliance

- von Zugangskontrollsystemen, die eine sichere Identifikation des Benutzers ermöglichen und den Zugang zu den Anwendungen kontrollieren.
- von zentralen Verzeichnissen mit Benutzer- und Gruppeninformationen als Basis-Geschäftsanwendungen.
- von standardisierten IAM-Diensten, die die Implementierung von Geschäftsanwendungen vereinfachen.

Threat & Vulnerability Management

Der Fokus des Threat & Vulnerability Management (TVM) liegt auf „Protection", also dem Schutz der IT-Systeme des Unternehmens vor Missbrauch. TVM hat insofern die Aufgabe, Bedrohungen und Schwachstellen zu ermitteln und Maßnahmen zu deren Beseitigung durchzuführen. Das TVM umfasst die Systeme, die üblicherweise mit dem Begriff IT-Sicherheit verbunden werden, wie z.B. Firewalls und Virenscanner. Zu TVM gehören auch Prozesse und Organisationen, diese Systeme zu betreiben, weiterzuentwickeln und im Notfall zu eskalieren (nachfolgendes Kapitel).

Die relativ einfache Implementierung von TVM Werkzeugen und das starke Marketing der Sicherheitssoftwareanbieter führt dazu, dass oftmals TVM-Maßnahmen der Vorzug zu Lasten komplexerer Maßnahmen der IT-Sicherheitsprozess und -strukturen eingeräumt wird. Hinzu kommt, dass dies die einzigen Maßnahmen sind, die sinnvoll ohne eine Einbindung der Fachbereiche implementiert werden können. Dadurch kommt es oft zu einem Ungleichgewicht der implementierten Sicherheitsmaßnahmen.

Das TVM umfasst zwei Teilbereiche, die eng miteinander zusammenhängen, allerdings unterschiedliche Sichten einnehmen. Dies sind die Bedrohungserkennung und -beseitigung und die Schwachstellenerkennung und -beseitigung.

*Bedrohungserkennung und -beseitigung*

In der Bedrohungserkennung und -beseitigung werden Systeme und Prozesse implementiert und betrieben die eine frühzeitige Identifizierung (potentieller) Gefahren ermöglichen um rechtzeitig Gegenmaßnahmen einzuleiten. Dies gilt nicht nur für die vorhandene Infrastruktur sondern auch in einer projektbegleitenden Rolle bei der Neueinführung von Systemen. Die Erkennung von Bedrohungen erfolgt durch ein breites Spektrum an Maßnahmen. Diese umfassen:

- vollautomatisierte Abläufe, bei denen Bedrohungserkennung und -beseitigung gleichzeitig geschehen und von extern gesteuert werden, z.B. Update der Virensignaturen,
- die Risikobewertung von technologischen Entwicklungen, wie z.B. die Verfügbarkeit von Internettelefonie-Software, die das interne Netzwerk nach außen öffnet
- physische Bedrohungen, wenn z.B. durch Umbaumaßnahmen sich in den Gebäuden viele fremde Personen aufhalten.

Im Rahmen der Bedrohungserkennung und -beseitigung werden üblicherweise folgende IT-Systeme und Prozesse betrieben:

| Bedrohungserkennung | Bedrohungsbeseitigung |
|---|---|
| Intrusion Detection Systeme | Firewall |
| Log Analyse | Virenscanner |
| Event Korrelation | Sicherheitszonen des Netzwerks |
| Sicherheitsbulletins | Network Access Control |
| Beobachtung der Umweltveränderungen | Verschlüsselung von Transport und Speicher |
| ... | ... |

**Abb. 5.47.** Übliche Maßnahmen zur Bedrohungserkennung und -beseitigung

Um die Aufgaben der Bedrohungserkennung und -beseitigung effizient zu erfüllen, sollten Maßnahmen unternehmensspezifisch ausgewählt werden. Einige der Maßnahmen der Bedrohungsbeseitigung, wie z.B. Firewall und Virenscanner, gehören heutzutage zum IT-Standard, da die Bedrohungen, die von diesen Systemen verringert werden, zweifelsfrei in jedem Unternehmen vorhanden sind. Für die Einführung anderer Maßnahmen sind die spezifischen Anforderungen des Unternehmens ausschlaggebend. So müssen zum Beispiel bei den Bedrohungserkennungsmaßnahmen, insbesondere bei den Themen Intrusion Detection und Log Analyse auch Mitarbeiter mit ausreichend Know-how bereitstehen, um Entscheidung zu treffen, falls eine Auffälligkeit bemerkt wird.

Eine Sonderstellung nimmt die Beobachtung der Umweltveränderungen ein, die einer regelmäßigen Betrachtung über einen längeren Zeitraum bedarf. Aus den langfristigen gesellschaftlichen Entwicklungen können sich mit der Zeit neue Bedrohungen in Bereichen entwickeln, die zuvor über Jahre stabil waren und als sicher betrachtet werden konnten. Hier ist als Beispiel die Nutzung von sozialen Netzwerken und Communities im Internet zu nennen (Social Engineering). Die Nutzer dieser Netzwerke geben freiwillig bisdahin nicht öffentliche Daten (z.B. Vorlieben, Hobbies) preis. Das führt dazu, dass z.B. Prozesse zur Passwortrücksetzung, die auf privaten Fragen (z.B. Name des Lieblingshaustiers) basieren, im Laufe der Zeit unsicher werden.

Da die Geschwindigkeit der Änderungen langsam ist, haben solche Themen meist keine hohe Dringlichkeit, müssen aber im Laufe der Zeit dennoch adressiert werden.

*Schwachstellenerkennung und -beseitigung*
Der Bereich der Schwachstellenerkennung und -beseitigung umfasst die aktive Suche nach Schwachstellen und deren zeitnahe Beseitigung. In diesem Bereich werden Prozesse und Systeme betrieben, um Lücken in den IT-Systemen frühzeitig zu erkennen und zu schließen. Schwachstellen können auch erst im Zusammenhang mit neuen Bedrohungen relevant werden, so dass zwischen diesen Bereichen eine enge Kopplung besteht. Das Spektrum der Systeme und Prozesse der Schwachstellenerkennung umfasst:

## 5.10 IT-Sicherheit & Compliance

- Softwareupdates und vollautomatisierte Prozesse, die durch den Softwarehersteller bereitgestellt werden
- automatisierte Schwachstellenanalysen durch Security Scanner
- Kontrollen in IT-Projekten, wie z.b. Review von Programmcode und Testierung der Architektur und
- Security-Penetration-Tests auf implementierte Anwendungen und IT-Systeme, um Schwachstellen in der Produktionsumgebung zu finden.

Die Beseitigung von Schwachstellen kann

- durch Neukonfiguration der Systeme und Software oder
- durch Umprogrammierung der Software erfolgen.

Können Schwachstellen nicht ursächlich behoben werden, wird aus einer Schwachstelle eine Bedrohung, die über die Systeme und Prozesse der Bedrohungsbeseitigung adressiert werden muss. So kann z.B. ein nicht abschaltbarer unverschlüsselter Zugriff auf das System durch eine Firewall-Regel eingeschränkt werden, so dass dieser Dienst nicht mehr von außerhalb der Netzwerkzone erreichbar ist.

**Notfallplanung & -management**

Der Bereich Notfallplanung und -management der IT-Sicherheitsprozesse und -strukturen umfasst die präventive Definition und Klassifizierung des möglichen Eintritts von Risiken und der Reaktionsmöglichkeiten auf diese Vorfälle (Notfallmaßnahmen). Die Notfallmaßnahmen sind auf das Unternehmen abzustimmen.

Die Notfallplanung muss, da Notfälle nicht vorhersehbar sind, so generisch sein, dass die Planung möglichst viele erdenkliche Notfälle in der Breite abdeckt, aber auch so detailliert, dass die Verantwortlichkeiten, Maßnahmen und die Ziele jeder festgelegten Notfallmaßnahmen klar definiert sind. Dazu gehören Eskalationsstufen sowie Meldeketten und Notfallhandbücher mit konkreten Anweisungen, die dem Ausführenden Handlungssicherheit geben. Weiterhin sollten soviel organisatorische und prozessuale Rahmenbedingungen wie möglich vorgeben werden, damit sich die Beteiligten im Notfall auf die Schadensbegrenzung und Vermeidung konzentrieren können. Dazu gehören u.a. Rahmenverträge mit IT-Sicherheitsunternehmen, die im Notfall schnell unterstützen können, um z.B. über forensische Analysen gerichtsverwertbare Beweise sichern zu können. Die Notfallplanung sollte auch die Maßnahmen in angrenzenden Geschäftsbereichen beschreiben, z.B. die Einbindung der Pressestelle und die Information von Kunden oder Lieferanten.

Um schnell reagieren zu können, sind auch Aspekte wie die Priorisierung bei Zielkonflikten zu beschreiben. Der Zeitverlust während eines Notfalls durch Diskussion über solche Themen kann einen Schaden vervielfachen. Ein Beispiel ist der Zielkonflikt zwischen der schnellen Wiederaufnahme des Betriebs und der gerichtsfähigen Beweissicherung.

Die Notfallplanung sollte nicht mit der Wiederherstellung der Betriebsfähigkeit enden, sondern auch eine weitergehende Schadensanalyse umfassen. So kann z.B. der offensichtliche Schaden den ein Hacker verursacht hat, nur ein Manöver gewesen sein, um von der Installation von Spionagesoftware abzulenken.

Für die Zeit nach einem Notfall sind Maßnahmen vorzusehen, um sowohl die wahre Ursache als auch das Notfallvorgehen selbst zu analysieren und daraus Verbesserungspotenziale für die Zukunft abzuleiten.

**Compliance Monitoring & Reporting**

Im Bereich Compliance Monitoring & Reporting (CMR) werden alle relevanten Informationen aus dem Bereich IT-Sicherheitsprozesse und -strukturen gesammelt, verarbeitet und an die beteiligten Stakeholder verteilt insbesondere, um den Beteiligten eine Überwachung und Steuerung der Risiken und Maßnahmen zu ermöglichen. Der Bereich CMR ist der Kommunikationskanal innerhalb der IT-Sicherheitsprozesse und -strukturen sowie auch nach außen in das Unternehmen und an die Unternehmensführung. Das CMR betreibt eigene Prozesse, kann aber zum Teil auf existierende Systeme (abhängig von deren Fähigkeiten), die z.B. im Rahmen der IAM-Lösung betrieben werden, zurückgreifen. Teilweise müssen allerdings je nach Anforderung auch eigenständige und hierauf spezialisierte Systeme eingesetzt werden.

Auch für das CMR gilt, dass die Ausprägungen von den Unternehmensanforderungen abhängig sind. So kann in einem Unternehmen der wöchentliche E-Mail-Versand von Berichten an einen ausgewählten Personenkreis ausreichen, während in einem anderen Unternehmen eine eigene Abteilung über Dashboards die Einhaltung der Vorgaben überwacht.

### *5.10.4 Identity und Access Management*

Das Identity & Access Management (IAM) ist ein entscheidender Bestandteil der zuvor beschriebenen IT-Sicherheitsprozesse und -strukturen. Besonderes Gewicht erhält das Thema IAM durch die hohe Sichtbarkeit bei Endanwendern (als Prozessbeteiligte wie Nutzende), Unternehmensführung (als Budget-, Daten- und IKS-Verantwortliche) wie auch Revisoren. Aus diesem Grund wird diesem Thema hier ein eigenständiger Abschnitt eingeräumt.

Zentrales Ziel des IAM ist die Herstellung und Kontrolle der Zugriffssicherheit auf die IT-Systeme eines Unternehmens. Ausgangspunkt bei allen Aktivitäten des IAM ist die sichere und nachvollziehbare Verwaltung und Nutzung von Zugriffsberechtigungen.

Das Identity Management (IdM) hat die Aufgabe, die Mitarbeiter, Geschäftspartner und alle anderen natürlichen Personen, die in die IT-gestützten Geschäftsprozesse des Unternehmens integriert sind, sowohl mit den notwendigen Benutzerkonten und Anmeldeinformationen, als auch mit den vorgesehenen Berechtigungen zeitnah auszustatten. Das Benutzer-Management innerhalb des IdM ist dabei verantwortlich

## 5.10 IT-Sicherheit & Compliance

für die korrekte Abwicklung aller Prozesse, die zu einer Zugriffsberechtigung führen. Die Provisionierung ist die überwiegend technische Ausführungsinstanz für die Übertragung der Prozessergebnisse in die angeschlossenen Systeme. Ziel der Provisionierung sind die in Unternehmen genutzten Systeme für Geschäftsanwendungen.

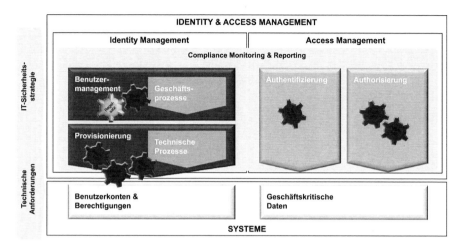

**Abb. 5.48.** Identity & Access Management

Die Systeme des Access Management stellen im laufenden Betrieb sicher, dass die übergebenen Anmeldeinformationen geprüft werden und nur die – vorher durch Prozesse des Identity Managements – erlaubten Zugriffe (Authentifizierung) im erlaubten Umfang (Autorisierung) erfolgen können.

Alle Bestandteile einer gesamtheitlichen IAM-Lösung müssen zentrales Monitoring, Protokollierung und Auditierung (Compliance Monitoring und Reporting) unterstützen. So muss im Bereich des Identity Managements nachvollziehbar sein, welche Änderungen, von wem, zu welchem Zeitpunkt vorgenommen wurden. Im Access Management muss der Nachweis erbracht werden, ob und wann ein Zugriff von wem durchgeführt wurde.

**Identity Management**

Das Identity Management ist besonders geprägt durch die Notwendigkeit, sehr stark den Anforderungen von Geschäftsprozessen eines Unternehmens rund um den Lebenszyklus von „Personen" genügen zu müssen.

Eine „Person" im Sinne des Identity Management ist eine natürliche Person (z.B. ein Mitarbeiter, Berater, Zeitarbeiter, Mitarbeiter eines Partners), die an den IT-gestützten Verfahren und Prozessen eines Unternehmens beteiligt ist. Als „Identität" ist die Ausprägung einer Person definiert, für die ein Systemzugriff (ein Benutzerkonto in einem System) vergeben werden muss.

Eine „Person" kann mehrere „Identitäten" besitzen, die im Kontext der IT-Sicherheit relevant sind. Das einfachste Beispiel für eine solche Anforderung sind

Mitarbeiter, die neben dem „normalen" Benutzerkonto noch weitere Benutzerkonten für spezielle Aufgaben (Administration) haben.

Herausforderung in der IT ist meist die Erfassung aller relevanten natürlichen Personen. Interne (arbeitsvertraglich gebundene) Mitarbeiter eines Unternehmens sind üblicherweise durch HR-Prozesse und zugehörige Systeme greifbar. Andere Personenkreise, wie Zeitarbeitskräfte oder Berater (insbesondere bei Werkverträgen) erhalten oftmals ungeregelten und damit unkontrollierten Zugang zu den IT-Systemen von Unternehmen. Weiterhin sind für Mitarbeiter von Geschäftspartnern (z.B. Lieferanten) Personen und Identitäten zu pflegen, sobald diese enger in die Unternehmensprozesse integriert werden. Hier ist die Herausforderung, rechtzeitig von Veränderungen (z.B. Versetzung eines externen Mitarbeiters) auf Seiten des Geschäftspartners zu erfahren.

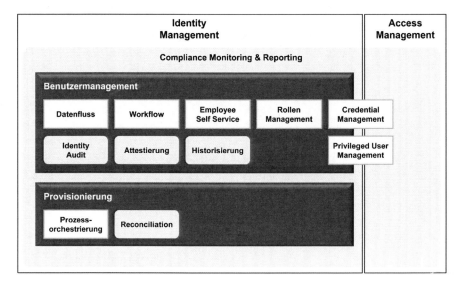

**Abb. 5.49.** Übersicht der Funktionen des Identity Managements

Für das Identity Management werden Datenspeicher benötigt, in denen alle für die Abbildung der Funktionen notwendigen Daten abgelegt werden. Für den Bereich des Benutzer-Managements ist dies eine zentrale „Enterprise Identity Database" (EIDB). Die EIDB dient dabei

- die Speicherung der Personen und Identitäten sowie aller benötigten organisatorischen Strukturen (Abteilungen, Unternehmensbereiche, Kostenstellen, Standorte) zu ermöglichen.
- das Verknüpfen von Identitäten mit Benutzerkonten, deren Anmeldeinformationen und Berechtigungen zu erlauben.
- als Datenspeicher für die Definition der sonstigen benötigten Informationen, wie Rollen, Compliance-Regeln und deren Verletzungen, Workflows, Bestellanträge oder Attestierungsanforderungen.

## 5.10 IT-Sicherheit & Compliance

Als Grundlage für die Provisionierung wird ein weiterer Datenspeicher benötigt. Dieser Datenspeicher wird als „Network Configuration Database (NCDB)" bezeichnet. Hier sind alle Informationen über die Systeme und deren Aufbau (z.B. Container, Mandanten), darin enthaltene Benutzerkonten, Anmeldeinformationen und Berechtigungen sowie die Berechtigungszuordnungen abgelegt.

Die NCDB wird vom Provisionierungssystem benötigt, um aus den Prozessen des Benutzer-Managements einen Soll-Stand herzustellen und die Konsistenz der Zielsysteme zu überwachen.

Damit wird deutlich, dass die Funktionen des Benutzer-Managements und der Provisionierung eigentlich nicht wirklich voneinander trennbar sind. So eng die Funktionen ineinander greifen müssen, bedeutet dies jedoch nicht, dass das Benutzer-Management nicht mehrere, lose gekoppelte Provisionierungssysteme ansteuern können sollte. Gründe hierfür können sein:

- Für einzelne Systeme (z.B. Host Systeme) wurden in einem Unternehmen spezialisierte Provisionierungslösungen implementiert. Der Aufwand, diese abzulösen, kann bzw. soll vermieden werden.
- Einzelne Unternehmensbereiche haben eine Provisionierungslösung bereits im Einsatz. Dies ist meist der Fall, wenn die Unternehmensbereiche vorher unabhängig waren bzw. neu in das Unternehmen integriert wurden (Mergers & Acquisitions). Auch hier gilt es, den Integrationsaufwand in eine zentrale Identity Management Lösung zu minimieren.
- Eine strategische Entscheidung, beruhend auf der Annahme, dass die Provisionierung mehr und mehr zu einer Plattform-Lösung wird und die benötigten Schnittstellen von den Systemherstellern, wie Microsoft, Oracle oder IBM mit ihren Server Produkten bereits enthalten sind.

Die Zugriffssicherheit kann nur dann effizient und effektiv sichergestellt und kontrolliert werden, wenn die Informationen der einzelnen Konten und Berechtigungen eindeutig Personen zugewiesen werden können und damit ein Blick auf deren Gesamtberechtigungen möglich wird. Auch der Ablauf von Workflows (z.B. Beantragung und Genehmigung einer Berechtigung) und die Automation von Prozessen (z.B. Mitarbeitereintritt oder Beförderung) können nur dann erfolgen, wenn die notwendigen Informationen (z.B. der Unternehmensbereich, die Position oder der Vorgesetzte) bekannt sind. Zur Realisierung dieser Anforderungen sind eine ganze Reihe technischer und nicht-technischer Funktionen im Identity Management notwendig, die im Folgenden beschrieben werden.

Benutzer-Management

Das Benutzer-Management umfasst die Verwaltung der Personen und ihrer Identitäten, ihrer organisatorischen Einordnung sowie darüber hinaus deren Benutzerkonten, Anmeldeinformationen und Berechtigungen.

Ziel des Benutzer-Managements ist die möglichst effiziente und effektive Abbildung aller im Lebenszyklus eines Mitarbeiters vorkommenden Vorfälle in eindeutig definierte Prozesse. Die abzubildenden Prozesse lassen sich technisch grob in zwei Klassen teilen:

- Identitätsbezogene Prozesse dienen der Pflege aller relevanten Personen, Identitäten und deren organisatorischer Zuordnung. Hierzu gehören HR-Prozesse wie Eintritt, Austritt, Versetzung, Beförderungen oder Freistellung (auch temporär) von Identitäten (intern wie extern), aber auch unternehmensplanerische Prozesse, wie eine Reorganisation von Unternehmensstrukturen wie Abteilungszusammenlegungen.
- Berechtigungsbezogene Prozesse dienen der Pflege des Soll-Standes, welche Identität welche Berechtigung besitzen darf und mit welchen Anmeldeinformationen die Zugriffsprüfung erfolgen soll. Hierzu gehören neben der Feststellung existierender Berechtigungen auch die Beantragung und Genehmigung neuer Berechtigungen.

Alle Entscheidungen, die getroffen werden, gleich ob automatisch von einem System oder von einem Mitarbeiter, müssen nachvollziehbar und auditierbar dokumentiert werden.

Das Benutzer-Management hat eine starke Verzahnung mit den Prozessen rund um den Lebenszyklus einer Person und seiner Identitäten in einem Unternehmen. Deshalb besteht ein großer Aufgabenanteil im Benutzer-Management aus der Modellierung und technischen Umsetzung von Prozessen. Um die Ziele des Benutzer-Managements zu erreichen, sollten alle benötigten Funktionen integraler Bestandteil („aus einem Guss") einer Gesamtlösung sein. So werden tendenziell weniger Schnittstellen benötigt und der Integrationsaufwand wird geringer. Weiterhin sollte sich die Lösung flexibel in bestehende (Teil-)Lösungen integrieren und sich an neue Anforderungen einfach anpassen lassen.

Die wichtigsten Funktionen des Benutzer-Managements im Überblick:

*Datenfluss*
Der Datenfluss ist der wichtigste Funktionsblock zur flexiblen Abbildung von Geschäftsprozessen, wie z.B. Eintritt oder Austritt und Konfiguration der Abhängigkeiten zwischen den anzubindenden Systemen auf Grundlage der Definition von Quellen und Zielen. Für jedes Benutzerkonto muss dabei ein führendes, die Existenz begründendes System (der sog. Entry Master) definiert werden, ebenfalls für jedes Attribut (z.B. der Anmeldename) der sog. Attribute Master. Ein geeignetes Beispiel hierfür ist die Bildung des E-Mail-Kontos eines internen Mitarbeiters. Der Entry Master für interne Mitarbeiter sei das HR-System, d. h. nur wenn die Person dort als aktiver Mitarbeiter gekennzeichnet ist, wird das E-Mail-Konto erzeugt. Die E-Mail-Adresse wird aus den Informationen des HR-Systems generiert, das HR-System ist Attribut Master für Vorname, Nachname und Unternehmensbereich. Gemäß den Regeln wird daraus folgende Adresse (z.B.<vorname>.<nachname>@<unternehmensbereich>.musterfirma.com) generiert.

*Workflow*
Als Workflow ist hier ein systemunterstützter manueller Prozess definiert, an dem definierte Personenkreise beteiligt sind. Das Benutzer-Management-System

## 5.10 IT-Sicherheit & Compliance

benötigt die Workflow-Funktionalität für die Abbildung von Antragstellung und Genehmigung von Benutzerkonten, Anmeldeinformationen und Berechtigungen.

*Identity Audit*
Das Identity Audit ist eine Funktion zum Erstellen und Prüfen von Compliance-Regeln und damit zentrale Stelle für die regelkonforme Vergabe von Zugriffsberechtigungen. Anforderungen an die Compliance-Regeln sind unternehmensspezifisch und können aus den in Kapitel 2 genannten Regularien erwachsen.

*Attestierung*
Die Attestierung (auch Rezertifizierung oder „access certification" genannt) ist eine regelmäßige nachträgliche Überprüfung der vergebenen Zugriffsrechte durch die Verantwortlichen. Die Attestierung ist mit einem hohen organisatorischen Aufwand verbunden, der allerdings durch Compliance-Automation reduziert werden kann.

*Rollen-Management*
Aus Unternehmenssicht wird unter einer Business-Rolle eine Funktion oder eine Aufgabe in einem Geschäftsprozess verstanden. Aus technischer Sicht wird unter einer IT-Rolle eine Gruppierung von verschiedenen Berechtigungen aus mehreren Systemen verstanden. Ziel des Rollen-Managements ist, die Business-Rollen so granular (Compliance-Anforderungen) wie notwendig und so einfach wie möglich in IT-Rollen und damit in Berechtigungen umzusetzen. Aus Sicht des Benutzer-Managements muss dabei der gesamte Lebenszyklus der Rolle und ihrer Zuweisungen von der Definition, Freigabe, Änderung bis zur Löschung abgedeckt werden.

*Historisierung*
Alle Datenänderungen im Identity-Management müssen mit den wichtigsten Parametern erfasst werden, um nachvollziehen zu können, wer, wann, welche Änderungen, an welchem Objekt, in wessen Auftrag vorgenommen hat. Bei Workflows sind eventuell auch die Antrags- und Genehmigungsbegründungen vorzuhalten.

Die historisierten Informationen müssen so unveränderbar abgespeichert und regelmäßig archiviert werden, dass sie für das Compliance-Monitoring und -Reporting zur Verfügung stehen.

*Employee Self Service*
Der Employee Self Service (auch IT-Shop oder Self Service genannt, im Folgenden ESS abgekürzt) ist eine meist web-basierte Benutzeroberfläche, die jedem Mitarbeiter zur Verfügung steht. Wesentliche Gesichtspunkte sind u.a. die medienbruchfreie, archivierbare und auditierbare Abbildung von Antrags- und Genehmigungsverfahren. Dabei wird die Antragstellung und Genehmigung von der Person selbst für sich oder von einem Vorgesetzten für die Person durchgeführt. Ein Ergebnis davon ist die Reduzierung der Durchlaufzeiten für Beantragung und Genehmigung einer Berechtigung.

*Credential-Management*
Das Credential-Management befasst sich mit den Prozessen zur Vergabe und Bearbeitung von Anmeldeinformationen. Dabei sind zwei wesentliche Disziplinen zu unterscheiden:

- Das Passwort-Management stellt in allen Systemen sicher, dass die Passwortrichtlinien eingehalten werden. Dabei stellt es Verfahren für das Anlegen von Passwörtern, der Passwortrücksetzung und ggf. zur Passwortsynchronisation bereit.
- Das Card- oder Token-Management ist Bestandteil der „starken" Authentifizierungsverfahren. Das Credential-Management bringt hierbei die die Anmeldeinformationen auf SmartCards, USB Tokens oder anderen Geräten auf, vergibt die Passworte für die Geräte.

Grundsätzlich ist es wichtig, die initiale Verteilung der Anmeldeinformationen (gleich für welches Verfahren) besonders abzusichern. Das schwächste Glied der Kette bestimmt den letztendlich erreichten Sicherheitsstandard. Eine starke Authentifizierung, die per Self-Service basierend auf Benutzername und Passwort ausgestellt wird, hat keine höhere "Stärke" als das zugrundeliegende Passwortverfahren. Das technische Erzeugen der Anmeldeinformationen (Erstellen von Zertifikaten oder Hinterlegen von Schlüsseln bzw. Zertifikaten auf Geräten) erfolgt über eine spezielle Management Software, die idealerweise durch die IdM Systeme gesteuert wird.

*Privileged User Management*
Unter dem „Privileged User Management" werden alle Prozesse und Technologien verstanden, „höherwertigen Zugriff" auf Systeme (Administrator, sap_all, root, ...) zu reglementieren und zu überwachen. Ziele dieser Funktion sind:

- Aus Sicht des Identity-Managements eine Funktion, die Kennworte betroffener Benutzerkonten regelmäßig zu verändern (zeitgesteuert oder nach Benutzung) sowie einen Prozess bereitzustellen, einem definierten Personenkreis das jeweils aktuelle Passwort für einen Zugriff zu mitzuteilen (auditierbar und mit Genehmigung durch Verantwortliche).
- Ein Prozess zur kontrollierten Beantragung, Freigabe, Ausgabe und Entziehung eines höherwertigen Benutzerkontos an Personen, die mit den Berechtigungen dieses Benutzerkontos bestimmte Aufgaben durchführen, sowie die Protokollierung dieses Vorgangs.

Provisionierung

Die Provisionierung ist die technische Umsetzung der im Benutzer-Management getroffenen Veränderungen in den Zielsystemen sowie der Überwachung des Soll-Ist-Vergleiches der Benutzerkonten und deren Berechtigungen in den Systemen.

*Prozess-Orchestrierung*
Die Funktionalität zur Umsetzung des durch Workflows und Datenfluss definierten Soll-Standes und damit das tatsächliche Erzeugen der Einträge für Benutzerkonten und deren Attribute werden als Prozess-Orchestrierung bezeichnet. Die Prozess-Orchestrierung ist die Verknüpfung einzelner voneinander abhängiger technischer Prozessschritte zu einem Gesamtprozess.

## 5.10 IT-Sicherheit & Compliance

*Reconciliation*

Ein weiterer wichtiger Prozess ist der regelmäßige Soll-Ist-Vergleich (auch bezeichnet als Reconciliation) zwischen den per Provisionierung umgesetzten Änderungen und dem aktuellen Systemstand. Die Ergebnisse dienen dem Reporting oder können auch als Ausgangsbasis dienen, um „Heilungs"-Prozesse anzustoßen, die die identifizierten Abweichungen beseitigen. Die Reconciliation ist notwendig, da technisch nicht verhindert werden kann, dass eine Veränderung direkt durch die verantwortlichen Administratoren eines Systems erfolgt.

*Konnektoren*

Konnektoren sind die Bestandteile der Software, welche die speziell für ein System benötigten technischen Funktionen zur Bearbeitung der Benutzerkonteninformationen (Anlegen, Ändern, Löschen, Auflisten, Vergleichen) bereitstellen. Die Konnektoren müssen u.a. für die Reconcilation bidirektional arbeiten können.

**Access Management**

Das Access Management ist im laufenden Betrieb für die Prüfung, Gewährung und Protokollierung von Zugriffen auf IT-Systeme eines Unternehmens auf Basis der übertragenen Anmeldeinformationen zuständig. Anmeldeinformationen sind die Informationen, die als Identifikationsmerkmale bei einem Zugriff auf ein System dem Zugreifenden zur Prüfung übergeben werden und die dann durch das Authentifizierungsverfahren verifiziert werden.

Die einfachste Form des Authentifizierungsverfahrens (die sogenannte „2-factor-authentification") benutzt Benutzernamen und Passwort. Sicherere (auch als „stärker" bezeichnete) Anmeldeverfahren verwenden zusätzliche Informationen z.B. etwas was die Person besitzt (Smartcard) und etwas, das sie weiß (PIN). Die Authentifizierung soll gewährleisten, dass die Person, die den Zugriff erlangen möchte, auch die ist, für die sie sich ausgibt.

Die Autorisierung hingegen ist dafür zuständig, dem Zugreifenden nur die Aktivitäten in einem System zu erlauben, die ihm über die vorherigen Prozesse des Identity-Managements auch zugeteilt wurden. Dazu wird meist mittels Gruppenzugehörigkeit geprüft, mit welchen Rechten das Benutzerkonto ausgestattet ist.

Nahezu alle Access-Management-Systeme beruhen auf Verzeichnisdiensten, in jedem Fall aber mindestens auf einem strukturierten Datenspeicher. Deshalb sind diese Systeme typischerweise Gegenstand des Identity-Managements und der Provisionierung.

Das AM unterscheidet die drei Wirkungsbereiche für die Gewährung der Zugriffe auf webbasierte Anwendungen (Web Access Management), von extern auf das Unternehmensnetzwerk (Remote Zugriff) und der Zugriff auf das Netzwerk-Betriebssystem von innen und damit die elektronisch im Unternehmensnetzwerk gespeicherten Informationen.

Authentifizierung

Die Authentifizierung befasst sich ausschließlich mit der Aufgabe sicherzustellen, dass die übermittelten Anmeldeinformationen mit einem Benutzerkonten-Datensatz eindeutig in Übereinstimmung gebracht werden können. Aus Sicht des Systems, an dem die Anmeldung erfolgt, wird eindeutig festgestellt, dass die Person, die eine Authentifizierung anfordert, im Besitz der korrekten Anmeldeinformationen für das angegebene Benutzerkonto im System ist. Die Definition der verschiedenen Authentifizierungsverfahren ist gemäß des amerikanischen Federal Financial Institutions Examination Council (FFIEC 2001):

"Existing authentication methodologies involve three basic "factors":
- Something the user knows (e.g., password, PIN);
- Something the user has (e.g., ATM card, smart card); and
- Something the user is (e.g., biometric characteristic, such as a fingerprint).

Authentication methods that depend on more than one factor are more difficult to compromise than single-factor methods."

*Grundlagen der Authentifizierung*

- Die historisch am meisten verbreitete und einfachste, aber auch potentiell unsicherste Variante ist die Anforderung einer Kombination aus einem eindeutigen Benutzernamen und einem Kennwort. Klassische Authentifizierungssysteme nutzen ein oder mehrere Verzeichnisdienste oder strukturierte Datenspeicher (z.B. Datenbanken wie SAP oder Dateien wie Linux), der/die die für die Entscheidung notwendigen Informationen (Passwörter und Gruppenmitgliedschaften) vorhalten.
- Public Key Infrastructure ist die Grundlage für Smartcards und Token basierte starke Authentifizierungsverfahren. Durch das Private/Public Key Verfahren kann eindeutig sichergestellt werden, dass das übergebene Zertifikat valide ist. In Kombination mit einer Smartcard/Token, die das Zertifikat nur nach Eingabe einer korrekten PIN präsentiert, wird daraus ein starkes Authentifizierungsverfahren. Da ein potentieller Angreifer nicht nur die PIN ausspähen muss, sondern auch in Besitz der Smartcard gelangen muss.
- Die Biometrischen Verfahren (über Fingerabdruck-, Retina- oder Spracherkennung) leiden zum einen (immer noch) an Akzeptanzproblemen und zum anderen ist die Biometrie nicht so eindeutig wie die anderen Verfahren. So ist bei biometrischen Verfahren immer abzuwägen zwischen einer „scharfen" Einstellung, die auch Berechtigte hin und wieder ablehnt und so für Frust bei den Nutzern sorgt und einer „laschen" Einstellung, bei der ein Unberechtigter akzeptiert wird. In Ergänzung zu einem anderen Faktor kann aber auch durch biometrische Verfahren die Sicherheit erhöht werden.
- One-Time-Password Token. Dabei wird in einem kleinen Zusatzgerät (etwas, was der Benutzer hat) eine mehrstellige Zahl erzeugt, die stets nur für einen kurzen Zeitraum gültig ist und zusätzlich zu Benutzername und Kennwort angegeben werden muss. Ein zentrales System stellt fest, ob die eingegebene Zahl zum jeweils aktuellen Zeitpunkt zu dem angegeben Benutzernamen passt. Dieses Verfahren wird typischerweise für die Authentifizierung bei Remote-Zugriffen eingesetzt und gilt als deutlich sicherer als eine einfache Abfrage von Benutzername und Kennwort.

## 5.10 IT-Sicherheit & Compliance

- Out-of-Band-Verfahren. Der Benutzer bekommt seine zweite Information zur Anmeldung z.B. per Short Message Service (SMS) auf sein Handy (etwas, was der Benutzer hat) gesendet. Zusammen mit seinem Passwort (etwas, was er weiß) ist auch eine starke Authentifizierung möglich. Das Verfahren ist durch die Nutzung zweier verschiedener Kommunikationskanäle derzeit relativ sicher gegen Ausspähen. Mit der weiteren Verbreitung von Smartphones, über die die Anmeldung am System erfolgt und an das auch die SMS gesendet wird, können allerdings neue Angriffsszenarien aufkommen.

Allen genannten Verfahren, die über die Passwortanmeldung hinausgehen, ist gemeinsam, dass sich die Betriebskosten vervielfachen, da dem Benutzer entweder zusätzliche Hardware zur Verfügung gestellt werden muss oder Übertragungskosten bei jeder Anmeldung erforderlich sind. Ebenso erfordern die Ausfallprozesse z.B. bei Hardwaredefekt einen höheren Aufwand, da dem Benutzer nicht per Telefon ein neues Passwort mitgeteilt werden kann.

*Single Sign On*
Die Einführung von Single Sign On dient primär der Vereinfachung für Endbenutzer beim Zugriff auf IT-Systeme. Konsequenzen auf die IT-Sicherheit sind dem nachgelagert und haben zusätzliche Voraussetzungen. Ein nur auf „schwacher" Authentifizierung basierendes Single-Sign-On-Verfahren ist nicht sicherer als die entsprechende „schwache" Authentifizierung an einzelnen Systemen, im Gegenteil eher unsicherer, da mit einer Kombination aus Benutzername und Passwort alle Systemzugänge erlaubt sind.

Zwei Arten des Single Sign Ons sind getrennt von einander zu betrachten:

- Web Single Sign On (Web-SSO): Web-SSO ist integraler Bestandteil der Web-Access-Management-Lösungen. Diese dient heute im Wesentlichen für die Vereinfachung des Zugangs zu Portalen und darin integrierten webbasierten Anwendungen.
- Enterprise Single Sign On (E-SSO): das E-SSO soll die Anmeldung am Netzwerk und den IT-Anwendungen und an den webbasierten Anwendungen gewährleisten.

Bei der Einführung eines Enterprise Single Sign On sollte man auf die klassische Lösung des Abfangens und Umleitens der Eingabefenster „Benutzername und Kennwort" verzichten. Sinnvoll ist hier vielmehr die Integration durch Anmeldetickets (z.B. Microsoft Active Directory als Kerberos Provider), da auch wichtige und sicherheitskritische Anwendungen wie SAP dies unterstützen. Hierbei wird der ersten Anmeldung, die das Ticket ausgestellt hat, vertraut.

Aus Sicherheitsgründen sollte man die Einführung einer E-SSO-Lösung auch mit der Einführung einer starken Authentifizierung an dem das Ticket ausstellenden System verbinden.

Mit fortschreitender Technologie stellt sich die Herausforderung, die beiden SSO Technologiebereiche miteinander zu kombinieren, um den Zugriff auf browserbasierte Anwendungen mit der Anmeldung am Netzwerk selbst zu integrieren.

*Federation*

Federation ist eine Technologie, deren Ziel es ist, die Integration von Partnern, Kunden, Lieferanten in IT-Prozesse zu vereinfachen. Federation kann auch genutzt werden, um innerhalb eines Unternehmens die Anmeldung über verschiedene Technologien zu ermöglichen.

Federation beruht auf dem Ansatz des Austauschs von Authentifizierungsinformationen über die Grenzen von Sicherheitsbereichen (sog. Domänen) hinweg. Grundlegende Annahme dieser Technologie ist, dass sich die Partner einer Federation vertrauen. Der zugriffgewährende Partner vertraut dabei dem zugriffanfordernden Partner, dass dieser die Identität zuvor korrekt erfasst, verifiziert und ordnungsgemäß berechtigt hat und dass die Anmeldung der Identität im vereinbarten Sicherheitsniveau bereits in einem Authentifizierungssystem beim zugriffanfordernden Partner erfolgreich geprüft wurde. Die Herausforderung der Implementierung einer Federation-Lösung zwischen Unternehmen ist daher nicht die Technologie, sondern die Organisation und das Vertrauensverhältnis. Für die technische Umsetzung der Federation existieren heute mehrere Frameworks. Die heute bekanntesten sind die vom Oasis Konsortium standardisierte Security Assertion Markup Language, Microsofts CardSpace oder die Open Source Lösung OpenID. Aktueller Trend ist die Produktintegration von Web Access Management und Federation in einem System. Zu lösen sind eher prozessorientierte Fragen:

- Welcher Partner einer Federations-Lösung protokolliert welche Ereignisse? Welcher Partner muss also welche Zugriffe protokollieren und in welcher IAM-Lösung müssen diese Informationen zur Auswertung bereitgehalten werden? Wie erhält der Partner Zugriff auf diese Protokolle?
- Ab welchem Punkt ist wer für den Nutzer verantwortlich? Federation regelt „nur" die Authentifizierung, nicht aber die Autorisierung. Es müssen weiterhin noch zumindest „Schatten-Benutzerkonten" beim zugriffgewährenden Partner existieren, um tatsächliche Berechtigungen im System zu erhalten.
- Wie erfährt der zugriffgewährende Partner von Änderungen der Identitäten beim zugriffanfordernden Partner, um ggf. Berechtigungen von „Schatten-Benutzerkonten" zu ändern?

Autorisierung

Ziel der Autorisierung ist es festzustellen, ob und wenn ja auf welche Daten in welcher Art zugegriffen werden darf. Nach erfolgter Authentifizierung ist zunächst „nur" der Systemzugang gewährt. Bei jedem Zugriff auf eine Information des Systems (ein Datensatz oder ein Dokument) prüft die Autorisierungsfunktion, ob der Zugriff auf diese angeforderte Information überhaupt erlaubt ist. Ist der Zugriff auf die Information erlaubt, muss weiterhin geprüft werden, ob die angeforderte Zugriffsart (Lesen, Schreiben, Drucken, Auflisten) gestattet ist.

Im Gegensatz zur Authentifizierung, welche z.B. in Web Access Management Lösungen ein zentrales System nutzt, wird die Autorisierung bis heute

## 5.10 IT-Sicherheit & Compliance

zumeist in den Systemen selbst vorgenommen. Die wichtigsten Systeme (ERP-Lösung, Dokumenten-Management-Systeme, HR- und Kunden-Management-Systeme) beinhalten normalerweise eine eigene, ausgereifte, sehr granulare Berechtigungsverwaltung deren Zentralisierung sehr aufwendig wäre. Aus Sicht der IT-Sicherheit ist dieser Ansatz auch durchaus sinnvoll, da mit dem erfolgreichen Zugang über die zentrale Access-Management-Lösung noch keine Berechtigungen zum Zugriff auf die Informationen in einem angeschlossenen System erschlichen werden kann. Die Empfehlung aber – gerade vor dem Hintergrund von Schlagworten wie SOA oder Cloud Computing – lautet, bei neu zu implementierenden Eigenentwicklungen, sobald die Technologie ausreichend standardisiert ist, eine zentrale Autorisierungslösung einzuführen und in den Anwendungen die Autorisierung als Dienst zu integrieren und dies nicht in jeder Anwendung proprietär zu lösen.

*Autorisierungsverfahren*
Es gibt die unterschiedlichsten Verfahren der Autorisierung. Am häufigsten verwendet werden heute die sog. Zugriffskontrolllisten sowie rollenbasierte Verfahren.

- Zugriffskontrolllisten:
  Bei diesem Verfahren wird jede Informationen mit einer Liste von sog. Zugriffskontrolleinträgen versehen. Ein Zugriffskontrolleintrag besteht aus dem Informationstupel „wer" (z.B. ein Benutzerkonto) und „was" (z.B. Lesen, Ausführen, Drucken etc.). Der Zugriff wird dann erlaubt, wenn in der Zugriffskontrollliste des Objektes, auf das zugegriffen werden soll, für das zuvor authentifizierte Benutzerkonto ein passender Eintrag gefunden wird (z.B. das Leserecht auf eine Datei in einem Dateisystem).
- Rollenbasierte Verfahren:
  In diesem Kontext kann eine Rolle als eine Menge von Regeln definiert werden. Eine einzelne Regel beschreibt, welche Art von Zugriff auf welche Objekte erlaubt wird. In der Autorisierung wird bei der Anforderung des Zugriffs auf ein Objekt geprüft, ob das authentifizierte Benutzerkonto Mitglied einer Rolle ist, der eine Regel zugeordnet ist, die den Zugriff erlaubt. Nur wenn eine solche Regel gefunden wird, so wird auch der Zugriff erlaubt.

*Autorisierungsverwaltung*
Viele Systeme erlauben die Vereinfachung und Delegation des Autorisierungsmanagements durch die Verwendung von Gruppen, denen Benutzerkonten zugeordnet werden. Benutzergruppen können sowohl bei Zugriffskontrolllisten als auch bei rollenbasierten Verfahren eingesetzt werden. Als Beispiel für die Vereinfachung des Managements kann der Zugriff auf ein Ablageverzeichnis dienen. Als Zugriffskontrolleintrag wird die Benutzergruppe XY eingetragen und dieser das Recht „Schreiben" erteilt. Jeder Benutzer, der Mitglied dieser Benutzergruppe XY wird, erhält damit auch das entsprechende Recht. Wird die Benutzergruppe XY einer Zugriffskontrollliste eines weiteren Ablageverzeichnisses hinzugefügt,

so erhalten alle Mitglieder der Benutzergruppe automatisch auch diese Berechtigung. Die Delegation der Verwaltung wird möglich durch die Funktion der Gruppenverschachtelung. Diese erlaubt die Mitgliedschaft von Benutzergruppen in anderen Benutzergruppen. An unserem Beispiel erklärt, könnten die beiden Benutzergruppen XY1 und XY2 Mitglied der Benutzergruppe XY werden. Im Benutzer-Management erhalten nun Administratoren des Standortes 1 bzw. 2 die Berechtigung, Mitglieder der Gruppe XY1 bzw. XY2 zu verwalten, ohne sich gegenseitig bei der Mitgliederverwaltung der Benutzergruppe XY zu beeinflussen oder Berechtigungen zur Veränderung der Mitgliedschaften in Benutzergruppe XY zu benötigen.

Im Gegensatz zum Verfahren mittels Zugriffskontrolllisten, bei dem die Berechtigungsvergabe sehr statisch erfolgt, stehen bei rollenbasierten Verfahren mehr Möglichkeiten der Verknüpfung von Benutzerkonten und Berechtigungen zur Verfügung. Diese sind im RBAC- (Role Based Access Control) Standard definiert. RBAC ist ein ursprünglich vom amerikanischen National Institute of Standard and Technology (kurz NIST, mehr Informationen hierzu unter csrc.nist.gov/rbac) veröffentlichter Standard, der inzwischen auch in ähnlicher Form als ANSI Standard (American National Standards Institute) definiert wurde. Die Zuweisung von Benutzerkonten zu Rollen kann dabei dynamisch auf Basis von Attributen eines Benutzerkontos erfolgen. Rollen können hierarchisch aufgebaut sein und die mit einer Rolle verbundenen Berechtigungen innerhalb der Hierarchie vererben. Rollenbasierte Systeme verzichten deshalb oftmals auf die Nutzung von Benutzergruppen, da mit der Nutzung der RBAC-Funktionen alle Ziele durch den geeigneten Einsatz von Rollen erreicht werden.

*Ausblick*
Unter der Bezeichnung "Entitlement Management" wird derzeit diskutiert, ein zentrales, richtliniengestütztes System für die Autorisierung einzusetzen. Damit können Anwendungen ihre Autorisierungsinformation als elementaren Service im Sinne einer Service Oriented Architecture (SOA) implementieren. Einige Unternehmen haben damit begonnen, zumindest für selbstentwickelte Anwendungen oder Web Applikationen die Autorisierung in ein eigenes zentrales System auszulagern und die Anwendungen dort online ermitteln zu lassen, was derjenige darf. Vorteil ist natürlich eine viel einfachere Überwachung und Durchsetzung der Berechtigungen auf Basis zentral vorgegebener Richtlinien.

**Integration mit dem Compliance Monitoring und Reporting**

Eine IAM-Lösung ist nur dann vollständig, wenn alle Änderungen protokolliert und in auditierbarer Form abgespeichert werden. Dabei ergeben sich die folgenden Anforderungen

- Alle Veränderungen, die im Benutzer-Management und in der Provisionierung vorgenommen oder entdeckt werden, müssen in einer Veränderungshistorie gemäß den Anforderungen festgehalten werden.

## 5.10 IT-Sicherheit & Compliance

- Die IAM-Lösung sollte über eine den Anforderungen angemessene Berichtsfunktion verfügen.
- Die Veränderungshistorie muss archivierbar sein.
- Alle Veränderungen an Daten in Systemen müssen protokollierbar und überwachbar sein.
- Die Zugriffe auf Systeme müssen protokollierbar und überwachbar sein.

Identity-Management-Systeme verfügen meist über einen eigenen Datenspeicher für die Historisierung (siehe Abschnitt „Funktionen des Benutzer-Managements"). Hingegen beschränkt sich die Funktion bei den Access-Management-Lösungen üblicherweise auf das Loggen von Informationen (in Dateien oder im Windows Ereignis Monitor) und das Auswerten der Informationen durch klassische Operations-Management-Lösungen (wie HP Open View, IBM Tivoli oder Microsoft System Center Operations Manager), die einer zentralen Überwachung zugeführt werden.

Bei den beschriebenen Lösungen gehen Anforderungen, die aus dem Compliance-Monitoring resultieren, noch teilweise verloren. IAM-Systeme prüfen statisch den Zugriff und die vergebenen Zugriffsberechtigungen. Dies ist jedoch nur ein Teil der Anforderungen. Im laufenden Betrieb müssten aus Sicht der Compliance auch noch Zusammenhänge und Abfolgen von Datenänderungen, wie z.B. die Abfolge, Änderung einer Kontonummer eines Kreditors, Auslösen einer Überweisung an den Kreditor, Rückänderung der Kontonummer, erfasst und aufgezeichnet werden. Das ist jedoch nur selten der Fall und noch seltener werden diese Details an zentraler Stelle in einen Zusammenhang gebracht. Als Lösung dieser Herausforderung soll die Technologie des Security Incident and Event Management (SIEM) dienen, welche bei weiterer Standardisierung hinsichtlich ihrer Logging- und Auditfunktionen und noch wichtiger des Identity Audits das fehlende Bindeglied zwischen Identity-Management und Access-Management werden kann.

### 5.10.5 IAM & Compliance in der Praxis

Soweit die Theorie. In der Praxis steht einem Unternehmen bis zur erfolgreichen Einführung einer IAM-Lösung sowie der Etablierung eines stabilen Betriebsprozesses allerdings ein steiler und steiniger Weg bevor. Dass dieser Weg nicht ganz einfach ist, zeigen eine Reihe von IAM-Projekten, die gescheitert oder irgendwo auf halber Strecke liegengeblieben sind und die dem ohnehin schwierigen Thema eine zusätzlich schlechte Reputation verschafft haben.

Wie lässt sich eine IAM-Initiative erfolgreich durchführen und betreiben? Insbesondere die folgenden vier Aspekte sind hierbei von entscheidender Bedeutung:

- eine angemessenen Projektvorbereitung und -durchführung unter Beachtung aller relevanten Aspekte (Compliance nicht zu vergessen),

- die Einbettung der IT-Sicherheit in die IT-Governance zur Integration des Themas in die Organisation eines Unternehmens, um IAM nachhaltig im Unternehmen zu verankern,
- eine optimale Automatisierung der IAM-Prozesse um die Komplexität des Themas aufzufangen und um Optimierungspotentiale zu heben
- sowie eine angemessen Softwarelösung, die geeignet ist, die Anforderungen aus den oben genannten Elementen zu erfüllen.

Oder um beim obigen Bergsteigerbild zu bleiben. Für ein erfolgreiches IAM-Projekt bedarf es einer guten Karte und eines aktuellen Wetterberichts, des richtigen Teams und der richtigen Ausrüstung. Hierbei tragen die folgenden Ausführungen sowohl den operativen als auch den Compliance-Aspekten Rechnung.

**Die Projektdurchführung**

Vor dem Betrieb steht das Projekt. Für ein erfolgreiches IAM-Projekt sind eine angemessene Vorbereitung, die Identifizierung und Einbindung der relevanten Stakeholder, eine Klärung bzw. Schaffung der notwendigen Voraussetzungen der Berechtigungen und Identitäten in den Zielsystemen sowie die Berücksichtigung von angemessenen Prozessen und Funktionen zur Überwachung der gesetzlichen Anforderungen notwendig.

Projektplanung und -steuerung

Bevor ein IAM-Projekt gestartet wird, sollte eine überschlägige Planung nicht nur der ersten Phase, sondern des gesamten IAM-Projektes skizziert werden. Da IAM-Projekte sich je nach Komplexität und Umfang über einen Zeitraum von mehreren Jahren erstrecken können, muss dies natürlich nicht für den gesamten Zeitraum auf einem detaillierten Niveau erfolgen.

Wesentlich ist hierbei, dass man den Projektumfang unter Berücksichtigung der Rahmenparameter vorhandenes Budget und verfügbare Ressourcen festlegt. Wichtige Elemente des Projektumfangs sind insbesondere die Antworten auf die Fragen: welche Systeme, welche Benutzertypen, welche Antragsarten und insgesamt in welcher Reihenfolge, mit welchen Aktivitäten und Phasen und unter Beachtung welcher Abhängigkeiten. Hilfreich ist es, wenn man die Komplexität entschärft, indem man ein Projekt in gestaffelte zeitliche Schritte mit klar definierten machbaren Projektumfängen einteilt. Wenig zielführend ist hierbei der Versuch, die Projektkomplexität dadurch zu vereinfachen, dass wesentliche IAM-Aspekte wie die Rollenkonzepte der anzuschließenden Zielsysteme oder Compliance-Tools ausgeklammert werde.

Beginnen sollte man idealer Weise mit einem Piloten, der gute Chancen auf einen Erfolg hat und damit als gutes Beispiel sowohl den Verantwortlichen als auch den Unternehmensbereichen Appetit auf mehr macht. Dabei sollte das Pilotprojekt allerdings nicht so simpel sein, dass es nicht als Vorlage für die nachfolgenden Schritte

## 5.10 IT-Sicherheit & Compliance

dienen kann. Scheinpiloten werden in den Organisationen darüber hinaus leicht als dünnes Brett interpretiert, was die Projektreputation nachhaltig beeinträchtigen kann.

Projektbudgetierung und -entscheidung

Aus der Projektplanung sollte eine nachvollziehbare, konservative Kosten- und Ertragskalkulation (business case) abgeleitet werden. Die Kosten bei einem IAM-Projekt sind über die gesamte Laufzeit nicht unerheblich und sollten den Stakeholdern nicht erst Stück für Stück nach Salamitaktik vermittelt werden. Die Stakeholder sollten ebenso erfahren, dass IAM-Projekte insbesondere in den ersten Phasen überwiegend rein qualitative Wirkungen im Bereich der Transparenz und Compliance erzielen.

Bei IAM-Projekten sind aber durchaus auch Verbesserungen in Form von Effizienzgewinnen zu erzielen, die als Kosteneinsparungen (ROI) in den business case mit einfließen sollten. Meist sind diese Einsparpotentiale insbesondere im Bereich der Endbenutzer, des Helpdesks und der Benutzer- und Berechtigungsadministration zu heben.

Dem geschilderten Problem des im Vergleich zu anderen IT-Projekten überschaubaren ROI-Faktors von IT-Sicherheitsprojekten versucht man verstärkt durch die Entwicklung von Methoden zur Quantifizierung der qualitativen Sicherheitswirkungen entgegenzuwirken. Diese beziehen sich meist auf die Ermittlung von Zahlen auf der Grundlage von Eintrittswahrscheinlichkeiten von Sicherheitsrisiken und einer Einschätzung der Kosten für die Bereinigung der Schäden. Hier sind Methoden wie ROSI, Risikomatrix und Simulation zu nennen. Die hierfür notwendige Verwendung unsicherer Schätzwerte reduziert die Belastbarkeit im Vergleich mit harten ROI-Werten anderer IT-Investitionen. Sicherheitsinvestitionen bleiben insofern eine andere Spezies von Projekten und müssen insofern auch unabhängig von einfachen ROI-Ansätzen entschieden werden. Trotzdem können Entscheidungen für eine richtige Kombination von Sicherheitsmaßnahmen durch diese Methoden verbessert werden.

Identifizierung und Einbeziehung der Stakeholder

Die Einführung von IAM-Lösungen vernetzt Organisationseinheiten innerhalb eines Unternehmens, die bis dahin relativ unabhängig nebeneinander existiert haben. Die automatisierten Prozesse führen zu einer neuen Transparenz der Vorgänge rund um den Mitarbeiter. Die neue Transparenz im Umgang mit Benutzerkonten und Rechten betrifft IT-Abteilungen als ausführendes Organ genauso wie die HR-Abteilung als Verantwortliche für die HR-Prozesse oder die Geschäftsbereiche als Anforderer.

Die dabei aufgedeckten Diskrepanzen zwischen Real-Welt und den implementieren Prozessen können zu politischen Verwerfungen führen, die das Projekt scheitern lassen können. Meist fällt durch die IAM-Lösungen auf, dass Daten recht nachlässig gepflegt werden. Zum Beispiel war es bisher erst bei der Gehaltsabrechnung am Ende des Monats wichtig, dass die Person im HR-Systeme auf der richtigen Kostenstelle geschlüsselt war. Mit Produktivsetzung einer IAM-Lösung hängen an der

Kostenstelle möglicherweise Berechtigungen. Dann sollte diese Information bereits zum Tag der Versetzung eingegeben sein.

Im Allgemeinen heißt das, dass die unternehmensspezifischen Machtverhältnisse zwischen den Abteilungen zeitnah auszuloten sind. Erfahrungsgemäß benötigt ein IAM-Projekt den Rückhalt im oberen Management, um Entscheidungen zu gewissen Automatisierungsregeln auch durchzusetzen. Sollte dieser Rückhalt fehlen, wird es schwer die angestrebten Ziele zu erreichen, da z.B. für Entscheidungsregeln, die ein Geschäftsbereich fordert, kein Quellsystem für die notwendigen Informationen existiert und die HR-Abteilung nicht von der IT dazu gebracht werden kann, die Informationen zu pflegen. Das heißt je mehr Automatisierung angestrebt wird, desto wichtiger ist der Rückhalt des oberen Managements.

Aber auch mit Schwierigkeiten innerhalb der IT-Abteilungen ist zu rechnen. Auf der einen Seite wird häufig die Lösung für alle Probleme, die mit dem Benutzerkonten und -rechte in irgendeinem (entfernten) Zusammenhang stehen, gerne in die IAM-Lösung interpretiert. Auf der anderen Seite sind die IAM-Lösungen durch ihre Komplexität sehr gut dafür geeignet, für alle auftretenden Störungen verantwortlich gemacht zu werden. Weitere Widerstände können dadurch entstehen, dass für die Einführung der IAM-Lösung vorhandene Systeme als Ziel- und/oder Quellsysteme integriert werden müssen. Dabei werden der Systemadministration dieser Systeme Entscheidungen und Aufgaben abgenommen und deren vorhandene oder vermeintliche "Macht" geschmälert. Bei Quellsystemen wird z.B. transparent, wie häufig das System ungeplant nicht verfügbar ist.

Nicht vernachlässigt werden sollte ebenfalls, dass es sich bei den betrachteten Informationen, überwiegend um benutzerbezogene und damit überwiegend um personenorientierte Informationen handelt. Daraus ergibt sich die Notwendigkeit der Einbindung des Datenschutzbeauftragten und gegebenenfalls des Betriebsrats eines Unternehmens. Je nach unternehmensspezifischer Atmosphäre und daraus abgeleitet der Kommunikationspolitik sind Maßnahmen zu treffen, die beiden Parteien zur richtigen Zeit und im richtigen Umfang in die Projekte einzubeziehen.

Angesichts der oben genannten vielfältigen Widerstandspotentiale gegen IAM-Projekte ist es für ein Einführungsprojekt zum einen sehr wichtig, ein gutes Erwartungsmanagement zu betreiben und möglichst frühzeitig zu zeigen, dass die IAM-Lösung stabil funktioniert. Zum anderen sollte die IAM-Lösung insbesondere an den Schnittstellen zu Systemen die nicht vom Projekt verantwortet werden so gebaut werden, dass der stichhaltige Nachweis erbracht werden kann, auf welcher Seite ein Fehler verursacht wurde.

Neben der allgemeinen Planung und der angemessenen Einbindung der Stakeholder sind weitere, essentielle Vorbereitungen in Bezug auf Identitäten und Berechtigungen zu treffen, ohne die eine erfolgreiche IAM-Lösung nicht möglich ist.

Strukturelle Voraussetzungen

*Identitäten*
Voraussetzung für die Einführung von IAM-Prozessen und -Lösungen ist die Festlegung des Umfangs der anzubindenden Informationen und die Bestimmung der

## 5.10 IT-Sicherheit & Compliance

Quellsysteme, also welches System in Bezug auf die Benutzerinformationen sowie in Bezug auf die Initiierung von Änderungen an Benutzern führend sein soll. Ebenso müssen im Rahmen der Konsolidierung der Benutzerkonten Identitäten miteinander verknüpft werden, soweit für dieselben Identitäten mehrere Benutzerkonten innerhalb eines Systems oder über Systemgrenzen hinweg vorhanden sind. Erst nach diesen Maßnahmen kann eine Installation und Einrichtung der für das Unternehmen ausgewählten IAM-Lösung für eine Enterprise Identity Database erfolgen.

Im gleichen Kontext können weitere Maßnahmen einer Bereinigung durchgeführt werden, insbesondere in Bezug auf Compliance-Regeln für Benutzerkonten. Hierbei handelt es sich z.b. um die Vollständigkeit und Richtigkeit der in den Identitätsdaten hinterlegten Informationen (ggf. über eine Verknüpfung mit dem Organisationsmanagement), über die eine eindeutige Identifizierung des Vorgesetzten der Identität möglich ist oder die Bereinigung von unzulässigen, unpersonalisierten Benutzern. Üblicherweise sind in IAM-Lösungen Hilfsmittel zur Unterstützung dieser Maßnahmen vorhanden.

*Berechtigungen*
Bei angeschlossenen Systemen, die über ein differenziertes Berechtigungskonzept verfügen, also insbesondere bei ERP-Anwendungen wie SAP, muss für ein angemessenes Verfahren der Antragstellung und Genehmigung ein transparentes und regelkonformes Berechtigungskonzept vorhanden sein.

Transparent bedeutet, dass ein Antragsteller aus dem technischen Namen und der Kurzbeschreibung einer Berechtigung erkennen können muss, zu welchen Funktionen im betrachteten System die betrachteten Berechtigungen bei Vergabe an einen Benutzer ermächtigen würden. Als Best Practice ist hier die prozess- bzw. funktionsorientierte Gestaltung von Berechtigungen (Prozessrollen) anzusehen.

Regelkonform bedeutet minimal, dass die Berechtigungen frei von Funktionstrennungskonflikten sind und von Funktionen, die im Rahmen des betrachteten Systems aufgrund ihres Risikograds als unzulässig zu betrachten sind.

Strebt ein Unternehmen eine über einen automatisierten Genehmigungsprozess hinausgehende Automatisierung der Vergabe oder zumindest eine Erleichterung der Beantragung und Genehmigung durch Berechtigungsvorschläge an, so sind zusätzlich zur Gestaltung prozessorientierter Berechtigungen noch sogenannte Businessrollen als Kombinationen von Prozessrollen oder generischer Systemrechte in Abhängigkeit der üblichen Arbeitsplatzbeschreibungen zu definieren. Auch für Businessrollen gelten dieselben Anforderungen wie für Prozessrollen.

Compliance Monitoring & Reporting

Soll eine IAM-Lösung Compliance-Anforderungen gerecht werden, sind geeignete Maßnahmen zu treffen, die Einhaltung von allgemeinen Compliance-Regeln im Rahmen der IAM-Lösung zu kontrollieren.

Ausgangspunkt der Definition eines Rahmenwerks für ein revisionskonformes IAM ist die Identifizierung und Klassifizierung der betrachteten Systeme nach Compliance-Gesichtspunkten. Je nach Relevanz können die anzuwendenden

Regeln oder die Frequenz der Durchführung einer Kontrolle oder der Prüfung der Regeleinhaltung angepasst werden.

Wichtigstes Bestandteil eines Compliance-Regelwerks für IAM sind die Regeln für Funktionstrennungen (Segregations of Duties – SoD) sowie für risikobehaftete, sensitive Funktionen (Sensitive Access – SA).

Neben den SoD- und SA-Regeln gibt es noch eine Vielzahl von weiteren Regeln z.B. die Mindestanforderungen für die Authentifizierung wie Passwortmindestlänge, aber auch die bereits oben erwähnten Mindestanforderungen für Benutzerinformationen.

Häufig bieten IAM-Lösungen sinnvolle Verbesserungen wie z.B. die Verprobung von Berechtigungsänderungen gegen das Compliance-Regelwerk bevor diese im betrachteten Zielsystem wirksam werden.

Bislang sind Lösungen zur Prüfung von Compliance-Regeln noch überwiegend auf einzelne Systeme und Anbieter beschränkt. Es liegen jedoch erste gute Ansätze für Lösungen vor, die Compliance-Regeln über Systemgrenzen hinweg auszuführen und dem Management über ein zentrales Frontend zur Verfügung zu stellen. Der Trend geht hierbei zu einem zentralen Compliance-Monitoring bezogen auf alle Compliance-Aspekte.

Wurden geeignete Compliance-Regeln definiert, sind Prozesse zu etablieren, die deren Überwachung und Aufrechterhaltung sicherstellen.

**Verankerung in der Organisation**

Wie bei jedem anderen Einführungsprojekt gilt auch für IAM-Projekte, dass rechtzeitig die Prozesse und Organisationsstrukturen des zukünftigen IAM-Betriebs konzipiert und eingeführt werden müssen, um eine Lösung nach der Produktivsetzung erfolgreich und nachhaltig im Unternehmen am Leben zu erhalten.

Oft stellt sich heraus, dass Prozesse und Verantwortungen, die im Rahmen eines Projektes konzipiert wurden, nach der Übergabe in den Tagesbetrieb einfach nicht funktionieren. Ein guter Test der Funktionsfähigkeit ist es, bereits die Projektorganisation und die Projektabläufe so zu gestalten, dass sie weitestgehend den zukünftigen Abläufen entsprechen. Ergeben sich bereits Defizite in der Projektphase, wird es mit hoher Wahrscheinlichkeit auch im Tagesbetrieb nicht besser laufen. Werden Organisation und Abläufe aber bereits im Projekt getestet, können auftretende Probleme noch vor Produktivbeginn bereinigt werden.

Organisation

Bei der Gestaltung der IAM- bzw. der IT-Sicherheits-Organisation ist auf deren Integration in die IT-Governance Strukturen sowie die übrigen Organisationsstrukturen des Unternehmens zu achten. Ein Beispiel für eine solche Organisation und ihre wesentlichen Elemente der IAM-Organisation wird in den folgenden Absätzen erläutert. Dieses orientiert sich an der „Organisation des Sicherheitsprozesses (ISMS)" des BSI-Standards 100-2. Bei der Beschreibung der Organisation wird von einem eher hohen Anteil manueller Antrags- und Genehmigungsprozesse im Rahmen der IAM-Lösung ausgegangen.

## 5.10 IT-Sicherheit & Compliance

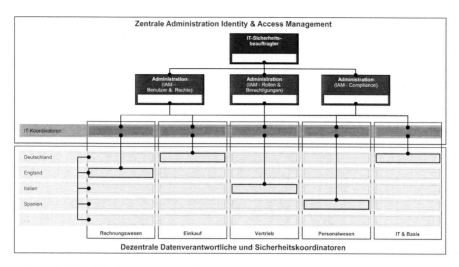

**Abb. 5.50.** Beispielhafte Organisation IAM

*Der IT-Sicherheitsbeauftragte*

Die Funktion des IT-Sicherheitsbeauftragten ist in vielen Unternehmen und Publikationen unter Namen wie Chief Security Officer (CSO), Chief Information Security Officer (CISO), oder Information Security Manager zu finden und ist der Dreh- und Angelpunkt eines ISMS-Systems.

Der IT-Sicherheitsbeauftrage ist für die Koordination und Überwachung aller relevanten Dokumente, Prozesse und Strukturen im Umfeld der IT-Sicherheit verantwortlich. Er ist insbesondere für die Vorbereitung und Aktualisierung der Richtlinie zur IT-Sicherheit zuständig, koordiniert die erstmalige und regelmäßig wiederkehrende Datenklassifizierung und Risikoeinschätzung, sorgt für eine regelmäßige Berichterstattung an die Geschäftsführung und koordiniert oder führt eigene Kontrollen der Einhaltung der Sicherheitsstandards durch.

Bei der organisatorischen Einbettung dieser Aufgabe tun sich die meisten Organisationen erkennbar schwer. Die Aufgabe erfordert einen angemessenen Tiefgang in technischen, wie in prozessualen und Compliance-Themen. Ebenso sind gute Kontakte in die fachlichen wie in die IT-Bereiche wichtig. Dies würde eine Positionierung im Schnittstellenbereich zwischen IT- und den Fachbereichen nahelegen, die sich üblicherweise im IT-Relationship-Management wiederfindet.

Dem steht entgegen, dass die Aufgabe den Schutz von Informationen zum Gegenstand hat. Die für die Sicherheit von Daten zuständigen Datenverantwortlichen sind aber üblicherweise in den Fachbereichen angesiedelt. Nach dieser Argumentation wäre eine Ansiedlung an zentraler Stelle der Fachbereiche naheliegend. Zentrale Bereiche sind in vielen Unternehmen jedoch rein fachlich aufgestellt und befassen sich selten mit dem oben beschriebenen Anforderungsmix. Angesichts dieser Rahmenbedingungen scheuen viele Unternehmen den Aufbau einer weiteren zentralen Institution mit der dieser innewohnenden Tendenz zur Verselbstständigung. Ebenso läuft eine solche Instanz Gefahr, sich zunehmend von den Fachbereichen und der IT zu entfremden.

Da beide Varianten keine eindeutigen Vor- und Nachteilen aufweisen, ergibt sich in der Praxis meist eine Mischform. Die zentrale operative Verantwortung für die IT-Sicherheit wird einem Mitarbeiter des IT-Bereichs übertragen. Die Richtlinien- und Überwachungsfunktion wird häufig von einem Mitarbeiter der zentralen Compliance-Organisation oder, soweit eine solche Funktion im Unternehmen nicht etabliert ist, von einem Vertreter des Unternehmensbereichs mit dem Datenpool mit dem höchsten Risikopotential, z.B. dem Rechnungswesen verantwortet. Wird die Funktion in einem zentralen Compliance-Bereich wahrgenommen ist darauf zu achten, dass sich die Informationssicherheit nicht nur auf Compliance-Aspekte, sondern insbesondere auch auf operative Risiken bezieht.

*Der IT-Sicherheitssponsor*
Ein Thema mit der Komplexität und der gemischten Akzeptanz wie IAM benötigt einen Sponsor, der über angemessene Durchsetzungsfähigkeit und Glaubwürdigkeit, insbesondere in den Unternehmensbereichen verfügt, die für ein solches Thema normalerweise wenig begeisterungsfähig sind. Hiermit sind nicht die IT-Bereiche gemeint, obwohl die Sponsoren entgegen den Erfahrungen häufig in diesem Bereich angesiedelt sind. Der IT-Sicherheitssponsor sollte üblicherweise gut verdrahtet sein im obersten Führungsgremium des Unternehmens, im Idealfall dessen Mitglied sein.

Der IT-Sicherheitssponsor ist für die Vermittlung und Absegnung der schweren Kost sowohl in der Chefetage als auch in den Fachbereichen zuständig und unterstützt das Thema in guten (Erfolg) wie in schlechten Zeiten (Eskalation, Widerstände etc.).

*Der Sicherheitskoordinator im Personalbereich*
Wie wir oben bereits im Rahmen der Prozesse festgestellt haben, ist der „Besitzer" der für ein IAM essentiellen Informationen für Identitäten und der wesentlichen Initialinformationen zu Veränderungen im Benutzerlebenszyklus (nämlich der Einstellung, Veränderung und Kündigung, etc.) der Leiter des Personalbereichs. Mit oder ohne dessen guten Willen steht oder fällt eine IAM-Lösung.

Um eine reibungslose Integration der essentiellen HR-Informationen und -Prozesse zu gewährleisten, sollte darüber hinaus ein weiterer qualifizierter Mitarbeiter des HR-Bereichs sowohl in das Projekt als auch in das zukünftige ISMS-Management eingebunden sein. Üblicherweise bietet sich für diese Rolle der IT-Koordinator/Keyuser im HR-Bereich an.

*Der Datenverantwortliche*
Der letzte Grenzwall vor dem Einfall von unberechtigten Benutzern in fremde Datenbereiche sind die Datenverantwortlichen. Sie bestimmen über die Gestaltung der ihrem Datenbereich zugeordneten Berechtigungen und sind in Ergänzungen von Berechtigungen ihres Datenbereichs in Berechtigungen anderer Datenbereiche

## 5.10 IT-Sicherheit & Compliance

einzubeziehen. Ebenfalls müssen sie der Vergabe von Berechtigungen ihres Datenbereichs an Mitarbeiter anderer Funktionsbereiche zustimmen. Sie bestimmen darüber hinaus über die Ausgestaltung der zentralen Vorgaben zur IT-Sicherheit im Kontext ihres Datenverantwortungsbereichs.

Die Datenverantwortlichen sind meist identisch mit den Fachbereichsleitern. Soweit ein Unternehmen über selbständige Einheiten mit ähnlichen oder identischen Fachbereichen verfügt (also z.B. ein Unternehmen mit Einheiten in mehreren Ländern) ist die Benennung einer zentralen Fachinstanz empfehlenswert (häufig auf Ebene der Holding), die bei der Vorbereitung von zentralen Vorgaben mitwirkt und im Zweifelsfall als „Erster unter Gleichen" Entscheidungen trifft. Problematisch ist bei den Datenverantwortlichen die eindeutige Zuordnung von Daten und von Berechtigungen.

*Die IT-Sicherheitskoordinatoren*
Während die Datenverantwortlichen die Rahmenbedingungen ihres Datenverantwortungsbereichs setzen, werden die „profanen" operativen Aufgaben der Umsetzung der zentralen und dezentralen Vorgaben in der Regel an Mitarbeiter des Fachbereichs delegiert. Sie sind der direkte Ansprechpartner des zentralen Sicherheitsbeauftragten und im konkreten Fall von IAM-Konzepten der Benutzer- und Berechtigungsadministration. Dies betrifft z.B. die Bearbeitung von Auswertungen zu Compliance-Verletzungen und die Durchführung und Dokumentation von bereinigenden Maßnahmen.

*Der Personalverantwortliche*
Der Personalverantwortliche oder disziplinarische Vorgesetzte entscheidet, über welche Zugriffe und Berechtigungen die ihm zugeordneten Mitarbeiter verfügen sollen. Um dieser Verantwortung sinnvoll nachkommen zu können, muss der Personalverantwortliche genügend mit den Qualifikationen und Funktionen der Mitarbeitern vertraut sein, um den Umfang ihrer Aufgaben sowie ihre Eignung für die übertragenen Aufgaben einschätzen zu können. Problematisch ist auch hier die eindeutige Zuordnung eines Mitarbeiters zu einem Vorgesetzten, da in vielen Unternehmen keine zeitnahe, vollständige und zutreffende Pflege des Organisationsmanagements und der Zuordnung der Mitarbeiter erfolgt, wobei wir uns wieder im Personalbereich bewegen

*Die IAM-Administration*
Einer der wohl umstrittensten Fragestellungen bei der Gestaltung der IAM-Organisation ist die organisatorische Ansiedlung der Administration der grundlegenden Strukturen der IAM-Elemente (insbesondere der IAM-Workflows). Hierbei handelt es sich um die Administration der Rollen & Berechtigungen, der Benutzer und der Zuordnung von Rollen einschließlich der IdM-Strukturen (Workflow, Datenfluss etc.) sowie der Administration der Compliance-Strukturen (Funktionstrennungen, kritische Funktionen etc.).

Machen wir es kurz. Die Administration der Berechtigungen (Role Life Cycle Management) ist eine der neuralgischen Punkte des ISMS und sollte nach

Möglichkeit an zentraler Stelle angesiedelt sein und soweit möglich nicht in fremde Händen abgegeben werden. Ursache hierfür ist, dass die Änderung von Rollen sofort Auswirkungen auf alle Benutzer hat, die über diese Rolle verfügen.

Gleiches gilt für die Administration der Benutzer und ihrer Berechtigungen bzw. für die Administration der IAM-Verfahren (User Life Cycle Management), wenn das IAM-Verfahren als vollautomatisierter Prozess der Vergabe von Rollen nach Informationen des Benutzerstamms erfolgt. Auch hier hat eine Änderung des zugrunde liegenden Regelwerks sofortige Auswirkung auf alle Benutzer die von der Regel betroffen sind.

Auch für die Administration der IAM-Compliance-Strukturen ist eine zentrale Organisation zu empfehlen, da nach Möglichkeit das Compliance-Regelwerk so weit als möglich einheitlich für alle Einheiten gehandhabt werden sollte. Bei einer Administration durch dezentrale Einheiten ist eine solche Einheitlichkeit nur unter enormen Aufwand und Kontrolle z.b. durch den IT-Sicherheitsbeauftragten möglich.

Ausnahmen von der Zentralisierung sind bei teilautomatisierten IAM-Verfahren möglich, bei denen noch eine Selektion/Beantragung von Berechtigungen in den Fachbereichen erfolgt. Hat ein Unternehmen in der Vergangenheit z.b. dezentrale Benutzeradministratoren eingesetzt, können diese dezentral als IT-Sicherheitskoordinatoren mit der Aufgabe der Beantragung von Berechtigungen betraut werden.

Werden von Unternehmen IT-Leistungen extern vergeben, sollte gleichwohl die Verantwortung für die Koordination und Überwachung der Administration bei einer unternehmensinternen Instanz verbleiben. Um ein angemessenes Maß an Kontrolle ausüben zu können, ist es allerdings erforderlich zentral über Mitarbeiter mit angemessener Erfahrung zu verfügen. Bei vollständiger Auslagerung der kompletten IT-Dienstleistungen ist dies häufig nur unzureichend gegeben.

*Unabhängige Überwachung*
Diese Maßnahmen sollten ergänzend durch die Gestaltung einer angemessenen und eindeutigen IT-Sicherheitsrichtlinie mit Vorgaben für Strukturen und Prozesse sowie durch eine straffe Kontrolle der Einhaltung der Standards durch eine zentrale Organisationseinheit wie den IT-Sicherheitsbeauftragten und ggf. die Interne Revision eines Unternehmens flankiert werden.

Prozesse und Compliance

Nachdem die wesentlichen Akteure der IAM-Organisation bekannt sind folgen die bestimmenden IAM-Prozesse. Die Prozesse rund um IAM, kann man unterteilen in die Lebenszyklusprozesse rund um die digitalen Identitäten des Mitarbeiters, die in unterschiedlichen Automatisierungsstufen im IAM-System abgebildet werden und die Betriebsprozesse im weiteren Sinn, die um eine IAM-Lösung herum existieren müssen, damit dieser in gewünschter Weise funktioniert. Die folgenden Ausführungen beschränken sich auf die aus Compliance-Sicht zentralen Lebenszyklusprozesse. Auch wenn es vereinzelt Unternehmen mit vollständiger Automatisierung der Berechtigungsvergabe gibt, konzentrieren wir uns auf die eher verbreitete

## 5.10 IT-Sicherheit & Compliance

Variante der manuellen Auswahl von Berechtigungen durch Antragsteller mit angeschlossenem Genehmigungsprozess.

*Beantragung von Berechtigungen (Eintritt)*
Eine der wesentlichen Probleme einer manuellen Auswahl von Berechtigungen durch Endanwender ist die Neigung der Endanwender und Fachbereiche, bei Beantragung von Benutzern und Berechtigungen willentlich oder unwillentlich falsche bzw. zu weitreichende Berechtigungen gemessen an der eigentlichen Aufgabe eines Anwenders zu beantragen. Diese Tendenz lässt sich am besten durch die Einführung eines zweistufigen Genehmigungsverfahrens eindämmen:

- Der Vorgesetzte eines Mitarbeiters prüft im Rahmen seiner Genehmigung eines Benutzerantrags, dass die beantragten Berechtigungen dem Profil des Arbeitsplatzes entsprechen und das der Anwender qualifiziert ist, die im Rahmen der Berechtigungen enthaltenen Zugriffe auszuführen, ohne die System- oder Datenintegrität zu gefährden. Seine elektronische Unterschrift dokumentiert diese Einschätzung.
- Der Datenverantwortliche prüft für die beantragten Berechtigungen, die Zugriff auf die von ihm verantworteten Datenbereiche ermöglichen, ob er den Antragsbegünstigten ruhigen Gewissens Zugriff auf seinen Datenpool geben kann. Dies ist insbesondere dann als kritisch anzusehen, soweit die Berechtigungen nicht mit dem üblichen Wirkungsbereich des Endanwenders korrespondieren.

Im Idealfall sollte der Antragstellungs- und Genehmigungsprozess durch eine parallele Prüfung des Antrags auf Verstöße gegen die Compliance-Regeln flankiert werden. Im Gegensatz zu nachgelagerten Compliance-Prüfungen können Verstöße bereits vermieden werden, bevor diese im System umgesetzt werden, die Endanwender also über kritische Berechtigungen oder Berechtigungskombinationen verfügen. Hierzu sind Compliance-Funktionen erforderlich, die nur vereinzelt oder nur auf einer zu geringen Genauigkeitsebene im Standardauslieferungsumfang der Anwendungsanbieter bzw. IAM-Hersteller angeboten werden. Eine Lösung kann in der Einführung einer Kombination von IAM- und Compliance-Anwendungen liegen.

*Beantragung von Berechtigungen (Bereichswechsel)*
Ein immer wiederkehrendes Sorgenkind im Rahmen der Beantragung von Benutzern und Berechtigungen sind die sich automatisch ergebenden so genannten kumulierenden Berechtigungen, wenn ein Benutzer seinen Tätigkeitsbereich wechselt, ihm aber nicht automatisch seine den alten Arbeitsplatz betreffenden Berechtigungen entzogen werden. Für die Lösung des Problems sind zwei Maßnahmen erforderlich:
  In den Unternehmensrichtlinien ist festzulegen, dass das Beantragungsverfahren bei Wechsel eines Benutzers zwischen Tätigkeitsfeldern einer Ausstellung und anschließenden Neubeantragung gleicht. Diese Maßnahme ist noch einfach zu regeln nicht jedoch der Folgeschritt.
  Hierfür muss eine geeignete Initialhandlung, nach Möglichkeit vor dem Zeitpunkt des Personalbereichswechsels erfolgen, die dann die Umsetzung der oben

beschlossenen Maßnahme anstößt. Ein solcher Prozess kann entweder manuell organisatorisch erfolgen oder automatisiert.

Hierbei haben sich die folgend beschriebenen manuellen Verfahren in der Praxis als wenig zielführend erwiesen:

- Eine organisatorische Vereinbarung soll sicher stellen, dass bei einem Personalwechsel eine Information der Benutzeradministration durch den Personalbereich erfolgt. Die Praxis zeigt, dass diese Form der Benachrichtigung (meist in Form eines z.B. elektronischen Mitarbeiterlaufzettels) häufig nur unvollständig und nicht zeitnah erfolgt.
- Die Information der Benutzeradministration erfolgt durch den Vorgesetzten, aus dessen Verantwortungsbereich der Endanwender ausscheidet. Auch diese Maßnahme wird meist nicht zeitnah bzw. unvollständig befolgt.

Aus diesen Gründen sollte automatisch über ein Ereignis im HR-System und eine Umsetzung über eine geeignete IAM-Anwendung ein Entzug der vorherigen Berechtigungen des Benutzers in den betroffenen Zielsystemen erfolgen.

Der Prozess beim Ausscheiden von Mitarbeitern (im SOX-Kontext auch „Leaversprocess" genannt) ist als deckungsgleich mit dem Personalwechselprozess zu betrachten und weist die gleichen Probleme und Lösungsalternativen auf.

*Änderungsmanagement für Berechtigungen*
Ein weiterer Faktor der Verschlechterung der Compliance-Situation ist die Änderung an Berechtigungen in Systemen (Role Lifecycle Management bzw. Role Change Management) unter Verletzung der definierten Compliance-Anforderungen. Übliche Probleme sind die Ergänzung von Berechtigungen, die nicht mit den im Namen der Gruppe festgelegten Funktionen und/oder Organisationsbereichen korrespondieren. Die Problematik wird verschärft, wenn die ergänzte Berechtigung unter Compliance-Gesichtspunkten als kritisch einzustufen ist.

Die Maßnahmen zur Vermeidung von Problemen ähneln denjenigen im Rahmen der Beantragung von Berechtigungen:

- Berechtigungen sollten eindeutig einem Datenverantwortlichen zugeordnet sein. Dieser hat Änderungen an seinen Berechtigungen zu prüfen und zu genehmigen.
- Soweit in den Berechtigungen des Datenverantwortlichen Funktionen oder Organisationseinheiten ergänzt werden sollen, die nicht mit dem Datenbereich des Datenverantwortlichen übereinstimmen, sind die Änderungen durch den Datenverantwortlichen des betroffenen Bereichs zu prüfen und zu genehmigen.
- Auch im Rahmen der Änderungen an Berechtigungen muss eine parallele Prüfung auf Verstöße gegen das Compliance-Regelwerk erfolgen.

Auch hier können die Maßnahmen rein manuell und durch organisatorische Richtlinien unterstützt umgesetzt werden. Dies weist wie immer die Gefahr der Unvollständigkeit der Genehmigung und Prüfung auf. Eine Prüfung von Änderungen an Berechtigungen in Systemen mit komplexer Berechtigungsstruktur ist in Bezug

5.10 IT-Sicherheit & Compliance

auf Compliance-Gesichtspunkte wie Funktionstrennungen und kritische Funktionen nur unter Einsatz von Compliance- oder Rollen-Management-Anwendungen sinnvoll möglich.

**Das Maß der Automatisierung**

Wurde in den vorhergehenden Prozessen eine geringe Automatisierung im Rahmen der IAM-Lösung unterstellt, wobei die Berechtigungen für Benutzer überwiegend manuell von Antragstellern identifiziert und beantragt und über mehrere Workflowstufen genehmigt werden, bieten IAM-Lösungen natürlich auch die Möglichkeit einer höheren Automatisierung. Hierbei wird die vollautomatische Abbildung des Lebenszykluses eines Mitarbeiters im Unternehmen inkl. der Berücksichtigung aller Ausnahmen unterstützt.

Bei der Einführung von IAM-Lösungen muss sich das Unternehmen darüber klar werden, welcher Automatisierungsgrad angestrebt bzw. notwendig ist. Tendenziell ist mit einer höheren Automatisierung die Datenqualität besser und die Anforderungen bzgl. Compliance sind leichter einzuhalten.

Die unternehmensspezifische Komplexität der Prozesse rund um die Verwaltung des Lebenszyklus der Mitarbeiter spielt hier eine entscheidende Rolle für die Höhe des Aufwands. Diese Komplexität muss abgebildet werden und verschwindet nicht durch die Einführung einer IAM-Lösung. Um die Komplexität zu verringern, sind Eingriffe in die Unternehmensorganisation notwendig, die selten aus der IAM-Lösung heraus durchgesetzt werden können. Die Komplexität kann z.B. dadurch verringert werden, dass auch externe Mitarbeiter über die HR-Prozesse gepflegt werden und damit die Anzahl der Quellsysteme verringert wird.

Technische Einflussfaktoren

Für jedes Unternehmen existiert bei gegebenen Prozessen und etablierter Organisation ein optimaler Automatisierungsgrad. Dieser ist abhängig von den folgenden Punkten:

- Prozesse lassen sich nur automatisieren, wenn die Entscheidungsregeln eindeutig und detailliert beschrieben werden, d. h. alle Regelsätze müssen vollständig und widerspruchsfrei definiert werden und dabei auch die Fehlerbehandlung einschließen.
- Für jede Entscheidung müssen alle notwendigen Informationen in den Quellsystemen vorhanden sein. Fehlen diese Informationen, müssen diese erzeugt werden oder eine manuelle Entscheidungsmöglichkeit eingebaut werden. Hierbei benötigen manuelle Genehmigungsworkflows ebenfalls umfangreiche Informationen, die aus den Quellsystemen gezogen werden müssen. Bei den Informationen handelt es sich insbesondere darum, wer darf für wen was entscheiden, wer darf wen für welche Entscheidung vertreten, an wen darf welche Entscheidung delegiert werden und an wen wird wann welche Entscheidung eskaliert. Und das immer unter der Maßgabe, dass Richtlinien (z.B. SoD) nicht verletzt werden.

- Es existieren fast immer Ausnahmen zu den Regeln. Manuelle Überschreibungen von regelbasierten Entscheidungen müssen durch die automatisierten Prozesse erkannt werden, damit diese nicht bei der nächsten Aktualisierung zurückgesetzt werden. Ebenso ist zu definieren, wann automatisierte Prozesse manuelle Eingriffe zurücksetzen müssen, z.B. bei einer Versetzung.
- Der Automatismus wird durch eine Änderung (z.B. Beförderung von Mitarbeiter A vom Gruppenleiter zum Abteilungsleiter) im Quellsystem angestoßen. Dieses Ereignis wird sich im Quellsystem danach nicht mehr wiederholen. Sollten also die angestoßenen Prozesse nicht korrekt und vollständig durchgeführt, werden Inkonsistenzen zwischen Quell-, Ziel- und IdM-System bzgl. der Änderung existieren. Im Fehlerfall ist sicherzustellen, dass Informationen über das Ereignis erhalten bleiben, um diese zur späteren Fehlerbehebung zu nutzen.

Organisatorische Einflussfaktoren

Die Gesamtorganisation des Unternehmens beeinflusst ebenfalls die Komplexität des Projektes, die Entscheidung für oder gegen bestimmte IAM-Lösungen oder auch generell die Sinnhaftigkeit des Einsatzes einer IAM-Lösung. Die organisatorischen Faktoren, die in Betrachtung gezogen werden müssen, sind u.a.:

- Häufigkeit von Akquisitionen und Abspaltungen und damit die Frage, wie können viele Mitarbeiter flexibel integriert oder abgespalten werden.
- Zentrale oder dezentrale Organisation: Die Zentralisierung bestimmt u.a., wie viele unabhängige Quell- und Zielsysteme existieren, daraus leitet sich ab, ob und falls ja wie eine zentrale IAM-Lösung aussehen könnte oder ob es dezentrale IAM-Lösung gibt, die miteinander kommunizieren müssen.
- Die Organisationsform spielt u.a. bei der Abbildung der Entscheidungsregeln eine Rolle. Hierarchisch geprägte Unternehmen erleichtern die Zuordnung, wer darf für welchen Mitarbeiter was entscheiden. Bei Unternehmen mit Projekt- oder Matrixorganisationen sind die notwendigen Informationen i. d. R. schwerer zu ermitteln bzw. wechseln häufiger.
- Organisatorische Ansiedlung der Eigentümer von Prozesse und Daten der beteiligten Quell-/Zielsysteme: Im schlechtesten Fall für ein Projekt muss im Konfliktfall der Vorstand eine Entscheidung treffen, da erst dort der Entscheider für alle beteiligten Bereiche sitzt.
- Ist die Führungskultur geprägt durch „Befehl und Gehorsam" oder durch Konsens? Das beeinflusst u.a. die Anzahl der Abstimmungsrunden und evtl. die Anzahl der erlaubten Ausnahmen.
- Welche und wie viele Ziel- und Quellsysteme sind fremdbetrieben (Outsourcing, Outtasking etc.) und wie sehen die Verträge aus? Das wirft die Frage auf, ob eine IAM-Lösung überhaupt mit einem fremdbetriebenen System verbunden werden darf.
- Die Verantwortungen für die IdM-Prozesse sind festzulegen. Durch die Notwendigkeit über ein umfassendes Verständnis sowohl der Geschäftsanforderungen

## 5.10 IT-Sicherheit & Compliance

als auch der technischen Aspekte zu verfügen, sollte die Zuordnung wohlüberlegt sein. Unter Governance Aspekten ist auch zu überlegen, wer die Einhaltung der Vorgaben für die IAM-Lösung überwachen soll.
- Die Internationalität des Unternehmens beeinflusst u.a. die rechtlichen Anforderungen z.b. an die Verarbeitung von personenbezogenen Daten. Die unterschiedlichen Rechtssysteme können dazu führen, dass eine zentrale IAM-Lösung nicht oder nur für gewisse Informationen möglich ist. Hier entstehen evtl. auch weitere Anforderungen an die Software wie z.B. die Mehrsprachenfähigkeit.

Anhand der vorgenannten technischen und organisatorischen Rahmenbedingungen kann sowohl eine Vorauswahl der einzusetzenden IdM-Produkte durchgeführt werden als auch bestimmt werden, wie stark die Automatisierung vorangetrieben werden soll.

Unter Effizienzgesichtspunkten sollte der gewünschte Automatisierungsgrad nahe am optimalen Automatisierungsgrad liegen. Sind hier starke Differenzen festzustellen, ist die Komplexität durch organisatorische Maßnahmen zu reduzieren oder eine ineffiziente Lösung zu tragen.

**Die geeignete Software**

Eine wesentliche Entscheidung im Rahmen eines IAM ist die richtige Produktauswahl. Es gibt heute kein einzelnes Produkt, das alle Aspekte einer vollständigen IAM-Lösung beinhaltet. Es gibt jedoch Anbieter, die wichtige Komponenten aus allen Teilbereichen in ihrem Portfolio haben. Diese sind aber auch Einzelprodukte mit nur geringer Out-of-the-box-Integration. Empfehlungen gehen heute eher in die Richtung, sich die einzelnen benötigten Komponenten auf Basis firmenspezifischer Anforderungen gezielt auszusuchen (siehe Gartner Group „Comparing IAM Suites, Part 1: Suite or Best of Breed").

Im Bereich des Access-Managements hängt die Zusammenstellung der Lösungen stark von den Anforderungen des Unternehmens ab. Zentraler Bestandteil der Architektur sollte eine Single Sign On (SSO) Lösung sein, integriert mit „starker" Mehr-Faktor-Authentifizierung. In Verbindung mit einem korrekt definierten Identity-Management-Prozess für die Initialisierung einer neuen Identität stellt dies die sicherste Form des Zugriffsschutzes dar. Diese Struktur ermöglicht auch eine möglichst zentrale und einfache Möglichkeit des Zugriffsmonitorings. Auf der Grundlage eines geeignete IdM-Systems und eines Enterprise SSO Systems basierend auf Kerberos (z.B. via Microsofts Active Directory) benötigt man eigentlich nur noch zwei Dinge für das Basis Paket:

- eine geeignete WAM-Lösung (siehe hierfür Gartner Group „Magic Quadrant for Web Access Management 2008" – Gartner 2008)
- und eine sichere Remote-Access-Lösung, ebenfalls basierend auf einer starken Authentifizierung (siehe hierfür Gartner Group „Magic Quadrant for SSL VPNs 2008" – Gartner 2008a).

Eigenentwickelte Anwendungen oder künftig anzuschaffende Anwendungen sollten dann grundsätzlich auf die Integrationsfähigkeit in die so geschaffene Access-Management-Infrastruktur geprüft werden.

Aufgrund der eminent wichtigen Prozessintegration ist von größerer Bedeutung, dass es für den Bereich des Identity-Managements Produkte gibt, die eine umfassende und integrierte Lösung bieten. Die aus Kundensicht erfahrungsgemäß wichtigsten Bewertungskriterien sind dabei die Umsetzung graphischer Bedienoberflächen, passend zu den Anforderungen der Endanwender eines Unternehmens sowie die Abbildung und Automation von Geschäftsprozessen. Auch die Identity-Audit-Funktionen sind heute bereits in einigen Lösungen enthalten (siehe Gartner Group „Magic Quadrant for User Provisioning 2008" – Gartner 2008b – bzw. Burton Group „Provisioning Market 2009: Divide and Conquer" – Burton 2009). Neben anderen wird das Produkt ActiveEntry der Völcker Informatik AG von beiden Analystenunternehmen als eine moderne und umfassende Software bewertet. Die Komponenten von Active Entry wollen wir daher nachstehend beispielhaft und stellvertretend für Lösungen dieser Art den Anforderungen an eine moderne IdM-Lösung gegenüberstellen und so den Wert von IdM-Lösungen für die Praxis aufzeigen:

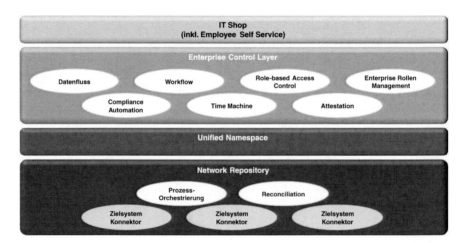

**Abb. 5.51.** Moderne Identity-Management-Architektur am Beispiel Active Entry der Völcker Informatik AG

IT-Shop

Der IT-Shop entspricht dem Employee-Self-Service und ermöglicht eine einfache Anpassung des Aussehens an die Corporate-Identity-Vorgaben von Unternehmen und erlaubt über eine eigene grafische Benutzeroberfläche die einfache Konfiguration und Erweiterung der zur Verfügung stehenden Funktionen.

Alle Benutzer können über den IT-Shop die über sie gespeicherten Informationen einsehen, ihre Kennwörter zurücksetzen und Konten und Berechtigungen beantragen. Je nach Rolle können verantwortliche Benutzer Identitäten erfassen

## 5.10 IT-Sicherheit & Compliance

und bearbeiten, Anträge genehmigen oder Attestierungen von Ist-Zuständen oder Compliance-Verstößen entscheiden. Darüber hinaus steht ein umfangreiches Info-System über den allgemein Sicherheitszustand hinsichtlich des IdM-Systems und der Compliance zur Verfügung.

Das Enterprise Control Layer

Das Enterprise Control Layer (ECL) ist die produktspezifische, vollumfängliche Ausprägung der EIDB mit allen benötigten Funktionen.

*Workflow*
Für die effiziente Definition von Workflows ist die dynamische Bestimmung der am Workflow beteiligten Personen notwendig. ActiveEntry erlaubt deshalb die Verknüpfung von Informationen über Personen und Identitäten mit deren Rollen oder Funktionen im Unternehmen, um eine rollenbasierte (z.B. Abteilungsleiter oder Kostenstellenverantwortlicher des Antragstellers oder Dateneigner für die bestellte Berechtigung) und nicht eine personenbasierte (z.B. Mitarbeiter XY) Definition der Workflows zu ermöglichen. Das Workflow System ist dabei in der Lage, auch Workflows für andere IT-Leistungen wie Hardware oder Software zu integrieren. Außerdem steht eine Schnittstelle zur Verfügung, um bereits definierte Workflows in Drittsystemen (z.B. SAP) ansprechen zu können.

*Compliance Automation*
Compliance Automation ist eine integrierte Funktion des Identity Audit. Besonderheit der Compliance Automation ist die Möglichkeit, Regeln für SoD, kritische Berechtigungen sowie darüber hinausgehende Vorgaben systemübergreifend abbilden zu können (z.B. eine Person mit der Berechtigung zum Auslösen von Zahlungsanweisungen größer einem Betrag X im ERP System darf keinen Remotezugang zum Netzwerk besitzen).

Die Regelprüfung kann an zwei Stellen erfolgen: zum einen vor der Vergabe einer Berechtigung (vorgelagerte Kontrollen, preventive controls) im Rahmen eines Workflows zur Genehmigung einer Berechtigung; zum anderen im Rahmen regelmäßiger Kontrollen der existierenden Berechtigungen auf Regelkonformität (nachgelagerte Kontrollen, detective controls). Sowohl bei der Ausübung von vorgelagerter als auch nachgelagerter Kontrollen sind dabei Gültigkeitszeiträume für Ausnahmen definierbar.

Der Begriff der Compliance Automation wurde für diese Funktion gewählt, da diese sowohl den Einsatz von vorgelagerten als auch nachgelagerten Kontrollen beinhaltet, aber darüber hinaus auch die Behebung von Regelverstößen automatisiert unterstützt (z.B. der automatische Entzug einer Berechtigung oder Anmeldeinformation eines Benutzerkontos oder einer Identität bei Inaktivität über einen definierten Zeitraum).

*Attestierung*
Diese Funktion erlaubt, in regelmäßigen Abständen den Ist-Stand aller sicherheitsrelevanten Informationen (z.B. die Veränderung einer Compliance-Regel, der Definition einer Rolle, der Liste aller Mitglieder eines Unternehmensbereiches oder der

Liste von höherwertigen Benutzerkonten eines Systems) im Rahmen eines Workflows überprüfen zu lassen. Wichtig dabei ist, für jede Information unterschiedliche Zyklen zu definieren, um Entscheidungsträger nicht mit einer Attestierungsflut zu überrollen. Die Zyklen können in Abhängigkeit ihrer sicherheitstechnischen Relevanz abgestuft werden (z.B. aufgrund ihres Risikos für die Integrität eines Systems kritische Berechtigungen täglich, Berechtigungen die restriktiv an Personen vergeben werden dürfen Monatlich). Im Ergebnis können je nach Entscheidung (Zustand ist korrekt oder nicht korrekt) automatisierte Folgeaktivitäten (Löschen, Deaktivieren, Sperren von Benutzerkonten oder Zugriffsberechtigungen) ausgelöst werden. Alle Ergebnisse im ECL können ebenfalls abgespeichert und in später durchgeführten Prüfungen nachvollzogen werden.

*Datenfluss*
Im ECL ist eine umfangreiche Bibliothek von vordefinierten Regeln zur Abbildung des Datenflusses enthalten. Vordefinierte Regeln können mittels einer graphischen Benutzeroberfläche konfiguriert oder auch erweitert werden.

*Enterprise Rollen Management*
Das Enterprise Rollen Management erlaubt die Abbildung des vollständigen Lebenszyklus von Rollen durch die Integration in das Workflowsystem für die Aktivierung, Änderung oder Deaktivierung von Rollen, genauso wie die regelmäßige Rezertifizierung bzw. Attestierung der Rollen und Rollenmitgliedschaften. Das Erzeugen von Rollen wird dabei durch ein Role Mining Modul unter Nutzung von verschieden komplexen mathematischen Verfahren (Cluster Analyse) basierend auf den Zuordnungen von Berechtigungen unterstützt.

Jede Veränderung einer Rolle wird über die Compliance-Automation-Funktion gegen die vorhandene Regelbasis auf sich durch die Änderung ergebenden Verstöße geprüft.

Die Rollen selbst können hierarchisch angeordnet werden. Durch diese Funktion können die in Rollen beinhalteten Berechtigungen weitervererbt werden. Auch hier gilt: Die Vererbung kann Top-Down (eine Rolle erbt die Berechtigungen der übergeordneten Rolle) oder Bottom-Up (eine Rolle erbt die Berechtigungen der untergeordneten Rollen) erfolgen. Die Zuordnung von Identitäten zu Rollen erfolgt auf drei verschiedenen Wegen: durch manuelle Zuordnung, durch ein Antragsverfahren oder berechnet aufgrund eines Attributes der Identität.

*TimeTrace*
Die Funktion des TimeTrace erfüllt alle Anforderungen an eine umfassende Historisierung von Veränderungen. Darüber hinaus bietet die TimeTrace die Option, auf alle historisierten Informationen in einer Art zuzugreifen, die eine Anzeige aller relevanten Informationen (Personen, Identitäten, Strukturen, Rollen, Berechtigungen) zu einem definierten Zeitpunkt in der Vergangenheit und theoretisch auch in der Zukunft erlaubt. Somit bietet TimeTrace eine umfassende Unterstützung der Prüfungsszenarien von Revision oder Wirtschaftsprüfung.

## 5.10 IT-Sicherheit & Compliance

*Role Based Access Control (RBAC)*
RBAC ist grundsätzlich keine Anforderung an Identity-Management-Funktionen, aber eine sinnvolle Funktion jeder Anwendung zur vereinfachten Definition und Delegation von Zugriffsberechtigungen. RBAC ist ein vom amerikanischen National Institute of Standard and Technology definierter Standard. Die Funktion des RBAC ermöglicht einen rollenbasierten Zugriff auf selbst durch Nutzung der enthaltenen Funktion des Enterprise-Rollen-Managements.

Der Unified Namespace

Der Unified Namespace (UNS) ist eine Abstraktionsebene zwischen Enterprise Control Layer und dem Network Repository (NWE), verbunden mit der Möglichkeit, über den UNS auch andere Provisionierungssysteme (wie z.B. Microsoft Identity Life Cycle Manager) einbinden zu können.
  Der UNS erfüllt – bei einer großzügigeren Definition des Begriffes – die Aufgabe eines „virtuellen Verzeichnisdienstes". Er ist ein Verzeichnis aller Benutzerkonten und Berechtigungen mit ihrer Relation zu Identitäten und stellt diese Informationen über standardisierte Schnittstellen, nämlich SPML V2, zur Verfügung, um eine möglichst kostengünstige und zukunftssichere Implementierung sowie eine Verknüpfung mit anderen Systemen zu gewährleisten.

Das Network Repository

Das Network Repository stellt alle notwendigen Funktionen der NCDB und der Provisionierung bereit.

*Prozess-Orchestrierung und Reconciliation*
Eine Vielzahl von Prozessen ist bereits im Standardlieferumfang enthalten und kann mittels einer graphischen Oberfläche konfiguriert oder erweitert werden. Herauszuheben ist hierbei, dass die Arbeitsweise des Soll-Ist-Vergleiches einfach zu konfigurieren ist. Aus Sicht der Governance lautet die zu beantwortende Frage: Was soll mit Berechtigungen gemacht werden, bei denen Soll-Stand und Ist-Stand voneinander abweichen? Werden Veränderungen erkannt, die außerhalb der vorgeschriebenen Workflow Verfahren vorgenommen wurden, so können die Abweichungen einer nachfolgenden manuellen Bereinigung durch Administratoren zugeführt, automatisch korrigiert oder automatisch akzeptiert werden. Werden die Abweichungen automatisch akzeptiert, müssen sie aber von Verantwortlichen innerhalb des Identity-Management-Systems bestätigt werden. Soweit keine Bestätigung erfolgt, werden die Abweichungen entsprechend korrigiert.
  Die Wahl der möglichen Variante hängt dabei nicht nur von den technischen Möglichkeiten, sondern insbesondere von der möglichen Risikobewertung des Systems oder der Berechtigung ab. Handelt es sich um aus Compliance-Gründen genehmigungspflichtige Abweichungen ist eine Akzeptierung ohne Genehmigung unzulässig.

*Konnektoren*
Die umfangreichen Konnektoren beinhalten nicht nur Funktionen für die Provisionierung von Benutzerkonten und Berechtigungen, sondern darüber hinaus tiefer gehende technische Prozessunterstützung, wie das Verlängern einer Lotus Notes ID oder das Setzen von Quota-Einstellungen auf Postfächern für einige Zielsysteme, wie Lotus Notes oder Microsoft Exchange.

Neben den genannten vordefinierten Konnektoren sind weitere Konnektoren basierend auf Standards vorhanden. Diese können für den speziellen Einsatz im Unternehmen einfach angepasst bzw. konfiguriert werden. Die bekanntesten Standards sind heute die bereits oben genannten SPML und DSML, die vom internationalen Konsortium OASIS definiert werden.

## 5.10.6 Zusammenfassung

Sie werden am Beispiel IAM festgestellt haben, das IT-Sicherheit ein sowohl aus technischer Perspektive als auch in Bezug auf die organisatorischen, prozessualen und Compliance-Herausforderungen äußerst anspruchsvolles Thema ist. Herausforderungen allerdings, die sich auf der Grundlage der verfügbaren Praxiserfahrungen und Lösungen inzwischen meistern lassen:

- Eine angemessene IT-Governance schafft den für die Integration des Themas IT-Sicherheit in die Organisation und für die Abstimmung mit den Compliance-Anforderungen erforderlichen Rahmen.
- Die am Markt verfügbaren IT-Lösungen mögen nicht auf alle Aspekte der IT-Sicherheit eine Antwort haben. Gleichwohl verfügt der Markt inzwischen über Produkte mit angemessener Reife um die richtigen Prozesse angemessen zu automatisieren und zu optimieren.

Am Ende kann sich dafür das Ergebnis nach erfolgreicher Durchführung und Inbetriebnahme sehen lassen. Bei IAM-Projekten sei dies exemplarisch verdeutlicht:

- Sowohl Benutzer als auch deren Berechtigungen sind für alle Beteiligten in Bezug auf deren Tätigkeitsbereich und ihre Zugriffsrechte verständlich. Jeder Benutzer und seine Berechtigungen sind über die protokollierte Antragshistorie vollständig nachvollziehbar. Risiken aus Funktionstrennung und sensiblen Funktionen sind bekannt und entweder bereinigt oder durch Kontrollen kompensiert. Hierdurch kann automatisiert der vollständige Nachweis der Compliance der Benutzer und Berechtigungen erbracht werden: Die Interne und Externe Revision ist zufrieden.
- Die Einrichtung von Benutzern und die Zuordnung von Berechtigungen sind soweit möglich und sinnvoll vollständig automatisiert, zumindest ist die Beantragung, Genehmigung und Umsetzung von Benutzern und Rechten automatisiert, die Durchlaufzeiten werden stark reduziert. Die für die Antragstellung, Genehmigung und Umsetzung erforderlichen Zeiten der Fachbereiche und in der IT

## 5.10 IT-Sicherheit & Compliance

können erkennbar reduziert werden. Die insbesondere im Projekt investierten Aufwände können im Tagesbetrieb fortlaufend durch Kosteneinsparungen rückgeführt werden: Die Fachbereiche, die Geschäftsführung und der IT-Bereich sind zufrieden.

Solch eindrucksvolle Ergebnisse gibt es allerdings nicht umsonst. Insbesondere die Investitionen in Mitarbeiter, Hard- und Software und die Laufzeiten der Projekte erfordern von allen Beteiligten ein hohes Maß an Disziplin, Verantwortungsbereitschaft und einen langen Atem.

Legt man Beides, Investitionen und Ergebnisse, auf die Waagschale, zeigen die jüngsten Projekte, dass IAM nicht nur über einen längeren Horizont betrachtet erkennbare Investitionsrückflüsse generiert sondern, was vielleicht unterm Strich noch mehr zählt, allen Beteiligten ein ruhigeres Gewissen zur Sicherheit ihrer Daten und Systeme beschert.

# Kapitel 6
# Ausblick

Seit Erscheinen unserer ersten Auflage haben viele Unternehmen signifikant in das Thema IT-Governance investiert und ihre IT-Funktionen dabei professionalisiert. Insbesondere Unternehmen mit Listings an amerikanischen Börsenplätzen waren im Zuge der Einführung von Sarbanes-Oxley Section 404 gefordert, die Kontrollfunktion massiv auszubauen. In den letzten Jahren sind diese SOX-Prozesse immer mehr in Fleisch und Blut der IT-Organisationen übergegangen. Der anfangs abschreckend hohe Aufwand wurde nach und nach durch Lerneffekte, schlankere Prozesse und effizientere Kontrollen zurückgefahren. Heute besitzen diese IT-Organisationen tiefes Compliance-Know-how und können neue Anforderungen, beispielsweise im Bereich der Datensicherheit, schneller in ihren internen Kontrollsystemen abbilden.

Damit rückt der IT-Governance-Fokus künftig wieder stärker in Richtung „bessere IT zu geringeren Kosten". Die im Zuge der Compliance-Aktivitäten gewonnene Transparenz macht es heute im Allgemeinen leichter, die Kosten des Produktionsfaktors IT zu bestimmen. Schnell werden Kostenkennzahlen erstellt, mit Benchmarks verglichen und neue Einsparziele verabschiedet. Diese, so die Erfahrung, werden zu aller erst über Einschnitte im Projektportfolio umgesetzt. Die schnellere Abbaubarkeit der Kosten macht Projekte zu einem typischen Kürzungsziel. Einschnitte bei den Betriebskosten dagegen sind deutlich schwieriger durchzusetzen, vor allem weil erhöhte Betriebsrisiken enormen Schaden verursachen können.

Dominiert dieses Verhaltensmuster aber über einen längeren Zeitraum, droht die IT ihre Handlungsfähigkeit und letztlich auch ihre Bedeutung als Wettbewerbsfaktor für Unternehmen zu verlieren. Die IT muss daher stets auf die Schaffung von Mehrwert für das Unternehmen zielen: Höhere Automatisierung, bessere Leistungs- und Kostentransparenz und verkürztes Time-to-Market sind wichtige Stellhebel für strukturelle Verbesserung der Wettbewerbsfähigkeit von Unternehmen. Dies auch in Zeiten enger IT-Budgets zu erreichen erfordert große Anstrengungen und auch das Beschreiten neuer Wege in der IT. So wird sich die IT-Wertschöpfungskette durch veränderte Liefermodelle wie SaaS oder Cloud Services weiter fragmentieren.

In diesem hoch veränderlichen Umfeld bildet eine funktionsfähige IT-Governance ein verlässliches Gerüst, um „bessere IT zu geringeren Kosten" zu erreichen. Rekapitulieren wir: alle Entscheidungsdomänen der IT-Governance, beginnend bei der IT-Strategie, Portfoliomanagement, Architektur, Service Management, Sourcing und das IT-Budget müssen stimmig miteinander verzahnt sein, um den Geschäftsauftrag der IT effektiv erfüllen zu können. Das heißt, Effizienzziele für den laufenden Betrieb der IT müssen aus der IT-Strategie abgeleitet, mit Maßnahmen hinterlegt und im Budget abgebildet werden. Gleichzeitig muss die IT-Strategie konkrete Aussagen zu den Transformationszielen der IT machen, Portfolio- und Architekturmanagement müssen diesen Wandel vorantreiben.

Dennoch ist auch IT-Governance einem Wandel unterworfen: Je dynamischer die Entwicklung in einem Unternehmen verläuft, umso häufiger wird der Bedarf bestehen, die etablierten Mechanismen auf den Prüfstand zu stellen. Wichtig ist, dass die Umsetzung der IT-Governance-Strukturen nicht zu unflexiblen Strukturen und Formalismen führt, sondern die Flexibilität im Handeln und damit die Fähigkeit zum Dialog zwischen Business und IT erhöht.

Aus Sicht der Autoren kann die IT ihren Geschäftsauftrag nur dann dauerhaft erfolgreich erfüllen, wenn sie eine wirkungsvolle IT-Governance aufbaut und diese gezielt einsetzt, um die Balance von Effizienz- und Transformationszielen in der IT zu wahren. Die IT sollte nun die in den vergangenen Jahren gesammelten Compliance-Erfahrungen nutzen, um die Erreichung diese Ziele in einer zunehmend komplexer werdenden Wertschöpfungskette sicherzustellen.

# Literatur

AMR Research (2005), CIO Magazin 15.07.2005

Behrens S, Schmitz C (2005) Ein Bezugsrahmen für die Implementierung von IT Outsourcing Governance. In: Strahringer, S. (Hrsg.): HMD Praxis der Wirtschaftsinformatik, Heft 245. Heidelberg, 2005, S. 28–36.

Böhm M (2008) IT-Compliance als Triebkraft von Leistungssteigerung und Wertbeitrag der IT. In: Hildebrand K (Hrsg.): HMD Praxis der Wirtschaftsinformatik, Heft 263. Heidelberg, 2008, S. 15–29.

Böhm M (2009) IT-Governance – Eine Übersicht, dpunkt-Verlag, 2009.

Burton (2009) – Burton Group (Lori Rowland, Gerry Gebel), In-Depth Research Market Landscape, Provisioning Market 2009: Divide and Conquer, 15. Januar 2009, ID Number: 16936

Cohen L, Berg T (2002) IT Service Maturity. In: Gartner Research (Hrsg.): Marketplace Realities in Strategic Sourcing, Research, R-17-7896 Stamford, 2002, S. 7–10.

Committee on the Financial Aspects of Corporate Governance, Cadbury Report (1992) von http://www.hefce.ac.uk/finance/assurance/guide/governance.asp, download am 22.03.2006

COSO (1992) Internal Control-Integrated Framework, Committee of Sponsoring Organizations of the Treadway Commission (COSO), USA

CSI (2003) Computer Security Institute, Computer Crime and Security Survey: 530 Unternehmen wurden interviewt: Computer Security Institute in association with the San Francisco Computer Crime Squad of the Federal Bureau of Investigation (FBI), San Francisco, 2003

Cullen S (2004) Contract scorecard: Hanging in the balance. In: Information Economics Journal, Jg. 2 (June), 2004, S. 19–20.

Deloitte (2005) Calling a Change in the Outsourcing Market. Research Report, Deloitte, April, 2005.

FFIEC (2001) - Federal Financial Institutions Examination Council (FFIEC), Guidance on Authentication, Authentication in an Electronic Banking Environment, 8. August 2001, Seite 2

Forrester Research (2005) Craig Symons, IT Governance Survey Results, April 14 2005

Forrester Research (2004) Analyzing Europe's IT Governance – Business Technographics Europe, Cambridge / MA, USA

Forrester Research (2005a) Survey of 48 IT decision makers in Europe

Fröhlich M, Glasner K (2006) Hrsg. IT Governance – Leitfaden für eine praxisgerechte Implementierung, PricewaterhouseCoopers, Gabler-Verlag 2006.

Gartner (2008) – Gartner Inc. (Ray Wagner, Earl Perkins, Perry Carpenter), Research, Magic Quadrant for Web Access Management 2008, 10. November 2008, ID Number: G00162160

Gartner (2008a) – Gartner Inc. (John Girard), Research, Magic Quadrant for SSL VPNs 2008, 11. Dezeber 2008, ID Number: G00163232

Gartner (2008b) – Gartner Inc. (Earl Perkins, Perry Carpenter), Research, Magic Quadrant for Web Access Management 2008, 15. August 2008, ID Number: G00159740

Global Investor Opinion Survey: Key Findings (2002) McKinsey & Company, http://www.ifc. org/ifcext/cgf.nsf/AttachmentsByTitle/Survey_McKinsey_Investor_Oprion_Survey_2002/ $FILE/Global+Investor+Opinion+Survey+2002.pdf, download: 24.03.2006

Hartman T E (2005) The Cost of being Public in the Era of Sarbanes–Oxley, Foley&Lardner LLP

Häseler H R, Gampe I (2002) Corporate Governance – Unternehmensverfassung, Spitzenorganisation und Überwachungsarchitektur, Wien

IDW PS 261 (2006) Hrsg. Institut der Wirtschaftsprüfer in Deutschland e.V.: Feststellungen und Beurteilung von Fehlerrisiken und Reaktion des Abschlussprüfers auf die beurteilten Fehlerrisiken, Stand 06.09.2006.

IDW PS 330 (2002) Hrsg. Institut der Wirtschaftsprüfer in Deutschland e.V.: Abschluss prüfung bei Einsatz von Informationstechnologie, Stand 24.09.2002.

IDW RS FAIT 1 (2002) Hrsg. Institut der Wirtschaftsprüfer in Deutschland e.V.: Stellungnahme zur Rechnungslegung: Grundsätze ordnungsgemäßer Buchführung bei Einsatz von Informationstechnologie, Stand 24.09.2002.

ISACA (2004) Information Systems Audit and Control Association, News Letter Nr. 68, April 2004, Thema IT-Governance

ITGI (2000) IT Governance Institute: CobiT 3rd Edition Framework. July 2000

ITGI (2004) IT Governance Institute: IT Governance Executive Summary. 2004

ITGI (2004a) IT Governance Institute, IT Governance Global Status Report, Rolling Meadows / IL, USA.

ITGI (2004b) IT Control Objectives for Sarbanes–Oxley, The IT Governance Institute (ITGI), April 2004

ITGI, KPMG (2003) IT Governance Institute, KPMG, IT Governance für Geschäftsführer und Vorstände, Zweite Ausgabe

Jefferson Wells (2005) Industry News, April 2005

Kaufmann T, Schlitt M (2004) Effektives Management der Geschäftsbeziehung im IT-Outsourcing. In: Meier, A.; Myrach, T. (Hrsg.): HMD Praxis der Wirtschaftsinformatik, Heft 237. Heidelberg, 2004, S. 43–53.

Kim S, Chung Y-S (2003) Critical Success Factors for IS Outsourcing Implementation from an Interorganizational Relationship Perspective. In: Journal of Computer Information Systems, Jg. 43 (4), 2003, S. 81–90.

Klotz M, Dorn D. (2008) IT-Compliance – Begriff, Umfang und relevante Regelwerke. In: Hildebrand K (Hrsg.): HMD Praxis der Wirtschaftsinformatik, Heft 263. Heidelberg, 2008, S. 5–14.

Klotz M (2009) IT-Compliance – Ein Überblick, dpunkt-Verlag, 2009.

Laseter T (1998) Balanced Sourcing – Cooperation and Competition in Supplier Relationships, San Francisco / CA, USA., 1998

Lichter J (2005) "Außer Spesen nichts gewesen", Handelsblatt vom 16.12.2005

Menzies C (2004) Hrsg. Sarbanes–Oxley Act, Professionelles Management interner Kontrollen, PricewaterhouseCoopers, Schäffer–Poeschel Verlag

Mercury (2004) in cooperation with The Economist Intelligence Unit: Surveyed 758 IT executives in Europe, the Middle East and Africa, and Asia-Pacific du-ring October 2004

Mercury (2005) in cooperation with The Economist Intelligence Unit: Surveyed 808 IT executives in the US (March 05), Europe Middle East and Africa (EMEA) (October 04), and Asia-Pacific (October 04), S. 4–5 related to data privacy concerns

OECD (2004) Grundsätze der Corporate Governance - Neufassung 2004 S. 11

OGC (2007) Office of Government Commerce, 2007, http://www.ogc.gov.uk/guidance_itil_46 71.asp, download am 26.07.2009.

PCAOB (2004) An Audit of Internal Control over Fianancial Reporting performed in Conjuction with an Audit of Financial Statement (Auditing Standard 2), Public Company AccountingOversight Board (PCAOB), March 9, 2004

Reinhard T, Pohl L, Capellaro H. (2007) Hrsg. IT-Sicherheit und Recht. Richtlinie und technisch-organisatorische Aspekte für Unternehmen. Erich Schmidt Verlag, 2007.

Rybol J H (2005) Kundenzufriedenheit durch institutionalisiertes Beziehungs-Management. In: Köhler–Frost, W. (Hrsg.): Outsourcing: Schlüsselfaktoren der Kundenzufriedenheit. Berlin, 2005, S. 15–34.

Schering (2004) Schering-internes Trainingsmaterial und sonstige Projektdokumentation des internen Projektes Management Assessment of Internal Controls (MAIC), Berlin, 2004

Schmidt R (2004) IT-Servicemanagement – Aktueller Stand und Perspektiven für die Zukunft, Präsentation im Rahmen des itSMF-Kongress, Hamburg 2004.

SEC (2003) Final Rule: Management's Reports on Internal Control Over Financial Reporting and Certification of Disclosure in Exchange Act Periodic Reports, US Securities and Exchange Commission (SEC), June, 2003

SEC (2005a) Commission Statement on Implementation of Internal Control Reporting Requirements, US Securities and Exchange Commission (SEC), May 16, 2005

SEC (2005b) Staff Statement on Management's Report on Internal Control Over Financial Reporting, US Securities and Exchange Commission (SEC), May 16 2005

SEC (2005c) Extension of Compliance Dates, US Securities and Exchange Commission (SEC), September 21, 2005

Söbbing T (2005) Vertragsgestaltung und Vertrags-Management zur Sicherung der Kundenzufriedenheit bei IT-Outsourcing und BPO-Projekten. In: Köhler–Frost, W. (Hrsg.): Outsourcing: Schlüsselfaktoren der Kundenzufriedenheit. Berlin, 2005, S. 77–99.

Tinnefeld M-T, Ehmann E (1994) Einführung in das Datenschutzrecht, Oldenburg Verlag, 1994

Weill P; Ross J (2004) IT Governance

Weill P; Ross J (2005) A Matrixed Approach to Designing IT Governance IT. In: MIT Sloan Management Review 46 (2005) 2.

Worthen B (2005) "How to dig out from under Sarbanes–Oxley". In: CIO-Magazin, July 1, 2005, pp 54